MÉMOIRES DE FLÉCHIER

SUR

LES GRANDS-JOURS

D'AUVERGNE

EN 1665

TYPOGRAPHIE DE CH. LAHURE
IMPRIMEUR DU SÉNAT ET DE LA COUR DE CASSATION
RUE DE VAUGIRARD, 9, A PARIS

D'APRÈS UNE ESTAMPE DE 1665
conservée à la Bibliothèque Impériale de Paris.

1 de Novion. 2 Caumartin. 3 Hebert. 4 Malc. 5 Boyvin. 6 Destrappes. 7 Barillon. 8 Barentin. 9 Joly
10 l'Evêque de Clermont. 11 Talon. 12 Nic. Choppin.

MÉMOIRES DE FLÉCHIER

SUR

LES GRANDS-JOURS

D'AUVERGNE

EN 1665

ANNOTÉS ET AUGMENTÉS D'UN APPENDICE PAR M. CHÉRUEL

ET PRÉCÉDÉS D'UNE NOTICE

PAR M. SAINTE-BEUVE DE L'ACADÉMIE FRANÇAISE

PARIS

LIBRAIRIE DE L. HACHETTE ET Cie

RUE PIERRE-SARRAZIN, N° 14

1856

AVIS DE L'ÉDITEUR.

Cette seconde édition des *Mémoires de Fléchier sur les Grands-Jours d'Auvergne* se distingue en quelques points de la première ; on n'a rien négligé de ce qui pouvait la rendre plus exacte et plus complète. Une nouvelle collation du texte a été faite sur le manuscrit de la bibliothèque de Clermont par M. Desbouis, bibliothécaire de cette ville. On y a mis des notes nouvelles, une notice historique sur l'institution des Grands-Jours, et autres éclaircissements qui sont dus à un écrivain très-versé dans l'étude de notre histoire et de tout ce qui tient à l'ancienne administration française, M. Chéruel. Le tout est précédé d'une Introduction où l'ouvrage est considéré au point de vue littéraire par M. Sainte-Beuve. La première édition était épuisée et manquait depuis longtemps ; les rares exemplaires qui passaient dans les ventes ne se vendaient pas moins de 50 ou 60 fr. L'édition présente, qui perfectionne la première, a donc pour le public presque tout l'intérêt d'une nouveauté.

INTRODUCTION.

Les Mémoires de Fléchier sur les Grands-Jours d'Auvergne, dont il n'avait été donné jusque-là que de rares et courts extraits, ont été publiés pour la première fois en 1844, et ont obtenu aussitôt le plus grand succès dans le monde et parmi les esprits cultivés, en même temps qu'ils ont soulevé toutes sortes de controverses dans quelques parties de la province. La nature de ces controverses avait même été telle, et l'on s'était attaqué si vivement à la personne de M. Gonod, l'honorable éditeur, qu'il devenait à craindre qu'il ne se décidât point à donner une seconde édition fort désirée. Il mourut du moins, en 1849, avant d'avoir pu satisfaire à ce vœu de l'élite du public. Aujourd'hui que tout ce grand feu est apaisé, et qu'un esprit conciliant a prévalu, les Mémoires de Fléchier reparaissent dans les circonstances les plus propres à en faire goûter l'agrément sans qu'il doive s'y mêler aucun fiel ni aucune amertume. Mon but, dans cette Introduction, sera surtout d'amener tous les esprits qui daigneront me suivre à comprendre que ces Mémoires sont tout à fait d'accord, et pour le fond et pour le ton, avec ce qu'on pouvait attendre de la jeunesse de Fléchier; qu'ils ne la déparent en rien ; qu'ils font honneur à l'esprit de l'auteur, à sa politesse, sans faire aucun tort à ses mœurs, ni à sa prochaine et déjà commençante gravité ; que dans ce léger et innocent ouvrage, il a tout simplement le ton de la société choisie où il vivait; et qu'on ne saurait, même au point de vue de la morale et de la religion, trouver cela plus étonnant que de voir saint François de Sales ouvrir son *Introduction à la Vie dévote*, en nous parlant de *la Bouquetière Glycera*.

Voyons Fléchier tel qu'il était, apprenons à le goûter dans les qualités qui lui sont propres et qui lui assurent un rang durable comme écrivain et comme narrateur; ne craignons pas de nous le représenter dans sa première fleur d'imagination et d'âme, dans sa première forme de jeune homme, d'abbé honnête homme et encore mondain; et bientôt sans trop de complaisance, sans presque avoir à retrancher, nous arriverons insensiblement à celui qui n'avait eu en effet qu'à se continuer lui-même, et à se laisser mûrir pour devenir l'orateur accompli si digne de célébrer Montausier et Turenne, et l'évêque régulier, pacifique, exemplaire, édifiant. Il n'y a pas de vie plus unie que la sienne, ni qui se tienne mieux.

Esprit Fléchier, né en juin 1632 à Pernes, dans le Comtat Venaissin, d'une honnête famille, mais appauvrie et réduite au petit commerce, annonça d'abord les dispositions d'un sujet parfait. Il reçut en naissant « un esprit juste, une imagination belle mais réglée, un bon cœur, des inclinations droites; » et comme l'a dit un autre de ses biographes, il reçut du Ciel « ce naturel heureux que le Sage met au rang des plus grands biens, et qui tient peu du funeste héritage de notre premier Père. » Les passions ne le transportaient pas; un feu pur et doux l'animait. Il avait pour oncle maternel un Père de la Doctrine chrétienne, assez célèbre en son temps, le Père Hercule Audifret. Il fit donc ou acheva ses études à Tarascon dans le collége des prêtres de la Doctrine, et s'engagea même ensuite dans la congrégation, mais par des vœux simples. Il professa les humanités en différentes villes, et la rhétorique à Narbonne. Devenu prêtre, il eut à prononcer dans cette dernière ville l'Oraison funèbre de l'archevêque mort en 1659; il n'avait mis que dix jours au plus à la préparer. La maladie et la mort de son oncle, le Père Hercule, l'appelèrent à Paris en cette même année; il se proposa d'y rester, et n'ayant pu le faire avec la permission de ses supérieurs, il sortit de la congrégation, mais en se déliant avec douceur comme ce sera toujours sa façon et sa méthode, en emportant et en laissant les meilleurs souvenirs. Il avait vingt-huit ans. C'est ici que le littérateur pour nous commence à paraître. Il s'était exercé jusque-là dans de petites compositions, dans des jeux d'esprit scolaires ou académiques; il va continuer dans le même sens, en étendant un peu ses cadres.

Il connut Conrart, secrétaire perpétuel de l'Académie française, et qui se plaisait à produire les talents nouveaux. Ce fut Conrart qui, comme on le disait, *donna* Fléchier à M. de Montausier. Ce fut lui qui le recommanda à Chapelain qui était, à cette date, la grande autorité littéraire et le procureur général des grâces. Fléchier aimait à faire des vers latins: il songea à s'en servir pour sa réputation et pour sa fortune littéraire; cette ancienne littérature scolastique, qui a encore eu, depuis, quelques rares retours, n'avait pas cessé de fleurir à cette date avant que les illustres poëtes français du règne de Louis XIV eussent décidé l'entière victoire des genres modernes. Fléchier avait adressé au cardinal Mazarin une pièce de félicitation en vers latins (*Carmen eucharisticum*) sur la paix des Pyrénées (1660); il en fit une autre l'année suivante, sur la naissance du Dauphin (*Genethliacon*). C'est à ce sujet que Chapelain lui écrivait une lettre que j'ai sous les yeux, inédite, datée du 18 janvier 1662, portant à l'adresse: *Monsieur Fléchier, ecclésiastique à Paris.* On y lit:

« Monsieur,

« Je reçus votre lettre et le poëme latin qui l'accompagnoit avec beaucoup de pudeur, ne pouvant sans rougir voir que vous le soumettez à mon jugement, lequel je ne puis exercer sans témérité sur d'autres ouvrages que sur les miens propres ; et je vous avoue que soit par cette raison, soit par le peu de loisir que me laissent mes occupations, je fus tenté de m'excuser du travail que vous exigiez de moi, et que le seul nom de M. Conrart me fit retenir votre cahier, et résoudre de vous complaire. Mais, après avoir lu votre Poëme, vous n'eûtes plus besoin de sa recommandation auprès de moi ; vous vous y rendîtes assez considérable par vous-même, et, tout inconnu que vous me fussiez, vous vous fîtes tout seul connoître à moi pour un homme de mérite et d'esprit qui n'aviez pas une médiocre habitude avec les Muses, et qui étiez avantageusement partagé de leurs faveurs. Il y a dans cette pièce de ce génie poétique qui est si peu ordinaire, grande quantité de sentiments élevés, et de vers noblement tournés. Tout y est du sujet, et le sujet sublime de soi n'y est du tout point ravalé par les expressions fort latines, et par les nombres fort soutenus et fort arrondis. L'invention m'en semble même selon l'art, et je n'y ai rien trouvé qui me donne scrupule, sinon que vous y introduisez la Renommée comme une divinité qui pénètre dans les choses futures, quoique sa fonction ne soit que de parler des événements présents ou passés. Vous y ferez réflexion, et en communiquerez avec vos amis habiles, auxquels je m'en rapporte s'ils ne s'y arrêtent pas. Je suis de leur avis pour la publication de l'ouvrage, et quand il aura paru, il aura mon suffrage et mes éloges auprès de ceux qui m'estiment connoisseur en ces matières-là.... »

Le ton de cette lettre est cérémonieux et un peu pesant, mais le jugement est exact. Nous y voyons Fléchier au début et appliquant à la poésie latine quelques-uns des mérites de diction qu'il transportera ensuite dans la prose française. La lettre de Chapelain se termine par deux ou trois remarques de détail dont il paraît que Fléchier a tenu compte[1].

1. Il semble même qu'il ait jusqu'à un certain point tenu compte de son

La pièce en elle-même est élégante, ingénieuse, sans le feu et l'ardeur de la belle églogue de Virgile intitulée *Pollion*, mais animée d'une douceur et comme d'une onction pacifique très-sensible et très-sincère. L'expression de *mitis* y revient souvent et nous donne la note de cet esprit doux par excellence, et qui sut l'être sans fadeur. Le Dauphin, dit-il, n'a dû naître qu'après les guerres terminées et à une heure de paix pour le monde :

>............... Sic Fata parabant
>Nec decuit mites nasci inter crimina Divos.

Il serait peu raisonnable, sans doute, d'accuser Fléchier de paganisme pour ce *Fata* et ce *Divos*. Il le serait tout aussi peu de l'aller accuser de galanterie (dans l'acception fâcheuse) et de licence pour certaines anecdotes des *Grands-Jours*. Dans l'un et dans l'autre cas, il obéit à un genre admis et à un ton donné.

C'est ainsi que dans sa pièce latine la plus considérable qu'il a consacrée à célébrer le Carrousel royal de 1662, et à décrire les divers groupes de cavaliers qui y figuraient, il n'a eu garde d'oublier ce qui fait le principal attrait des tournois, les dames qui regardent et qui s'y enflamment, et Cupidon dans les airs qui se réjouit :

>.......Mediis e nubibus ipse Cupido
>Dulces insidias furtim meditatur, et artem
>Exercet, ludumque suum; sumptaque pharetra,
>Blandis plena dolis et dulci tincta veneno

observation au sujet de la Renommée dont il a fait l'interprète de l'avenir; car dans la pièce, telle qu'elle est imprimée, il a pris soin de ne nous représenter la déesse que comme se faisant l'écho des premiers bruits répandus et des premières rumeurs du destin; les oracles transpirent déjà, elle répète ce qu'elle a entendu :

>......... Toto tum pectore prona
>Volvit centum oculos, et centum subrigit aures,
>Impatiens strepere, et magnos inquirit in ortus,
>*Exploratque aditus fati, primævaque captat*
>*Auspicia*, et velox collecti nuncia veri,
>*Quæ didicit*, pandit patriis oracula regnis.

Nostrarum in cœtus Nympharum spicula torquet
Improbus, accenditque animos, et suscitat ignes..
Quæque suis agitur studiis, sua cuique cupido est....

« Du sein des nuages, Cupidon lui-même prépare furtivement ses doux piéges, il exerce son art et fait son jeu; prenant son carquois, il en a tiré des traits délicieusement perfides et trempés d'un charmant poison; il les lance sur nos groupes de Nymphes, le méchant! et il allume les cœurs et il attise les flammes : chacune est en proie à ses partialités, chacune a son désir.....»

Il faudrait être bien farouche pour se courroucer contre une mythologie si poliment touchée.

La réputation de Fléchier dans le monde lettré commençait à se faire, grâce à ces compositions de collége qui avaient leurs lecteurs et leurs juges, même à la cour. Dans le *Mémoire de quelques gens de lettres vivants* en 1662, dressé par ordre de M. Colbert, Chapelain, après avoir parlé de Huet, qui, disait-il, « écrit galamment bien en prose latine et en vers latins, » et du gentilhomme provençal du Périer, aujourd'hui très-oublié, continue sa liste en disant : « Fléchier est encore un très-bon poëte latin. »

Vers cette année 1662, faisant un voyage en Normandie, et sans doute pour y voir M. de Montausier nommé gouverneur de cette province, Fléchier arrivait à l'improviste chez Huet avec qui il était très-lié, se glissait à pas de loup jusqu'à lui dans sa bibliothèque et le serrait tout surpris entre ses bras : « Je ne fus pas médiocrement réjoui, nous dit Huet en ses Mémoires, de la visite d'un si agréable ami. » On voit d'ici cette jolie scène familière des deux futurs prélats, dont l'un petit abbé alors, et l'autre un simple gentilhomme normand.

C'est vers ce temps que Fléchier entra dans la maison de M. de Caumartin, maître des requêtes, à titre de précepteur de son fils. M. de Caumartin avait eu d'une première femme, Marie-Urbaine de Sainte-Marthe, un fils qui devint par la suite un magistrat et un administrateur distingué; ce fut l'élève de Fléchier [1]. Ayant perdu sa première femme en 1654, M. de Caumartin, resté veuf pendant dix ans, épousa en 1664, en secondes noces, Mlle de Verthamon. Ce mariage fut célébré poétiquement par Fléchier, qui était déjà dans la maison; il fit à ce sujet une Élégie en vers français dans le goût d'alors qui précédait la venue de Despréaux. L'Amour se plaint à sa mère qu'*Alcandre* (c'est-à-dire M. de Caumartin) résiste à tous ses traits, et que depuis la mort de sa première femme, il demeure inflexible :

> Il soupira jadis son amoureuse peine,
> Et ne put s'affranchir de ma première chaîne;

---

1. Boileau parlait de M. de Caumartin, l'élève de Fléchier, quand il disait dans sa satire XIe (1698) :

> Chacun de l'équité ne fait pas son flambeau;
> Tout n'est pas Caumartin, Bignon, ni d'Aguesseau.

En lisant, dans les *Mémoires de Saint-Simon*, le portrait du même M. de Caumartin, conseiller d'État et intendant des finances, mort en 1720, on y découvre des caractères de bonne éducation qui décèlent la main excellente de son précepteur. Après lui avoir reproché d'être glorieux, d'avoir sous son manteau les grands airs que le maréchal de Villeroi étalait sous son baudrier, et d'avoir été le premier homme de robe qui ait hasardé à la cour (ô scandale !) le velours et la soie, Saint-Simon ajoute : « Le dedans étoit tout autre que le dehors; c'étoit un très-bon homme, doux, sociable, serviable, et qui s'en faisoit un plaisir; qui aimoit la règle et l'équité, autant que les besoins et les lois financières le pouvoient permettre; et au fond honnête homme, fort instruit dans son métier de magistrature et dans celui de finance, avec beaucoup d'esprit, et d'un esprit accort, gai, agréable. Il savoit infiniment d'histoire, de généalogie, d'anciens événements de la cour. Il n'avoit jamais lu que la plume ou un crayon à la main; il avoit infiniment lu, et n'avoit jamais rien oublié de ce qu'il avoit lu, jusqu'à en citer le livre et la page. Son père, aussi conseiller d'État, avoit été l'ami le plus confident et le conseil du cardinal de Retz. Le fils, dès sa première jeunesse, s'étoit mis par là dans les compagnies les plus choisies et les plus à la mode de ce temps-là. Cela lui en avoit donné le goût et le ton, et, de l'un à l'autre, il passa sa vie avec tout ce qu'il y avoit de meilleur en ce genre. Il étoit lui-même d'excellente compagnie.... » Nous retrouvons là très-visibles et dans leur lustre des qualités et des avantages que Fléchier contribua certainement à développer et qu'il possédait lui-même avec modestie. — C'est dans les conversations de ce M. de Caumartin devenu vieux, et pendant un voyage qu'il fit chez lui au château de Saint-Ange, que Voltaire, jeune, se prit d'un goût vif pour Henri IV et pour Sully, dont le vieillard ne parlait qu'avec passion; il en rapporta l'idée et même des parties commencées de sa *Henriade*.

> Mais après cette chaîne et ces liens rompus,
> Il a repris son cœur et ne l'engage plus.
> ....
> Si j'expose à ses yeux l'objet le plus charmant,
> Il le regarde en juge et non pas en amant;
> Et si j'offre à ses feux quelque illustre matière,
> A son peu de chaleur il joint trop de lumière,
> Il examine trop les lois de sa prison,
> Et veut joindre à l'amour un peu trop de raison.

Vénus répond à son fils en le consolant, et lui dit qu'il ne faut pas désespérer à ce point du rebelle Alcandre :

> Plus ses vœux sont tardifs, plus ils seront constants,
> Il diffère d'aimer pour aimer plus longtemps,
> Et sa chaîne, mon fils, qu'il traîne de la sorte,
> En sera quelque jour plus durable et plus forte;
> Relève ton espoir, et choisis seulement
> Une parfaite amante à ce parfait amant.

Doris sera cette amante et cette seconde épouse, Doris à la fois belle et sage, également chère à Pallas et aux Muses, mais qui ne veut avec celles-ci qu'*un commerce secret*. Fléchier, dans ce portrait flatteur et qui a du ton de l'*Astrée*, insiste comme il le doit sur la pudeur et la modestie qui fait le trait principal de la beauté célébrée :

> Cette chaste couleur, cette divine flamme,
> Au travers de ses yeux découvre sa belle âme,
> Et l'on voit cet éclat qui reluit au dehors,
> Comme un rayon d'esprit qui s'épand sur le corps.

Telle Fléchier nous dépeint et nous montre à l'avance la seconde Mme de Caumartin avec laquelle il fera l'année suivante le voyage d'Auvergne, et pour qui il rédigera le récit des *Grands-Jours*. Ce fut très-probablement pour elle aussi, et à sa demande, que le cardinal de Retz, quelques années après, entreprit d'écrire ses incomparables Mémoires. Mme de Caumartin avait en elle le don d'inspirer, et ce charme auquel on obéit.

Ces vers français de Fléchier qui rappellent ceux de d'Urfé, de l'ancien évêque Bertaut, ou encore ceux de Godeau, évêque de Vence, sont ce que j'appelle des vers élégants et polis d'avant Despréaux. Ceci se rattache à la remarque la plus essentielle dans une appréciation littéraire de Fléchier : il appartient, par le goût et par la manière, à la société de l'hôtel Rambouillet, et aux gens de lettres de la première Académie dont il était en quelque sorte l'élève; c'est là, c'est dans ce double cercle qu'il prit son pli à l'heure où son talent se forma, et il le garda toujours; même en se développant par la suite et en s'élevant; mais il ne se renouvela point.

On a de Fléchier d'autres vers français que ceux qui ont été recueillis dans ses OEuvres complètes, et ils justifient encore mieux, s'il est possible, la filiation que j'établis. Un manuscrit de la Bibliothèque impériale (Suppl. fr., n° 1016 in-fol.), qui a appartenu à M. de Boze, porte en marge à la première page : *Juvenilia Flecheriana*[1]; et en tête : *Divertissements, jeux d'esprit ou passe-temps de la jeunesse d'une des premières plumes de ce siècle*, et au-dessous : *Amusements de la jeunesse d'un homme illustre*. Ce petit recueil se compose de quelques pièces de vers et de prose qui auront paru trop galantes et trop légères pour entrer dans les OEuvres imprimées[2]. Elles sont bien de celui qui, devenu prélat, ne négligeait pas de correspondre avec Mme Deshoulières et avec Mlle de Scudéri, et qui écrivait à la première : « Quelle joie pour moi, madame, de trouver, après le cours ennuyeux d'une visite de diocèse, une lecture aussi délicieuse que celle de vos Poésies! Je croyois n'avoir plus de goût que pour les soins de l'épiscopat et pour les règles de la discipline de l'Église; mais j'ai senti que j'aimois encore les sonnets, les stances et les idylles, et qu'au milieu des occupations les plus sérieuses j'étois encore capable d'amusement. Vous m'avez

---

1. Il faudrait, selon les analogies de la bonne latinité, *Flexiariana*.
2. Je renvoie à la fin de l'Introduction, sous le titre de *note A*, la publication que je fais en entier d'une de ces pièces.

remis devant les yeux l'image d'un monde que j'avois presque oublié, et je me suis intéressé aux plaisirs et aux chagrins que vous avez exprimés dans vos ouvrages. Tout y est juste, poli, judicieux.... » Fléchier n'eut jamais honte de jeter un regard en arrière vers le premier idéal poétique qu'il avait conçu et cultivé dans sa jeunesse.

On lit, au tome neuvième de ses OEuvres complètes, un écrit intitulé : *Réflexions sur les différents Caractères des Hommes*, et qui, bien qu'on s'explique peu le motif qui le lui aurait fait composer, se rapporte assez bien à l'ordre d'idées, d'habitudes sociales et d'inclinations littéraires, où l'on sait que Fléchier a vécu et auquel il resta fidèle jusqu'à la fin. Par exemple, le chapitre sur l'*Esprit critique et satirique* est d'un homme qui préférait de beaucoup la morale insinuante de La Fontaine fabuliste à la franche satire de Boileau et même de Molière; on dirait que l'auteur continue de faire, à l'égard de ces derniers, quelques-unes des restrictions et des réserves de M. de Montausier. Dans le chapitre intitulé : *du Commerce avec les Femmes*, l'auteur insiste sur l'utilité honnête à en tirer, tout en marquant les sages précautions. Il est une classe de femmes du monde qu'il ne conseille pas de voir, les coquettes, les joueuses, etc.; mais, celles-là exceptées, il ne pense point que le commerce habituel avec des personnes du sexe qui ont du mérite puisse être blâmé et interdit; bien au contraire :

« Il y a, dit-il, une certaine manière de vivre avec les femmes que l'on peut voir, qui en rend le commerce agréable : et quelle est cette manière, sinon celle de l'honnêteté et de la bienséance ? On va souvent voir une dame, parce qu'il y a toujours compagnie chez elle ; que c'est *un réduit de gens d'esprit et de qualité*; qu'on y parle toujours de bonnes choses, ou au moins d'indifférentes ; que l'on se fait connoître, et que l'on se met sur un pied à pouvoir se passer de jeu et de comédie, qui sont les plus ordinaires occupations des gens du siècle qui n'ont rien de meilleur à faire. C'est une bonne école pour un jeune homme que la maison d'une dame de ce caractère. »

Et l'auteur entre dans un détail d'exemples assez agréable. Comme un homme qui dès sa jeunesse a vécu avec les honnêtes gens, il croit à la vertu chez les autres ; et même lorsque cette vertu n'est point parfaite d'abord, il estime qu'elle doit gagner avec le temps ; et que, les années y mettant la main, elle se perfectionnera :

« Rien n'est plus capable, dit-il en concluant ce chapitre, de rendre un homme sage qu'une femme sage ; et on peut maintenant dire à la louange des dames, qu'elles apprennent à vivre à ceux qui les voient. A parler de bonne foi, elles ont plus de vertu que les hommes, et si elles sont un peu plus dans la bagatelle, l'innocence s'y conserve toujours et la pureté des mœurs n'en souffre aucune atteinte.

« Un peu de jeunesse et un peu d'amour-propre leur fait aimer ce qu'elles mépriseront un jour, mais elles aiment déjà ce qu'elles aimeront un jour davantage. »

Le style est un peu traînant, mais la pensée est délicate. Je dois avertir cependant que, bien qu'il se trouve recueilli parmi les Œuvres de Fléchier et que, selon moi, il ne les dépare pas, cet écrit est reconnu pour ne pas être de lui, mais d'un ecclésiastique de son temps et de son école ; d'un abbé Goussault [1] oublié aujourd'hui, et auteur de plusieurs ouvrages dont celui-ci est de beaucoup le meilleur. C'est un disciple un peu moins vif, mais doux, et qui fait bien comprendre, et par principes en quelque sorte, cette manière honnête et non sauvage de vivre avec le sexe ; l'abbé Goussault, dans cet écrit où il recommande « les réduits de gens d'esprit et de qualité, » ne fait qu'imiter Fléchier, dans l'oraison funèbre de la duchesse de Montausier, se souvenant si complaisamment « de ces cabinets que l'on regarde encore avec tant de vénération, où l'esprit se puri-

---

1. Voir Barbier, *Dictionnaire des Anonymes*, t. III, p. 170.

fioit, où la vertu étoit révérée sous le nom de l'incomparable Arthénice.... »

Ce que Saint-Simon a vivement exprimé et résumé à sa manière lorsqu'au sujet de M. de Montausier, dans ses Notes sur Dangeau, il a dit : « L'hôtel de Rambouillet étoit, dans Paris, une espèce d'Académie des beaux esprits, — de galanterie, de vertu et de science, — car toutes ces choses-là s'accommodoient alors merveilleusement ensemble. »

Je crois maintenant que nous sommes préparés à bien entendre le Fléchier des *Grands-Jours*, celui qui même dans la bagatelle et le divertissement ne déroge jamais à l'homme comme il faut, et annonce par endroits l'homme vertueux : mais il était jeune, mais il voulait plaire, mais il avait sa fortune et sa réputation d'esprit à faire ; mais on lui avait dit en partant de Paris : « Monsieur Fléchier, vous nous écrirez tout cela ! » mais chaque soir, Mme de Caumartin et d'autres personnes de ce cercle intime le lui rappelaient : en écrivant il n'était que leur secrétaire. Il se mit donc à tout raconter avec détail, ironie, bonne grâce, galanterie, et un tact exquis des bienséances.

Toutefois l'idée de bienséance varie avec les âges et selon les moments. Fléchier a donné de lui-même, d'après la mode de son temps, un portrait accompli et dont on serait embarrassé de rien retrancher[1]. L'abbé Ducreux, éditeur des Œuvres complètes de Fléchier (1782), l'a publié en entier pour la première fois : seulement il avoue qu'il a cru devoir en quelques endroits substituer quelques termes à ceux de l'original : « non qu'ils aient rien de messéant, dit-il ; mais nous avons pensé que cette attention était due aux personnes d'une imagination qui se blesse aisément, et qui découvre, sous les expressions les plus innocentes, des sens détournés et peu modestes dont ne se doutaient pas ceux qui les ont employés. » Quel dommage pour les con-

---

1. On peut le lire à la suite de cette Introduction.

naisseurs et les amateurs de la pure langue, que, cédant à de si vains scrupules, l'éditeur ait mis je ne sais quoi du sien dans ce portrait qui, tel qu'il est, nous paraît si charmant et de toute perfection, mais qui serait plus juste encore si l'on n'y avait rien changé! car la diction de Fléchier, c'est la finesse, la justesse et la propriété même. Voilà pourtant ce qui serait immanquablement arrivé à la *Relation des Grands-Jours* si on l'avait publiée plus tôt[1]. Cette production, aussi curieuse qu'agréable, ne pouvait paraître dans toute sa sincérité et son intégrité, comme avec toute sa saveur, qu'après la vraie renaissance de goût pour le xviie siècle, et cette reprise d'étude intelligente qui fait tant d'honneur à notre âge.

Ajoutez qu'à mesure qu'on s'éloigne de ces temps anciens et de ce régime aboli, il devient d'un intérêt historique sérieux d'en bien connaître les mœurs, les usages, les particularités, les excès; de voir toute une province, et des plus rudes, saisie au vif et prise sur le fait dans ses éléments les plus saillants et les plus heurtés, dans sa noblesse, son clergé, son tiers état, et ses paysans; d'assister à l'enquête et à la justice, souvent bien expéditive, qu'on y fait au nom de l'autorité royale, treize ans seulement après les rébellions de la Fronde. Telle est la qualité nouvelle que la Relation de Fléchier a acquise en vieillissant : ce qui, pour l'auteur devenu tout à fait grave, n'était plus qu'une bagatelle de société, ce qui a pu continuer de paraître tel en effet jusqu'à la fin du xviiie siècle, et tant que dura l'ancienne monarchie, a pris, à la distance où nous sommes, toute l'importance d'un témoignage circonstancié, d'un tableau neuf et hors de prix. Là où Fléchier n'avait songé qu'à exercer sa

---

1. Le conseiller Ménard essaya de la publier dans le tome second des *OEuvres de Fléchier*, dont il se fit l'éditeur en 1763; mais de cette édition, le tome premier seul a paru. Ce tome second dont il n'y a eu que le commencement d'imprimé, et qui devait contenir la *Relation des Grands-Jours*, a été arrêté et détruit. (Voir le *Catalogue de la bibliothèque de M. Monmerqué*, 1851, article 1786.) Un exemplaire, unique peut-être, a échappé, et l'on en a tiré une ou deux corrections utiles pour la présente édition.

plume et à badiner avec ses amis sur les singularités d'un voyage extraordinaire, il se trouve nous avoir ouvert un jour sur un coin de l'ancienne France qui, à travers ce style si poli, éclate d'autant plus brusquement à nos yeux.

On ne sait presque rien de l'état des provinces au XVII° siècle; il faut en chercher les documents épars dans les correspondances administratives. On cite le Journal de l'intendant Foucault comme comblant en partie cette lacune. La spirituelle gazette de Fléchier nous montre le dedans d'une province à une date un peu antérieure et non moins à nu que ne ferait un journal d'intendant : on y a en sus l'élégance[1].

Les Grands-Jours supposaient un état de choses où la féodalité avait encore ses usurpations et ses licences, où elle se riait de la justice locale et la bravait, et où il fallait que le roi, protecteur de tous, étendît le bras pour rétablir le niveau de l'équité. Le roi alors nommait un tribunal extraordinaire exerçant une justice souveraine; les lettres patentes qui conféraient aux juges commissaires cette pleine autorité étaient soumises à la formalité de l'enregistrement, et rien ne manquait à l'appareil de ce parlement improvisé et sans appel. Lorsque Louis XIV prit en main le gouvernement après la mort de Mazarin, l'Auvergne était un des pays les plus signalés par le nombre comme par l'impunité audacieuse des crimes; dès 1661 et dans les années suivantes, les intendants ne cessaient d'y dénoncer à Colbert toutes sortes d'abus de pouvoir et d'excès de la part des nobles, protégés et couverts qu'ils étaient par les officiers mêmes de justice : ce fut aussi l'Auvergne que l'on jugea à propos de choisir pour commencer la réparation dans le royaume. Le bras de Colbert se reconnaît à ce coup de

---

[1]. On peut consulter avec fruit un ouvrage récent, le tome second de l'*Histoire de l'Administration monarchique en France*, par M. Chéruel (1855). On y trouvera l'exposé le plus exact, et puisé aux meilleures sources, de l'état intérieur de la France dans ces premières années du gouvernement de Louis XIV.

vigueur frappé au début et dont le retentissement fut immense. D'autres provinces depuis eurent aussi leurs Grands-Jours ; le Vélay eut les siens, Limoges également. Mais ceux de Clermont paraissent avoir été les plus *autorisés* (pour parler avec Fléchier) qui se soient jamais tenus, même en aucun temps précédent, et du moins ils sont les derniers qui nous représentent avec éclat toute la solennité et l'étendue de pouvoir inhérentes à cette institution. Elle fut plus tard remplacée et suppléée par la tenue des Assises. L'unité d'organisation mise en vigueur et appliquée dans le royaume pendant le long règne de Louis XIV rendit désormais inutile la création de ces machines extraordinaires et réparatrices, qualifiées du titre effrayant de Grands-Jours et destinées surtout à abattre les restes de la tyrannie seigneuriale [1].

La déclaration du roi portant établissement des Grands-Jours à Clermont, datée du 31 août 1665, fut vérifiée et enregistrée au Parlement le 5 septembre, et le même jour le roi adressa aux échevins et habitants de Clermont une lettre où il était dit :

« Chers et bien amez, la licence qu'une longue guerre a introduite dans nos provinces, et l'oppression que les pauvres en souffrent, nous ayant fait résoudre d'établir en notre ville de Clermont en Auvergne une Cour vulgairement appelée des Grands-Jours, composée des gens de haute probité et d'une expérience consommée, pour, en l'étendue du ressort que nous lui avons prescrit, connoître et juger de tous les crimes, punir ceux qui en seront coupables, et faire puissamment régner la justice ; à présent qu'ils s'en vont pour vaquer à la fonction de leurs charges, et satisfaire à nos ordres, nous voulons et vous mandons que vous ayez à leur préparer les logements qui leur seront nécessaires, etc. »

M. de Novion, président à mortier, était établi président de

---

1. Voir à la fin du volume, en tête de l'*Appendice*, la Notice de M. Chéruel sur l'origine et l'institution des Grands-Jours.

ce tribunal, composé de seize conseillers pour commissaires et assesseurs. M. Denis Talon, avocat général, devait exercer les fonctions du ministère public. M. de Caumartin, maître des requêtes, était nommé pour tenir les sceaux et représenter plus directement le pouvoir royal. C'est du fils de M. de Caumartin, qu'on appelait M. de Boissy, alors âgé de douze ou treize ans, que Fléchier était précepteur. Mme de Caumartin la douairière, la jeune Mme de Caumartin étaient du voyage, ainsi que quelques-unes des femmes ou des mères des principaux magistrats. Mme Talon la mère était venue pour tenir le ménage de son fils, et le président de Novion brillait galamment au milieu de mesdames ses filles.

M. de Caumartin nous représente, dans ces Grands-Jours de Clermont, l'homme éclairé, un magistrat de cour, probe, poli, non pédant, sans passion ni prévention, humain et toujours prêt à graduer la justice, à l'adoucir sans l'énerver. Il est en lutte sourde de prérogative avec ses collègues les commissaires, qui restent obstinément des gens de robe et de palais jusqu'au sein de cette commission royale extraordinaire, et qui résistent à l'idée de devoir être présidés par lui, par un maître des requêtes, en cas d'absence ou de récusation de M. de Novion. Rien n'échappe à M. de Caumartin des ridicules et de la morgue de ses dignes collègues, de même que rien n'échappe à Mme de Caumartin la jeune des différents travers et des airs guindés ou évaporés de ces dames, de celles même venues de Paris, et qui ne sont pas tout à fait de son monde. Fléchier touchera tout cela dans le goût de ses patrons, qui est aussi le sien, avec finesse, d'un air d'indulgence et d'une griffe légère.

Durant quatre mois pleins, depuis le 25 septembre 1665, jour d'arrivée à Clermont, jusqu'au 4 février suivant, jour du départ, la maison de M. de Caumartin fut un centre de réunion et pour messieurs des Grands-Jours, et pour les principaux de la ville, et même pour ceux de la noblesse qui se rassurèrent à la fin jusqu'à venir affronter la vue des terribles juges. Fléchier, d'un coin du salon où il souriait et causait avec grâce, vit tout et vit bien. C'était, on le conçoit, une partie de plaisir et un régal unique pour ce beau monde de Paris, que cette expédition et ces quartiers d'hiver au cœur d'une province réputée des plus sauvages, cette série de grands crimes, ces exécutions exemplaires auxquelles on n'était pas accoutumé de si près et entremêlées de dîners, de bals et d'un véritable gala perpétuel. Chapelle et Bachaumont, dix ans auparavant, avaient écrit une Relation de leur voyage pour bien moins. Tallemant des Réaux, vers ce même temps, notait des historiettes qui étaient moins piquantes et moins relevées en saveur. Fléchier, à sa manière, fit donc comme eux ; il écrivit ses historiettes et son voyage, il tint son journal. Il aurait voulu se dérober à cette tâche de société, qu'on ne le lui aurait pas permis. — « M. Dongois est le greffier de la Cour, à la bonne heure ! mais vous, monsieur Fléchier, vous êtes le nôtre. » Il me semble que j'entends le rire et les paroles. On a dû lui dire quelque chose d'approchant.

Son livre, d'ailleurs, a de la composition, de l'art ; Fléchier en met à tout. Il considère les Grands-Jours comme une sorte de tragi-comédie, et il y dispose le touchant, l'horrible, le gai avec alternative et comme on assortit des nuances. Il ne commence son récit qu'à l'arrivée à Riom, et lorsqu'on est sur la terre d'Auvergne. A propos de la rivalité entre Riom et Clermont, il cite complaisamment des vers de Chapelain, ce qui lui arrivera encore en un autre endroit : il y a là une légère flatterie à l'adresse de Chapelain, l'un de ses protecteurs. Parmi les choses rares de la ville, il se laisse montrer une dame qu'on y estime, tant en esprit qu'en beauté, l'une des merveilles du monde. Il entre dans le détail de cette beauté qui, sans être achevée, lui paraît avoir de l'agrément : « Ceux qui la connoissent particulièrement, dit-il, trouvent en elle quelque chose de plus charmant que cet extérieur, et disent que c'est l'esprit le plus doux, le plus enjoué, le plus insinuant et le plus adroit du monde ; qui pense très-justement, donne un tour très-galant à ce qu'elle pense.... Aussi, tiennent-ils la conquête de ses yeux sûre, et ne croient pas que les cœurs les plus sévères puissent tenir une demi-heure contre elle, lorsqu'elle a bien entrepris de les toucher. Je sais des gens qui vouloient bien en faire l'épreuve. » Ces *gens*-là ne sont autre que lui-même. N'allons pas faire comme des lecteurs peu avertis. Ne nous en étonnons pas, ne nous en scandalisons pas. Fléchier, à cet âge et dans cette mode de société, est et doit être, au moins en paroles, partisan et sectateur du bel amour raffiné, de l'amour respectueux, à la Scudéri ; de l'amour, non pas tel qu'on le fait dans le petit monde, mais de celui qui durerait des siècles avant de rien entreprendre ni entamer. Il sait sa carte de Tendre, il sait son code et sa procédure des Cours d'amour, il a lu l'*Astrée*. Lisez donc la première historiette toute romanesque qu'il a mise à dessein en tête des *Grands-Jours* pour les commencer sous de gracieux auspices, et ne pas trop dépayser tout d'abord, lisez-la comme vous feriez d'une nouvelle de Segrais ; voyez-y ce qu'il a voulu surtout y montrer, l'application du sentiment et du ton des précieuses chez une belle de province ; et tout en notant ce que le récit a pour nous de singulier de la part d'un jeune abbé, qui avait déjà titre alors *prédicateur du roi*, disons-nous bien : ce n'est là autre chose qu'une contenance admise et même requise dans un monde d'élite, l'attitude et la marque d'un esprit comme il faut. Qu'ajouter encore ? la sage Mme de Caumartin trouvait cela fort bon chez le précepteur de son fils ; Mme de Sablé, l'oracle de la justesse et censée convertie, si on lui prêta ensuite la Relation à lire (comme il est bien probable), n'y trouvait pas à redire.

On se met en route de Riom pour Clermont. Fléchier se plaît à décrire le chemin et le paysage qui remplit agréablement l'intervalle. On est dans une longue allée plantée des deux côtés et arrosée d'un double ruisseau : « on découvre en éloignement les montagnes de Forez d'un côté ; et une grande étendue de prairies, qui sont d'un vert bien plus frais et plus vif que celui des autres pays. Une infinité de petits ruisseaux serpentent dedans, et font voir un beau cristal qui s'écoule à petit bruit dans un lit de la plus belle verdure du monde. On voit de l'autre les montagnes d'Auvergne fort proches, qui bornent la vue si agréablement, que les yeux ne voudroient point aller plus loin, car elles sont revêtues d'un vert mêlé qui fait un fort bel effet, et d'ailleurs d'une grande fertilité.... » Fléchier en chaque occasion aura de ces descriptions de la nature, descriptions un peu maniérées et qui empruntent volontiers aux choses des salons, au cristal, à l'émeraude, à l'émail, leurs termes de comparaison et leurs images : toutefois, sous l'expression artificielle, on sent un certain goût et un sentiment fleuri de la nature.

Chemin faisant il se raille un peu des harangueurs de campagne qui saluent au passage et retardent la marche de messieurs des Grands-Jours. Dès l'arrivée à Clermont sa raillerie change d'objet, et il montre M. Talon dans son zèle, visitant avant tout les prisons « pour voir si elles étoient sûres et capables de contenir autant de criminels qu'il espéroit en faire arrêter ; et, suivant les chambres et les cachots, il minutoit déjà les conclusions qu'il devoit donner. ». Ainsi débute et va procéder cette douce ironie sans trop avoir l'air d'y toucher; et un peu plus loin il nous donnera de la magnifique harangue d'ouverture de M. Talon une analyse exacte et qui est à la fois malicieuse.

Ce n'est pas que la plaisanterie de Fléchier soit toujours irréprochable ; il a du bel esprit, et par endroits du précieux ; il a du mauvais goût. Il caresse volontiers son idée jusqu'au bout et concerte son expression ; il pousse et redouble à plaisir son antithèse. Il veut introduire de l'agrément en tout et partout, même dans le récit des plus grands crimes. De ces défauts il gardera les uns jusqu'à la fin, et il les fondra dans cette manière compassée et ornée, qui, s'appuyant d'une période nombreuse et d'une parfaite justesse de diction, composera son éloquence. D'autres défauts pourtant tenaient à sa jeunesse, et ils disparaîtront avec l'âge. C'est ainsi que, dans les *Grands-Jours*, il parle des habitants des monts « qui ne menacent que de brûler ceux qui leur font quelque déplaisir, et qui, étant toujours *sous la neige*, ne laissent pas d'avoir souvent recours *au feu* pour se venger. » C'est ainsi qu'il dira, par le même jeu de mots que Racine : « Cependant il est certain que pendant qu'il (un mari) *faisoit brûler* ce chaume, sa femme *brûloit d'amour* avec son galant. » Pour marquer la fécondité des femmes de Clermont, et le grand nombre d'enfants qu'ont la plupart d'entre elles, il dira que la petite vérole, qui est la contagion des enfants, « s'étant répandue s'est enfin *lassée* dans la ville, et après en avoir emporté plus de mille, s'est retirée *de dépit qu'elle a eu* qu'il n'y parût pas. » Par cette disposition de bel esprit qui s'arrête et se complaît à la bagatelle, Fléchier n'est point de l'école sévère et judicieuse de Boileau : il a en lui de ce goût qu'aura Fontenelle, et qu'avait Benserade, un goût de *ruelles* dans le meilleur sens du mot.

Quoique bon et exquis écrivain à sa date, il n'est pas attique : l'atticisme est proprement l'opposé du genre asiatique trop surchargé d'ornements ; mais il a éminemment l'urbanité, qui est le contraire de la rusticité.

Il s'est bien peint à nous dans sa première forme littéraire lorsque, dès les premiers jours de son arrivée à Clermont, étant allé faire une visite à Vichy, il y rencontre des religieuses, des dames, un capucin à demi mondain, et des précieuses de province. « Faire des vers et venir de Paris, ce sont deux choses qui donnent bien de la réputation dans ces lieux éloignés. » Or, Fléchier réunissait ces flatteuses conditions, ayant déjà publié des vers qu'on avait distingués

dans les recueils du temps, et de plus étant prédicateur déjà
fort goûté. Le compliment guindé que lui adressent les précieuses du lieu en l'abordant; l'*Art d'aimer*, traduit par le
président Nicole, qu'elles trouvent sur sa table, et qu'il leur
prête avec le regret de ne pouvoir en même temps les rendre
plus aimables; la demande d'un sermon à faire, qui lui arrive précisément ce jour-là, tout cet ensemble compose un
petit tableau malin, moqueur, assorti pourtant, et où rien
ne jure. Fléchier, en écrivant son récit, ne songeait qu'à
faire sourire son beau monde aux dépens des fausses
précieuses : aujourd'hui, quand nous le lisons, une partie de
notre sourire lui revient à lui-même, à l'abbé spirituel et
fin, si bien tourné, si pénétré de son bon goût, mais un peu
précieux.

Arrivant à son sujet principal, qui est la chronique des
Grands-Jours, il nous montre le premier coup qui frappe sur
une tête altière et imprudente, le vicomte de La Mothe de
Canillac, « fort considéré pour sa qualité dans la province,
et, au sentiment de tous, le plus innocent de tous les
Canillac. » Ce qui n'empêchait pas qu'il n'eût bien à se
reprocher quelques petits crimes; mais allié et parent
du président même des Grands-Jours, de M. de Novion,
et fort de son innocence relative, le vicomte de Canillac devait se croire à l'abri des recherches, et il fut le
premier atteint. Il avait contre lui les souvenirs de la
Fronde, et d'avoir guerroyé contre le roi. Le président,
comme les hommes peu sûrs de leur conscience, était avide
de commencer par un coup d'éclat, qui mît la sienne en
honneur, et qui affichât hautement son impartialité[1]. M. Ta-

---

[1]. Cela est si vrai que M. de Novion se hâtait là-dessus d'écrire à Colbert
(20 octobre 1665) : « J'ai fait arrêter hier au soir le comte de Canillac
Pont-du-Château, beau-frère de mon gendre. Jugez si je recule pour personne quand il s'agit du service du roi. Je ne sais pas encore quelle sera la
charge que produira contre lui sa partie; mais enfin voilà un assez grand
témoignage que la justice se fait ici sans discernement. » (*Correspondance
administrative sous le règne de Louis XIV*, 1851, t. II, p. 165.)

lon aussi, dans sa morgue magistrale, réclamait une première grande victime exemplaire, qui imprimât la terreur à la ronde. Fléchier nous fait discrètement sentir ces raisons combinées, et il exprime, en la partageant, l'opinion de M. de Caumartin, plus humain et plus équitable. On sent déjà, à cette modération du narrateur, le futur évêque de Nîmes, qui, dans ses luttes diocésaines avec les protestants, aura à adoucir sans cesse l'humeur et les procédés expéditifs de M. de Bâville.

Cette première arrestation de M. de Canillac, et celle d'un autre gentilhomme, M. de Montvallat, firent une grande impression dans les campagnes : à force d'y paraître appuyer les faibles, les Grands-Jours rendirent tout à coup ceux-ci insolents, et peu s'en faut oppresseurs à leur tour. M. de Novion a l'air de s'en applaudir, et, dans une lettre adressée à Colbert, il disait (octobre 1665) : « Nous avons quantité de prisonniers ; tous les prévôts en campagne jettent dans les esprits la dernière épouvante. Les Auvergnats n'ont jamais si bien connu qu'ils ont un roi comme ils font à présent. Un gentilhomme me vient de faire plainte qu'un paysan lui ayant dit des insolences, il lui a jeté son chapeau par terre sans le frapper, et que le paysan lui a répondu hardiment qu'il eût à lui relever son chapeau, ou qu'il le mèneroit incontinent devant des gens qui lui en feroient nettoyer l'ordure. Jamais il n'y eut tant de consternation de la part des grands, et tant de joie entre les foibles. » Le trait, tel qu'il est rapporté par M. de Novion, a un air de fierté qui ne déplaît pas et qui pourrait faire illusion ; il y faut un correctif. Fléchier, dans l'aperçu qu'il donne des mêmes circonstances et des mêmes scènes, est plus véridique ou plus complet. Il nous fait voir le paysan, l'homme voisin du sol et en ayant gardé de la dureté, tel qu'il était alors, tel que le connaissait d'abord le vieil Hésiode, et tel qu'il redevient si aisément dans tous les temps. « Nous autres races d'hommes qui vivons sur la terre, nous sommes jaloux, » a dit quelque part Ulysse chez Homère. Dure et ingrate nature humaine, pétrie au fond d'envie, bien plus que de bonté, qui ne sort guère d'un excès que pour un autre, et qui, dès qu'elle n'est plus foulée et à terre, a besoin de fouler quelqu'un : « Si on ne leur parle avec honneur, nous dit Fléchier dans son récit, et si l'on manque à les saluer civilement, ils en appellent aux Grands-Jours, menacent de faire punir, et protestent de violence. Une dame de la campagne se plaignoit que tous ses paysans avoient acheté des gants et croyoient qu'ils n'étoient plus obligés de travailler, et que le roi ne considéroit plus qu'eux dans son royaume. Lorsque des personnes de qualité, d'esprit et de fort bonnes mœurs, qui ne craignoient point la plus sévère justice, et qui s'étoient acquis la bienveillance des peuples, venoient à Clermont, ces bonnes gens les assuroient de leur protection, et leur présentoient des attestations de vie et mœurs, croyant que c'étoit une dépendance nécessaire, et qu'ils étoient devenus seigneurs, par privilége, de leurs seigneurs mêmes. » Mais voici ce qu'ajoute Fléchier, et qui est plus curieux que tout, car on y retrouve cette éternelle question des biens chez une race avare et âpre au partage : « Ils étoient encore persuadés que le roi n'envoyoit cette Compagnie que pour les faire rentrer dans leur bien, de quelque manière qu'ils l'eussent vendu, et sur cela ils comptoient déjà pour leur héritage tout ce que leurs ancêtres avoient vendu, remontant jusques à la troisième génération. » En n'ayant l'air que de sourire, le futur évêque de Nîmes se montre encore ici un connaisseur très-clairvoyant et très-expérimenté de la nature humaine, et ne versant d'aucun côté. C'est un moraliste qui connaît les grands, et déjà les petits.

L'humanité, dont Fléchier donne en plus d'un endroit des marques, ne prend jamais la forme à laquelle le XVIIIe siècle nous accoutumera ; il ne fait point état de philanthropie, il n'étale rien. Lorsque, dans son récit, il en a assez de ces détails sur la question, la torture, et sur les façons de procéder de la justice d'alors, il nous dira sans transition aucune, et simplement pour varier : « C'est une chose agréable que la conversation ; mais il faut un peu de promenade au bout, et je ne trouve rien de plus doux que de prendre un peu l'air de la campagne après avoir passé quelques heures d'entretien dans la chambre. Nous montâmes donc en carrosse avec quelques dames.... » Dans son mélange d'historiettes (et il appelle quelquefois ainsi d'affreuses histoires) il a soin d'en introduire de temps en temps d'agréables, et qui diversifient les impressions. Parmi les plus jolies, il faut compter l'idylle de la belle Étiennette et de son amoureux, tous deux pareils à Daphnis et Chloë, et la malice du sorcier qui leur joua, pendant leur première semaine de noces, un si vilain tour. Ceux qui, à la lecture, se sont effarouchés de cette espièglerie si gentiment racontée, et de quelques autres traits du même genre, ou de quelques mots francs et vifs à la rencontre, ignorent donc comment on causait alors dans la meilleure compagnie, et je dirai même, quand on s'y sent bien à l'aise et chez soi, comment on y cause aujourd'hui encore.

Les jours de grande exécution, Fléchier aimerait à sortir de la ville et à se tenir à l'écart, par un sentiment d'humanité, qui se confond chez lui avec la bienséance. Après plusieurs jours de mauvais temps, et lorsqu'un rayon de soleil permet la promenade, il s'échappe volontiers et va chercher, ne fût-ce que dans quelque cloître, un lieu propice à la réflexion et à un paisible entretien. Il a introduit habilement et ménagé, à travers son récit, quatre ou cinq de ces entretiens développés, dans lesquels des personnes du lieu lui racontent, sur l'histoire et les événements du pays, ce qu'il n'a pu savoir directement de lui-même. C'est ainsi qu'au sortir de l'église des Jésuites il se fait raconter, par un janséniste de la ville, l'histoire de l'établissement des Révérends Pères à Clermont. On était alors au plus fort de la querelle religieuse ; il n'y avait pas dix ans que les *Provinciales* avaient paru : Fléchier, on le sent, les a beaucoup lues, et son ironie en profite ; mais il garde son jugement libre, et il se moque doucement des deux partis.

Une des idées les plus singulières qu'ont eues les contradicteurs des *Grands-Jours* lors de la première publication, ç'a été de supposer que je ne sais quel philosophe du XVIIIe siècle y avait intercalé à plaisir des passages ou des historiettes malignes pour faire tort à la religion et à la noblesse, et pour décrier l'ancien régime. S'il fallait discuter sérieusement cette assertion, elle ne subsisterait pas devant les preuves dites positives et matérielles. Il existe une Relation des Grands-Jours d'Auvergne, autre que celle de Fléchier. Dongois, que j'ai déjà nommé, et qui remplissait les fonctions de greffier de la commission des Grands-Jours, le même qui fut depuis greffier en chef du Parlement, et que Boileau, son oncle, a appelé quelque part *l'illustre M. Dongois*, rédigea à son retour à Paris, et par curiosité, un récit de ce qui s'était passé à Clermont. Ce récit, en style de procès-verbal, vient contrôler utilement l'élégante chronique de Fléchier, et il la confirme de tout point. « Il en prouve, suivant moi, l'authenticité de la manière la plus évidente. » C'est là la conclusion d'un magistrat exact et consciencieux, M. Taillandier, qui a pris la peine d'examiner le manuscrit de Dongois, aux Archives[1]. Mais, à ne nous en tenir ici qu'à la littérature, n'avons-nous pas aussi nos preuves ? Il y a une historiette, entre autres, celle du curé de Saint-Babel, qui avait sur-

---

1. Depuis que ceci est écrit, M. Taillandier a développé ses preuves dans une Dissertation, insérée dans l'*Athenæum français* du 24 novembre 1855, qui ne laisse rien à répliquer. Il a bien voulu mettre à la disposition des éditeurs actuels, avec une entière obligeance, tout ce qu'il avait recueilli de notes à ce sujet.

tout choqué : « On l'accusoit dans le monde, dit Fléchier en parlant de ce curé condamné à mort pour ses méfaits, d'avoir instruit ses paroissiennes d'une manière toute nouvelle ; de leur avoir inspiré quelque autre amour que celui de Dieu, et de leur avoir fait des exhortations particulières, bien différentes des prônes qu'il leur faisoit en public. » Et continuant sur le même ton, il raconte comment ce curé, un jour qu'il était appelé près d'une mourante pour les derniers sacrements, avait négligé la maîtresse pour la servante : « Il ne se soucia plus du salut de sa maîtresse, dans le dessein qu'il eut contre l'honneur de la servante.... Au lieu d'écouter la confession de l'une, il faisoit sa déclaration à l'autre ; et bien loin d'exhorter la malade à bien mourir, il sollicitoit celle qui se portoit bien à mal vivre ; et la prenant par la main et par le menton : — Quelle peine, disoit-il, pour moi ! etc. » Et il met dans la bouche du coupable un discours tout en contrastes et en *concetti*. Je le demande, ce récit n'est-il pas signé de Fléchier, à chaque ligne, par le bel esprit symétrique et par l'antithèse ? Oh ! que la plaisanterie irréligieuse de Voltaire procède différemment ! elle est vive, elle est alerte et hardie ; elle insulte ce qu'elle touche, elle met sans façon la main aux choses ; ou, si par adresse et par ruse, chez quelqu'un de ses disciples, cette plaisanterie en de tels sujets se déguise et se fait raffinée, riante, coquette et lascive (comme chez Parny), vous sentez le venin sous le miel :

Impia sub dulci melle venena latent.

Chez Fléchier, au contraire, nous avons, aux endroits où elle nous paraît moins convenable, la plaisanterie innocente et froide, non pas même d'un Voiture (celui-ci avait l'esprit trop libertin), mais d'un disciple compassé de Balzac, qui développe et déplisse lentement sa pensée, et ne fait grâce d'aucune des broderies qu'elle renferme.

Parmi les plaisanteries et les gaietés qui se mêlèrent aux

Grands-Jours, il en était une assurément plus leste et plus dégagée, plus ronde que la sienne : c'était celle de Marigny, le fameux Frondeur, le gai chansonnier. Marigny était une des créatures de Retz, à qui il s'était comme donné durant la Fronde, et qui l'employa plus d'une fois à jeter du ridicule sur ses adversaires. Il avait le génie du vaudeville et de la parodie. Il faisait profession de divertir ses amis et patrons, et de les faire rire à tout sujet. M. de Caumartin s'était accoutumé à ce joyeux sel que répandait Marigny, et ne s'en passait pas volontiers. Pendant les Grands-Jours, et dans l'intervalle des pendaisons, il entretenait avec lui une correspondance récréative, et lui écrivait à Paris pour l'exciter et le provoquer. Fléchier a inséré dans son journal une de ces lettres burlesques de Marigny. « On lui répondoit aussi avec beaucoup de gaieté, » ajoute-t-il. Je serais étonné si cet *on* ne cachait pas Fléchier lui-même, qui dut quelquefois tenir la plume au nom de toute la société, et se mettre en frais de burlesque, ce qui ne lui allait pas.

Fléchier ne rit pas aux éclats ; il sourit, — il sourit en jetant un coup d'œil au miroir, et en regardant spirituellement son voisin ; il a la gaieté prolongée et discrète, un peu étudiée, comme sa grâce.

Je ne prétends pas analyser les *Grands-Jours*, qu'on va lire ; je n'ai voulu qu'indiquer l'esprit dans lequel cette lecture doit se faire, et quelques-unes des réflexions auxquelles elle prête. Il y a des portraits piquants, d'un demi-comique achevé, et qui, pour la finesse du trait, rappellent ceux d'Hamilton. M. Talon et sa digne mère, qui a la manie de tout présider et de tout régenter autour d'elle ; M. de Novion, le fastueux et le galant avec sa nuance légère d'iniquité[1] ;

---

1. Cette nuance, encore légère du temps de Fléchier, ne fit que se marquer et trancher de plus en plus avec les années. M. de Novion, devenu premier président du Parlement après M. de Lamoignon, parut un magistrat scandaleux : « Le premier président de Novion étoit fort accusé de vendre la justice, dit Saint-Simon, et on prétend qu'il fut plus d'une fois pris sur le

M. Nau le croquemitaine, qui fait donner la question avec la même fureur qu'il danse lui-même la bourrée, ce sont moins là encore des portraits que des personnages d'une comédie de société et d'un proverbe : on les voit agir et vivre. Fléchier n'a rien de Molière en lui, mais il a du Théodore Le Clercq : qu'on me pardonne bien vite ce rapprochement.

Les honneurs des *Grands-Jours* sont et devaient être dans le récit de Fléchier pour M. de Caumartin, son Mécène. Par un tour délicat il a mis l'éloge de M. de Caumartin dans la bouche d'un homme de considération avec qui il est censé s'entretenir en route, et en se promenant le long du canal de Briare. Ce résumé des impressions reçues durant ces quatre mois de haute judicature, et du rôle que chacun y a tenu, est d'un écrivain qui ne laisse rien au hasard, et qui sait comment on termine un ouvrage même facile, et qu'il ne publiera pas.

Cependant, après avoir vaqué au charme et à l'amusement de ce qui l'entourait, Fléchier devait songer à ce qu'on pourrait montrer au public : il fit donc une pièce de vers latins, *In Conventus juridicos Arvernis habitos Carmen*, où il célébrait tout le monde, et, par-dessus tout, le roi, qui faisait revivre pour l'Auvergne, en proie jusqu'alors aux violences et aux crimes, un âge meilleur et le règne d'Astrée. Cette pièce officielle, qui fut imprimée à Clermont (1665), ressemble aussi peu à la *Relation des Grands-Jours* qu'une oraison funèbre ressemble à la vie réelle de l'homme. Un peu avant son retour il envoyait un exemplaire de ce petit poëme à l'éternel et inévitable Chapelain, qui lui répondait (11 février 1666) : « ... J'ai eu un fort grand sujet de contentement dans la lec-

---

fait prononçant à l'audience des arrêts dont aucun des deux côtés n'avoit été d'avis; en sorte qu'un côté s'étonnoit de l'avis unanime de l'autre, et ainsi réciproquement, et que, sur ces injustices réitérées, le roi prit enfin le parti de l'obliger à se défaire. » Il dut quitter sa charge (1689), et fut remplacé par M. de Harlay. Le Novion de Fléchier prépare et présage à merveille celui de Saint-Simon. — La justice oblige toutefois à remarquer que Saint-Simon avait ses motifs pour ne pas bien traiter les Novion.

ture de votre poëme latin sur la justice des *Grands-Jours*, qui est sans doute l'un de vos meilleurs, bien qu'il ne sorte rien que d'excellent de vous. Il n'eût été que bon, au reste, de m'en envoyer plus d'une copie[1] pour faire souvenir de vous où vous savez, et tenir toujours votre nom et vos talents en considération sur des fondements aussi solides que ceux-là. A quoi, monsieur, ne serviroit pas peu encore quelque autre ouvrage latin ou françois sur la nouvelle largesse du roi dans la liberté qu'il a procurée par la terreur de ses armes et par l'effusion de ses trésors aux chrétiens captifs en Barbarie, qu'on n'attend que l'heure de voir revenir délivrés... »

L'estimable Chapelain suggérait là à son jeune ami un nouveau sujet de poëme officiel et ennuyeux, pour trouver occasion de le faire valoir en cour et auprès de Colbert. Je n'ai pas à suivre la vie et la carrière de Fléchier. Ses protecteurs, et bientôt M. de Montausier tout particulièrement, se chargèrent de sa fortune. Je vois qu'en 1669, M. de Montausier avait songé à appliquer Fléchier à une interprétation et à un commentaire d'Horace, sans doute pour l'édition à l'usage du Dauphin. Mais Fléchier allait trouver le principal et le plus brillant emploi de son talent dans la chaire. Il eut à prononcer, en 1672, la première de ses Oraisons funèbres, celle de la duchesse de Montausier ; la reconnaissance de l'orateur y donna cours à l'éloquence. Quelques mois après l'Académie française lui ouvrait ses portes, en remplacement de l'évêque de Vence Godeau. Ce fut à la séance de sa réception qu'on vit l'Académie pour la première fois convier le public et le beau monde et se parer comme pour une fête ; il seyait bien à la parole de Fléchier d'inaugurer ce genre de solennités. Il avait alors quarante ans. Tous les honneurs et les succès lui venaient à la fois.

C'est ainsi qu'il s'acheminait vers l'épiscopat, qu'il devait

---

1. *Copie* dans le sens d'exemplaire.

honorer par ses vertus. Nommé par le roi en 1685 évêque de Lavaur, et en 1687 évêque de Nîmes, il n'en eut les bulles que plus tard par suite des démêlés de la France avec le Saint-Siége. Dès le premier jour il en exerça les fonctions, sous un moindre titre, avec dévouement et avec zèle. Il revint à Paris en l'année 1690, pour prononcer l'oraison funèbre de la Dauphine, et celle de son grand ami, le duc de Montausier. Il assista celui-ci à ses derniers moments, et l'exhorta à la mort, de même qu'il l'avait consolé et soutenu de ses entretiens affectueux, il y avait dix-huit ans, dans la première solitude de son veuvage : c'était dans les deux cas la même religieuse amitié, mais empreinte à la fin d'un caractère de plus et de l'imposante gravité du ministère. Fléchier était l'homme en tout des convenances et des devoirs. Parmi les lettres de la dernière époque de sa vie, j'en trouve une de janvier 1705 adressée à Mme de Caumartin la douairière, c'est-à-dire à celle même qui, quarante ans auparavant, dans la fleur de sa jeunesse, présidait si agréablement aux plaisirs et à la société des Grands-Jours. Fléchier lui écrit :

« Je vous souhaite, madame, à ce renouvellement d'année, tout ce qui peut contribuer à votre sanctification et à votre repos. Notre vie s'écoule insensiblement, et il ne nous reste, de ce temps qui passe, que les moments qui nous seront comptés pour l'éternité. Nous ne devons désirer de vivre que pour accomplir ce que Dieu demande de nous, et la tranquillité de la vie doit être regardée comme une grâce et une bénédiction de douceur qu'il répand sur nous, et qui nous engage à le servir avec plus de fidélité. Vous avez raison, madame, de nous féliciter de l'état paisible où nous sommes présentement dans nos diocèses. Il est difficile de s'assurer pour l'avenir de gens aussi corrompus et aussi furieux que l'étoient ceux-ci ; cependant ils paroissent apaisés ; ils ne tuent plus, ils ne brûlent plus, ils se remettent au travail... Ne cessez pas de prier le Seigneur pour nous... »

Ce n'est pas là tout à fait le ton de la *Relation des Grands-*

Jours; mais pour avoir le droit de parler ainsi, de même que pour exhorter dignement M. de Montausier à la mort, Fléchier n'avait eu qu'à laisser venir les années et à mûrir : il n'avait rien à rétracter du passé.

Sainte-Beuve.

Note A,

se rapportant à la page XI.

Des trois ou quatre morceaux de Fléchier que contient le manuscrit de la Bibliothèque impériale, je donnerai ici le second en entier pour les curieux. C'est de la poésie dans le genre de l'abbé Cotin, mais de la meilleure du genre. On peut supposer que Fléchier eut l'idée de cette pièce après quelque maladie qu'il avait faite ; il se supposait ressuscité.

NOUVELLE DE L'AUTRE MONDE.

Vers les bords du fleuve fatal
Qui porte les morts sur son onde,
Et qui roule son noir cristal
Dans les plaines de l'autre monde ;

Dans une forêt de cyprès
Sont des routes froides et sombres,
Que la nature a fait exprès
Pour les promenades des Ombres.

Là, malgré la rigueur du sort,
Les amants se content fleurettes,
Et font revivre après leur mort
Leurs amours et leurs amourettes.

Arrivé dans ce bas séjour,
Comme j'ai le cœur assez tendre,
Je résolus d'abord d'apprendre
Comment on y traitoit l'amour.

J'allai dans cette forêt sombre,
Douce retraite des amants,

Et j'en aperçus un grand nombre
Qui poussoient les beaux sentiments.

Les uns se faisoient des caresses,
Les autres étoient aux abois
Aux pieds de leurs fières maîtresses,
Et mouroient encore une fois.

Là des beautés tristes et pâles,
Maudissant leurs feux violents,
Murmuroient contre leurs galants
Ou se plaignoient de leurs rivales.

Là défunts messieurs les abbés,
Avecque leurs discrètes flammes,
Alloient dans des lieux dérobés
Cajoler quelques belles âmes.

Parmi tant d'objets amoureux
Je vis une Ombre désolée ;
Elle s'arrachoit les cheveux
Dans le fond d'une sombre allée.

Mille soupirs qu'elle poussoit
Montroient qu'elle étoit amoureuse ;
Cependant elle paroissoit
Aussi belle que malheureuse.

Tout le monde disoit : « Voilà
Cette âme triste et misérable ! »
Et quoiqu'elle fût fort aimable,
Tout le monde la laissoit là.

« Ombre pleureuse, Ombre crieuse,
Hélas ! lui dis-je en l'abordant
D'une manière sérieuse,
Qu'est-ce qui te tourmente tant ? »

Chez les morts, sans cérémonie,
On se parle ainsi brusquement,
Et dès qu'on sort de cette vie
On ne fait plus de compliment.

« Qui que tu sois, dit-elle, hélas !
Tu vois une Ombre malheureuse,
Furieusement amoureuse,
Et qui n'aime que des ingrats.

« Lorsque je vivois, j'étois belle,
Mais rien ne pouvoit me toucher;
J'étois fière; j'étois cruelle,
Et j'avois un cœur de rocher.

« J'étois peste, j'étois rieuse;
Je traitois abbés et blondins
D'impertinents et de badins,
Et je faisois la précieuse.

« Ils venoient sans cesse m'offrir
Et leur estime et leur tendresse;
Ils disoient qu'ils souffroient sans cesse,
Et moi je les laissois souffrir.

« Je rendois le sort déplorable
De ceux qui vivoient sous ma loi,
Et dès qu'ils se donnoient à moi,
Je les faisois donner au diable.

« C'étoit en vain qu'ils s'enflammoient.
Maintenant les Dieux me punissent :
Je haïssois ceux qui m'aimoient,
Et j'aime ceux qui me haïssent.

« Rien ne me sauroit arrêter,
Je n'ai plus ni pudeur ni honte,
Et j'ai beau chercher qui m'en conte,
Personne ne veut m'en conter.

« En vain je soupire et je gronde,
Mes destins le veulent ainsi;
Et les prudes de l'autre monde
Sont les folles de celui-ci. »

Là cette Ombre amoureuse et folle
Poussa mille soupirs ardents,
Se plaignit, pleura quelque temps,
Puis en m'adressant la parole :

« Pauvre âme, dit-elle, à ton tour,
Te voilà peut-être forcée
De venir payer à l'amour
Ton indifférence passée.

« De nos cendres froides il sort
Une vive source de flammes

Qui s'attache à nos froides âmes
Et nous ronge après être mort.

« Si tu fus jadis des plus sages,
Tu deviendras fol malgré toi,
Et tu viendras dans ces bocages
Te désespérer comme moi. »

« — Ombre, lui dis-je, ce présage
Ne m'a pas beaucoup alarmé ;
Je n'aimerai pas davantage,
Je n'ai déjà que trop aimé.

« Mais je connois une insensible
Dans le monde que j'ai quitté,
Plus cruelle et plus inflexible
Que vous n'avez jamais été.

« Galants, abbés, blondins, grisons,
Sont tous les jours à sa ruelle,
Lui content toutes leurs raisons,
Et n'en tirent aucune d'elle.

« L'un lui donne des madrigaux,
Des épigrammes, des devises,
Lui prête carrosse et chevaux,
Et la mène dans les églises.

« L'autre admire ce qu'elle dit,
La flatte d'un air agréable,
Et la traite de bel esprit,
Et trouve sa jupe admirable.

« Tel la prêche les jours entiers
Sur les doux plaisirs de la vie,
Et tel autre lui sacrifie
Toutes les belles de Poitiers.

« Tel, avec sa mine discrète,
Plus dangereux, à ce qu'on croit,
Lui fait connoître qu'il sauroit
Tenir une faveur secrète.

« Rien ne peut jamais la fléchir ;
Prose, vers, soins et complaisance,
Descriptions, persévérance,
Tout cela ne fait que blanchir.

« Elle se moque, la cruelle,
Des vœux et des soins assidus;
Les soupirs qu'on pousse pour elle
Sont autant de soupirs perdus.

« On a beau lui faire l'éloge
De ceux qui l'aiment tendrement,
Cœurs françois, gascons, allobroges,
Ne la tentent pas seulement. »

« — Que je plains, dit l'Ombre étonnée,
Cette Belle au cœur endurci;
Nous la verrons un jour ici
Souffrir comme une âme damnée.

« Hélas! hélas! un jour viendra
Que la prude sera coquette.
Eh! croit-elle qu'on lui rendra
Tous les encens qu'elle rejette?

« Ses chagrins la consumeront;
Elle séchera de tendresse,
Et ceux qui la suivoient sans cesse
Éternellement la fuiront.

« Ombres sans couleur et sans grâce,
Ombres noires comme charbon,
Ombres froides comme la glace,
Qu'importe? tout lui sera bon.

« A tous les morts qu'elle verra,
Elle ira faire des avances,
Leur dira des extravagances,
Et pas un ne l'écoutera.

« Ne crains pas pourtant que sa flamme
Lui donne d'injustes transports :
Nous avons les peines de l'âme
Sans avoir les plaisirs du corps.

« Tu sais ce qu'elle devroit faire,
Et si tu peux l'en informer,
Dis-lui qu'elle soit moins sévère,
Et qu'elle se hâte d'aimer.

« Et puisque les destins terribles
La forceront, avec le temps,

> D'aimer quelques morts insensibles,
> Qu'elle aime quelque bon vivant. »
>
> Après ces mots, cette pauvre Ombre
> Se tut, rêvant à son destin,
> Et retombant dans son chagrin
> Reprit son humeur triste et sombre.
>
> Les Dieux veulent vous exempter,
> Iris, de ce malheur extrême,
> Et je viens de ressusciter
> Pour vous en avertir moi-même.
>
> Quittez l'erreur que vous suivez,
> Craignez que le Ciel ne s'irrite;
> Aimez pendant que vous vivez,
> Et songez que je ressuscite!

Cependant Fléchier sentit bientôt qu'il convenait de mettre fin à ces tendres jeux, bien qu'ils fussent purement platoniques; car, ainsi qu'il en convient lui-même dans un dialogue en vers entre *Climène et Tircis*,

> A force de le dire en vers,
> On apprend à le dire en prose.

On peut voir encore, dans un recueil de *Lettres inédites* donné par Serieys, en 1802, trois lettres ingénieuses et galantes de Fléchier à Mlle de La Vigne, un bel esprit et une savante du temps; et d'autres lettres du même genre et à la même, avec les réponses, au tome premier de la *Revue rétrospective* (1833), et provenant du tome treizième des manuscrits de Conrart. Tout cela se tient et se ressemble. Son *Iris* paraît décidément avoir été Mlle de La Vigne.

PORTRAIT

ou

CARACTÈRE DE FLÉCHIER

ÉCRIT PAR LUI-MÊME.

Vous voulez donc, mademoiselle[1], que je vous trace le portrait d'un de vos amis et des miens, et que je vous fasse une copie d'un original que vous connoissez aussi bien que moi ? Je sens le plaisir qu'il y a de vous obéir, mais je connois la difficulté de vous satisfaire. Comment vous le représenterai-je ? Si je dissimule ses défauts, je suis peu sincère; si je les découvre, je suis peut-être peu discret. Si je vous expose ses qualités, je serai suspect ou de trop d'amitié pour lui, ou de trop de complaisance pour vous. Mais, enfin, vous l'ordonnez, et j'espère que vous lui pardonnerez volontiers ce qu'il en peut avoir de mauvaises, et que vous me saurez quelque gré de vous l'avoir représenté tel qu'il est.

Sa figure, comme vous savez, n'a rien de touchant ni d'agréable, mais elle n'a rien aussi de choquant. Sa physionomie n'impose pas et ne promet pas, au premier coup d'œil, tout ce qu'il vaut ; mais on peut remarquer dans ses yeux et sur son visage je ne sais quoi qui répond de son esprit et de sa probité. Il paroît d'abord trop sé-

---

1. On a dit que ce Portrait était adressé à Mlle de La Vigne; les autres lettres et les vers que Fléchier adresse en mainte occasion à cette Iris rendent cela très-vraisemblable.

rieux et trop réservé ; mais, après, il s'égaye insensiblement ; et qui peut essuyer ce premier froid, s'accommode assez de lui dans la suite. Son esprit ne s'ouvre pas tout d'un coup, mais il se déploie petit à petit, et il gagne beaucoup à être connu. Il ne s'empresse pas à acquérir l'estime et l'amitié des uns et des autres, il choisit ceux qu'il veut connoître et qu'il veut aimer ; et pour peu qu'il trouve de bonne volonté, il s'aide après cela de sa douceur naturelle, et de certains airs de discrétion qui lui attirent la confiance. Il n'a jamais brigué de suffrages ; il a voulu être estimé par raison, non pas par cabale. Sa réputation n'a jamais été à charge à ses amis, et n'a rien coûté qu'à lui-même. Quand il a été louable, il a laissé aux autres le soin de le louer ; il sait se servir de son esprit, mais il ne sait pas s'en prévaloir ; et quoiqu'il se sente et qu'il s'estime ce qu'il vaut, il laisse à chacun son jugement. Si l'on a bonne opinion de lui, il en est reconnoissant, comme si l'on lui faisoit grâce ; si l'on ne juge pas de lui comme on doit, il se renferme en lui-même, et se rend la justice qu'on lui refuse.

Il a un caractère d'esprit net, aisé, capable de tout ce qu'il entreprend. Il a fait des vers fort heureusement, il a réussi dans la prose ; les savants ont été contents de son latin ; la cour a loué sa politesse, et les dames les plus spirituelles ont trouvé ses lettres ingénieuses et délicates. Il a écrit avec succès ; il a parlé en public, même avec applaudissement.

Sa conversation n'est ni brillante ni ennuyeuse ; il s'abaisse, il s'élève quand il le faut. Il parle peu, mais on s'aperçoit qu'il pense beaucoup. Certains airs fins et spirituels marquent sur son visage ce qu'il approuve ou ce qu'il condamne, et son silence même est intelligible.

Quand il n'est pas avec des gens qui lui plaisent, il demeure au dedans de lui-même ; quand il est avec ses amis, il aime à discourir et à se répandre au dehors. Il est pourtant toujours maître de son esprit. Lorsqu'il parle, on voit bien qu'il sauroit se taire ; et lorsqu'il se tait, on voit bien qu'il sauroit parler. Il écoute les autres paisiblement, et les paye souvent de la patience ou de l'attention qu'il fait paroître à les écouter. Il leur pardonne aisément d'avoir peu d'esprit, pourvu qu'ils ne veuillent pas lui faire accroire qu'ils en ont beaucoup. Ce qui fait qu'il est bien reçu dans les compagnies, c'est qu'il s'accommode à tous, et ne se préfère à personne. Il ne se pique pas de faire valoir ce qu'il sait, il aime mieux leur donner le plaisir de dire eux-mêmes ce qu'ils savent. Il n'est pas fort vif au dehors, mais il a beaucoup de vivacité au dedans, et peu de chose échappe à ses réflexions. Il n'est pas naturellement inquiet, et ne s'amuse pas à deviner les secrets d'autrui ; mais pour peu d'ouverture qu'on lui donne, il va de conjecture en conjecture, et quand il veut, il n'y a guère de mystère qu'il ne découvre. Il voit tout d'un coup le ridicule des hommes, et jamais personne ne remarqua plus promptement une sottise.

Il est naturellement paresseux ; mais quand il est pressé, il trouve en lui des ressources dont il a été souvent étonné lui-même. Quoiqu'il perde beaucoup de temps, il se rencontre qu'il en a toujours assez ; et tout lent qu'il paroît, il il y a peu de gens qu'il ne rattrape, quelque diligents qu'ils puissent être.

Pour son style et pour ses ouvrages, il y a de la netteté, de la douceur, de l'élégance ; la nature y approche de l'art, et l'art y ressemble à la nature. On croit d'abord qu'on ne peut ni penser ni dire autrement ; mais après qu'on y a fait réflexion, on voit bien qu'il n'est pas facile de penser ou de dire ainsi. Il y a de la droiture dans le sens, de l'ordre dans le discours et dans les choses, de l'arrangement dans les paroles, et une heureuse facilité qui est le fruit d'une longue étude. On ne peut rien ajouter à ce qu'il écrit sans y mettre du superflu, et l'on ne peut rien en ôter sans y retrancher quelque chose de nécessaire. Enfin, votre Ami vaudroit encore mieux s'il pouvoit s'accoutumer au travail, et si sa mémoire un peu ingrate, mais non pas infidèle, le servoit aussi bien que son esprit. Mais il n'y a rien de parfait au monde, et chacun a ses endroits-foibles.

Pour son cœur, où je crois que vous vous intéressez davantage, il n'est pas si aisé de le connoître : il se modère quand il veut, il est secret et circonspect, il se cache souvent sous les voiles d'une tranquillité et d'une indifférence apparente ; mais je l'ai vu dans son naturel, je l'observe depuis longtemps, et je suis dans sa confidence : ainsi, mademoiselle, je vous ferai part de mes connoissances. Il n'auroit pas de peine à vous faire lui-même sa confession ; et il est juste que vous sachiez comment est fait et comment se gouverne un cœur que je suis persuadé que vous possédez.

Ce cœur donc, mademoiselle, n'est pas indigne de vous ; il a de la grandeur et de la générosité. Aucun intérêt ne le touche, et il ne voudroit avoir du bien que pour être en état d'en faire. Son plus sensible plaisir, c'est de pouvoir obliger ses amis, ou de pouvoir reconnoître les obligations qu'il leur a. Il aimeroit pourtant mieux avoir des grâces à faire que d'en recevoir. Il a toujours cru que le mérite pouvoit se passer de la fortune ; il s'est contenté de l'un, et ne s'est point inquiété pour l'autre.

Rien n'est tant contre son humeur que d'être à charge à qui que ce soit : dans ses besoins, il n'a recours qu'à sa patience ; et quand il seroit plus éloquent qu'il n'est, il ne sait plus parler quand il s'agit de demander. Tous les honneurs du monde lui paroîtroient trop achetés, s'ils lui avoient coûté quelque bassesse. Il n'aime pas à contredire, mais il aime encore moins à flatter. Quoiqu'il n'y ait guère d'hommes qui sachent mieux louer que lui, il n'a jamais voulu vendre ni même donner mal à propos ses louanges.

Il sait, quand il le faut, jeter quelque grain d'encens odoriférant qui récrée et qui n'étourdit pas : aussi n'en reçoit-il pas qui ne soit aussi fin que celui qu'il donne.

Il a de l'ambition, non pas de celle qui s'empresse et qui s'agite pour parvenir, mais de celle qui attend paisiblement la justice qu'on doit lui rendre ; qui ne cherche pas les voies les plus courtes, mais les plus honorables, et qui veut toujours mériter, longtemps avant que d'obtenir, ce qu'il peut raisonnablement prétendre. Il se console aisément de n'être pas heureux, pourvu que le public l'en juge digne ; et il travaille à se faire considérer par lui-même, plutôt que par l'état où on l'aura mis.

Il n'envie la gloire de personne, mais il aime à jouir de la sienne. Quoiqu'il n'ignore pas les talents qu'il a, il estime ceux que les autres ont : ainsi il a le plaisir que donne l'honneur, sans faire souffrir aux autres les incommodités que donne l'orgueil. Il est sensible aux approbations sincères et désintéressées : un homme qui le loue sans le connoître, un auditeur qui s'écrie, un passant qui le montre, et qui dit : *C'est lui*, ce sont les éloges qui le touchent davantage. Quand on l'élève, il se tient dans une honnête modération, et sa pudeur est embarrassante ; mais si l'on veut l'abaisser, il lui prend une fierté qui le met au-dessus de tout. Il est facile, populaire, officieux à ceux qui sont au-dessous de lui, commode à ses égaux : pour les grands qui se prévalent de ce qu'ils sont, il les respecte de loin, et les abandonne à leur propre grandeur. Il se possède dans les occasions, et ses passions ne peuvent rien sur sa raison, si elle n'y consent, ou si elle n'est surprise. Il lui importe plus qu'à d'autres de bien considérer le parti qu'il prend, parce que difficilement il se résout de s'excuser ou de se dédire.

Il est de bonne foi, et il croit aisément que tout le monde est de même ; mais si l'on vient à lui manquer, on ne regagne plus sa confiance : ainsi il ne trompe jamais personne, et n'est jamais trompé qu'une fois. S'il a donné quelque sujet de plainte à quelqu'un, il n'oublie rien pour le satisfaire ; mais si l'on se plaint de lui sans raison, il a une innocence fière qui ne descend pas aux éclaircissements et aux justifications, et rien ne lui coûte tant que de faire son apologie. Quand on l'offense, il a le ressentiment vif, mais il ne dure pas longtemps. L'envie lui déplaît, mais elle ne l'afflige pas. Il souffre avec peine une injustice, mais il la pardonne. Mais l'infidélité d'un ami est le péché irrémissible pour lui. Lorsqu'on en use mal à son égard, il y a peu d'excuses qui le satisfassent, et il a d'autant plus de peine à se réconcilier avec ceux qui l'ont fâché, qu'il prend plus de précaution pour ne fâcher personne.

Il n'a pas de grands attachements au monde, et comme il n'a pas beaucoup à gagner, ni beaucoup à perdre, il n'a ni de grands chagrins ni de grandes joies. Les devoirs extérieurs et les bienséances de la vie lui sont à charge : les visites qu'on se rend, les lettres qu'on s'écrit, et ce commerce de société inévitable entre gens indifférents, sont des contraintes de sa part, et des importunités de la part des autres. Il ne compte avoir vécu que le temps qu'il a passé avec ses amis ou avec lui-même, et ses meilleures heures sont celles de ses entretiens familiers ou de ses libres rêveries. Le nombre de ses amis est comme celui des élus, fort petit ; il ne les choisit pas légèrement, mais il les ménage, et il les conserve soigneusement quand une fois il les a choisis ; et s'il en a peu, au moins a-t-il cet avantage, qu'il n'en perd point. Il est avec eux gai sans emportement, libre sans indiscrétion, familier sans incivilité, complaisant sans faiblesse, et sage sans austérité. C'est ainsi qu'il est fait pour ses amis, et c'est ainsi qu'il souhaite que ses amis soient faits pour lui.

Il ne reste plus, mademoiselle, qu'à vous parler de sa tendresse, et vous montrer sa méthode et, pour ainsi dire, son art d'aimer. Ce sont des secrets que peu de gens ont découverts, et qu'il a confiés à peu de gens. Pour moi, qui connois son cœur comme le mien propre, et qui sais qu'il n'a rien de caché pour vous, je vous exposerai ses sentiments et sa conduite dans ses amitiés privilégiées, non pas pour vous apprendre rien de nouveau, car votre expérience ne laisse là-dessus aucun lieu à votre curiosité, mais pour vous donner le plaisir de voir qu'il y a des cœurs que vous avez sujet de ne pas dédaigner, et qui sont capables de s'attacher à leurs amis comme vous pouvez le désirer.

On diroit d'abord que votre Ami n'est pas capable de tendresse; mais quand on fait tant que de le toucher, il n'y a guère d'homme plus sensible. Il ne prend pas de ces feux subits, qui s'éteignent presque aussitôt qu'ils sont allumés; il va pied à pied, et laisse mûrir l'amitié. Il ne s'engage pas sans savoir bien à qui il s'engage : son cœur lui est trop cher pour le donner au hasard. Pour aimer, il ne se fie pas à son inclination, il consulte son jugement. Son amitié veut toujours être fondée sur l'estime, et quelque attachement qu'il ait eu, il a toujours commencé par sa raison. La beauté peut le surprendre, mais elle ne l'attache pas. Le mérite le gagne, et la bonté le retient. La douceur, l'honnêteté, la bonne conduite, sont les premiers agréments qu'il cherche; il faut pourtant que la personne soit agréable; et bien que la raison soit la maîtresse, il faut que les yeux puissent être contents. La précipitation en matière de tendresse lui est suspecte; mais aussi trop de lenteur et de difficulté le rebute. Il laisse aux autres, pour délibérer, le temps qu'il prend pour lui-même; mais si l'amitié se lie avec tant de peine, il y a un terme de patience au delà duquel il ne va point. Quand l'affaire est une fois conclue, et qu'il s'est donné, c'est pour toujours et sans réserve : aussi il veut qu'on se donne de même, et croit qu'un cœur qui se partage ne vaut pas le sien tout entier. Il est capable de jalousie, et quoi qu'il en arrive, il veut être distingué et préféré. Il est de l'humeur de ce prince qui disoit : *Ou César ou rien*. Son amitié languit, si l'on ne la nourrit de quelques douceurs, et il n'aime rien tant que de sentir qu'il aime, et de connoître qu'il est aimé. Il voudroit pouvoir toujours être là où est son inclination. Il s'entretient à cœur ouvert, il est en pleine confiance, il ne se pique pas de briller comme il feroit dans une compagnie indifférente, et l'on diroit qu'il donne son esprit à ses connoissances, mais qu'il garde son cœur pour ses amis. Aussi son amitié n'est pas de ces passions discoureuses qui s'évaporent en beaux sentiments, elle sent beaucoup plus qu'elle ne dit, et pourvu qu'elle se fasse bien entendre, elle ne se met pas en peine de se faire admirer.

Il observe tous les soins qu'on prend, et tous les pas qu'on fait pour lui, et dans l'impuissance où l'on est de se rendre de grands services, il sait qu'il y a une espèce de fidélité et d'exactitude dans les moindres choses qui répond de celle qu'on auroit dans les grandes, et que tout se doit compter entre amis. Il est délicat et difficile sur ce qu'on se doit quand on s'aime ; il veut qu'on s'entende à demi-mot, qu'on se prévienne, et qu'on devine ce qui peut plaire ; mais il n'exige rien d'autrui qu'il ne s'impose à lui-même, et s'il se plaint pour peu de sujet qu'il en ait, il souffre aussi qu'on se plaigne pour peu de sujet qu'il en donne. Il a quelquefois des absences d'esprit qui le font soupçonner d'avoir quelques intervalles d'indifférence, mais il répare cela par des redoublements de tendresse qui lui prennent de temps en temps.

Quand on vient à diminuer de l'affection qu'on a pour lui, il la compte pour entièrement passée. Il tient que l'amitié, comme la dévotion, se perd dès qu'elle se relâche. Il seroit moins fâché de tomber tout d'un coup, que d'avoir le déplaisir de descendre par degrés, et il est bien près de ne plus aimer, quand on commence à l'aimer moins. S'il s'aperçoit qu'on l'abandonne, il s'en afflige quelque temps, traînant les restes de son amitié jusqu'à ce qu'elle soit entièrement consumée, et il a toujours la consolation d'être le dernier à aimer. Quoi qu'il en soit, quand il s'y trouve obligé, il délie sa chaîne et ne la rompt jamais avec éclat, et se venge de l'injustice qu'on lui fait, non pas par la colère ou par la haine, mais par une profonde indifférence.

Voilà, mademoiselle, quelles sont les mœurs et les habitudes de notre Ami. Si la peinture que je vous en ai faite répond à l'idée que vous en aviez, je ne me repentirai pas de vous avoir obéi : sinon, tenez-vous-en à l'image que vous vous en êtes formée vous-même, et laissez à votre cœur le soin de vous le représenter avec les qualités que vous lui souhaitez. Surtout faites-lui, je vous prie, un secret de cet écrit que je vous envoie. Tenez toujours un voile tiré sur son portrait, et ne me brouillez pas avec un homme qui rougit de ses vertus comme de ses défauts, et qui faisant parler les autres de son mérite, n'en parle lui-même jamais.

MÉMOIRES

SUR LES

GRANDS-JOURS D'AUVERGNE

EN 1665

MÉMOIRES

SUR LES

GRANDS-JOURS D'AUVERGNE

EN 1665.

Lorsque nous fûmes arrivés à Riom[1], nous commençâmes à nous reposer et à nous louer de notre voyage. Nous y fûmes si bien reçus par le lieutenant général[2], et nous fûmes logés chez lui avec tant de propreté et même de magnificence, que nous oubliâmes que nous fussions hors de Paris. La ville n'est pas de grande étendue, mais elle est fort agréable et fort riante; elle n'est pas fort percée, mais les rues en sont fort larges et les maisons y sont d'assez belle apparence. Le monde n'y est pas si riche qu'à Clermont; mais il y est beaucoup plus civil et plus poli. Il y a une certaine jalousie entre les habitants de ces deux villes, qui fait qu'ils n'ont pas grand commerce ensemble, quoiqu'ils ne soient qu'à deux lieues les uns des autres; mais on peut dire que ceux de Riom sont les plus zélés, et qu'ils ont une tendresse et une piété pour leur patrie, qui approche fort de celle qui faisoit une partie de la religion des anciens. Ils

---

1. Les commissaires des Grands-Jours arrivèrent à Riom le 23 septembre 1665. Voy., sur ces commissaires, l'*Appendice*, n.º I et III.

2. Il y avait à Riom un lieutenant général de la sénéchaussée, qui s'appelait Amable Blich de Veausse, et un lieutenant criminel nommé Paul Chabre. Ce fut chez ce dernier que logea M. de Novion, président des Grands-Jours.

avoient employé toute sorte de sollicitations à la cour pour faire tenir les Grands-Jours dans leur ville, afin de faire valoir cette marque de préférence; et le premier échevin[1], dans la harangue qu'il fit à la cour, ne put point s'empêcher de témoigner son ressentiment, et finit avec quelque malignité, disant qu'enfin ils avoient reconnu qu'il étoit juste que les Grands-Jours fussent arrêtés à Clermont, parce que, venant pour faire justice, ils y trouveroient beaucoup de matière, et que c'étoit un coup de prudence du roi d'appliquer les remèdes où les maux étoient les plus pressants. Leur grande ambition est de faire passer leur ville pour la capitale de la province, et, comme ils ne trouvent pas leur compte dans les anciennes histoires, ils se font fort de l'autorité de M. Chapelain, dans sa *Pucelle*, et ils savent tous en naissant ces vers :

> Riom, chef glorieux de cette terre grasse
> Que l'on nomme Limagne, au lieu d'Auvergne basse,
> Pour secourir son prince, entre ses habitants
> Lève et ramasse un corps de mille combattants ;
> Clermont, le désespoir du dompteur de la Gaule,
> Pour renforcer ce corps, huit cents hommes enrôle.
>   Liv. IV.

Les autres récusent les autorités poétiques, et disent que nous ne sommes plus dans ces siècles où les vers de Sophocle et d'Homère terminoient les différends des principales villes de la Grèce[2]. La seconde preuve qu'ils ont est la parole de Mme la marquise de Senecey[3]; qui, ayant toujours eu une haine mortelle contre Clermont, a soutenu contre

---

1. Il se nommait Chabre et était président en l'élection. On appelait élection une circonscription territoriale, soumise, pour la juridiction financière, au tribunal de magistrats nommés *élus*. Ils connaissaient en première instance de l'assiette des tailles et des aides, ou impôts prélevés sur les personnes, les propriétés et les denrées.
2. Flatterie à l'adresse de Chapelain, un des patrons de Fléchier.
3. Marie-Catherine de La Rochefoucauld, comtesse, puis duchesse de Randan, mariée le 7 août 1607 à Henri de Beaufremont, marquis de Senecey; elle fut première dame d'honneur d'Anne d'Autriche, et gouvernante de Louis XIV; elle mourut le 10 mai 1677.

Sanson et contre tous les géographes, que Riom étoit la capitale d'Auvergne, et a voulu souvent persuader au roi de le croire ainsi. Voici le sujet de son aversion : lorsque le royaume étoit partagé en factions, et que le parti de la Ligue, sous des prétextes spécieux, entraînoit une bonne partie des peuples, et troubloit l'État sous des apparences de religion, l'Auvergne fut une de ces malheureuses provinces qui par la pratique de ceux qui étoient pour lors les plus puissants, ou par son propre mouvement, se trouva engagée à des intérêts qui sembloient être utiles au royaume, mais qui étoient contraires au roi. Toute la noblesse se joignit, tous les peuples se liguèrent, et toute la province se trouva dans ce parti sans y penser. Clermont donna pour lors une preuve remarquable de sa fidélité, et, se déclarant hautement pour le roi, quelques sollicitations que pût faire l'évêque, entreprit ou d'attirer les autres villes par son exemple, ou de leur résister par la force et par la valeur de ses habitants. Tous ceux qui pouvoient avoir quelque part dans les conseils et dans les affaires s'assemblèrent et firent une louable conjuration de ne se séparer jamais des intérêts du roi, et de mourir plutôt que de reconnoître aucun pouvoir que le sien. On voit encore, dans les actes publics, les délibérations de ces assemblées [1].

La ville d'Issoire entra dans les mêmes sentiments de fidélité et s'associa contre la Ligue. Tous les ligueurs se mirent pour lors en campagne, levèrent des troupes de tous côtés, et voulurent commencer à faire valoir le parti par quelques expéditions contre Clermont et par le siége d'Issoire. M. le marquis de Randan [2], père de Mme la marquise de Senecey, fut le chef de cette entreprise, et, avec toutes ces troupes qu'il put ramasser, il assiégea

---

1. Voy. les *Origines de Clairmont*, par Savaron, édit. de Durand, p. 499, et l'*Histoire des guerres religieuses en Auvergne*, par Imberdis, t. II, p. 214. On y trouve les actes de ces assemblées.
2. Jean-Louis de La Rochefoucauld, tué à Issoire le 14 mars 1590.

cette petite ville et voulut la réduire à l'extrémité. Mais outre qu'il trouva plus de résistance qu'il ne s'étoit promis, Clermont envoya bientôt un secours considérable aux assiégés. Il se fit un assez rude combat où les troupes de la Ligue furent défaites, le siége levé, et M. de Randan blessé à mort et fait prisonnier par un Arnauld, parent des Arnauld de Port-Royal, qui fut depuis assassiné en haine de cette glorieuse action. Le marquis mourut bientôt après de sa blessure. Mme sa fille lui a fait dresser un tombeau avec une épitaphe, qui marque qu'il est mort martyr pour la défense de la religion catholique[1]. Voilà ce qui la rend si zélée pour les intérêts de Riom et pour ceux des Jésuites, et ce qui fait dire à ceux de Clermont qu'elle est la protectrice de Riom contre eux, comme elle est la Sibylle des Molinistes contre Port-Royal, ne croyant pas qu'un citoyen de Clermont puisse être honnête homme, ni qu'un descendant des Arnauld puisse être après cela bon catholique.

Quoique la jalousie tienne plus du côté de Riom que de celui de Clermont, la réflexion qu'avoit faite M. l'échevin parut un peu trop forte, et il s'en fit une ou deux chansons que je rapporterai ici. L'une est sur l'air : *Usez mieux, ô beauté, etc.*

> Enfin, après tant de peine,
> Les Grands-Jours que nous avons
> Rendent votre attente vaine
> Et vous montrent les talons.
>
> Prenez tout en patience,
> Puisqu'ils sont enfin chez nous ;
> Pourquoi pleurer leur absence ?
> N'ont-ils point passé chez vous ?
>
> Cessez votre médisance ;
> Elle n'est plus de saison.
> On voit par expérience
> Que vous n'avez pas raison.

---

1. Voy. à la fin du volume, *Appendice*, n° VIII.

Vous méprisez notre ville
Par un désespoir jaloux ;
Mais la fourbe est inutile,
Ils vous ont quittés pour nous.

De vos apprêts magnifiques
Les Grands-Jours se sont passés ;
Adieu, fermez vos boutiques :
Ils vous ont vus ; c'est assez.

Si vous n'avez pu leur plaire,
N'en soyez point en courroux ;
Quand ils n'auront plus que faire,
Ils repasseront chez vous.

L'autre est une petite chanson assez badine sur la harangue de l'échevin, que je ne rapporterai pas tout entière, parce qu'elle contient plusieurs couplets.

Les Grands-Jours vous ont quittés,
O la triste aventure !
Ils ne vous ont visités
Que pour vous voir dépités ;
J'en jure.

Vous n'avez rien oublié
Pour arrêter leur course ;
Vos députés ont crié,
Et vous avez déplié
La bourse.

Après deux ou trois repas,
Ils ont quitté la place ;
Toutefois n'en pleurez pas,
Car vous savez qu'ici-bas
Tout passe.

Votre consul se vantoit,
Après beaucoup d'injures,
Qu'il en étoit satisfait.
Ainsi le renard faisoit
Des mûres.

Mais laissons à part les différends de ces deux villes, et passons à des choses plus agréables. Le lieutenant général, chez qui nous étions logés, se piqua de nous faire voir tout ce qu'il y avoit de beau dans la ville; il nous donna le divertissement de la promenade dans un jardin qui est assez propre, et qui passe pour le Luxembourg du pays[1]. Pour achever sa civilité et pour divertir un peu nos dames, il leur fit voir, le lendemain, tout ce qu'il y avoit de galant; et, comme il se trouve dans toutes les villes ou quelque esprit ou quelque beauté qu'on produit pour l'honneur de la patrie, il fut bien aise de leur montrer une dame qu'ils estiment, et pour le corps et pour l'esprit, une des merveilles du monde. Elle est âgée d'environ vingt-deux ans, fille d'un président au présidial[2]; ce qui s'appelle être de la première qualité dans la province. Elle a la taille fort belle, les yeux beaux, le teint fort uni, mais un peu trop chargé de rouge, et tous les traits du visage assez réguliers. On pourroit dire qu'elle a un peu trop d'embonpoint; mais sa taille haute, un certain air sérieux et plein de majesté font une proportion qu'un peu d'embonpoint ne gâte pas. Enfin, ce n'est pas une beauté achevée, mais c'est ce qu'on appelle une très-agréable personne. Ceux qui la connoissent particulièrement trouvent en elle quelque chose de plus charmant que cet extérieur, et disent que c'est l'esprit le plus doux, le plus enjoué, le plus insinuant et le plus adroit du monde, qui pense très-justement, donne un tour très-galant à ce qu'elle pense. Ils avouent qu'elle a de la fierté et de l'ambition, et qu'elle est très-artificieuse; mais que ce qui seroit crime aux autres lui sied si bien, que c'est une perfection pour elle; qu'elle tempère cet air fier de certains agréments qui font une douceur vive et animée; que l'ambition est en elle une passion raisonnable, parce qu'elle mérite beaucoup; et que, si elle est artificieuse, ce n'est que pour être plus engageante et plus aimable. Aussi tiennent-ils la conquête de ses yeux sûre, et ne croient pas que les cœurs les plus

---

1. Il est question du jardin Charrier. Voy. p. 9.
2. Ce président se nommait Gabriel de Combes.

sévères puissent tenir une demi-heure contre elle, lorsqu'elle a bien entrepris de les toucher. Je sais des gens qui vouloient bien en faire l'épreuve.

La grande opinion qu'on m'avoit donnée de cette belle fit que je me trouvai en la compagnie des dames, lorsqu'elle leur rendit sa visite, et que j'observai si l'on n'étoit point prévenu et si je ne le serois pas moi-même. Je n'y trouvai pas tout ce qu'on m'avoit dit, et je remarquai plus de majesté que de douceur, et plus de bonne mine que de beauté. Elle avoit pris un sérieux qui ne persuadoit pas qu'elle eût ce grand talent de plaire; et sur ses discours et sur son embonpoint, je jugeai qu'elle n'étoit pas si enjouée ni si raffinée qu'on pensoit. Je m'en ouvris à une personne de qualité du pays, qui est de l'opinion commune, qui m'en demandoit mon sentiment et qui se tenoit fort assurée de mon estime et de ma vénération pour cette belle; et l'ayant tirée à part, je lui témoignai que c'étoit une personne bien faite, et qui, sans doute, méritoit beaucoup; mais qu'elle étoit bien froide, pour enflammer les cœurs si vite qu'on disoit; qu'il falloit donc qu'elle gagnât ses amants par autorité plutôt que par douceur, et que les adorateurs fussent plus timides qu'amoureux; que je ne la soupçonnois pas d'être si malicieuse qu'on la faisoit, et que, si elle n'étoit jamais autrement, je savois des gens qui tiendroient non pas une heure, mais plusieurs années et toute leur vie contre tous ses charmes. Il me répondit fort sagement qu'il ne falloit pas précipiter son jugement; qu'une première visite ne découvroit pas toutes les bonnes qualités d'une personne; que les dames de province perdoient un peu de leur esprit, lorsqu'elles voyoient la première fois des dames de Paris, à cause d'une imagination qu'elles ont, que l'esprit est plus fin à Paris qu'ailleurs, et que le grand usage du monde fait plus là que le plus beau naturel ne fait dans les autres villes du royaume; que si j'avois vu celle-ci en pays de liberté, je l'estimerois bien plus déliée et plus engageante; que bien des gens qui disoient d'abord comme moi, y avoient été pris comme les autres, et que si elle eût voulu faire paroître un petit rayon de son air galant et enjoué, il m'auroit été fort aisé de comprendre qu'on ne résiste pas sans peine, et qu'on fait bien du chemin en peu de temps avec elle.

Je ne voulus point contester une chose qu'il pouvoit savoir mieux que moi, et qui, d'ailleurs, passoit pour une vérité très-constante. Je me contentai de lui témoigner que j'étois bien étonné qu'une fille de cette qualité et de ce mérite eût passé sa vingtième année sans avoir trouvé quelque grand parti, et qu'elle eût laissé échapper tant de cœurs qui s'étoient rendus, sans en retenir quelqu'un des meilleurs pour elle; que ce n'étoit pas assez de faire ses conquêtes en peu de temps, qu'il falloit encore les conserver et en retirer quelques fruits pour l'avenir. Il s'étonna lui-même de mon étonnement, et s'imaginant qu'on devoit avoir parlé par tout le royaume des aventures de cette aimable personne, et qu'il étoit de tout le monde comme des petites villes, où l'on sait tout ce qui s'y passe, il voulut savoir si j'étois homme de bonne foi, et si je n'avois pas appris son histoire : et comme il eut reconnu que j'étois sincère, il me dit qu'elle avoit été aimée, qu'elle avoit aimé, mais que l'ambition l'ayant emporté sur son amour, elle avoit considéré l'honneur plus que la passion, et qu'elle avoit quitté un amant qui l'eût peut-être aimée tendrement, pour un autre qui lui donnera un rang plus considérable. Je ne pus m'empêcher de lui dire que, lorsqu'on s'étoit déterminé à une chose raisonnable, on ne devoit point s'arrêter à des considérations intéressées; qu'il valoit mieux être moins élevée et être plus heureuse, et que je ne savois pas comme on appeloit en Auvergne ces préférences par ambition ou par intérêt, mais qu'à Paris, c'étoient des infidélités et des inconstances.

« Je vous avoue, me dit-il, que si elle n'avoit eu que sa vanité pour raison de son changement, je ne trouverois pas que ce fût assez de l'appeler inconstante et infidèle; car je suis de ceux qui croient que l'ambition n'est jamais une bonne raison contre l'amour. Mais elle y a été obligée par l'opposition obstinée de toute sa famille; elle a résisté longtemps à tous les mauvais traitements; elle a tâché d'adoucir l'esprit de ses parents. Lorsqu'elle a été libre et hors de tutelle, elle a voulu faire voir qu'elle avoit de la fermeté et de la constance; mais lorsqu'il a fallu exécuter ses desseins, et signer des articles de mariage malgré toutes les oppositions de sa parenté, la piété l'a plus touchée que l'amour, et sa mère a eu plus de pouvoir sur son esprit qu'un amant. »

Il alloit me raconter toute l'histoire; mais parce que nous n'étions pas bien en repos, et que les compliments qu'on venoit faire en foule nous importunoient, nous fûmes d'avis d'aller en quelque lieu retiré; et étant montés tous deux seuls dans son carrosse, nous allâmes au jardin Charrier[1], qui, comme j'ai dit, est le lieu de plaisance de la ville; c'est là où se rend toute la compagnie, dès que la saison est propre à la promenade. Il y a des fontaines, des grottes, des allées séparées par des palissades d'une très-agréable verdure qui divertit les yeux, et assez épaisses pour retenir les secrets que se disent les amants, lorsqu'ils se promènent par bandes, et qu'ils s'entretiennent confidemment. Quoique le jour fût un des plus beaux jours de l'automne, l'arrivée des Messieurs des Grands-Jours avoit arrêté tout le monde dans la ville, et nous trouvâmes plus de repos et plus de solitude que nous n'espérions. Nous choisîmes donc la plus belle allée, et cet honnête homme, pour satisfaire à ma curiosité, et pour avoir le plaisir de me raconter une affaire où il prenoit quelque part, étant ami du cavalier et de la dame, avec toute la complai-

---

1. Ce jardin était probablement situé près de Mirabelle, dans un lieu qu'on appelle encore *le champ Charrier* et *le pré Charrier*.

sance qu'on peut avoir pour un étranger, il commença ainsi :

« Si je n'avois reconnu, monsieur, que vous avez assez de curiosité ou assez de complaisance pour vous informer des galanteries de notre province, et pour m'engager à vous dire l'histoire des amours de notre ville, je n'aurois pas entrepris de vous faire une relation qui ne peut que vous être importune, puisqu'elle n'est soutenue ni par le rang illustre des personnes, ni par la diversité des intrigues, ni par aucun événement singulier. Quelle apparence y auroit-il de vous débiter des histoires de campagne, à vous qui vivez dans une ville où l'on apprend et où l'on voit souvent les grandes histoires, et qui venez d'un pays où s'écrivent et où se passent les romans? Quel plaisir aurez-vous d'entendre un récit sans grâce et sans ornement? Que pourrez-vous attendre d'un orateur de province, et d'une province grossière comme la nôtre? Je tâcherai pourtant de contenter votre curiosité, et de suppléer, par ma sincérité, à ce qui manque à mon discours, et je serai fidèle historien des choses dont j'ai été le témoin ou le confident.

« Il n'est pas besoin que je vous explique d'abord la qualité et la naissance de Mme....; elle vous est assez connue par ce que je vous en ai dit; ni que je vous fasse son portrait, vous l'avez vue vous-même. Il suffit de vous faire souvenir que c'est une belle personne, et de vous faire imaginer qu'elle ne l'étoit pas moins, il y a huit ans. Cette première fleur que l'âge donne, la faisoit paroître encore plus charmante; elle avoit un peu moins d'embonpoint, et si elle a acquis de l'esprit et de la prestance, on peut dire, sans l'offenser, qu'elle a perdu un peu de son feu et de sa première vivacité. En ce temps heureux qu'elle commençoit d'être bien aimable, elle commença d'être bien aimée, et quelque temps après, de bien aimer. Elle plut infiniment à un jeune homme de Clermont, fort riche et fort galant. Ce jeune homme eut le bonheur de lui plaire, et par une aventure assez bizarre. Avant que de vous expliquer l'occasion qu'ils eurent de se voir, il est à propos que je vous fasse le portrait du cavalier[1]. Il est d'une famille qui est considérée dans Clermont, et qui est dans l'alliance de tous les principaux de la ville; il est né d'un père qui s'étoit mêlé des grandes affaires, et qui a joui quelques années de plus de cent mille livres de rentes; il est assez bien fait de sa personne, et il a toujours eu toutes les qualités extérieures qui peuvent faire recevoir favorablement un amant[2]. Je ne vous en ferai point une description exacte, puisque vous le verrez dans peu de jours; je me contente de vous dire que jamais homme n'a eu des inclinations plus nobles et plus généreuses. Il alloit presque jusqu'à l'excès de l'honnêteté; il étoit libéral jusqu'à la profusion, fidèle jusqu'à l'opiniâtreté, et amoureux jusqu'à adorer ses maîtresses; aussi a-t-il été très-estimé des jeunes gens, parce qu'il les traitoit continuellement chez lui, et des dames, parce qu'il étoit homme à s'attacher et à faire belle dépense. Il a de l'esprit et se plaît fort avec ceux qui sont en réputation d'en avoir; il est habile en toute sorte de jeux, et il est également commode et dans le gain et dans la perte; ce qui vient d'une adresse particulière qu'il a de cacher ses passions, quelque fortes qu'elles puissent être; enfin il est très-bon ami, et encore meilleur amant. A peine eut-il achevé ses études et ses exercices à Paris, qu'on songea à le faire revenir pour le marier. On lui destina une Ribeyre[3], qui étoit une fille fort agréable et fort riche. Les parents firent leurs traités et s'accommodèrent entre eux. On envoya la nouvelle à l'accordé, avec ordre de revenir au plus tôt pour épouser.

1. Fayet.
2. Dans le petit roman que Fléchier a mis au début de ses Mémoires, et où l'on retrouve la manière de Mme de La Fayette, les mots *amant*, *amante*, comme *maîtresse*, sont toujours pris dans le sens irréprochable qu'ils avaient alors dans la langue des honnêtes gens.
3. Elle se nommait Françoise Ribeyre, fille de Paul Ribeyre, premier président de la cour des aides de Clermont. Voy. *Appendice*, n° IX.

Mais quelque différend étant survenu, le père de la fille rompit le traité, et pour ne pas le renouer, accorda promptement sa fille à M. de ....¹, fils du président, et frère de la demoiselle dont je vous parle; si bien que Fayet, à son retour, trouva qu'on lui enlevoit sa maîtresse, et qu'il étoit venu pour voir les noces de son rival, non pas pour faire les siennes.

« Un autre auroit été touché sensiblement de cette rencontre, parce qu'il y a de la honte à n'être point préféré, et qu'on est exposé aux railleries de ceux qui sont où ennemis ou jaloux; mais lui, qui pouvoit prétendre encore mieux et qui étoit généralement aimé, n'étoit pas fort fâché de cette aventure, outre qu'il est aisé de se consoler d'avoir perdu ce qu'on n'avoit pas encore aimé. Il trouva pourtant que la manière dont on avoit usé étoit un peu brusque, et que c'étoit une espèce de refus qui devoit toucher un homme de cœur; lui connoissant un peu mieux la perte qu'il faisoit, il commença à la regretter; mais comme il étoit fort adroit, il supprima tous ses ressentiments, prit la chose de fort bonne grâce, rendit les civilités qu'on rend d'ordinaire aux nouveaux mariés, et en usa si honnêtement, que le mari fut bien aise de le voir chez lui; et la dame, qui n'avoit pas pu l'avoir pour époux, n'oublia rien pour l'engager à être son ami. Il ne lui fut pas difficile de réussir. L'obligation qu'il avoit, à cause de sa charge de trésorier de France, d'aller souvent à Riom, où se tient le bureau des trésoriers, lui donna occasion de rendre des visites fréquentes, et l'estime qu'il en conçut lui fit trouver son destin insupportable, et le jeta dans un chagrin d'avoir manqué sa bonne fortune. Il ne regardoit plus le mari comme son ami, il le considéroit comme son rival; il voyoit la dame comme un bien mal acquis, qu'on lui avoit ravi avec injustice, et sa douleur extrême étoit de n'en avoir

---

1. Charles de Combes, fils du président au présidial de Riom.

point eu dans le temps où il devoit être inconsolable. Dans cette pensée, il s'imagina que ce n'étoit pas assez d'être ami d'une personne si aimable, qu'il falloit tâcher de réparer, comme il pourroit, le tort qu'on lui avoit fait, et aimer passionnément celle qu'il avoit été sur le point de posséder. Il prit cette résolution, devint amant, et s'il n'eût rencontré la personne du monde la plus sage, il alloit bien se venger du mari. Il prit son temps pour gagner son esprit et pour découvrir ses sentiments. Il lui témoigna cent fois le désespoir éternel où il seroit d'avoir perdu tout le bonheur de sa vie; qu'il n'espéroit plus aucune satisfaction pour le reste de ses jours, et qu'il mourroit malheureux pour l'avoir été une fois. Il lui dit cent autres choses qui marquoient quelque chose de plus qu'une amitié commune, qui paroissoient des déclarations déguisées, et qui, sous des regrets du passé, enveloppoient une passion présente. Mais la dame dissimula toujours, et faisant semblant de ne rien apprendre de l'état présent de son âme, l'exhortoit de ne songer plus au passé, et d'être persuadé qu'il y a un destin qui règle toutes choses, et qui lui réserve sans doute une meilleure fortune; que, pour elle, elle ne se plaignoit de rien, et qu'elle étoit heureuse d'avoir rencontré un bon mari comme le sien, et un bon ami comme lui.

« Après qu'il eut perdu toute espérance d'en pouvoir obtenir que de l'amitié, il chercha les moyens de se guérir. Il employa toute sa raison; mais la raison n'est pas toujours la plus forte, lorsqu'elle attaque une passion bien formée. Le plus court fut de faire diversion de tendresse, et de changer une passion illégitime en quelque inclination permise. Il en trouva l'occasion fort à propos. Depuis le temps qu'il voyoit la jeune présidente, il avoit vu plusieurs fois Mlle sa belle-sœur, qui étoit une fille de quatorze à quinze ans, douée de toutes les grâces d'esprit et de corps, dont on est capable à cet âge; mais comme le cœur du cavalier étoit occupé ailleurs, il ne l'avoit pas assez connue, et n'avoit eu pour elle que ces sentiments de complaisance qu'on a pour le sexe, et particulièrement pour des jeunes filles qui ont de la beauté et qui ne songent encore à rien. Mais lorsqu'il ne fut plus ébloui, et qu'il fut en état de contempler cette beauté naissante, il s'estima malheureux dans cette maison, soit parce qu'il avoit perdu l'espérance d'obtenir une personne que le ciel sembloit lui avoir destinée, soit parce qu'il avoit différé d'en adorer une autre que le ciel lui avoit offerte; et pour ne perdre plus de temps, il s'appliqua tout entier à plaire à cette dernière. Il trouva un cœur tout neuf, à qui il donna d'assez bonnes impressions; il fit de la dépense plus que jamais; donna des fêtes fort magnifiques, s'acquit la bienveillance de la plupart des personnes qui approchoient de sa maîtresse, et fit tout ce qu'il faut pour se mettre en réputation auprès d'elle, sachant bien que l'estime conduit à la tendresse par des voies fort courtes[1]. Il visita la belle-sœur, même un peu plus souvent qu'à son ordinaire, parce qu'il avoit des raisons nouvelles, et se servit si bien de l'amitié qu'une avoit pour lui, pour avancer l'amour qu'il avoit pour l'autre, qu'il se vit bientôt en état de ne lui être pas indifférent. Il lui disoit dans l'occasion quelques mots tout bas, et dans les conversations, bien à propos, quelques sentiments généreux et tendres. Cette fille, qui avoit de l'esprit infiniment, entendoit fort bien l'application; mais bien qu'elle fût déjà un peu touchée, elle avoit l'art de dissimuler si naturellement, qu'il étoit impossible de pénétrer ses pensées, et que ses plus secrètes affidentes ne surent rien de ses inclinations naissantes. Elle louoit quelquefois la libéralité, elle parloit de la fidélité et des âmes généreuses avec beaucoup d'admiration, mais en des termes si généraux qu'on n'en pouvoit tirer aucune conséquence, sinon qu'elle étoit amoureuse de la vertu.

« Fayet fut sur le point d'en faire faire la demande aux

---

1. Allusion à la **carte** du *pays de Tendre*, où l'on trouve une ville de *Tendre-sur-Estime*.

parents, mais craignant qu'il n'y eût pas beaucoup de disposition de leur côté, et qu'il ne fût obligé de s'éloigner par bienséance de cette maison, si la proposition étoit mal reçue, *il* ne voulut point s'exposer à un refus, et résolut de s'assurer auparavant de l'esprit et du cœur de cette belle. Il lui fit plusieurs fois des déclarations assez embarrassées ; mais elle tournoit adroitement le discours, et lui répondoit comme si elle n'eût rien entendu. Une fois qu'ils étoient seuls dans une chambre, car nos filles ne sont pas si farouches, et la bienséance n'est pas si sévère ici qu'à Paris, et qu'ils parloient de quelques aventures d'amour qui faisoient du bruit dans notre ville, voici la conversation qu'ils eurent, à ce que j'ai appris depuis. L'amant, après lui avoir raconté ce qu'il savoit de l'intrigue, se jeta insensiblement sur des réflexions générales, sur la puissance, sur la douceur, et sur tous les avantages qu'on donne ordinairement à l'amour ; que c'étoit la félicité de cette vie d'aimer, quand on avoit pu choisir l'objet digne d'être aimé ; qu'il avoit pitié de ceux qui n'avoient pas encore goûté ces plaisirs innocents, et qu'il voyoit avec bien du regret des personnes fort aimables qui ne savoient pas encore aimer. — « Mon Dieu, monsieur, lui dit-elle d'un ton précieux (car vous saurez qu'elle est un peu de la secte des précieuses), dans tous les entretiens on ne parle que d'amour et d'aimer, et l'on nous étourdit de ces mots qu'on trouve doux et qui font peur pourtant à des jeunes filles comme moi ; à qui en veut-on ? et quelle stérilité de conversation oblige les hommes à revenir toujours à ce point ? ne sauroient-ils, depuis si longtemps qu'on pense et qu'on parle, penser ou dire quelque autre chose ? Il n'y a pas longtemps que je vois le monde, mais je vous avoue que j'en suis si rebutée, que je ne crois pas pouvoir le souffrir longtemps, s'il n'y a plus rien de nouveau à me faire voir et à me faire entendre. Un jeune homme vous dit d'abord qu'il est amoureux ; ceux qui sont plus âgés recommencent toujours le conte de leurs intrigues passées ; et, je vous prie, que veut dire tout cela? car, pour moi, je n'ai point encore pû comprendre ce que c'étoit qu'on veut nous dire par aimer. — Il est bien fâcheux, mademoiselle, lui dit cet amant un peu embarrassé, que vous soyez déjà préoccupée contre une si agréable passion que l'amour, et que vous preniez pour une chose si désagréable ce qui fait toute la douceur des autres; mais l'amour vous pardonne, sur ce que vous confessez que vous ne le connoissez pas encore, et que vous ne l'approuvez pas, parce que vous n'avez pas encore eu le temps de le comprendre. » Elle lui témoigna que ce ne seroit jamais là son application, et qu'elle se passeroit bien de connoître ce qu'elle n'étoit pas disposée d'estimer, mais qu'elle étoit bien aise d'apprendre ce qu'on vouloit dire par ces façons de parler qui étoient tout à fait barbares pour elle....

« Fayet, qui sentoit bien que la conversation iroit plus loin, et que ce seroit bien là la place d'une déclaration que la fin de cet entretien, passoit légèrement sur tout le reste, pour en venir bientôt au bel endroit. Il lui expliqua donc en peu de mots ce que c'étoit qu'aimer, et pour lui donner envie de le mieux savoir, il lui fit paroître l'amour par ce qu'il y a de plus apparent, et conclut que c'étoit le plaisir le plus doux et le plus innocent que celui d'aimer. « J'avois bien soupçonné que c'étoit cela, lui répliqua-t-elle, car les hommes n'aimeroient pas comme ils font, s'ils n'y trouvoient quelque intérêt. Aussi je ne tiens pas qu'on leur soit beaucoup obligé, quand ils nous témoignent de la passion ; ils nous importunent souvent, et ils se contentent toujours; et, quelques mines souffrantes qu'ils fassent, ils s'aiment toujours plus qu'ils ne nous aiment. » Tous ces détours déplaisoient à cet amant, qui vouloit venir au but qu'il s'étoit proposé. Il lui répondit pourtant : « Vous vous étonnerez, mademoiselle, si après vous avoir dit que c'est la plus grande douceur que celle d'aimer, je vous dis que c'est aussi le plus cruel de tous les supplices, et que, si un pauvre amant est récompensé par la joie intérieure qu'il a d'être attaché à un bel objet, il a bien du mérite de souffrir toutes les peines qui accompagnent cette joie. Quelles inquiétudes n'a-t-il pas, dans l'incertitude où il est s'il sera heureux! Quel chagrin lorsqu'il est absent de la personne aimée!. Quel désespoir, lorsqu'il en est rebuté! Il y a encore cent autres peines à endurer ; mais ces peines sont mêlées de tant de consolations secrètes, que ce sont peines, ce sont plaisirs, comme vous voudrez. Si vous vouliez, mademoiselle, je vous ferois entendre cela par une application particulière, et il me seroit aisé de vous donner un exemple de ce que je dis. — Je n'en veux point savoir, dit-elle assez brusquement ; ce sont de trop mauvais exemples que ceux qui nous veulent montrer à souffrir; à ce que je vois, me voilà bien éloignée d'aimer, moi qui n'aime que mon repos, et qui ne hais que l'inquiétude et la peine, et qui n'ai pas l'imagination assez forte pour faire ce mélange de plaisir et de tourment dont vous me parlez. — Nous ne savons souvent ce que le destin veut faire de nous, reprit Fayet, mais en attendant, mademoiselle, souffrez, s'il vous plaît, qu'on souffre pour vous, et ne sachez pas mauvais gré à ceux qui se sont exposés à bien des rigueurs, en vous aimant; car je ne doute pas qu'une beauté si parfaite, et tant de mérite qu'on remarque en vous ne fassent déjà souffrir bien des supplices.... J'en sais.... » Il alloit continuer; mais elle l'interrompit, et d'un air assez fier : « Je ne crois pas, lui dit-elle, que je sois propre à faire de ces malheureux et de ces languissants; mais si le hasard en faisoit quelqu'un pour moi, il pourroit bien mourir de langueur, s'il falloit que je l'aimasse pour le guérir; il me seroit fort indifférent qu'il se tourmentât et qu'il se punît lui-même de sa folie; et bien loin d'en avoir pitié, je crois que j'aurois du plaisir à le voir dans cette langueur et dans ces souffrances. —

Vous pouvez jouir de ce plaisir, répondit cet amant, qui ne vouloit point perdre l'occasion de se découvrir, et si vous avez la bonté.... »

« Comme il alloit achever sa déclaration, la belle-sœur, qui revenoit de la promenade, entra dans la chambre, et fit grand tort à son ami, sans y penser; ses yeux en avoient déjà assez dit, et la résistance n'étoit pas si obstinée qu'on eût bien pensé. Il fallut changer de discours, composer son visage sérieux et affecter même de l'enjouement; mais, comme il étoit difficile de soutenir longtemps cette contrainte, il prit congé de la compagnie, et se retirant dans son cabinet, il se plaignit cent fois de son destin, et passa une grande partie de la nuit dans une profonde rêverie. La jeune dame, qui se tenoit si assurée de son cœur, sentit qu'elle n'en étoit pas tout à fait la maîtresse, et se trouvant plus susceptible de passion qu'elle n'avoit cru, elle commença à connoître qu'elle ne prenoit pas beaucoup de plaisir aux peines des autres, et qu'elle n'étoit pas fort éloignée d'en souffrir elle-même. Une inquiétude troubloit son esprit, son sommeil en fut interrompu, elle s'en éveilla plus matin; enfin, elle eut toutes les marques d'un cœur ému et qui est sur le point de se rendre. L'amant ne perdit point de temps, et connoissant par ses actions et par ses discours que son âme étoit ébranlée, il redoubla son assiduité, lui fit remarquer de plus en plus sa passion, et donna une fête admirable à sa sœur, à son intention, et il fit tant par son adresse, que tout ce qu'il faisoit et tout ce qu'il disoit étoit bien reçu. Cela le rendit plus hardi qu'il n'avoit été, et lui fit prendre la première occasion qu'il eut de faire entendre l'état de son âme. Il ne la chercha pas longtemps; car étant venu prendre les dames dans son carrosse, pour les mener à la promenade dans ce jardin où nous sommes, ils le trouvèrent fort désert, quoique le jour fût fort beau; ils firent un tour d'allée et rencontrèrent par hasard quelques messieurs de Clermont qui étoient venus pour quelques affaires, et qui s'entretenoient de quelques intérêts de leur ville. Mme de ***¹, qui y prenoit beaucoup de part, tant à cause que c'est sa patrie, que parce que plusieurs de ses parents y étoient engagés, se mit de leur conversation.

« Nos amants, qui avoient d'autres intérêts à démêler, firent semblant de s'amuser dans une autre allée, et après quelques petits entretiens de part et d'autre, Fayet, sentant que son heure étoit venue, parut encore plus interdit. Ce que la dame ayant aperçu, elle lui fit la guerre, et soit pour se divertir, soit pour lui donner courage, elle fit semblant de deviner qu'il étoit amoureux, le pria de lui faire confidence de son inclination, et l'assura qu'elle étoit discrète et religieuse au secret, au delà même de son sexe. Il m'a confessé depuis qu'il n'auroit jamais cru qu'il en coûtât tant à dire qu'on aime, et que, quand il ne seroit pas le plus ferme et le plus constant de tous les hommes par son naturel, il le seroit pour n'avoir plus à recommencer une chose si difficile qu'une déclaration d'amour. Il reçut la raillerie qu'on lui faisoit de bonne grâce, et tenant quelque temps les yeux baissés, soit de honte ou de crainte, soit pour recueillir un peu ses esprits, il lui parla ainsi : « Si je n'avois appréhendé que ma confidence fût mal reçue, il y a longtemps, madame, que vous sauriez tout le secret de mon cœur, et je ne serois plus dans l'embarras où je me trouve de vous déclarer une passion qui ne vous devroit pas être tout à fait inconnue ; mais puisque vous avez la bonté, et de m'ordonner que je vous en fasse confidence, et de me promettre même le secret, je vous avouerai, madame, que j'aime, et que j'aime passionnément, mais avec tout le respect possible, la personne du monde la plus aimable. Jugez, madame, que ce ne peut être autre que vous ; vous ne devez pas en être surprise, mes soupirs vous l'ont

---

1. Françoise Ribeyre, qui avait épousé Charles de Combes. Voy. p. 12.

déjà bien dit, et c'est assez d'avoir eu l'honneur de vous avoir vue, pour vous prouver que je n'ai pu me dispenser de vous adorer. » Il alloit en dire bien davantage; mais elle fit un cri qui faillit à percer la palissade; elle rougit, elle fit toutes les façons qu'on fait en cette occasion, quand on n'est pas déjà persuadé. Il s'arrêta fort respectueusement, et lui fit connoître qu'il n'y avoit rien dans sa passion qui ne fût très-légitime ; qu'il seroit infiniment heureux, si elle approuvoit le désir qu'il avoit de la servir toute sa vie ; que si elle condamnoit sa témérité, il s'en puniroit par des regrets éternels, et qu'il venoit de lui mettre son sort entre ses mains.

« Elle fit d'abord mine d'être offensée de cette hardiesse, elle se jeta ensuite sur sa modestie et sur son peu de mérite ; enfin, elle lui témoigna qu'elle tenoit à grand honneur les bonnes volontés qu'il avoit pour elle, mais qu'il devoit avoir considéré qu'elle étoit dans un âge à ne pouvoir pas disposer d'elle-même ; qu'elle étoit sous la conduite d'un père et d'une mère ; que c'étoit à eux qu'il falloit avoir fait ces propositions ; qu'il pouvoit espérer qu'elle ne s'opposeroit point à leur volonté en sa faveur, et que s'il lui donnoit sujet de se louer de sa conduite à l'avenir, elle solliciteroit même avec adresse leur consentement. Vous pouvez croire que cet amant fut très-satisfait ; il la remercia mille fois et lui dit qu'il n'avoit pas voulu s'exposer à en faire la demande, sans avoir reconnu ses intentions ; qu'il seroit bien plus glorieux de la servir par son ordre et par son inclination, que par le choix de ses parents, et mille autres douceurs que l'amour inspire en pareilles prospérités. Ainsi, il avança si fort ses affaires, que cette belle lui pardonna volontiers de l'avoir aimée, et lui permit encore de continuer à l'aimer. Cependant il étoit tard, et il fallut aller rejoindre la compagnie et remener les dames chez elles. Ils quittèrent leur sérieux et firent les enjoués plus que jamais : aussi étoient-ils bien contents l'un et l'autre. Après qu'ils furent retirés, chacun alla s'entretenir dans ses rêveries agréables. La dame étoit bien aise d'avoir gagné, pour sa première conquête, un des plus honnêtes hommes de la province. Le cavalier croyoit déjà être maître de sa bonne fortune. Il n'y avoit pas disproportion de qualité ; il étoit estimé de tout le monde, il avoit beaucoup plus de bien que la fille; rien ne sembloit pouvoir être contraire à la demande qu'il en alloit faire.

« Vous savez, monsieur, qu'en ces matières, lorsqu'on a une fois passé la déclaration heureusement, on va bien vite après cela. Aussi deux ou trois conversations de confidence *achevèrent*[1] ces grandes liaisons qui ont duré si longtemps et qui ont fait tant de bruit : ils en vinrent aux rendez-vous et à de grands engagements ; ils concertèrent ensemble les moyens de proposer la chose de bonne grâce aux parents, et de leur ôter tout prétexte de chicaner leurs amours particulières sur des considérations d'intérêt ; ce qui étoit le plus dangereux. Ils choisirent des amis communs pour négocier leur affaire, et je puis dire que j'ai eu quelque part en cette négociation. La parole fut portée avec toutes les précautions qu'on peut s'imaginer, et la réponse fut que M. Fayet faisoit beaucoup d'honneur à leur fille ; qu'elle ne méritoit pas qu'il eût cette bonté pour elle ; que toute la famille lui en auroit une obligation éternelle, mais qu'ils lui conseilloient de ne passer pas plus avant ; qu'ils avoient des raisons de ne consentir jamais à ce mariage, et que le meilleur office qu'on pouvoit lui rendre, étoit de lui faire entendre qu'il ne s'obstinât point davantage à cette recherche.

« Ce refus étoit fondé sur deux raisons aussi bizarres que leurs esprits : l'une étoit que M. Ribeyre ne l'ayant pas voulu pour son gendre, il étoit à croire qu'il n'avoit pas

---

1. Mot ajouté par l'abbé Ducreux pour suppléer à une lacune du manuscrit.

trouvé tout le bien qu'on s'imaginoit ; la seconde étoit qu'il seroit honteux à leur fille d'épouser un homme que leur belle-fille sembloit avoir refusé. Un faux intérêt et une fausse gloire troublèrent toute la joie de ces amants, qui furent au désespoir lorsqu'ils surent l'arrêt prononcé contre leur amour. La conséquence en étoit grande : outre qu'il ne falloit plus songer au mariage, il falloit rompre encore tout commerce, et la bienséance défendoit de se voir, après ce refus qui étoit devenu public. Fayet faillit en mourir de regret, et fut frappé d'un coup si rude et si imprévu. Puis, étant un peu revenu à lui, il se retira dans son cabinet et écrivit ce billet à sa maîtresse, qui n'étoit pas en meilleur état que lui, quelque indifférence qu'elle affectât devant le monde :

« J'avois bien sujet de craindre mon malheur, madame,
« et la témérité que j'ai eue de penser à vous est bien
« punie. On s'oppose à toutes les espérances que je pouvois
« avoir d'être heureux, depuis que vous eûtes la bonté de
« me permettre d'espérer. Jugez de l'excès de ma douleur
« par celui de mon amour, et croyez que, comme je suis
« le plus fidèle et le plus passionné de tous ceux qui ont
« jamais aimé, je suis aussi le plus malheureux et le plus
« affligé de tous les hommes. Je ne crois pas pouvoir ré-
« sister à toute ma mauvaise fortune ; aussi n'y a-t-il que
« la mort qui puisse me consoler, en finissant les peines
« cruelles que je souffrirai toute ma vie, en vous aimant
« même sans espoir, et vivant éloigné de vous.... Je vous
« supplie, madame, d'avoir quelque pitié de moi, et
« d'excuser le désordre de mon billet par celui de mon
« esprit.... »

« Cette lettre fut rendue secrètement à la dame. Elle la trouva un peu embarrassée et moins touchante qu'elle n'eût voulu. Pour apaiser un peu son désespoir, elle lui fit cette réponse :

« Je vous l'avois bien dit, monsieur, que je n'étois pas à

« moi, et qu'après m'avoir fait confidence de votre secret,
« il vous restoit encore quelque chose de plus difficile à
« faire. Si ma pitié peut vous soulager, je vous prie de croire
« que je suis aussi touchée de pitié que vous êtes accablé
« de douleur, et de songer que, si les sentiments de mes
« parents eussent été selon les miens, vous n'auriez pas eu
« sujet de vous plaindre. Quoi qu'il en soit, ne perdez pas
« courage ; toutes choses ont leur retour, il ne faut que de
« la constance et de la fermeté ; en tout cas nos volontés
« sont des puissances indépendantes, et il n'est point de
« pouvoir humain qui s'étende jusqu'à nos cœurs, et l'on
« peut attendre des consolations d'ailleurs que de la mort. »

« Ce billet fut d'un grand secours et retira cet amant malheureux du désespoir où il se trouvoit. Il prit son temps deux ou trois fois si à propos, qu'il eût loisir d'entretenir cette aimable fille et de la confirmer dans toutes les bonnes dispositions qu'elle avoit pour lui.

« Je ne vous rapporterai pas ici tous les billets qu'ils s'écrivirent, ce seroit une histoire immense. Je me contenterai de vous dire que les parents, ayant su qu'il y avoit encore quelque commerce entre eux, défendirent à la fille de le voir, et usèrent de toute l'autorité que la nature donne pour arrêter ces communications que l'amour inspire. Mais la défense irrita le désir, et comme ils avoient tous deux beaucoup d'adresse et beaucoup d'esprit, ils trouvèrent mille artifices ; ils se donnoient des rendez-vous secrets ; ils s'écrivoient tous les jours des lettres, où, pour mieux déguiser, elle l'appeloit sa cousine, et lui son cousin. Enfin les choses se conduisoient d'une manière que personne ne les ignoroit, que les parents qui y veilloient.

« Deux choses contribuèrent beaucoup à leur sûreté : la première fut la libéralité de Fayet, qui n'épargna rien pour gagner toutes les personnes intéressées dont il pouvoit avoir besoin ; la seconde fut l'amitié générale qu'il s'étoit acquise, et dans Clermont, et dans Riom ; qui faisoit que tout le monde prenoit part à sa satisfaction et à son bonheur. Tous les domestiques étoient à lui, toutes les dames de qualité le servoient; des dames même religieuses se mêloient un peu de l'intrigue. Ils se servirent longtemps, pour le commerce de leurs billets, de quelques petites filles du voisinage et de la connoissance de la dame aimée, à qui l'on avoit caché les billets dans le sein. Elle, qui avoit le mot, les caressoit, et, faisant semblant de les baiser et de les embrasser, tiroit subtilement le papier et y remettoit sa réponse, et ces enfants même qui, à cause de l'innocence de leur âge, ne comprenoient rien du mystère, sembloient avoir quelque plaisir de leur être utiles.

« La mère, qui étoit de son naturel assez défiante, lui défendit enfin d'écrire, et la tenoit le jour si assidûment auprès d'elle, qu'elle n'avoit pas un moment de liberté. Elle couchoit même dans sa chambre, cela l'obligeoit de se coucher fort vite; et pendant que la bonne dame faisoit sa prière dans la ruelle, celle-ci tiroit une écritoire et du papier qu'elle portoit toujours dans sa poche, et à la faveur d'un petit rayon de la chandelle et d'une petite ouverture du rideau, écrivoit ses compliments amoureux. L'été, elle faisoit la même chose, au point du jour, laissant à propos une fenêtre demi-ouverte. Enfin, le chagrin d'être dans une si triste contrainte, ou quelque autre sujet l'ayant rendue malade, elle perdit tout à fait son embonpoint, et devint tout à coup fort languissante. La mère la mena aux eaux de Vichy, qui sont fort souveraines, à ce qu'on dit, pour ces infirmités de langueur. Elle y recouvra sa santé; mais ce ne furent pas tant les eaux, que les entretiens secrets qu'elle y eut avec son amant, qui firent ce miracle. Ce galant homme étoit venu à Vichy, et y demeuroit caché dans une maison voisine du bain, où, sous prétexte de quelque commodité, une bonne dame la conduisoit, et, après quelque temps de conversation, la ramenoit à la mère. Jamais on n'a bu de ces eaux avec plus de plaisir; jamais on n'a eu plus d'envie de les aller rendre. Quoi qu'il en soit, elle s'en porta le mieux du monde. Pour la détacher de ses amours, on lui proposa divers partis qu'elle rejeta toujours avec beaucoup de générosité, ce qui lui attira quelques persécutions dans sa famille. Je me souviens que je vis quelques-uns de leurs billets assez tendres sur ce sujet. En voici un ou deux dont je me souviens ; l'amant écrivoit :

« Jusques à quand notre destin nous sera-t-il contraire ? « Quand je songe à la persécution qu'on vous fait, mon cœur « et ma conscience m'en font souffrir une bien plus cruelle ; « je ne saurois me croire innocent, quand je pense que vous « êtes persécutée à ma considération, et je me hais moi- « même, quand je songe qu'il vous coûte tant de m'aimer. « Hélas ! faut-il que mon amour, qui est le principe de toute « ma joie, soit le sujet de toute mon affliction ! »

« Voici ce qu'elle lui répondoit : « Ne vous mettez pas en « peine de moi ; si vous continuez à m'aimer, il m'importe « fort peu qu'on continue à me persécuter. Quand on a pu se « mettre au-dessus de certaines choses, on ne craint plus « rien ; d'ailleurs, si vous êtes fidèle, ma consolation est « plus forte que ma douleur. Ne comptez pour rien ce que « je souffre ; le motif adoucit toutes mes amertumes. Surtout « soyez assuré que la contrainte ne peut rien sur un esprit « qui est rempli de reconnoissance, et de quelque chose de « plus pour vous. »

« Ces lettres qu'elle recevoit soutenoient fort sa constance ; mais enfin elle voulut faire connoître à ses parents qu'elle étoit capable d'un désespoir, et sans avoir consulté aucun de ses amis, elle se jeta un beau matin dans une religion[1], et protesta qu'elle n'en sortiroit point, quelque sollicitation qu'on lui pût faire. Ce n'étoit pas là son dessein ; elle vouloit épouvanter sa mère, se rédimer des peines domestiques, et avoir plus de liberté de voir son amant et d'en

1. Couvent.

recevoir des consolations par lettres. Les dames la reçurent dans leur monastère, à condition qu'elle ne lui parleroit point et qu'elle romproit toute sorte de commerce avec le monde. Cependant la supérieure, qui est une dame de qualité, qui a de l'esprit infiniment, et qui étoit amie de l'un et de l'autre, ne leur nuisoit pas. La plupart des dames qui venoient voir la solitaire parloient en faveur du galant, portoient de ses lettres, et l'introduisoient même secrètement à la grille. Cette retraite fit grand bruit dans notre ville, et le monde en parla diversement; mais elle ne fut pas longue; car la mère étant au désespoir, et paroissant fort radoucie à son égard, la ramena dans sa maison et la traita avec plus de tendresse qu'auparavant, sans rien relâcher pourtant sur le fait du mariage prétendu. Les choses ont été en cet état huit à neuf ans, sans qu'il y ait jamais eu le moindre refroidissement de part ni d'autre.... »

Il s'arrêta un peu en cet endroit, et me donna loisir de lui dire que cette longue fidélité étoit comparable aux anciens exemples; que j'en estimois bien davantage ces deux personnes si constantes dans un temps où les infidélités sont si ordinaires; que leur province étoit heureuse de porter des esprits de cette résolution. Je lui demandai si les amis y étoient aussi fidèles que les amants; que si cela étoit, comme il ne me falloit que des amitiés, j'en ferois le plus que je pourrois, pendant mon séjour en Auvergne; il me répondit là-dessus que ceux de leur province avoient la réputation d'être fermes dans leur résolution, quelquefois même jusqu'à s'opiniâtrer un peu trop; ce qui avoit donné sujet de dire qu'en Auvergne il y avoit deux choses opiniâtres, les hommes et les mulets. L'impatience que j'avois de savoir la fin de l'histoire fit que je lui demandai des nouvelles de l'état présent de l'affaire. Alors reprenant son discours :

« La chose, me dit-il, alla jusqu'à se jurer fidélité devant les autels, et à faire des vœux profanes dans les lieux saints, et jusqu'à s'écrire des promesses signées de leur sang, et à faire d'autres folies que font ceux qu'une grande passion aveugle. Cependant la fille étoit dans sa vingt-quatrième année, et se voyant bien proche du temps que les lois donnent pour rendre les enfants indépendants et hors de tutelle, elle exhortoit Fayet à persévérer, et lui écrivoit une fois : « Je serai bientôt à moi, et nous n'aurons « qu'à nous consulter ; je crois que nous n'aurons pas beau- « coup de peine à nous résoudre.... » Et lui, ravi de son bonheur prochain, lui récrivoit : « Outre la félicité que « j'aurai de vous posséder, j'aurai encore la joie : ce sera « vous qui aurez fait ma félicité ; et le présent que vous « m'aurez fait de votre cœur me sera d'autant plus consi- « dérable qu'il ne me viendra que de vous. »

« Environ ce temps, M. de Choisy fut rappelé de son intendance d'Auvergne, pour aller prendre possession de celle de Lorraine, et M. de Fortia eut ordre de prendre sa place[1]. Il se rendit à Clermont en diligence, où, après avoir réglé les choses qui concernoient le service du roi, il songea à ses affaires particulières. Comme il est veuf et en âge de se remarier, il se pourvut d'abord d'une galanterie, et s'arrêta à une demoiselle de bon lieu, et même un peu sa parente, qu'on nomme ordinairement la Beauverger ; car nous avons accoutumé d'abréger ainsi la façon de nommer, et nous trouvons le mot de mademoiselle inutile, connoissant assez la qualité par le nom de la famille. C'est une jeune fille de dix-huit ans, à qui l'on en donneroit vingt-cinq, qui seroit assez belle, si elle n'avoit un peu trop d'embonpoint. Elle s'est mise dans le monde d'elle-même, et y tient si bien sa place, qu'elle est de toutes les parties de divertissement ; aussi a-t-elle l'esprit fort agréable, une négligence qui plaît, une liberté sans affectation, un enjouement qui est mêlé d'un

---

1. Bernard de Fortia devint intendant d'Auvergne en 1664 ; il avait été successivement conseiller au parlement de Normandie, maître des requêtes, intendant de Poitiers, d'Orléans et de Bourges. Il mourut en 1694.

peu de mélancolie, et surtout une certaine naïveté fine et spirituelle qui rend sa conversation fort divertissante. Elle n'aime en aucune façon la contrainte, et n'a jamais voulu se tenir à cette bienséance superstitieuse qu'on a faite au sexe, et par son esprit elle s'est si bien mise au-dessus de tous les bruits, que bien qu'elle n'ait pas toute la retenue que les autres ont, on la croit néanmoins aussi honnête fille.

« L'intendant la voyoit souvent comme une personne fort gaie, dont les entretiens et les lettres le divertissoient extrêmement. Quelquefois elle les commençoit par des extravagances, comme lorsqu'elle lui écrivit : *Le Diable vous emporte, monsieur!* d'autres fois, par des douceurs badines et par des naïvetés de son invention. Aussi, comme elle écrivoit facilement, elle écrivoit beaucoup; et comme on lui disoit un jour qu'elle écriroit, si elle continuoit, plus de volumes que saint Augustin : « Oui, dit-elle, quand je n'aurois que mes confessions à écrire comme lui. »

« Pendant que l'intendant s'amusoit ainsi, Fayet, qui étoit fort de ses amis, tant parce qu'il est un des plus galants hommes du pays, que parce qu'ils avoient autrefois fait leurs études ensemble, ce qui fait, comme vous savez, des liaisons éternelles, lui parla un jour confidemment de ses affaires, et le pria d'employer son crédit auprès des parents de la demoiselle, pour les faire enfin consentir à sa demande, et, s'il l'osoit même dire, à l'inclination de leur fille, et l'instruisit de diverses particularités, pour pouvoir négocier avec plus de succès. Il lui promit de prendre ses intérêts avec la même ardeur que si c'étoient les siens propres, et qu'il étoit fort trompé s'il ne venoit à bout de toutes choses. Il rendit visite à la mère, et fut sur le point de lui parler en faveur de son ami; mais voyant en même temps la fille, je ne sais par quel instinct il s'arrêta et sentit une inspiration secrète de n'avancer pas si fort cette sollicitation. Il y fut une seconde fois, et après s'être entretenu quelque temps avec la fille, il ne sentit plus de bonne volonté pour son ami sur ce sujet.

Enfin, à la troisième conversation, il en sortit non-seulement dans la résolution d'abandonner ses intérêts, mais encore dans le dessein d'avancer les siens ; et, quelque peu de bienséance qu'il y eût d'enlever ainsi la maîtresse d'un autre sur sa propre confidence, il ne considéra plus son ami que comme son rival. Cependant il lui faisoit entendre qu'il songeoit à sa négociation, qu'il ne falloit rien précipiter, qu'il cherchoit le temps propre à persuader, entretenant de ces chimères un homme qui le croyoit de bonne foi, et qui ne se défioit point de lui.

« Fayet fut pressé de faire un voyage à Paris ; il en demanda congé à sa maîtresse, qui lui témoigna tous les déplaisirs du monde de le voir partir, l'assura, par ses soupirs et par ses larmes, que l'absence ne diminueroit en rien de sa fidélité ni de sa tendresse, et que, quelques efforts qu'on pût faire, elle ne seroit jamais à autre qu'à lui, et que le temps arriveroit bientôt de récompenser sa constance. Elle le pria de revenir au plus tôt, et lui donna tous les témoignages d'attachement qu'on peut donner. Vous pouvez bien juger que le pauvre amant étoit encore plus contristé, et qu'il montroit de son mieux, par ses soupirs et par ses larmes, les sentiments très-sincères de son cœur. Il partit, se tenant assuré de la fermeté de la fille sur les protestations qu'elle lui en faisoit, et présumant bien de la facilité des parents sur la sollicitation de l'intendant. Il arriva à Paris où il expédia ses affaires avec toute la diligence possible, étant plus attaché à son amour qu'à son intérêt. Il reçut des lettres de l'ami qui lui donnoient des espérances de son bonheur prochain et qui l'assuroient qu'il avoit toujours le cœur tout entier, et de l'amante qui le supplioit de vivre en repos, et d'être persuadé qu'il n'y avoit que deux partis à prendre pour elle, ou d'épouser Fayet ou de se retirer dans les Carmélites ; mais qu'elle pourroit bientôt se déterminer par elle-même, et qu'il pouvoit bien croire en faveur de qui. On lui manda même qu'il étoit à propos de songer aux présents et aux préparatifs de la fête, ce qu'il fit fort magnifiquement et avec beaucoup de dépense, et revint avec beaucoup de joie dans la province. Il fut aussi reçu avec toutes les marques de joie de son retour qu'il eût pu souhaiter, et qui, suivant toutes les apparences, *indiquoient*[1] que l'affaire étoit en bon état, si ce n'est que la sollicitation n'avoit pas réussi; mais il ne la jugeoit plus nécessaire. Il s'engagea avec plus d'ardeur que jamais dans sa passion, glorieux d'être en état de surmonter tous les obstacles. Lorsque les vingt-cinq ans furent arrivés et que la chose devoit éclater du côté de la demoiselle, il parut qu'elle n'étoit pas aussi résolue qu'elle pensoit : elle relâcha un peu de cet empressement qu'elle avoit ordinairement à écrire et à recevoir des nouvelles ; cela pourtant pouvoit avoir ses raisons. Quelque temps après, Fayet ayant découvert que M. de Fortia avoit quelque commerce de lettres avec elle, il en surprit une par hasard, qu'elle lui écrivoit, dans laquelle il trouva ces paroles :

« Ne me pressez pas, je vous prie, monsieur, de vous ré-
« pondre précisément sur le dernier article de votre lettre.
« Vous savez bien que c'est un mot difficile à dire et encore
« plus à écrire que celui-là ; qu'il vous suffise de savoir que
« je suis bonne chrétienne et que j'accomplis fort bien le
« commandement d'aimer mon prochain. Une autre fois vous
« en saurez davantage. »

« Cette lettre avoit été rendue à l'intendant : mais, par un malheur qui arrive souvent, il l'avoit laissée tomber sans y prendre garde, et ceux qui l'avoient recueillie l'avoient mise entre les mains de celui qu'ils y estimoient le plus intéressé.

« Fayet faillit à tomber évanoui, lorsqu'il découvrit ce mystère ; il n'en croyoit pas à ses yeux ; il relut le billet deux ou trois fois, et fit conscience de soupçonner encore. Il alla trouver son rival, et lui demanda s'il n'avoit point eu

---

1. Mot omis dans le manuscrit.

de nouvelles de Riom. Il répondit que non. Cette dissimulation lui confirma qu'il y avoit quelque intelligence secrète ; il partit pour Riom, et eut moyen de parler à cette belle ; elle nia qu'elle eût écrit, et lui persuada qu'elle étoit encore dans les mêmes sentiments pour lui.

« Cette dissimulation lui fut encore de mauvais augure. Alors, poussant un soupir du plus profond de son cœur : « Je ne sais, madame, lui dit-il, si après les assurances que vous avez eu la bonté de me donner, de recevoir mes vœux et de reconnoître ma fidélité, je suis excusable de vous témoigner quelque défiance, mais il faut que vous me pardonniez mes soupçons. Je ne juge point mal de votre constance ; j'ai si peu de sujet de me fier à ma fortune, que je lui attribue tous mes malheurs, et lorsque je vois des apparences qu'on m'abandonne, je n'ose pas me plaindre d'être abandonné. Je me plains d'être malheureux, mais ces petits refroidissements que je remarque, ce retranchement de communication avec moi, ce commerce secret que vous avez avec une personne qui n'est pas dans mes intérêts, et ces termes enveloppés de tendresse que vous lui écrivez pour le dernier article de votre lettre, ne me donnent-ils pas tous les sujets du monde de craindre quelque changement, et de croire, madame, que vous êtes un peu d'intelligence avec ma mauvaise fortune ? Si mes soupçons sont mal fondés, je vous supplie de considérer que tout effarouche un amant passionné au point que je le suis ; qu'on devient délicat et défiant sans y prendre garde, quand on ne mérite pas l'objet qu'on aime, et que c'est une marque que l'amour est violent, lorsqu'il est accompagné de crainte ; que s'ils sont justes, madame, et que vous soyez plus touchée de la fortune d'un intendant que de la passion sincère d'un amant qui n'a point des qualités si éclatantes, je sens bien que vous me rendrez le plus misérable de tous les hommes, mais je consens d'être misérable, pourvu que vous en soyez plus heureuse; et, quelques raisons que j'aie de haïr mon rival, je souffrirai qu'il soit satisfait, s'il peut vous rendre plus satisfaite. Oui, madame, je plaindrai incessamment mon infortune, sans oser désapprouver votre choix, et j'espère que, lorsque vous aurez donné votre amour à un autre, vous ne pourrez pas me refuser un peu de pitié. »

« Ceux qui le connoissent savent de quel air touchant il disoit ces choses. La dame le consola, lui dit mille belles excuses, et l'assura qu'il avoit tort d'entrer dans ces sentiments de défiance; qu'il falloit bien qu'elle se fît violence pour lui pardonner cette injustice, et que, depuis dix ans, il devoit avoir assez bien éprouvé sa fidélité.... Elle se retira ensuite, laissant son amant un peu consolé, mais non pas persuadé tout à fait. Le soir elle lui écrivit, et après un compliment fort doux, elle le pria par toute l'amitié qu'il lui promit de lui renvoyer toutes les lettres et tous les billets qu'il avoit reçus d'elle; que c'étoient des papiers inutiles dans son cabinet, et qu'elle étoit bien aise de les conférer avec ceux qu'elle avoit de lui, pour avoir, en les lisant souvent, l'image présente de ses sentiments et de ses premières impressions pour lui. Il ne lui étoit pas malaisé de pénétrer dans ses desseins, et de conjecturer quelque infidélité par cette demande. Il fit pourtant d'abord quelques paquets de ses lettres qu'il lui renvoya avec ce billet : « On est bien
« près d'ôter son cœur à son amant, quand on lui demande
« les lettres qu'on lui a écrites; et c'est une marque qu'on
« n'aime plus, quand on veut en effacer toutes les marques
« qu'on a données d'avoir aimé; c'est rétracter, madame,
« en quelque façon, tous les bons sentiments que vous avez
« eus pour moi, et dans la résolution que vous avez de me
« rendre malheureux, de vouloir encore me priver des con-
« solations que je pourrois avoir dans mon malheur. Vous
« me devriez assez connoître, pour croire que ces papiers
« seroient en sûreté chez moi, et que, quelque dessein que

« vous ayez, je suis toujours dans celui de vous être fidèle
« jusqu'à la mort ; mais il faut vous en donner des marques
« et vous obéir même en des choses très-difficiles, parce
« que je suis toujours V. »

« Bon Dieu ! m'écriai-je en cet endroit, fut-il jamais une infidélité pareille à celle-là, après avoir tenu si longtemps, après avoir été si touchée, après tant de vœux et d'engagements dans le temps qu'elle étoit en liberté ? A ce que je vois, monsieur, le sexe est ici bien trompeur, et il y a bien peu de bonne foi parmi vos dames. — Il n'y a pas de quoi en avoir si mauvaise opinion, me répliqua-t-il, et il ne faut pas tant considérer qu'elles sont changeantes, ce qu'elles sont partout ailleurs, comme il faut prendre garde qu'elles sont capables d'aimer dix ans, quelques obstacles qu'elles trouvent, ce qui est rare. Quoi qu'il en soit, Fayet lui renvoya ses lettres fort honnêtement. Vous pouvez bien juger qu'il en retint quelques-unes des meilleures, et qu'il n'oublia pas celle du caractère rouge. Depuis ce temps, il n'entendit plus parler que d'elle et de l'intendant, et il fut sacrifié tout net. Il en eut un déplaisir mortel, qui redoubla lorsque l'intendant lui témoigna qu'il avoit fait ce qu'il avoit pu pour ses intérêts ; mais qu'ayant trouvé l'obstination des parents invincible, il avoit parlé pour lui-même ; qu'il n'avoit point forcé l'inclination de la fille ; qu'elle lui avoit plu, et qu'il avoit eu le bonheur de lui plaire ; que pour lui, il avoit été bien aimé, et que tout son malheur étoit de n'être point maître des requêtes et intendant de la province. Il lui découvrit confidemment qu'il alloit l'épouser dans deux jours, et le supplia instamment de lui dire s'il le pouvoit en sûreté, et jusques où étoit allée leur familiarité dans le temps de leurs amours. Cet amant affligé cacha tous ses ressentiments, soit parce que l'intendant ne lui paroissoit pas le plus coupable ; soit parce qu'il n'étoit pas à propos de l'irriter, à cause des affaires du temps, où il pouvoit nuire ; soit par une habitude qu'il avoit de dissimuler; et sans s'amuser à ces préambules, il lui répondit sur sa dernière interrogation, qu'il étoit vrai qu'on avoit dit d'étranges choses sur le sujet de leurs amours ; mais que la médisance augmente toujours et se plaît à faire les crimes plus grands ; que pour lui, il ne diroit pas qu'il en eût reçu les dernières faveurs, mais qu'il pouvoit l'assurer qu'il en avoit reçu toutes les autres ; qu'il portât son imagination aussi loin qu'il voudroit ; qu'il ne vouloit point le tromper, comme on l'avoit trompé lui-même. Ce discours embarrassa fort ce nouvel amant, et fit qu'il s'informa de plusieurs personnes de ce qu'on croyoit de vrai ou de vraisemblable de cette intrigue : ce qui fit qu'on chantoit cette messéante chanson par la ville :

> De Combe et de l'intendant
> Savez-vous la nouvelle?
> Il demande à tout venant
> Si l'on la croit sûrement
> Pucelle, pucelle.

« Ils devoient épouser dans quelques jours, et il s'est déjà passé quelques mois sans qu'il y ait aucune assurance de mariage. Tous ceux qui jugent sainement des choses, disent que ce n'est qu'une galanterie de la part de l'intendant ; que la fille a trop peu de biens pour lui, et qu'il amusera l'affaire jusqu'à la fin de son emploi. L'on dit qu'ils attendront au moins jusqu'après la tenue des Grands-Jours, et il court déjà un méchant couplet de chanson :

> A Combe, disoit l'intendant :
> Nous nous marîrons ce printemps,
> Quand les Grands-Jours on finira.
> Alleluia !

« Ceux qui excusent la demoiselle, disent qu'elle n'a pas voulu désobéir à ses parents avec tant d'éclat, et qu'elle a été rebutée de ses premières résolutions, lorsqu'il a fallu se séparer d'eux, et leur faire procès contre toutes les règles d'honnêteté et de bienséance. Ils trouvent encore qu'elle n'a pas tort d'avoir du cœur et de vouloir être madame la maîtresse des requêtes. Voilà, monsieur, les belles histoires de notre province, me dit cet honnête homme en finissant : dites-moi ce que vous en pensez. — Les incidents d'eux-mêmes, lui dis-je, m'en ont paru très-agréables, et vous les avez racontés avec tant de douceur et d'agrément, que je les trouve merveilleux ; que si vous voulez que je me déclare, je prends parti pour Fayet contre l'infidèle, et je souhaite pour la punir que l'intendant l'amuse quelque temps, et puis l'abandonne, et qu'elle revienne en conter à Fayet, sans que Fayet veuille l'entendre. Le ciel punit bien souvent des infidélités par d'autres. — Il n'auroit pas ce courage, reprit-il, et je ne désespère pas, si l'occasion s'en présente jamais, qu'il ne revienne de lui-même ; il songe encore tous les jours à elle ; il se plaît à raconter ses amours ; il la loue continuellement ; il cherche des raisons pour excuser son changement, autant qu'il peut, et ne l'appelle jamais que son adorable trompeuse [1]. » Cependant nous nous approchions insensiblement du carrosse, et il ne nous restoit de jour qu'autant qu'il en falloit pour arriver jusque chez nous, où je lui fis mes compliments et le remerciai du plaisir que j'avois reçu, cette après-dînée, et de la douceur de son entretien et de celle de la promenade.

Le lendemain, nous partîmes pour Clermont, où tous les Messieurs des Grands-Jours se rendirent avec beaucoup de bruit et autant de magnificence qu'ils purent [2]. Ces deux villes sont éloignées de deux lieues l'une de l'autre, mais le chemin en est si beau, qu'il peut passer pour une longue allée de promenade ; il est bordé de faux [3] des deux côtés, plantés à égale distance, qui sont arrosés continuellement de deux

---

1. Elle épousa, plus tard, Christophe de La Barge.
2. Les commissaires des Grands-Jours arrivèrent à Clermont le 25 septembre 1665.
3. Hêtres, du latin *fagus*. Le précédent éditeur des *Grands-Jours* a pensé que le mot *faux* était une erreur de copiste, parce qu'aujourd'hui il n'existe pas de hêtres dans la plaine ; mais il faut remarquer que la route

ruisseaux d'une eau fort claire et fort vive, qui se font comme deux canaux naturels, pour divertir la vue de ceux qui passent, et pour entretenir la fraîcheur et la verdure des arbres. On découvre en éloignement les montagnes du Forez d'un côté, et une grande étendue de prairies qui sont d'un vert bien plus frais et plus vif que celui des autres pays. Une infinité de petits ruisseaux serpentent dedans, et font voir un beau cristal qui s'écoule à petit bruit dans un lit de la plus belle verdure du monde. On voit de l'autre les montagnes d'Auvergne fort proches, qui bornent la vue si agréablement, que les yeux ne voudroient point aller plus loin, car elles sont revêtues d'un vert mêlé qui fait un fort bel effet, et d'ailleurs d'une grande fertilité.

Tout le peuple de Clermont et de Montferrand étoit sorti de leur ville pour voir passer cette troupe de magistrats qui venoient leur rendre justice; tous les corps assemblés étoient venus au-devant, et les derniers attendoient, d'espace en espace, le temps de débiter leurs harangues, en pleine campagne, remplies, pour la plupart, de lune et de soleil, de grands et de petits jours[1]. Après avoir essuyé toutes ces mauvaises rencontres, nous entrâmes dans la ville, où il fallut encore entendre des harangueurs qui ne voulurent rien perdre de toutes leurs études passées, et qui prétendirent se mettre en réputation par une ostentation fort ennuyeuse de leur méchante éloquence; après quoi chacun se retira bien fatigué dans la maison qu'on lui avoit préparée[2].

actuelle n'est pas précisément celle qu'a suivie Fléchier. Au xviie siècle, le chemin longeait les collines.

1. L'extrait de l'abbé Ducreux développe ainsi la phrase du manuscrit de Clermont : « Harangues remplies de comparaisons tirées du soleil et de ses rayons, de la lune et de sa douce lumière, des grands et des petits jours, ceux-là propres aux grandes entreprises par leur durée et leur sérénité, ceux-ci plus favorables à l'exécution des mauvais desseins que des bons, à cause des ténèbres et de l'obscurité qui les couvrent presque toujours. »

2. Dongois raconte aussi dans son journal l'entrée de Messieurs des Grands-Jours à Clermont. Il ne sera pas sans utilité de comparer ces deux passages. Voy. *Appendice*, n° X.

M. Talon[1] alla d'abord visiter les prisons, pour voir si elles étoient sûres et capables de contenir autant de criminels qu'il espéroit en faire arrêter, et, suivant les chambres et les cachots, il minutoit déjà les conclusions qu'il devoit donner; il fut ensuite au palais pour le faire disposer, et prit tous les soins nécessaires pour mettre la justice en état de se faire craindre.

Le samedi et le dimanche, car nous étions arrivés le vendredi, se passèrent à considérer un peu la ville, ou à entendre une infinité de compliments particuliers des principaux officiers des justices voisines, qui venoient s'humilier devant celle de Paris, et des religieux de différentes couleurs, qui venoient en corps citer saint Paul et saint Augustin, comparer les Grands-Jours au jugement universel, et rapporter tout ce que leur fournit l'Écriture qui peut s'appliquer au sujet de la justice des hommes. Un jésuite à la tête de son collége, et un capucin le plus vénérable de sa province, se signalèrent entre les autres à citer les plus beaux endroits des saints pères à la louange des Grands-Jours, et firent voir que saint Augustin et saint Ambroise avoient prophétisé ce qui se passe présentement en Auvergne.

Pour la ville de Clermont, il n'y a guère de ville en France plus désagréable. La situation n'en est pas fort commode, à cause qu'elle est au pied des montagnes. Les rues y sont si étroites, que la plus grande y est la juste mesure d'un carrosse; aussi deux carrosses y font un embarras à faire damner les cochers, qui jurent bien mieux ici qu'ailleurs, et qui brûleroient peut-être la ville, s'ils étoient en plus grand nombre, et si l'eau de mille belles

---

1. Denis Talon, avocat général au parlement de Paris, président à mortier en 1689, mort en 1698. Il était procureur général du roi à la cour des Grands-Jours. Voy. *Appendice*, n° III. — Fléchier parle presque toujours de ce magistrat et de sa mère avec une ironie qu'explique la rivalité des familles Talon et de Caumartin.

fontaines n'étoit prête d'éteindre le feu. Les maisons y sont assez belles, et, ce qui est admirable, toutes soutenues en l'air, la coutume étant de creuser des caves au-dessous des fondements, qui ne sont appuyés que sur un peu de terre suspendue, et qui tient si ferme qu'il n'en est jamais arrivé aucun accident. En récompense, la ville est bien peuplée; et si les femmes y sont laides, on peut dire qu'elles y sont bien fécondes, et que si elles ne donnent pas de l'amour, elles donnent bien des enfants. C'est une vérité constante qu'une dame qui mourut il y a quelques années, âgée de quatre-vingts ans, fit le dénombrement de ses neveux et nièces, en compta jusqu'au nombre de quatre cent soixante-neuf vivants, et plus de mille autres morts, qu'elle avoit vus durant sa vie. J'en ai vu la table généalogique que M. Blaise Pascal, son fils, qui a été si connu par ses inventions mathématiques et par les *Lettres Provinciales*, en a fait dresser pour la rareté du fait[1]. Après cela, peut-on douter de la propagation prodigieuse d'Israël pendant le temps de la servitude? et n'a-t-on pas sujet de demander ici ce que les Hollandois demandoient, lorsqu'ils entrèrent dans la Chine, et qu'ils virent la foule du monde qu'il y avoit, si les femmes de ce pays-là faisoient dix enfants à la fois? Il est vrai que depuis Abraham on n'a point ouï parler d'une postérité aussi nombreuse, et qu'on peut dire qu'elle approche bien du nombre des étoiles du ciel. Quoi qu'il en soit, on fait honneur au sacrement, et Dieu donne la plénitude de sa grâce multipliante; et cette dame nous disoit un jour fort plaisamment que les femmes n'y seroient stériles que longtemps après les autres, et que le jour du jugement n'arriveroit chez eux que longtemps après qu'il auroit passé par tout le reste du monde. Cette grande bénédiction continue, et deux ou trois dames que nous avons vues, et qui paroissent encore bien fraîches, comptent le

1. Cette dame se nommait Jeanne Enjobert, femme d'Étienne Pascal.

dix-huitième de leurs enfants, et quelques autres, que l'on prenoit pour jeunes, ne comptoient pour rien de n'avoir eu que dix garçons. Aussi la vérole, qui est la contagion des enfants, s'étant répandue, s'est enfin lassée dans la ville, et, après en avoir emporté plus de mille, elle s'est retirée de dépit qu'elle a eu qu'il n'y parût pas.

Toutes les dames de la ville vinrent pour rendre leurs respects à nos dames, non pas successivement, mais en troupe. On ne sauroit recevoir une visite que la chambre ne soit toute pleine; on ne peut suffire à fournir des chaises : il se passe longtemps à placer tout ce petit monde; vous diriez que c'est une conférence ou une assemblée, tant le cercle est grand. J'ai ouï dire que c'est une grande fatigue de saluer tant de personnes à la fois, et qu'on se trouvoit bien embarrassé et devant et après tant de baisers. Comme la plupart ne sont pas faites aux cérémonies de la cour, et ne savent que leur façon de province, elles vont en grand nombre, afin de n'être pas si remarquées, et de se rassurer les unes les autres. C'est une chose plaisante de les voir entrer, l'une les bras croisés, l'autre les bras baissés comme une poupée; toute leur conversation est bagatelle, et c'est un bonheur pour elles quand elles peuvent tourner le discours à leur coutume, et parler des points d'Aurillac[1]. Les échevines rendirent leur visite en corps, et firent le présent de la ville. La personne qui nous parut plus raisonnable fut Mme Périer[2]; les louanges que Mme la marquise de Sablé[3] lui donne, la réputation que M. Pascal, son frère, s'étoit

---

1. On appelait *points d'Aurillac* des dentelles de fil qui étaient un article de commerce important au XVIIe siècle. Cette branche d'industrie est maintenant presque abandonnée.

2. Gilberte Pascal, qui a laissé une vie de son frère Blaise Pascal. Elle était née en 1620 et avait épousé, en 1641, Florin Périer. Elle mourut en 1687.

3. Madeleine de Souvré, née en 1602, morte en 1678. Cette femme, célèbre par son esprit, a laissé un recueil de *Maximes et Pensées diverses* (Paris, 1678, in-12).

acquise, et sa propre vertu, la rendent très-considérable dans la ville, et quelque gloire qu'elle tire de l'estime où elle est, et de la parenté qu'elle a eue, elle seroit illustre, quand il n'y auroit point de marquise de Sablé, et quand il n'y auroit jamais eu de M. Pascal.

Nous assistâmes, le matin du samedi, à la messe du Saint-Esprit qu'on dit pour l'ouverture de la Chambre, qu'on nomme communément la messe rouge, parce que les Messieurs y assistent en robes rouges, ou la messe des révérences, parce qu'ils vont à l'offrande en faisant des révérences de tous côtés. Le président[1] y alla tout seul[2], M. de Caumartin[3] suivit après, et les conseillers y furent deux à deux[4]. Quoique la chose se fût ainsi passée de concert, il y en eut quelques-uns qui trouvèrent qu'on avoit trop accordé au maître des requêtes, de lui avoir donné ce rang d'égalité avec le président, soit parce qu'il y a toujours opposition entre le conseil et le parlement, soit parce qu'ils craignoient que cette préférence ne lui donnât quelque avantage dans la contestation qu'ils avoient entre eux touchant la présidence, si M. de Novion venoit à être absent ou récusé. M. l'évêque de Clermont[5] fit l'office, et fut ensuite conduit dans le palais, où il fut complimenté publiquement à l'ordinaire, et rendit le compliment avec beaucoup de gravité. Tout le monde crut qu'il avoit dit de

---

1. Nicolas Potier, sieur de Novion, conseiller au parlement en 1637, premier président en 1678, mort en 1693.
2. Le président de Novion fit d'abord deux génuflexions du côté de l'autel, et ensuite se tourna du côté des conseillers et de l'avocat général Talon. Après quoi, il partit de sa place et se dirigea vers l'évêque auquel il fit également de profondes révérences.
3. Louis Lefèvre, seigneur de Caumartin, maître des requêtes, né le 6 juillet 1624, mort le 3 mars 1687.
4. Le récit de Fléchier est d'accord avec celui de Dongois; seulement le greffier ajoute le détail suivant : « On y fit (à la messe) les mêmes cérémonies qu'à l'ouverture du parlement; hormis que l'on ne donna point d'argent à l'offrande, parce que, à Paris, Messieurs n'y donnent qu'un sou; ce qui eût été trouvé étrange à Clermont. »
5. Gilbert de Vainy d'Arbouze, évêque de Clermont de 1664 à 1682.

fort belles choses, mais personne ne les entendit. On fit lecture de la déclaration du roi [1].

L'ouverture des Grands-Jours se fit, le lundi [2], par une belle harangue que prononça M. Talon avec une éloquence merveilleuse [3]. Il commença par une maxime de philosophie : que toutes choses agissent avec plus de force ou plus de foiblesse, selon qu'elles sont ou plus proches ou plus éloignées ; il expliqua ce principe par des exemples tirés de la nature, et conclut que la cour, étant fort éloignée de cette province, ne pouvoit pas y faire de grandes impressions de justice, si elle n'envoyoit des juges de temps en temps avec l'autorité du prince. Il tomba insensiblement sur les louanges du roi, et montra qu'il y avoit eu des princes qui fuyoient les yeux du peuple, dont le cabinet étoit comme un voile mystérieux qui couvroit toutes leurs actions ; qu'ils affectoient de se mettre au rang des dieux par le peu de commerce qu'ils avoient avec les hommes, et qu'ils avoient quelque sujet de soutenir leur majesté par leur retraite, et de cacher leurs défauts, de peur de s'attirer le mépris et la haine des peuples ; que le nôtre n'avoit point de ces raisons de cacher ses actions, qui étoient toutes grandes et toutes éclatantes ; qu'aussi il se communiquoit à ses sujets, et qu'il leur rendoit la justice ou par lui-même, ou par des officiers choisis qu'il leur envoyoit dans les provinces ; il fit un petit abrégé de toute la vie du roi, et fit voir qu'il ne lui manquoit que cette belle action à faire, de réprimer les violences qui se commettoient dans son royaume, et de tirer les peuples de l'oppression des puissants. Il entra ensuite dans l'éloge des

---

1. Voy. *Appendice*, n° II.
2. D'après le *Journal du greffier Dongois*, l'ouverture des Grands-Jours eut lieu le samedi 26 septembre. Ce fut, en effet, le samedi qu'après la messe fut lue la déclaration de Louis XIV, qui établissait la cour des Grands-Jours. Fléchier lui-même fait mention plus haut de la lecture de la déclaration.
3. Voy. *Appendice*, n° VII.

juges et de la justice, et dit de fort belles choses : qu'elle lui donnoit un flambeau pour faire voir qu'elle devoit éclairer les justes et qu'elle devoit consumer les coupables ; qu'elle étoit comme le soleil, qui élevoit, d'un côté, les fleurs par la chaleur de ses rayons, et qui, de l'autre, séchoit les herbes inutiles. Enfin il finit par la paraphrase d'un psaume terrible, où il y a des expressions très-fortes de la colère et de l'indignation de Dieu, et par des vœux qu'il fit pour la prospérité et pour la conservation du roi. M. le président de Novion harangua aussi avec beaucoup de gravité, expliquant les desseins du roi, et témoignant qu'il étoit bien à déplorer que les gentilshommes d'Auvergne, qui sont issus du sang des Troyens et des Romains, eussent dégénéré de l'ancienne vertu de leurs ancêtres. Cela n'est appuyé que sur l'autorité de Lucain[1], qui blâme les Auvergnats d'avoir l'effronterie de s'appeler les descendants des Troyens et les frères des Romains. Après les harangues, M. Robert, qui est un jeune avocat que M. de Novion favorisoit, et qui a d'assez beaux talents extérieurs pour les exercices du palais, commença à plaider une cause fort étudiée. Depuis ce temps-là, on ne parla que des gens arrêtés dans la province. Les prévôts se mirent tous en campagne, et la terreur fut si fort répandue partout, que les plus innocents mêmes se retirèrent dans le fond des montagnes.

Ayant trouvé la commodité d'aller faire une promenade jusqu'à Vichy, qui est un lieu fort agréable et fort renommé pour ses eaux, qui font des effets merveilleux sur les corps infirmes, nous allâmes coucher à Effiat, qui est une maison très-magnifique que le maréchal d'Effiat[2] a fait bâtir, dont les dehors sont très-beaux, mais le dedans

---

1. Dans le premier livre de la *Pharsale*, v. 427 et 428 :

    « Arvernique ausi Latio se fingere fratres,
    Sanguine ab Iliaco populi.... »

2. Antoine Coiffier, maréchal d'Effiat, né en 1581, mort en 1632. Le grand écuyer Cinq-Mars (Henri d'Effiat) était son second fils.

n'est point achevé, et se ressent un peu du désordre de la famille ; et le lendemain nous aperçûmes

> Ces vallons où Vichy, par ses chaudes fontaines,
> Adoucit tous les jours mille cuisantes peines.

Je me souvins de ces deux vers de M. Chapelain[1]; il est vrai que c'est le plus beau paysage du monde. On y voit, d'un côté, des plaines ; de l'autre, des montagnes qui font un aspect différent, mais qui sont également fertiles, et qui fournissent au plaisir des yeux et aux nécessités de la vie tout ensemble. On ne sauroit s'imaginer un lieu plus charmant, quand on se voudroit faire à plaisir une perspective. Un de mes amis qui fait les plus jolis vers du monde, et qui est encore plus honnête homme que bon poëte, me disoit qu'il venoit y passer tous les ans six semaines, non pas tant pour sa santé que pour son divertissement :

> Et pour voir ces lieux à loisir,
> Où la nature a pris plaisir
> De mettre dans son étendue[2]
> Tout ce qui peut plaire à la vue :
> Les villages et les châteaux,
> Les vallons avec les coteaux,
> La perspective des montagnes
> Plus fertiles que les campagnes[3];
> La rivière qui dans son cours
> Forme à leur pied mille détours ;
> La belle verdure des plaines,
> Le cristal de mille fontaines,
> Les prés, les ruisseaux et les bois,
> Toutes ces beautés à la fois,
> Rendent ce pays admirable ;

---

1. Nouvelle flatterie à l'adresse du protecteur de Fléchier. Voy. page 2.
2. L'extrait des Mémoires de Fléchier, publié par l'abbé Ducreux, présente ici quelques variantes :

    « A réunir dans l'étendue.... »

3. Variantes de l'extrait de l'abbé Ducreux :

    « Couronnant de vastes campagnes;
    Le beau fleuve qui dans son cours.... »

> Et, dans cette vue agréable [1],
> L'œil ne sait de tous ces beaux lieux
> Celui qui l'embellit le mieux:
> Tous les efforts que la peinture
> Fait pour embellir la nature,
> Ne sont que de foibles crayons
> Des beautés que nous y voyons.
> Auprès de toutes ces merveilles,
> Qui peut-être sont sans pareilles,
> Je n'estimerois pas un clou
> Le paysage de Saint-Cloud ;
> Non plus que celui de Surène,
> Arrosé des flots de la Seine ;
> Et qui vante Montmorency,
> N'a rien vu s'il n'a vu ceci [2].

La rivière d'Allier, qui serpente dans ce vallon et qui porte en cet endroit de grands bateaux, est un des beaux ornements de cette campagne. On travaille à la rendre navigable entièrement, à l'occasion d'une mine de charbon qu'on a trouvée dans les montagnes :

> On voit le cristal de son onde
> Se rouler le plus pur du monde,
> D'un cours diligent et pressé.
> Ce fleuve n'est point ramassé
> Dans un lit de juste étendue ;
> D'où vient que souvent à la vue
> Il paroît large en un endroit,
> Et dans l'autre il est fort étroit.
> Mais, en remontant vers sa source,
> On veut en égaler la course,
> Et rassembler toute son eau
> Pour lui faire porter bateau.

Mais ce qui est de plus considérable en ce lieu, c'est qu'on

---

1. Variantes de l'extrait donné par l'abbé Ducreux :

> « Et dans ce séjour délectable,
> Séjour à jamais préférable
> A celui qu'habitent les dieux,
> On pense, et c'est chose croyable,
> Que pour l'utile et l'agréable,
> Jamais on ne peut trouver mieux.... »

2. *Idem.* « Se tairoit, s'il eût vu ceci. »

y trouve non-seulement à se divertir quand on le regarde, et à s'y nourrir quand on l'habite, mais encore à s'y guérir quand on est malade, et qu'on y trouve la beauté, l'abondance et la santé. Même, outre ces sources inutiles, qui arrosent les champs et ne font que récréer la vue, on en voit qui fortifient le corps et qui soulagent les malades; par de longs canaux souterrains, elles courent au secours de cent misérables qui viennent de tous les pays y chercher la fin de leurs tourments, et, passant par le soufre ou par le vitriol, elles se rendent dans de grands bassins qu'on leur a faits, et se présentent en bouillonnant à tous ceux qui viennent rechercher leur assistance. Aussi on les renferme sous des grilles de fer, et l'on les tient aussi chères que les liqueurs les plus précieuses. Un capucin fort vénérable, et à qui sa barbe seule pourroit donner de l'autorité, vint d'abord nous en faire le panégyrique. Il nous parcourut toutes les maladies; nous donna des exemples de guérison de toutes les parties du corps humain, et conclut qu'il falloit que ces sources fussent des canaux de la piscine probatique dont il est parlé dans l'Évangile[1], et nous connûmes bien ensuite l'intérêt qu'il avoit à louer ces fontaines.

La saison étoit fort avancée, et la plupart des buveurs s'étoient déjà retirés; il n'y restoit presque que ceux qui y viennent les premiers et restent toujours les derniers : je veux dire des religieux et des religieuses, que le grand soin de leur santé, et bien souvent le dégoût du cloître, retient longtemps après les autres. La facilité qu'on a d'entrer en conversation, et la liberté de se voir à toute heure, me fit bientôt connoître que, de sept ou huit religieuses qui prenoient les eaux, il y en avoit quelques-unes qui avoient obtenu des ordres de la cour, pour y venir en dépit de leur évêque, d'autres qui avoient eu congé de leur évêque en dépit de leurs supérieures. Il y

---

1. Joannes, V, 2 sqq.

avoit trois sœurs de différents monastères qui s'étoient donné rendez-vous à la fontaine de Vichy. De tout ce nombre, j'en trouvai deux qui avoient de l'esprit. L'une étoit si retirée et vivoit si régulièrement, qu'elle ne sortoit point de sa cellule, et passoit tout ce temps de liberté que les autres prennent, dans une exactitude de retraite, comme si elle eût été dans la clôture; elle étoit fille de qualité, et avoit du mérite infiniment. L'autre étoit une sœur de M. de La Feuillade[1], qui se communiquoit un peu davantage, et qui n'avoit pas moins d'esprit et de vertu. Je passai quelques moments d'entretien avec elle; mais comme ces beautés voilées ont je ne sais quoi de triste et de contraire à mon inclination, je m'attachai particulièrement à la conversation de Mme de Brion, qui fut ma meilleure rencontre. C'est une dame de Paris, fille de M. de La Barde[2], autrefois ambassadeur en Suisse, qui est une personne aussi aimable qu'on en puisse voir. Elle est encore fort jeune, mais elle a plus de prudence et plus de vertu que d'âge. Elle n'est pas de ces beautés qui ont grand éclat et grande apparence, mais elle a quelque chose de doux et d'agréable, qui vaut mieux que tout le beau et tout le brillant des autres. Son esprit est fort vif et fort réglé, et l'on remarque bientôt en elle beaucoup de discernement et beaucoup de modestie. Elle avoit été accordée à M. Malo, conseiller au parlement; mais quelque différend étant survenu inopinément, le traité fut rompu. M. de Brion[3] fut plus heureux que lui, quoiqu'il eût peut-être moins de réputation et qu'il demeurât en Auvergne, où il a de fort belles terres. Il emporta les parents de la fille par son bien, et ôta à la fille la peur de la pro-

---

1. Élisabeth d'Aubusson, sœur de François d'Aubusson, duc de La Feuillade. Après avoir été prieure des Carmélites de Riom, elle devint abbesse de la Règle à Limoges, et y mourut le 12 mars 1704.

2. Jean de La Barde, marquis de Marolles-sur-Seine, né vers 1600, mort en 1692. Il a laissé une histoire de la minorité de Louis XIV (1643-1652), écrite en latin.

3. Jean de Brion, marquis de Combronde.

vince en achetant une charge de conseiller au parlement de Paris. Mais, après l'avoir épousée, il lui proposa de faire un voyage en Auvergne pour un mois, où il la retient depuis quelques années, et laisse sa charge aussi inutile que si elle étoit vacante, son nom étant presque inconnu dans le parlement, et sa personne presque inconnue dans sa Chambre même. Quelque répugnance naturelle qu'eût cette dame pour la province, elle se conduit avec tant de sagesse et s'accommode si bien aux volontés de son mari, qu'on ne l'ouït jamais plaindre ni de ce long séjour, ni d'autres choses dont les autres se plaignent souvent; elle est attachée à son petit ménage, se contentant de quelques entretiens de province, elle qui peut fournir aux entretiens les plus relevés, et ne trouve point d'exil où elle est avec son mari ou par son ordre. La bonne opinion que j'avois de son esprit et de sa vertu m'excita à rechercher sa conversation, et l'honneur que j'avois d'être déjà connu d'elle, et la solitude du mari me donnèrent la commodité de la voir souvent. Je lui prêtai quelques livres nouveaux et quelques poésies que j'avois reçus de Paris, et je lui promis de lui faire part de toutes les curiosités que je recevrois à l'avenir, dont elle me sut fort bon gré.

Environ ce temps, un capucin qui n'avoit point la barbe si vénérable que les autres, et qui se piquoit d'être un peu plus du monde que ses confrères, ayant ouï parler de moi, et sachant que j'avois prêté quelques livres de poésies, se souvint d'avoir vu mon nom au bas d'une ode ou d'une élégie[1], et d'avoir vu quelqu'un à Bourbon, qui se disoit de mes amis; car le bon père va de bain en bain, et se croit appelé de Dieu pour consoler les dames malades qui prennent les eaux. Il ne manqua pas de me faire compliment et de me traiter de bel esprit, et sa bonté passa jusqu'à dire partout que j'étois poëte. Faire des vers et venir de Paris, ce

---

1. Probablement l'élégie intitulée *Plainte de la France à Rome sur l'insulte faite à l'ambassadeur le 20 août* 1662.

sont deux choses qui donnent bien de la réputation dans ces lieux éloignés, et c'est là le comble de l'honneur d'un homme d'esprit. Ce bruit de ma poésie fit un grand éclat, et m'attira deux ou trois précieuses languissantes, qui recherchèrent mon amitié, et qui crurent qu'elles passeroient pour savantes, dès qu'on les auroit vues avec moi, et que le bel esprit se prenoit ainsi par contagion. L'une étoit d'une taille qui approchoit un peu de celle des anciens géants, et son visage n'étant point proportionné à sa taille, elle avoit la figure d'une laide amazone; l'autre étoit, au contraire, fort petite, et son visage étoit si couvert de mouches, que je ne pus juger autre chose, sinon qu'elle avoit un nez et des yeux. Je pris garde même qu'elle étoit un peu boiteuse, et surtout je remarquai que l'une et l'autre se croyoient belles. Ces deux figures me firent peur, et je les pris pour deux mauvais anges qui tâchoient de se déguiser en anges de lumière; je me rassurai le mieux que je pus, et ne sachant encore comme leur parler, j'attendis leur compliment de pied ferme. La petite, comme plus âgée, et de plus mariée, s'adressa à moi : « Ayant de si beaux livres que vous avez, me dit-elle, et en faisant d'aussi beaux vers que vous en faites, comme nous a dit le révérend père Raphaël, il est probable, monsieur, que vous tenez, dans Paris, un des premiers rangs parmi les beaux esprits, et que vous êtes sur le pied de ne céder à aucun de Messieurs de l'Académie. C'est, monsieur, ce qui nous a obligées de venir vous témoigner l'estime que nous faisons de vous. Nous avons si peu de gens polis et bien tournés dans ce pays barbare, que lorsqu'il en vient quelqu'un de la cour et du grand monde, on ne sauroit assez le considérer. — Pour moi, reprit la grande jeune, quelque indifférente et quelque froide que je paroisse, j'ai toujours aimé l'esprit avec passion, et ayant toujours trouvé que les abbés en ont plus que les autres, j'ai toujours senti une inclination particulière à les honorer. »

Je leur répondis, avec un peu d'embarras, que j'étois le plus confus du monde; que je ne méritois ni la réputation que le bon père m'avoit donnée, ni la bonne opinion qu'elles avoient eue de moi; que j'étois pourtant très-satisfait de la bonté qu'il avoit eue de me flatter, et de celle qu'elles avoient de le croire, puisque cela me donnoit occasion de connoître deux aimables personnes qui devoient avoir de l'esprit infiniment, puisqu'elles le cherchoient en d'autres. Après ces mots, elles s'approchèrent de ma table, et me prièrent de les excuser, si elles avoient la curiosité d'ouvrir quelques livres qu'elles voyoient; que c'étoit une curiosité invincible pour elles. Parmi tous les livres de poésie, elles y trouvèrent la traduction de l'*Art d'aimer* d'Ovide, par Nicole [1]. Je ne sais si le titre leur en plut, et si elles espérèrent y pouvoir apprendre quelque chose; mais elles me prièrent de leur prêter cet ouvrage, qu'elles avoient tant ouï estimer dans l'original. Je leur prêtai donc l'*Art d'aimer*; je leur eusse bien voulu donner encore celui de se rendre aimables. Elles me proposèrent un petit voyage à une belle maison de campagne qu'elles avoient à deux ou trois lieues de là, et firent mille beaux desseins de me régaler.

Il arriva ce jour-là même une lettre à Mme de La Feuillade [2], par laquelle on lui marquoit que j'étois prédicateur de mon métier, et qu'elle tâchât de m'engager à prêcher à Riom, dans l'église de leur monastère. Cette qualité fut d'abord connue de tout le monde, et j'allois jouir d'une

---

1. Cette traduction de l'*Art d'aimer*, en vers français, ne renferme que des fragments du poëme d'Ovide; elle est de Claude Nicole, président de l'élection de Chartres, oncle du célèbre moraliste de ce nom. On retrouve toujours ici le Fléchier des premiers temps, qui, en fait de poésie, suit la mode et ne songe nullement à la contrarier; il est pour la poésie d'idylles, de sonnets, de recueils choisis, et du *Mercure galant*, pour la poésie à la Deshoulières.

2. Élisabeth de La Feuillade, prieure des Carmélites de Riom. Voy. p. 46, note 1.

belle réputation ; mais une occasion pressante, que je n'avois pas prévue, m'obligea de partir le lendemain pour Clermont, et de rompre tous ces commencements d'habitude qui étoient déjà à demi formés. Mme de Brion prit d'abord résolution de partir aussi, et j'eus la satisfaction de m'en retourner avec elle, et de ne laisser rien après moi, que je pusse regretter. Nous passâmes par une abbaye de Saint-Benoît, où nous fûmes fort bien reçus de l'abbesse, qui est une dame de grande vertu, qui a été, durant quarante ans, coadjutrice de la précédente. Elle a de beaux droits seigneuriaux, et je me souviens qu'elle nous fit juges d'un procès qu'on plaidoit devant elle. Elle tient de jeunes garçons pensionnaires dans l'abbaye, et il y a de quoi s'étonner de voir de fort belles images vivantes dans leur clôture ; c'est un monastère fort bien réglé [1].

Je remarquai par toute la campagne et dans Clermont, lorsque j'y fus arrivé, que la terreur étoit générale. Toute la noblesse étoit en fuite, et il ne restoit pas un gentilhomme qui ne se fût examiné, qui n'eût repassé tous les mauvais endroits de sa vie, et qui ne tâchât de réparer le tort qu'il pouvoit avoir fait à ses sujets, pour arrêter les plaintes qu'on pouvoit faire. Il se faisoit mille conversions, qui venoient moins de la grâce de Dieu que de la justice des hommes, et qui ne laissoient pas d'être avantageuses, pour être contraintes. Ceux qui avoient été les tyrans des pauvres devenoient leurs suppliants, et il se faisoit plus de restitutions qu'il ne s'en fait au grand jubilé de l'année sainte. La prison de M. de La Mothe de Canillac étoit le principal sujet de leur épouvante.

A peine étions-nous arrivés, après le 25 septembre, que M. le président et M. Talon conclurent ensemble de faire

---

1. L'abbaye de Cusset, dont il s'agit, était alors gouvernée par Diane-Thérèse de Linars. La plupart des abbayes de fondation royale avaient droit de justice.

arrêter M. le vicomte de La Mothe de Canillac[1], fort considéré pour sa qualité dans la province, et, au sentiment de tous, le plus innocent de tous les Canillac. La comparaison que j'en fais avec les autres de son nom ne le justifie pas tout à fait, et ces sortes d'innocents ne veulent dire que moins coupables. L'ordre fut donné au premier huissier de prendre avec lui le prévôt d'Auvergne, avec ses archers, et de ne lui communiquer ses ordres que lorsqu'il faudroit les exécuter, parce qu'on savoit qu'il étoit des intimes amis du vicomte, et qu'il venoit même de donner à dîner ce jour-là. Ils allèrent donc ensemble dans la maison, où il étoit déjà couché, et l'huissier lui ayant intimé ses ordres d'un ton de voix un peu éclatant, comme il a le ton un peu haut, le criminel fut si étonné, qu'il ne sut depuis ce qu'il faisoit, si ce n'est qu'il mit entre les mains du prévôt quelques lettres qu'on tient qu'il venoit de recevoir d'une maîtresse ; car il étoit homme à galanterie. Il fut conduit dans les prisons de la ville, attendant qu'on lui fît son procès. On l'avoit fort raillé à table sur les Grands-Jours ; mais il se trouvoit si innocent, qu'il ne se croyoit point en danger, et qu'il ne craignoit point de s'exposer à la plus sévère justice ; il déploroit même l'obstination de quelques gentilshommes de ses amis qu'il avoit avertis de se retirer, et qui demeuroient encore, contre ses avis, dans la province. Voilà comme on s'aveugle dans ses intérêts propres, et particulièrement dans la confiance de son innocence. Cependant il est accusé, il est pris le premier ; il est Canillac ; il a été d'un mauvais parti. Voici le fait :

Dans le temps des guerres civiles, M. de La Mothe, qui avoit quelque crédit dans la province, fut sollicité de s'at-

---

1. Le vicomte de La Mothe-Canillac fut arrêté le 3 octobre 1665. Les gazettes et autres journaux de l'époque prouvent avec quel intérêt on suivait les événements des Grands-Jours. On en trouvera quelques extraits à l'*Appendice*, n° I.

tacher aux intérêts de M. le Prince[1], et reçut une somme d'argent de lui pour lever des troupes de cavalerie. Il employa ses soins et ses amis, et particulièrement un gentilhomme nommé d'Orsonnette, à qui il donna 5000 francs pour faire quelques compagnies de cavaliers; et croyant avoir mis ordre à toutes choses, il se rendit auprès de M. le Prince, qui, ne trouvant pas son argent bien employé, et ne voyant pas venir des troupes aussi promptement que l'exigeoit la nécessité de ses affaires, en témoigna quelques plaintes et s'emporta contre le vicomte. Lui, qui est assez fier de son naturel, ne souffrit pas les reproches qu'on lui faisoit là-dessus, et, se retirant du parti du prince, se rendit en Auvergne et demanda compte à d'Orsonnette de l'argent qu'il lui avoit confié. Ce gentilhomme ne lui rendit ni argent ni cavaliers; soit qu'il eût considéré qu'il falloit lever des troupes contre le parti du roi, soit qu'il eût besoin de la somme qu'on lui avoit remise entre les mains, il n'exécuta point les ordres qu'il avoit reçus, et suivit les lois que la fidélité ou la nécessité lui proposèrent. Il fut pourtant contraint de rendre raison de sa conduite, d'avouer la dette et de s'obliger à restituer cet argent. On prétend qu'on lui donna une année entière de terme; après quoi faisant difficulté de payer, au lieu d'un procès, il se fit entre eux une querelle de gentilhomme, et la haine croissant avec le temps, ils en vinrent à des voies de fait. Le malheur de l'un et de l'autre fit qu'ils se rencontrèrent accompagnés de leurs domestiques. On tient que M. de La Mothe avoit l'avantage du nombre, et que sur cette confiance il attaqua son ennemi qui, se voyant plus foible, se mit en fuite. Quoi qu'il en soit, M. de La Mothe blessa son ennemi et un de ses gens, tua son fauconnier qui fuyoit avec lui; voilà le fait[2]. L'accusé et l'accusateur sont présentement d'accord,

---

1. Louis de Bourbon, connu sous le nom de grand Condé.
2. Le récit du greffier Dongois, beaucoup moins agréable que celui de Fléchier, a un caractère plus officiel, et, comme il confirme les détails

et c'est le procureur général qui lui fait partie au nom du roi.

On a parlé diversement de la conduite de ces Messieurs qui le firent arrêter si subitement. Les uns ont cru que M. le président a voulu faire voir qu'il suivoit aveuglément les intérêts de la justice du roi, et qu'il avoit oublié toutes les considérations qui le pouvoient toucher, en arrêtant d'abord un homme qui est dans son alliance[1]; les autres se sont imaginé qu'il avoit voulu commencer par un grand exemple, et faire trembler tout le reste de la noblesse, en faisant le procès à un homme de qualité, et qui paroissoit le plus innocent de la famille. D'autres ont estimé que le nom de Canillac étant extrêmement décrié à la cour, on ne pouvoit pas mieux faire valoir auprès du roi l'autorité des Grands-Jours qu'en arrêtant un gentilhomme de ce nom, quoiqu'il ne fût pas des plus criminels. Je n'entre point dans ces considérations particulières; mais je sais bien que des gens qui jugent fort sagement des choses, ont trouvé que M. le président et M. Talon auroient bien pu consulter les principaux de ces Messieurs sur cette affaire, et principalement M. de Caumartin, qui tenoit parmi eux un rang assez considérable, et qu'ils auroient mieux fait de n'épouvanter pas d'abord un grand nombre de gentilshommes qui se retirèrent d'abord après cette prise. En effet, pour ne pas laisser échapper la capture d'un demi-coupable, on fit perdre l'occasion d'arrêter cent criminels; et tout le monde est d'accord que cette première capture est un bon coup pour le juge, mais non pas pour la justice. Si le fait étoit comme sa parenté l'expose, il y auroit fort peu à craindre pour lui; mais je doute fort que les

---

donnés par Fléchier, il n'est pas inutile de le citer. Il fournit une preuve de la véracité du spirituel auteur des *Mémoires sur les Grands-Jours de Clermont.* Voy. *Appendice*, n° XI.

1. Catherine Potier, fille du président de Novion, était belle-sœur de Guillaume Beaufort de Monthoissier-Canillac. Voy. *Appendice*, n° IX.

charges soient conformes à leur relation ; et je crois que le nom de Canillac et le malheur d'avoir porté les armes contre le roi seront deux chefs d'accusation tacite qui ne serviront pas beaucoup à le faire absoudre.

Mme de La Mothe, sa femme, avec Mlle sa fille, âgée de onze à douze ans, se jettent tous les jours aux pieds des juges, et implorent toutes les lois, la larme à l'œil ; mais ils plaignent son malheur, sans oser lui donner espérance de le soulager. Le 8 et le 9 octobre, dans l'extrémité de sa douleur, elle est venue, avec toute sa parenté, conjurer M. de Caumartin, qui tient les sceaux, de lui accorder des lettres de rémission et de grâce pour M. son mari, sur un exposé qui fait le cas tout à fait rémissible. Quoique M. de Caumartin eût bien de la disposition à *les* leur donner, il ne voulut pourtant pas *le faire*, sans en avoir conféré avec M. le président et M. Talon, qui furent d'avis qu'il ne falloit point en donner ; que la cour auroit sujet de se plaindre, et que cela romproit toutes les mesures de la justice. Ils alléguoient deux raisons : la première, que les desseins des Grands-Jours n'étant que d'abréger les procédures, et de faire bonne et prompte justice, il falloit éviter toutes les choses qui pouvoient donner lieu aux accusés de chicaner et de reculer le jugement de leurs procès, comme étoient les lettres de grâce ; la seconde, que ce seroit une conséquence pour tous les autres criminels, qui prétendroient le même droit. Enfin, ils prétendoient que la déclaration du roi étoit contraire. Ils proposoient un expédient qui étoit que M. de Caumartin demandât à voir le procès, pour voir si l'exposé étoit conforme aux charges, ce qu'ils croyoient ne pouvoir être, et qu'ainsi il éludât adroitement. M. de Caumartin ne trouvoit pas cet expédient à propos, parce qu'il est inouï de voir deux fois un procès, une fois comme juge, l'autre fois comme maître des requêtes tenant le sceau. Il alléguoit : 1° que la déclaration du roi portoit exclusion de toute abolition, mais qu'elle n'excluoit pas les rémissions; 2° que ces lettres qu'on appelle de rémission, sont plutôt lettres de justice que de grâce, qu'on ne sauroit refuser au dernier des sujets du roi, lorsqu'il expose qu'il s'est trouvé innocemment à quelque meurtre, ou qu'il a tué sans sortir des bornes d'une juste défense; 3° qu'étant accusé d'affectation[1], il falloit en ôter le soupçon, faisant les voies de droit libres; 4° que n'ayant aucune instruction de la cour sur cela, il n'avoit qu'à suivre la loi et l'ordonnance, sans qu'on pût le blâmer avec raison; 5° si l'exposé n'étoit pas conforme, les témoins ne serviroient de rien; que s'il l'étoit, on ne le pouvoit condamner, quand il n'auroit pas des lettres. Il parla le matin devant qu'on fût assemblé à l'audience, et tous les conseillers à qui il s'en ouvrit confidemment furent de son avis. Il est vrai que l'ayant proposé avant qu'on eût commencé l'audience, les plus anciens se retirèrent, et dirent qu'ils n'avoient point d'avis à lui donner là-dessus. Il résolut donc d'accorder ces lettres, et trouva cet expédient : il fit passer un appointement entre l'accusé et l'accusateur qui sont d'accord, pour tous les moyens d'obreption et de subreption, et réponse à iceux, de n'employer que ce qui est dans le procès, et fit promettre que les lettres scellées seroient d'abord commises entre les mains du greffier, pour être présentées le lendemain. Les lettres furent lues le lendemain samedi, 10 du mois, M. de La Mothe ayant été conduit à l'audience et mis dans la posture accoutumée[2]. Ainsi la grâce fut accordée, sans que le procès fût reculé d'un moment. Chacun informa la cour de son procédé, et M. de Caumartin fut loué de tout le monde, d'avoir donné cette satisfaction à la parenté d'un

---

1. Le mot *affectation* était alors employé dans le sens de *passion*, *faveur*. Bossuet a dit dans ce sens : « Je me contente d'être prêt à exposer mes sentiments sans *affectation* de qui que ce soit.

2. Celui qui obtenait des lettres de rémission en entendait la lecture à genoux.

homme de qualité, et d'avoir satisfait à toute sorte de justice[1]. Nous attendons l'issue du procès.

Outre les affaires criminelles, nous entendons plaider ici bien des causes civiles. Il y a trois ou quatre jours qu'on plaide l'affaire d'un moine qui réclamoit contre ses vœux, et qui, ayant quitté le froc par avance, faisoit le galant en Auvergne. On le voyoit avec un justaucorps bleu, depuis deux ans, être toujours avec les dames, et passer pour bon courtisan. M. Talon en fit la plus agréable peinture du monde, en pleine audience, et conclut à lui remettre son froc, et le faire rentrer dans son cloître. Il fallut jeter la perruque, quitter le justaucorps, et dire adieu à toutes les dames. On nous parla ensuite de plusieurs religieuses qui réclamoient, ou qui avoient quitté l'habit, depuis quelque temps, en Auvergne. Je ne m'en étonnai pas; on les contraint pour des intérêts domestiques, on leur ôte, par des menaces, la liberté de refuser, et les mères les sacrifient avec tant d'autorité, qu'elles sont contraintes de souffrir le coup sans se plaindre.

M. Chéron, qui a été grand vicaire dans l'archevêché de Bourges, étant un jour prié d'assister à la réception d'une religieuse, pour y faire la cérémonie, et recevoir les vœux de cette jeune fille, qui paraissoit assez disposée à la religion, se rendit au monastère, et après l'avoir instruite en particulier et s'être revêtu des habits d'église, il fit les premières invocations, et lui demanda, à la manière accoutumée, ce qu'elle demandoit. Cette fille lui répondit d'un air assez ferme : *Je demande les clefs du monastère, monsieur, pour en sortir.* Cette réponse extraordinaire surprit tout le monde. Chacun croyoit n'avoir pas bien entendu, jusqu'à ce qu'elle l'eût redit à haute voix, et qu'elle eût demandé, pour une seconde fois, les clefs du monastère, pour en sortir, et qu'elle eût déclaré qu'elle avoit trouvé cette occa-

---

1. Voy. à l'*Appendice*, n° XII, la lettre que M. de Caumartin écrivit au chancelier Séguier à l'occasion de ces lettres de rémission.

sion propre à faire ses protestations, parce qu'il y avoit assez de témoins pour les confirmer. Si les filles qu'on sacrifie tous les jours avoient cette résolution, les couvents seroient moins peuplés, mais les sacrifices y seroient plus saints et plus volontaires.

Comme on se lasse d'entendre parler de procès et de crimes, on est bien aise de trouver des conversations plus douces et plus divertissantes, et l'on se sert de tous les moyens qu'on a de tourner le discours agréablement. Nous parlâmes donc d'abord de l'esprit des personnes qui en font profession, et d'une infinité de dames et demoiselles de Paris, qui en ont infiniment, et qui font voir que l'esprit est de tout sexe ; et que rien ne manque à la plupart des filles pour être savantes, que l'usage de se faire instruire, et la liberté de savoir. « Pourquoi, disoit une dame de la compagnie, nous veut-on défendre l'usage de raisonner ? Et pourquoi veut-on que la nature nous ait bornées à certain agrément extérieur, et qu'elle nous ait retranché la raison, parce qu'elle nous a donné peut-être un peu de beauté ? Il y a de l'injustice d'avoir tenu nos esprits captifs, depuis tant de siècles, et les hommes ont tort de s'être imaginé que la raison fût toute pour eux. — Ils ont eu quelque raison, repartit un de nos amis, de s'être conservé, par cette imagination, un peu de crédit dans le monde. C'est votre esprit de vous faire aimer, c'est notre industrie de nous faire admirer, et de pouvoir dire que, si vous êtes belles, ils sont savants. — Quel malheur seroit-ce, disoit un autre, si les femmes avoient de l'étude ! Elles triomphent assez de nous, d'ailleurs, sans nous vaincre encore en science. Il seroit bon qu'elles eussent un peu plus de cœur, un peu moins d'esprit, moins de connoissances et plus de tendresse, et qu'elles n'eussent pas tant de raison à opposer à nos passions. »

Je leur montrai là-dessus une petite poésie que je venois de recevoir de Paris, qui étoit de la façon de Mlle de Scudéri, sur le sujet d'une tubéreuse que le roi avoit dans sa chambre. Elle fait parler cette fleur le plus galamment du monde, se mettre au-dessus de toutes les autres fleurs, se moquer des palmes et des lauriers, et publier avec fierté la bonté que Sa Majesté a de la souffrir auprès de lui[1]. Cela fit que nous parlâmes des romans de Sapho[2] et d'une aventure plaisante qui lui arriva à Lyon, lorsqu'elle revenoit à Paris avec M. de Scudéri, son frère[3]. On leur avoit donné une chambre dans l'hôtellerie, qui n'étoit séparée que d'une petite cloison d'une autre chambre où l'on avoit logé un bon gentilhomme d'Auvergne, si bien qu'on pouvoit les entendre discourir. Ces deux illustres personnes n'avoient pas grand équipage, mais ils traînoient partout avec eux une troupe de héros qui les suivoient dans leur imagination; et quoiqu'ils allassent à petit bruit, ils avoient toujours dans l'esprit des grandes aventures; quoiqu'ils n'eussent qu'à compter avec leur hôte, ils avoient de grandes affaires à démêler avec les plus grands princes du monde; si bien que leur conversation la plus ordinaire étoit un conseil d'État; et, sans s'émouvoir, ils faisoient le procès aux plus redoutables princes. Durant quinze jours qu'ils furent en chemin, ils firent donner je ne sais combien de batailles. Qu'il est beau de voir toutes les intrigues d'un siècle passer par l'imagination de deux personnes qui font le destin de ceux qui faisoient autrefois celui du monde! Dès qu'ils furent arrivés à Lyon, et qu'ils eurent pris une chambre dans l'hôtellerie, ils reprirent leurs discours sérieux, et tinrent conseil s'ils devoient faire mourir un des héros de leur histoire; et, quoiqu'il n'y eût qu'un frère et une sœur à opiner, les avis furent partagés. Le frère, qui a l'humeur un peu plus guerrière, concluoit d'abord à

---

1. Voy. cette pièce à l'*Appendice*, n° XIII.
2. On désignait sous ce nom Mlle de Scudéri.
3. Georges de Scudéri, né vers 1601, mort en 1667. Ces *illustres personnes*, comme Fléchier appelle Scudéri et sa sœur, étaient alors dans tout l'éclat de leur réputation.

la mort ; et la sœur, comme d'une complexion plus tendre, prenoit le parti de la pitié, et vouloit bien lui sauver la vie. Ils s'échauffèrent un peu sur ce différend, et Sapho étant revenue à l'autre avis, la difficulté ne fut plus qu'à choisir le genre de mort. L'un crioit qu'il falloit le faire mourir très-cruellement, l'autre lui demandoit par grâce de ne le faire mourir que par le poison. Ils parloient si sérieusement et si haut, que le gentilhomme d'Auvergne logé dans la chambre voisine, crut qu'on délibéroit sur la vie du roi ; et ne sachant pas le nom du personnage, prit innocemment le héros du temps passé pour celui du nôtre, et fit un attentat d'un divertissement imaginaire ; il s'en va faire sa plainte à l'hôte, qui, ne prenant point ce fait pour une intrigue de roman, fit appeler les officiers de la justice pour informer sur la conjuration de ces deux inconnus. Ces Messieurs, qui croient qu'ils ont seuls le pouvoir de faire mourir, se saisirent de leurs personnes, et jugeant à leur mine et à la tranquillité de leur esprit qu'ils n'étoient point si entreprenants qu'on les figuroit, leur firent la grâce de les interroger sur-le-champ : s'ils n'avoient point eu dans l'esprit quelque grand dessein depuis leur arrivée ? M. de Scudéri répondit que oui ; s'ils n'avoient point menacé la vie du prince de mort cruelle ou de poison ? il l'avoua ; s'ils n'avoient pas concerté ensemble le temps et le lieu ? il tomba d'accord ; s'ils n'alloient point à Paris pour exécuter et pour mettre fin à leur dessein ? il ne le nia point. Là-dessus on leur demande leurs noms, et ayant ouï que c'étoient M. et Mlle de Scudéri, ils connurent bien qu'ils parloient plutôt de Cyrus et d'Ibrahim que de Louis, et qu'ils n'avoient autre dessein que de faire mourir en idée des princes morts depuis longtemps. Ainsi leur innocence fut reconnue ; ces Messieurs se retirèrent après leur avoir demandé pardon, chargés de honte et pleins de respect, et ceux qui faisoient le procès aux héros donnèrent grâce à ces hommes simples [1].

1. Ce trait a fourni à MM. Scribe et Delestre Poirson le sujet d'une

Comme nous étions sur la fin de notre conte, un conseiller des Grands-Jours arriva; qui nous raconta qu'il venoit de juger et de faire donner la question à une femme de Lyon. On l'accusoit d'avoir brûlé deux ou trois maisons, et il est probable qu'elle est incendiaire, suivant la coutume des habitants de ces montagnes, qui ne menacent que de brûler ceux qui leur font quelque déplaisir, et qui étant toujours sous la neige ne laissent pas d'avoir souvent recours au feu pour se venger[1]. Comme le crime d'incendie est d'une preuve très-difficile, parce qu'on ne le commet que de nuit, qu'avec précaution et sans autre ministère que celui de sa propre malice, on avoit peine à la convaincre qu'on l'avoit vue sortir de nuit de chez elle avec du feu, et qu'on avoit vu bientôt brûler une maison. L'indice auroit été considérable ; mais le témoin se brouilla, lorsqu'il fut interrogé. Un autre témoignoit lui avoir ouï dire que son confesseur avoit mis sa conscience bien en repos, en l'assurant qu'il y avoit moins de crime à brûler une maison qu'à tuer un homme, parce qu'il y a des matériaux pour rebâtir l'une, mais qu'il n'y a point de secret pour faire renaître l'autre. Il étoit constant que c'étoit une femme de mauvaise vie, et qu'elle avoit eu des enfants sans avoir été jamais mariée. Aussi, lorsque les juges l'interrogèrent si elle avoit été mariée, elle répondit que non ; et comme on lui eut demandé d'où venoit donc qu'elle avoit eu deux enfants, elle répondit hardiment que c'étoit parce que des hommes lui en avoient fait, et qu'elle n'en savoit point d'autre raison. Sur le peu de certitude de son crime, on la condamna à la question ordinaire, qui ne consiste ici qu'à une extension un peu violente, et qui n'oblige point à boire une quantité d'eau, comme c'est l'u-

---

comédie-vaudeville, intitulée *l'Auberge*, ou *les Brigands sans le savoir*, 1812. Ils ont placé la scène dans une auberge, au milieu des Pyrénées.

1. Goût précieux qui avait un instant gâté Racine lui-même. On se rappelle le vers :

« Brûlé de plus de feux que je n'en allumai.

(*Andromaque*, acte I, sc. IV).

sage de Paris; elle la souffrit avec beaucoup de constance;
et comme on la menaçoit de la tourmenter, si elle n'avouoit
son crime : « Je ne le ferai pas, disoit-elle, parce que cet
homme-là, » montrant le conseiller, « me feroit pendre. » Elle
fut marquée à la fleur de lis, fouettée par la ville et exilée,
au hasard de brûler encore quelque maison et d'avoir encore
quelques enfants loin de son pays.

C'est une chose agréable que la conversation; mais il faut
un peu de promenade au bout, et je ne trouve rien de plus
doux que de prendre un peu l'air de la campagne, après
avoir passé quelques heures d'entretien dans la chambre.
Nous montâmes donc en carrosse avec quelques dames, et
allâmes à la source des fontaines de Clermont, qui est une
des curiosités du pays.

On voit au haut d'une montagne, dont la montée est
fort adoucie, deux ou trois rochers d'une grandeur prodigieuse, qui semblent des masses suspendues, et qui, s'entresuivant à longs espaces, font des grottes naturelles où se
rendent toutes les eaux qui se sont formées des canaux sans
artifice et courent sans confusion. Qu'il y a de plaisir de voir
mille ruisseaux qui sortent tous du sein d'un rocher! les
uns courent à petites ondées et à petit bruit, les autres
tombent avec murmure, et font des cascades qui valent
mieux que celles de Vaux [1], et qui ne coûtent rien aux surintendants. Les autres roulent, par des pentes à demi creusées, dans des conduits qui les vont rendre à leurs bassins.
On voit, en entrant dans la grotte, les sources se répandre
par tant d'endroits qu'on craint d'abord une inondation;
mais elles courent toutes séparément et se recueillent dans
un réservoir qui est au milieu, d'où elles ne sortent que pour
se distribuer à toutes les fontaines de Clermont. Il semble que
ces eaux si vives, si claires et si fraîches, sortent avec plaisir

---

1. Vaux-le-Vicomte, célèbre par le château et les jardins du surintendant
des finances, Nicolas Fouquet, est situé dans le département de Seine-et-
Marne, près de Melun.

du creux de ces masses informes pour se jeter dans des canaux souterrains qui sont d'un travail de plusieurs années, et qu'elles s'empressent à passer par un aqueduc qui coûte plus de 80 000 écus, pour venir fournir aux nécessités de la ville. La montagne est percée tout autour, et l'on y a fait comme un chemin, au bout duquel tombe cette quantité d'eaux ramassées, qui prennent ensuite chacune leurs routes, et se partagent, comme on a voulu, selon le besoin des habitants. Nous entrâmes assez avant dans le rocher, où l'on nous fit prendre garde que le temps seroit beau le lendemain, parce que ce rocher ne fumoit point ; ce qui est infaillible, selon la remarque qu'on en a faite. Nous eûmes encore le plaisir de divertir toutes les eaux, et de faire cesser pour quelques moments toutes les fontaines. Je crois qu'on se joueroit bien souvent de ces pauvres eaux, si la grotte n'étoit fermée et si les clefs n'étoient en sûreté chez les échevins de la ville. Il y a deux autres grottes qu'on laisse ouvertes et qu'on abandonne aux divertissements des yeux et à l'ornement de la campagne, et, à quelques pas de là, on voit des rochers par où se précipitent des torrents qui font des chutes d'eau admirables. Mais ce qui me paroît plus agréable, c'est qu'il s'en forme par tout le chemin, jusqu'à Clermont, de petits ruisseaux qui, coulant d'un côté et d'autre sur des herbes extrêmement vertes, semblent un pur cristal qui coule sur un fond d'émeraude. Nous vîmes un ancien bain ruiné qui est encore rempli d'eau, et qui est si chaud qu'on ne sauroit quasi en approcher. Notre promenade finit enfin par la dévotion et par la visite d'une ancienne église taillée dans le rocher, et qui n'est éclairée que par quelques petites ouvertures qu'on dit avoir été la retraite des premiers chrétiens d'Auvergne, lorsque saint Austremoine y vint porter les lumières de la foi et convertit cette province infidèle ; elle est dans le village de Royat, dédié à saint Bonnet [1].

---

1. Les bains dont parle Fléchier, depuis longtemps en ruines, ont été déblayés au commencement de 1843, et, depuis, réédifiés d'une manière

Lorsque nous fûmes arrivés, nous trouvâmes au logis M. l'intendant qui revenoit d'Aurillac, et qui avoit eu bien de la peine à se tirer des neiges qui sont déjà tombées sur les montagnes. Il avoit fait arrêter un président de l'élection de Brioude, qu'on accusoit de plusieurs crimes, et particulièrement de magie. Un de ses valets déposoit qu'il lui avoit donné des caractères qui le faisoient quelquefois élever de terre, lorsqu'il étoit à l'église, à la vue de tout le monde. L'intendant l'ayant interrogé sur cet article, il fut si interdit qu'il faillit à perdre l'esprit ; il s'emporta furieusement, et supplia qu'on ne le pressât pas davantage, qu'il n'étoit point en disposition de rien avouer pour ce jour, et qu'on lui donnât terme jusqu'au lendemain, qu'il confesseroit tous les déréglements de sa vie. On lui accorda sa demande, et M. de Fortia le mit entre les mains de quatre de ses gens. Je ne sais s'il avoit tiré promesse du diable qu'il s'échapperoit des mains d'un maître des requêtes, ou si, par son art, il charma ceux qui le gardoient ; mais il est certain qu'il trompa la vigilance de ses gardes, et qu'il se jeta dans des bois et des montagnes, où l'on le poursuit encore depuis trois jours. Voilà comme le diable est de bonne foi et d'amitié pour ceux qui l'aiment, et comme il trompe même les intendants. J'eus bien du regret qu'on eût perdu cette occasion d'apprendre des nouvelles du sabbat, et de savoir l'art des caractères ; peut-être que quelque bon ange, ennemi de son démon, le livrera encore à la justice.

Le lendemain, je me levai assez matin pour assister à l'ouverture de l'audience ; car on trouve ici peu d'habitudes à faire, et les matinées sont si longues et si difficiles, qu'il faut, après l'église, suivre le palais, et, après avoir imploré la miséricorde de Dieu, aller s'informer de la justice des hommes, et passer du pied de l'autel au pied du tribunal ; mais les Messieurs des Grands-Jours aiment mieux juger

remarquable. Sous le chœur de l'église actuelle de Royat est une crypte taillée dans le roc.

des causes criminelles en particulier [1], que d'entendre des causes civiles dont chacune tient ordinairement une audience, par l'obstination des avocats qui veulent s'accréditer par leurs harangues, et par l'ambition des parties qui veulent que leurs causes soient remarquées comme des causes importantes, et nous laissèrent attendre jusqu'à dix heures, sans déterminer s'ils devoient paroître en public. Un de nos amis qui étoit à la porte de la chambre nous vint avertir, en riant, qu'on alloit faire entrer un grand criminel, qui seroit assurément bien puni, parce qu'il étoit accusé d'un grand crime ; son crime étoit d'avoir jeté un sortilége sur deux jeunes mariés, et d'avoir troublé toute la fête de leurs noces. Je voulus savoir cette affaire comme curieuse, et je me fis donner les informations par un greffier de notre connoissance, qui nous dit qu'elles étoient plaisantes. Voici ce qu'elles contiennent :

Dans une paroisse assez voisine de Clermont, un jeune berger étoit devenu amoureux d'une bergère, la plus jolie et la plus honnête de son village. S'il est vrai que jamais les Céladons ni les Myrtiles ne furent si agréables que lui, il est aussi certain que les Astrées et les Amarylles ne la valoient pas, quelque belles qu'on nous les représente dans les romans ou dans les comédies. Ils se rencontrèrent heureusement dans la campagne, où leur condition les attachoit ordinairement pour la conduite de leurs troupeaux. Il sembla que le hasard les eût fait connoître pour les faire aimer, tant ils eurent d'ardeur l'un pour l'autre. Dès leur première entrevue, ils se parlèrent comme s'ils se fussent aimés depuis longtemps, et sans s'amuser à toutes ces formes ennuyeuses qui perdent les déclarations, et qui lassent les amants, avant qu'ils soient reconnus pour tels, ils se déclarèrent avec ingénuité leurs inclinations. Les passions innocentes sont bien moins embarrassées que les autres, et

---

1. Jusqu'à la loi des 16-24 août 1790, les procédures criminelles avaient lieu à huis clos.

comme elles sont sans reproches, elles sont aussi sans honte et sans déguisement. Tantôt ils cueilloient des fleurs dans les prairies, et s'en portoient des bouquets sous une petite allée verte, que la nature avoit formée au pied d'un rocher, où ils avoient leurs rendez-vous ; tantôt ils se faisoient présent, chacun à son tour, de quelques fruits fraîchement cueillis, et qui avoient encore toute leur fleur, qu'ils portoient dans une corbeille d'osier jaune qu'ils avoient travaillée ensemble, et lorsqu'ils étoient pressés de la soif, ils se donnoient à boire l'un à l'autre, dans le creux de leurs mains, de l'eau de quelque claire fontaine. Ils furent longtemps sans penser à autre chose qu'à se voir et à se plaire, et ne s'aimèrent que pour avoir le plaisir de s'aimer. Mais comme les passions deviennent toujours plus ardentes par le bon usage qu'on en fait, et qu'un feu brûle plus fort, plus il est pur, ces deux amants résolurent de s'unir plus étroitement par les liens sacrés du mariage ; et selon la façon d'agir de ces sortes de gens qui n'ont point d'articles à signer, et qui donnent tout ce qu'ils ont en se donnant, ils furent bientôt disposés à recevoir ce sacrement qui devoit les rendre heureux, et s'en allèrent trouver le curé pour les épouser. Ils passèrent auprès d'une petite ferme, qui étoit tenue par un fermier qui passoit pour le plus méchant homme de la province, et qui étoit accusé de plusieurs crimes. Il y avoit une mare devant sa porte, où il entretenoit des canes, et c'étoit là toute sa ménagerie. Le chien de la belle Étiennette (c'est ainsi que s'appeloit la bergère), s'étant jeté dans l'eau, poursuivit avec tant d'ardeur ces petits animaux, que, quelque peine qu'on prît à l'appeler, et quelques pierres qu'elle jetât pour le détourner, il ne revint point qu'il n'en eût tué deux. Ce méchant fermier sortit de sa maison, en colère, et parce qu'il savoit le dessein de ces amants, crut qu'il falloit différer de les punir, pour les punir plus cruellement ; et les ayant suivis jusque dans l'église, où le curé les épousa, il jeta sur eux le plus cruel de tous les maléfices.

Les noces furent célébrées avec toute la joie que l'amour innocent inspire. Toute la parenté y fut appelée, et après tous les divertissements que la simplicité de leur condition pouvoit souffrir, ils se retirèrent pour jouir des douceurs que leur innocence leur avoit fait attendre, et que la sainte liberté du sacrement leur permettoit de goûter. Mais, hélas! ils furent charmés durant six jours, et le sacrement ne put avoir son dernier effet. Ils alloient sécher de langueur, lorsqu'un de leurs amis les avertit que ce fermier s'étoit vanté de troubler leurs plaisirs, et de confondre toutes les espérances de leur mariage. Ils s'adressèrent au curé qui découvrit toute la malice, et tira de ce malheureux toute la confession de son crime. Il sut qu'il s'étoit servi d'un bois de coudre, que, l'ayant partagé en deux, il l'avoit attaché à une cheville du même bois, et qu'il avoit prononcé trois fois une invocation magique qui fait peur, et que je n'oserois redire. L'Église, qui est une bonne mère, fit brûler ce bois perfide, et rendit la liberté à ces deux misérables languissants, par les prières qu'on fit pour eux; si bien qu'ils jouissent de toutes les douceurs de l'amour, sans empêchement, à la grande gloire de Dieu et à la grande satisfaction de leurs âmes. Cette petite histoire nous fait voir qu'il ne faut point tenir ces enchantements pour des fables. Hincmar, archevêque de Reims, composa un livre, du temps de Charles le Chauve, contre les noueurs d'aiguillettes, où il donne deux voies pour s'en délivrer : 1° de s'adresser aux prières de l'Église; 2° d'informer contre les enchanteurs. La loi salique les condamnoit autrefois, *art.* 3, *tit.* I, à une peine pécuniaire, 40 *solidorum*[1]; et l'Écriture semble les condamner à mort, *Deut.*, XVIII, les appelant abominables devant Dieu et devant les hommes;

---

1. « *Si quis alteri aliquod maleficium superjactaverit, sive cum ligaturis in aliquo loco miserit*, MMD. *den. qui faciunt sol.* LXII *et dimidium, culpabilis judicetur.* Pactus legis Salicæ antiquior; tit. XXI, art. 4; apud Canciani, *Barbarorum leges antiquæ*, t. II, p. 52. — *Nec sit maleficus, nec incantator...; omnia enim hæc abominatur Dominus, et propter istiusmodi scelera delebit eos in introitu tuo.* » Deut., XVIII. 10-12.

même ceux dont les interprètes hébreux parlent sur le mot de *chouèr*, qu'ils expliquent *lier*, qui dénote les noueurs d'aiguillettes, dont Virgile semble avoir parlé, *Églogue* VIII :

« Necte tribus nodis, etc. »

Le 23 octobre, le procès de M. le vicomte de La Mothe-Canillac fut jugé, et il fut exécuté quatre heures après. Les lettres de grâce qu'il avoit demandées avec tant d'instance, et qu'on lui avoit accordées avec tant de peine, furent des lettres de rigueur pour lui, et le firent condamner pour un fait qui ne pouvoit être prouvé, s'il ne l'eût exposé lui-même. Il avouoit qu'il avoit blessé d'Orsonnette, et qu'un des siens, dans la chaleur de la passion, avoit tué son fauconnier, supposant que c'étoit en se défendant contre son ennemi qui avoit été l'agresseur, et qui l'avoit attendu en embuscade, derrière une muraille, pour l'assassiner. Mais les témoins déposoient que le vicomte étoit accompagné de treize à quatorze cavaliers, et que l'autre étoit lui cinquième. En effet, il fuit avec son monde, à bride abattue, et fut poursuivi plus de deux mille pas, jusque dans le village prochain, sans faire aucune résistance, ce qui prouve l'inégalité du nombre. Deux huissiers témoignent qu'ils suivoient d'Orsonnette qui alloit faire donner un exploit à une personne considérable, et qu'ainsi il n'avoit aucune pensée contre M. de Canillac, qui avoue, dans ces termes, qu'un nommé Murat se détacha de sa troupe, et alla avertir ce gentilhomme que M. de La Mothe le chargeroit, s'il ne se retiroit promptement ; ce qui marque délibération. Ainsi, avouant lui-même qu'il avoit tiré le coup de pistolet au travers du corps de son ennemi, et étant prouvé d'ailleurs qu'il avoit été l'agresseur, il se convainquit lui-même d'assassinat[1]. Il étoit encore constant que le vicomte avoit menacé de charger son ennemi, deux ou trois ans auparavant

---

1. Voy., dans la *Correspondance administrative sous Louis XLV*, t. II, p. 161, une lettre adressée à Colbert par le président de Novion. Elle confirme les détails donnés par Fléchier.

l'action; qu'il avoit même passé bien accompagné auprès de son château, pour lui faire affront, dont ce gentilhomme avoit fait sa plainte devant le lieutenant criminel de Riom, et avoit obtenu permission d'en informer. Cela paroissoit assez considérable pour marquer sa mauvaise volonté.

Il y avoit bien des circonstances favorables dans son affaire : il avoit été maltraité par un homme d'une qualité inférieure à la sienne, qu'il avoit choisi comme ami, pour des intérêts de parti, à qui il avoit confié cinq mille huit cents livres, qui depuis avoit déjà avoué avoir reçu de l'argent, et qui avoit été contraint de passer une obligation de mille livres, se fit restituer[1], et prit des lettres très-injurieuses à son honneur; quand il auroit même attaqué, il n'avoit que blessé sa partie, avec qui il étoit d'accord pour les intérêts civils. Son ressentiment paroissoit juste et son action rémissible. Il se trouvoit dans ce procès une chose très-singulière, et qu'on ne sauroit rencontrer que dans un pays aussi plein de crimes que celui-ci : c'est que l'accusateur, celui qui avoit fait l'information, et les témoins, étoient plus criminels que l'accusé même. Le premier est accusé par son père même d'avoir tué son frère, d'avoir voulu être parricide, et de cent autres crimes; le second a été reconnu faussaire, et condamné comme ayant violé la foi publique; et les autres, pour plusieurs crimes, sont ou aux galères ou au bannissement perpétuel, et sont actuellement fugitifs, au lieu qu'on ne peut reprocher que cette action à l'accusé. C'étoit une chose digne de pitié de voir qu'il auroit pu se tirer d'affaire avec un peu de conseil, et qu'il ne périssoit que faute de conduite; qu'il étoit lui-même, par sincérité, la cause de sa mort; qu'il se faisoit coupable en voulant se rendre innocent, et qu'en recevant des lettres de grâce, il se dressoit son arrêt lui-même, et se rendoit incapable d'en recevoir. Ce qui touchoit encore davantage, c'est qu'il étoit

---

1. Cette locution de *pratique judiciaire* signifiait que l'on avoit obtenu des lettres qui annulaient un contrat abusif ou frauduleux.

le plus innocent des Canillac, et quoiqu'il ne fût pas tout à fait homme de bien par lui-même, il l'étoit par comparaison. Les Grands-Jours étant établis particulièrement pour arrêter les oppressions et pour réprimer l'insolence de la noblesse, on n'accusoit point celui-ci d'aucune violence, et plusieurs le louoient même de sa bonté : voilà ce qui embarrassoit un peu les juges. D'autre part, il étoit convaincu par les témoignages d'avoir attaqué et poursuivi assez longtemps son ennemi, et, de sa propre intention, lui avoit tiré un coup, dont apparemment il devoit mourir, et d'avoir excité ses gens à en faire de même. Ainsi on l'accusoit d'un assassinat délibéré, où il étoit meurtrier de volonté et d'exhortation, et l'on ne pouvoit pas dissimuler qu'il n'eût voulu tuer l'un, et qu'il n'eût fait tuer l'autre. Quoique son ressentiment parût légitime selon le monde, il ne l'étoit pas selon les lois ; et bien qu'il eût pu être absous devant une assemblée de gentilshommes, il ne devoit pas l'être devant des juges qui viennent rétablir l'ordre dans une province déréglée, où l'on trouve que tous les nobles font les tyrans.

On disoit que la première plainte faite contre lui marquoit son dessein de trois ans auparavant l'action, et que c'étoit une preuve très-considérable pour la suite, et que si le notaire qui avoit dressé l'information avoit été criminel, cela ne devoit point infirmer les actes qu'il avoit faits. On rapportoit l'exemple d'un esclave fugitif, incapable de toutes charges publiques, qui, par son adresse, parvint à la dignité de préteur, sous l'empire d'Antonin, et fit plusieurs ordonnances dans Rome ; qu'ensuite ayant été reconnu, on voulut casser tout ce qu'il avoit ordonné pendant l'exercice de sa charge ; mais que le sage Ulpien ayant été consulté, fut d'avis qu'il falloit laisser subsister ses actes, que l'erreur publique avoit autorisés, et que la foi et la tranquillité publiques devoient maintenir. Quant à son aveu, on ne le trouvoit pas moins coupable pour avoir été sincère. On disoit que la justice seroit inutile, si l'on devenoit innocent en avouant qu'on est criminel, et que les méchants auroient bien de la confiance, s'ils pouvoient espérer l'impunité par la confession ; qu'il falloit considérer cela, ou comme un effort de la vérité qui se découvre souvent sans qu'on y pense, ou comme un embarras où le crime jette bien souvent ceux qui l'ont commis ; que ces lettres de grâce devoient avoir été concertées, et que, dans toutes les apparences, on avoit voulu adoucir l'affaire, plutôt que de le désespérer ; enfin, que lui et les témoins faisoient son arrêt. Pour ce qu'il étoit le plus innocent de sa parenté, cela ne concluoit point qu'il ne fût coupable, et qu'il ne devoit pas trop passer pour homme de bien, *parce* qu'il *y* en avoit dans sa maison qui l'étoient moins ; que ces innocences de comparaison donnoient quelque impression devant le peuple, et ne justifioient pas devant des juges ; que c'étoit une mauvaise raison de dire qu'on n'est point méchant, parce qu'on en sait qui le sont encore davantage, et que le témoignage qu'on rendoit qu'il étoit moins violent que les autres Canillac, étoit une grande honte pour les autres, et n'étoit pas une louange pour lui ; qu'enfin, ce n'étoit point un motif de rémission que d'avoir des parents plus méchants que soi, et qu'il y avoit un certain état de crime, où le plus et le moins ne devoit point sauver un accusé. On trouvoit même que, dans la nécessité de faire un exemple, il seroit plus terrible en la personne d'un homme de qualité qui ne passoit pas pour trop criminel, afin qu'on ne crût point qu'il ne falloit la justice que pour de grands crimes. Quoi qu'il en soit, il avoit été le premier pris, il portoit un nom fort décrié à la cour, il avoit suivi un parti contraire aux intérêts du roi ; mais, quoiqu'il méritât la mort, il étoit plus malheureux que criminel. Aussi, c'est la loi seule qui l'a condamné, et les juges ne l'ont suivie que la larme à l'œil. Il fut interrogé sur la sellette, et voulut se rétracter de ce qu'il avoit avoué, et désavouer ses lettres de grâce ; mais il étoit trop tard. M. Le Coq, son rapporteur, ouvrit les avis, et parla pour lui près de deux heures; il fut admiré de tout le monde, et ne persuada personne. M. de Caumartin, qui devoit suivre, par le droit du rang, éluda son ordre, pour n'être pas obligé d'ouvrir une opinion de mort, et M. le président lui fit la grâce de faire commencer par M. Nau, qui est le dernier, et de faire suivre cet ordre. Ils furent tous portés aux avis de mort, excepté M. de Pressy[1], qui suivit l'opinion du rapporteur. Il est vrai que plusieurs opinèrent en tremblant, et qu'ils firent bien voir, en le condamnant, qu'ils eussent voulu le sauver. M. de La Faluère le fit presque la larme à l'œil, et avec une certaine confusion qui marquoit que son cœur n'étoit pas d'accord avec son esprit, et que la justice faisoit violence à sa tendresse. Il n'y eut que quatorze juges, parce que M. Hébert et M. Lepelletier, étant conseillers clercs, n'y assistèrent pas; que M. Tronson s'étoit récusé, à cause de sa parenté, et que M. de Saron n'avoit point été à la première instruction du procès, à cause de quelque commission qu'il avoit eue hors de Clermont; et de ces quatorze, douze opinèrent à la mort. Il fut exécuté, sur les cinq à six heures du soir, dans une place qui est devant la cathédrale, quoique les chanoines eussent fait semblant de s'y opposer. Il a laissé une fille âgée de douze à treize ans, qui est fort bien faite, qui faisoit toute la joie de sa famille, et qui fit toute sa douleur à sa mort. Ceux qui font des réflexions sur la conduite des choses croient qu'il y a une providence secrète qui a voulu ou le punir ou le sauver par son supplice, après les déréglements de sa vie. Il avoit comme enlevé sa femme à M. Turcan, quoiqu'il eût gardé des formalités; il avoit passé neuf ans sans aller à confesse, et s'étoit un peu mal servi de deux sacrements. Ce fut un grand malheur pour lui que M. Perrault, proche parent de sa femme, qu'on croyoit avoir été nommé pour être de la commission des

---

1. Destrappes de Pressy, un des commissaires. Voy. *Appendice*, nos et III.

Grands-Jours, n'y fût point venu. Sa présence auroit sans doute bien adouci les choses, et l'on ne se fût pas si fort pressé de l'arrêter.

Pendant que tout le monde se préparoit à voir l'exécution, et que chacun parloit diversement de la sévérité des Grands-Jours, nous résolûmes de sortir de la ville, et d'aller un peu divertir, par la promenade, les idées tristes que donne toujours la mort d'une personne qu'on estime plus malheureuse que coupable ; mais les portes de la ville étoient fermées, et il n'eût pas été bienséant de les faire ouvrir pour aller se divertir aux champs, lorsqu'on étoit ou dans l'étonnement ou dans la douleur par toute la ville ; il fallut donc passer l'après-dînée en conversation. On dit tout ce qu'on savoit sur le sujet de la justice et des exécutions, de la férocité de Biron[1], de la foiblesse de Bouteville[2], de la fermeté du jeune d'Effiat[3], de la gravité de M. de Thou[4], du malheur de Marillac[5], de la piété de Montmorency[6]. On nous fit souvenir de l'épigramme qu'on fit à Toulouse sur son exécution devant un buste de marbre de Henri IV qu'on voit dans la cour de la maison de ville :

« Ante patris statuam nati implacabilis ira
   Occubui, indigna morte manuque cadens.
  Illorum ingemuit neuter ; mea fata videntis
   Ora patris, nati pectora marmor erat[7]. »

1. Charles de Gontault, duc de Biron, maréchal de France, fut décapité le 31 juillet 1602, comme coupable de lèse-majesté.
2. François de Montmorency-Bouteville eut la tête tranchée pour s'être battu en duel le 21 juin 1627.
3. Henri Coiffier, marquis d'Effiat et de Cinq-Mars, grand écuyer de France et favori de Louis XIII, décapité à Lyon le 12 septembre 1642.
4. François-Auguste de Thou, fils de l'historien Jacques-Auguste de Thou, fut impliqué dans la conspiration de Cinq-Mars et décapité à Lyon le même jour que le grand écuyer.
5. Louis de Marillac, maréchal de France, décapité le 10 mai 1632 ; son véritable crime fut d'avoir voulu enlever le pouvoir au cardinal de Richelieu.
6. Henri II de Montmorency, maréchal de France et gouverneur de Languedoc, se révolta à l'instigation de Gaston d'Orléans, fut vaincu et pris au combat de Castelnaudari, et eut la tête tranchée à Toulouse le 30 octobre 1632, au pied de la statue de Henri IV, son parrain.
7. « Je tombai devant la statue du père, victime de l'implacable ressen-

Nous n'oubliâmes pas le tombeau que nous avions vu à Moulins. Sur ce qu'on jugeoit que M. Perrault devoit être venu solliciter, on nous dit que M. de Thou d'aujourd'hui[1], sachant l'état où étoit son frère à Lyon, avoit pris la poste pour y venir, et que lorsqu'il fut entré dans la ville, il ouït deux hommes qui s'entretenoient de sa fermeté et de son courage à souffrir la mort, ce qui le fit évanouir. Nous laissâmes enfin ces grands exemples pour parler d'un homme qui fut condamné à Châlons, il y a quelques années. Il avoit eu quelque démêlé avec son oncle, et l'étant allé trouver, il lui tira froidement un coup de pistolet. Les passions les plus farouches étoient en lui des passions douces qui n'en étoient pas moins malfaisantes; c'étoient des fureurs tranquilles, et il faisoit sans bruit et de sang-froid ce que les autres font avec feu et avec emportement. Il fut arrêté sans résistance, et il ne voulut point perdre sa gravité par sa fuite ou par sa défense, quoiqu'il le pût. Il fut jugé et condamné à être pendu; il entendit son arrêt, et le racontoit à tous les autres prisonniers sans s'émouvoir, comme on raconte une histoire indifférente. On l'avertit d'appeler au parlement; il trouva ce retardement inutile, et que c'étoit se jouer de la justice que d'aller de tribunal en tribunal, et ne voulut point consentir à cet appel. On le mena pourtant à Paris, et on n'eut besoin que d'un bon homme qu'on lui donna pour l'accompagner, plutôt que pour le conduire. Ils s'en allèrent tous deux ensemble, et le criminel de bonne foi se remit en prison. M. le président de Thou l'interrogea, s'il n'avoit pas connu son oncle? il répondit que oui avec toute la sincérité possible; s'il ne l'avoit point tué? il répondit que oui. M. le président le renvoya là-dessus, fort content de lui-même, d'avoir si bien dit la vérité et d'avoir expédié son

timent du fils, et reçus, d'un bras indigne, une mort indigne de moi. Ni le père, ni le fils ne me plaignirent : les yeux de l'un, le cœur de l'autre étaient de marbre. »

1. Jacques-Auguste de Thou, président aux enquêtes du parlement de Paris.

affaire. Après la confirmation de l'arrêt, il fut renvoyé à Châlons, ou, pour mieux dire, il y revint sans s'inquiéter, et ne fit que chanter durant tout le chemin. Étant arrivé dans la prison, il salua les prisonniers, et se mit à leur raconter que c'étoient les gens les plus heureux du monde que les prisonniers de Paris ; qu'ils étoient traités comme de bons bourgeois, et qu'on vivoit mieux dans le Châtelet que dans la meilleure maison de Champagne ; qu'au reste, il avoit eu l'honneur de parler avec le lieutenant criminel de Paris (il appeloit ainsi le président de Thou) ; qui étoit un très-galant homme, qui n'ennuyoit pas les accusés par des interrogations inutiles, et qui n'aimoit point à perdre du temps, louant extrêmement pour les personnes de justice la civilité et l'expédition. On lui donna toute la satisfaction qu'il attendoit à Châlons, et, pour l'expédier, on lui lut son arrêt, qu'il entendit d'un esprit aussi tranquille que si c'eût été une chanson ; il n'en perdit pas un morceau de son dîner. Il ne fallut point que son confesseur l'exhortât, il eût été capable d'exhorter ses confesseurs lui-même, et s'étant disposé à mourir chrétiennement, il alla sans trembler au supplice, priant le bourreau de ne le point lier ; et trouvant que c'étoit une cérémonie inutile de mener les patients dans une charrette, il fut à pied jusqu'à l'échafaud, le monta sans peine, et se souvenant qu'on avoit accoutumé de chanter des prières pour ceux qui meurent par la justice publique, il les entonna lui-même, et les chanta d'une voix plus forte que tous les autres, et se liant lui-même, mourut aussi constamment qu'on puisse mourir.

Cet exemple est d'autant plus remarquable qu'il est rare, et qu'on ne sauroit le soupçonner de vanité. Les grands hommes qui ont méprisé la mort ont eu le plus souvent de l'affectation ; ils savoient tous les avantages de la gloire, et sembloient vouloir bien mourir, afin de ne mourir pas dans l'esprit des hommes. Vous savez l'histoire de ce Pérégrinus de Lucien[1]. Celui-ci ne fut point constant par ostentation ; il méprisa la douleur de bonne foi, et mourant comme il avoit vécu, sans artifice, il fit voir jusqu'où pouvoit aller la nature sans le secours de la persuasion, et ce que la fermeté du cœur pouvoit faire sans la préoccupation de l'esprit. Il est vrai que la crainte que nous avons de notre fin vient plutôt de notre foiblesse que de la cruauté de la mort, et que nous sommes dans cette opinion, parce que nous la trouvons établie parmi les hommes. Ce n'est pas que je sois de l'avis d'un philosophe de nos amis, qui tient qu'il y a du plaisir à mourir; que la séparation de l'âme et du corps se fait par un chatouillement très-sensible qui touche les sens agréablement, et qu'on a remarqué que ceux qui sont tués meurent toujours en riant. Je ne pousse pas la philosophie si avant; je me contente de croire qu'on peut se passer de craindre la mort, sans consentir qu'on puisse l'aimer, et c'est bien assez pour moi de l'estimer plus supportable qu'on ne s'imagine, sans la figurer douce et agréable à souffrir; que si c'étoit un plaisir de mourir, j'aurois regret qu'on ne pût mourir qu'une fois, et je trouverois assez inutile un plaisir qui ne revient plus et qui fait finir tous les autres.

Nous étions logés dans une maison des plus belles et des plus grandes de la ville, où nous trouvions, outre les commodités du logement, celle de la conversation. Notre hôtesse[2] étoit une dame fort aimable, et quoiqu'elle n'eût pas un esprit fort fin et fort délié, elle avoit une certaine douceur et une naïveté qui étoient très-agréables. Son mari étoit d'une humeur un peu sauvage; il se plaisoit à la campagne, et ne paroissoit que de temps en temps pour faire les

---

1. Lucien raconte qu'un philosophe cynique, nommé *Pérégrinus*, se brûla solennellement aux jeux Olympiques, l'an 165 de Jésus-Christ, dans l'espérance de s'immortaliser.
2. Elle se nommait Françoise de La Tour, et avait épousé, en 1658, Annet Begon, trésorier de France à Riom.

honneurs de sa maison; mais, en récompense, il avoit un frère qui est homme d'esprit, et dont l'entretien est fort divertissant, tant à cause de mille bons mots et de mille contes que sa mémoire lui fournit à propos, que parce qu'il remarque assez bien les choses, et qu'il leur donne un tour plaisant. Il tombe quelquefois un peu sur la satire; c'est ce qui l'a obligé de traduire les *Satires* d'Horace en vers françois, qui ne sont pas partout polis, mais qui sont bien tournés en plusieurs endroits, et qui rendent presque toujours fort fidèlement le sens de l'auteur; enfin il a bien du feu; mais il n'est pas toujours réglé, et son esprit l'emporte quelquefois un peu trop avant. J'appris qu'il avoit eu autrefois quelque galanterie avec Mme sa belle-sœur, lorsqu'elle étoit fille, et qu'elle avoit fini d'une manière fort bizarre.

C'étoit une fille d'une très-ancienne maison qui porte le nom de La Tour d'Auvergne, parente de M. de Bouillon et du maréchal de Turenne[1]. Outre sa noblesse, sa beauté la rendoit encore remarquable dans la province; elle avoit la taille fort avantageuse, des yeux fort doux qui faisoient paroître que le cœur n'étoit pas inflexible; le teint fort uni et fort blanc, et un certain air de qualité qui marquoit sa naissance. Je ne sais si c'est que nous étions prévenus de sa maison, mais nous trouvions qu'elle avoit quelque air de l'abbé d'Albret[2] et les yeux de Mlle de Bouillon. Son père s'étant tout à fait mésallié et l'ayant laissée, avec une de ses sœurs dont nous parlerons après, à une mère qui n'avoit que des inclinations conformes à sa naissance, elle fut élevée dans un lieu retiré, où elle prit d'abord des inclinations solitaires, mais généreuses; et quoiqu'elle n'eût point vu de

---

1. Henri de La Tour, père du maréchal de Turenne, et Françoise de La Tour étaient enfants de cousins issus de germains; par conséquent le maréchal de Turenne et Françoise de La Tour étaient cousins au neuvième degré.

2. Emmanuel-Théodose de La Tour, né en 1644, mort en 1715. Il fut nommé cardinal en 1669, et porta depuis cette époque le nom de cardinal de Bouillon.

villes, elle ne se sentoit pas tout à fait du village. Comme elle fut un peu avancée, elle vint à Clermont, où ayant vu les dames et s'étant trouvée aux bals et aux assemblées, elle connut qu'elle pourroit bien se faire à cette manière de vie, et sentit qu'il étoit bien doux de danser et de se divertir à la mode de la ville. Elle obligea sa mère à passer l'hiver et à lui permettre tous les divertissements innocents de la saison. Elle fut l'admiration de tout le monde, et plusieurs jeunes hommes furent touchés des charmes de cette beauté naissante. Aussi des cœurs plus délicats que des cœurs d'Auvergne s'y fussent pris. M. Begon, c'est ainsi que se nomme son beau-frère, fut un des premiers qui se déclara pour elle; il lui rendit tous les soins et toutes les assiduités qu'on rend à une maîtresse. Il la suivoit partout où elle alloit, et lui témoignoit par ses regards les tendres sentiments de son cœur. Quoique l'étude et le naturel lui aient donné du talent à faire des vers, l'amour seul le rendit poëte en cette occasion. Il avoit deux ou trois choses qui lui donnoient grande approbation : son bien, sa conversation enjouée et sa poésie; mais il passoit pour un esprit un peu satirique, qui auroit mieux aimé perdre sa maîtresse qu'un bon mot, et pour un cœur plein d'inconstance. Il avoit déjà plusieurs fois changé d'inclination; il se piquoit pourtant d'attachement pour celle-ci; il lui faisoit des déclarations badines qui la divertissoient, et qui ne laissoient pas de lui dire en passant ce qu'il prétendoit. Enfin, un jour dans un bal il lui dit un peu plus sérieusement qu'à l'ordinaire : « Si vous voulez souffrir, madame, un homme qui soupire depuis longtemps pour vous, il peut vous offrir un cœur qui sera à vous autant que vous le voudrez, et qui brûlera d'une flamme éternelle. » Elle qui eût mieux aimé un mari qu'un amant, et qui se défioit un peu de la constance de celui-ci : « Ne parlons point d'éternité, lui dit-elle; je vous permets de promettre moins, et j'aurois tort de vouloir vous obliger à plus que vous ne me pouvez tenir. Aimez-moi tout le reste du carnaval, et faites cet effort sur vous-même, d'être un mois entier sans m'abandonner. » Elle disoit ces mots en riant, et lui, juroit que sa fidélité seroit éternelle, et qu'il vouloit l'adorer jusqu'au dernier soupir de sa vie. Il se rendit encore plus assidu qu'il n'avoit été; il lui écrivoit mille billets doux; il la menoit dans toutes les assemblées, et toute la ville attendoit le succès d'une passion si connue. Le jour du mardi gras, il lui donna le bal le plus superbe qu'il put; jamais on ne vit tant de profusion et tant de passion qu'en cette rencontre. Il la prit à danser plusieurs fois, il lui dit cent douceurs devant tout le beau monde qu'il avoit prié, et jusqu'à minuit on ne le vit jamais ni plus gai ni plus passionné. Mais tout à coup un laquais qu'il avoit laissé en sentinelle lui étant venu dire tout bas que la douzième heure étoit sonnée, il prit en même temps un air sérieux. Il lui tenoit une main et il la rejeta comme avec dépit; il tenoit la coiffe de sa maîtresse, et il la laissa tomber avec quelque espèce de mépris; et prenant un air fort indifférent : « Vous n'aviez demandé mon cœur que pour le reste du carnaval, lui dit-il, voilà le temps, voilà l'amour expiré; » et tirant de sa poche un sonnet qu'il avoit préparé à cet effet, il l'exhorta de lire. Je n'eus pas la mémoire assez prompte pour le retenir tout entier. En voici quelques vers qui me sont restés :

> Aimable liberté, te voilà de retour;
> J'entends minuit qui sonne, et voici le carême,
> Qui, tout maigre qu'il est, détruisant mon amour,
> Donne de la couleur à mon visage blême.
>
> Qu'on ne s'étonne plus de mes flammes éteintes;
> Je ne suis plus amant, jamais je ne le fus,
> Et je réponds à ceux qui croyoient à mes feintes :
> Après le carnaval je ne me masque plus.

Pendant qu'elle lisoit, il quitta l'assemblée et se retira dans la chambre de la collation. Tout le monde fut surpris de ce procédé, et lui, oubliant tout à fait qu'il eût jamais aimé, se mit à la fenêtre pour la voir sortir, et se plaignit de ce qu'il y avoit quelqu'un qui prît la peine de la conduire. Cette bizarrerie la toucha, mais elle devoit connoître l'humeur du personnage. Jamais cœur ne fut rendu et ne fut repris plus précisément. Son cadet prit sa place, et réparant cette légèreté par une constance de six ans, il l'a épousée. L'espérance d'avoir carrosse, d'être établie dans la ville et d'avoir beaucoup de biens, l'engagea à ce mariage ; mais elle s'est trouvée un peu loin de son compte ; car les affaires ayant mal réussi, et l'aîné s'étant marié, contre l'opinion de tous ses parents, elle se voit dans une famille où elle a un mari qu'elle n'aime pas beaucoup, et un beau-frère qui ne l'a pas beaucoup aimée. Elle s'est jetée dans une grande dévotion, et mène une vie fort retirée.

Ce n'est pas la seule infidélité qu'a faite le beau-frère, que de l'abandonner sans retour. Il fut ensuite amoureux d'une demoiselle qui est la Sapho de ce pays, et qui est assurément l'esprit le plus fin et le plus vif qu'il y ait dans la ville. Elle étoit aimée par tout ce qu'il y avoit de beaux esprits. Les esprits ont leurs liaisons, qui font bien souvent celles du corps. M. Pascal, qui s'est depuis acquis tant de réputation, et un autre savant, étoient continuellement auprès de cette belle savante. Celui-ci crut qu'il devoit être de la partie, et qu'on ne pouvoit passer pour bel esprit qu'en aimant une dame qui en avoit, et qui étoit aimée par des gens qui passoient pour en avoir. Il prenoit donc le temps que ces deux rivaux n'étoient plus auprès d'elle, et venoit faire sa cour après qu'ils avoient fait la leur, croyant qu'il ne falloit jamais laisser une belle sans galants, la tenir toujours en haleine, et *ne pas* lui donner le temps de respirer en repos. Il arriva que ces trois amants étant un jour en compagnie, on vint à parler de cette dame, et que chacun ayant dit très-précieusement qu'elle méritoit d'être d'un plus beau siècle que le nôtre, et que ce n'étoit pas une fille du temps, ce substitut de ces deux autres amants fit un sonnet dont le sens étoit que cette beauté n'étoit plus de ce temps, et que...., dont elle fut si offensée qu'elle ne le voulut voir de longtemps. Il se raccommoda par un autre sonnet, car il commençoit et finissoit toujours ses amours par un sonnet; mais il se brouilla encore une fois par quelque médisance dont il étoit auteur ou complice. Ainsi, il y a huit ans qu'ils ne se sont vus; nous les avons remis bien ensemble, la demoiselle protestant toujours que c'étoit un esprit agréable, mais dangereux.

Les dames qui venoient nous rendre visite, n'ayant pas grand entretien d'ailleurs, prenoient plaisir de nous raconter les histoires de leur ville, et faisoient successivement la confession de l'une et de l'autre. Le temps étoit si mauvais depuis que j'étois arrivé à Clermont, qu'après quinze jours je ne connoissois pas encore le soleil du pays. Je crois qu'il en étoit de même à Paris; car comme c'est ici le pays des expériences, on a observé qu'il n'y a que cette différence, que le beau ou le mauvais temps vient ici régulièrement un jour plus tard, ce qui peut venir de la différence des degrés d'élévation. La maison où nous étions étoit assez vaste, mais peu commode pour tant de monde. Il n'y a pas de chambre pour la nécessité, il y a de la superfluité en salles. C'est l'usage de la ville d'avoir par toutes les maisons des salles d'une grandeur prodigieuse qui puissent fournir au bal, et à danser les bourrées d'Auvergne dans toute leur étendue; mais nous avions l'avantage de voir du plus haut étage de la maison une fort agréable campagne et des montagnes en éloignement qui font une belle perspective. Ce qui me troubloit dans ce logis étoit une fontaine qui jaillit dans un jardin du voisinage, et qui fait en tombant un petit bruit si semblable à la chute de la pluie, que je ne savois plus où j'en étois.

Il se faisoit dans mon imagination une confusion d'espèces : lorsqu'il pleuvoit, je croyois que c'étoit la fontaine, et j'étois bien surpris lorsque je me voyois arrêté dans le logis ; lorsqu'il ne pleuvoit pas, je croyois que c'étoit la pluie que j'entendois, et je n'osois aller en ville. Ainsi, la crainte et la surprise me rendoient solitaire en dépit de moi. Je prenois plaisir quelquefois de voir de ma chambre blanchir les montagnes, et regardant les neiges du coin de mon feu, j'étois ravi d'être bien chaud et de voir l'hiver à deux lieues de moi, car c'est ici la coutume de le voir un mois avant qu'on le sente. Enfin, après deux ou trois jours de pluie, étant ennuyé d'être si longtemps reclus, j'allai par hasard à l'église des pères jésuites.

Je vis une grande affluence de peuple, un autel fort paré, où l'on avoit exposé le saint sacrement, tout le tour tapissé comme pour quelque solennité joyeuse ; des prêtres revêtus de blanc, et des jésuites qui les suivoient en beaux surplis, s'étant rendus proche de l'autel, me donnoient l'idée de quelque fête glorieuse, et j'attendois qu'on entonnât quelque hymne joyeux ; mais je fus bien surpris d'entendre chanter le *De profundis*. Je croyois qu'il falloit quelque chose de plus lugubre pour ces sortes de dévotions, et que la piété envers les morts devoit être accompagnée de deuil. Je ne trouvois pas à propos qu'on se souvînt si gaiement de ses parents morts ; qu'on fît une fête de joie d'une cérémonie de tristesse, et qu'on dût être en habit blanc quand on prioit pour les âmes qui sont dans des demeures ténébreuses, et que toute l'antiquité a appelées des ombres. Il me sembloit qu'on ne devoit point chanter des hymnes de gaieté pour des âmes qui pleurent dans le purgatoire : et, pour m'informer de la qualité de cette fête, lorsque le chant fut achevé, je tirai à part une bonne dame que j'avois déjà vue, et, au hasard de troubler un peu sa dévotion, je lui demandai quel étoit le sujet de l'établissement de cette fête. Elle me répondit que c'étoit une indulgence que les bons pères avoient obtenue du pape, avec qui ils sont fort bien, pour faire sortir les âmes du purgatoire. Qu'on n'avoit qu'à visiter l'église ; qu'à peine y étoit-on entré, que les morts sortoient du lieu de leur prison. Qu'outre les bulles des papes, il y avoit des visions qui rendoient la chose authentique, qu'une de ses voisines qui est fort âgée, et qui dit tous les jours l'office des morts, les sept psaumes et cinq fois le *Libera*, avoit mérité de voir les âmes qui étoient délivrées de leurs peines par les prières de tant de bonnes dames, passer en file comme des nuages lumineux vers le sommet du Puy-de-Dôme, et laisser une trace de lumière qui est la marque de leur gloire. Je la remerciai de son avis, et ne m'étonnant plus de la joie qu'on témoignoit, puisque c'étoit conduire des malheureux dans la gloire avec des cantiques de triomphe, je sortis de l'église après avoir donné quelque temps à ma dévotion ; et ayant rencontré un honnête homme de ma connoissance, il me jeta sur le discours de cette indulgence, et me fit le conte de son établissement. Outre qu'il étoit de Clermont, il étoit encore janséniste, qui sont deux points d'inimitié irréconciliable contre les jésuites.

« Les jésuites, me dit-il, ont été établis à Montferrand et y ont tenu le collège, jusqu'à ce que, se trouvant trop solitaires et voyant que la cour des aides avait été transférée à Clermont, ils crurent que le collège devait suivre, et que la science et la justice ne devoient jamais s'abandonner. Ils eurent de la peine à venir à bout de leur dessein. Montferrand vouloit les retenir, Clermont ne vouloit pas les recevoir ; et bien que la peine d'entrer fût plus grande que celle de sortir, parce qu'on les aime ordinairement moins qu'on ne les craint, ils ne laissèrent pas de trouver des obstacles de côté et d'autre. Ils eurent recours à la cour, et se servirent pour leurs intérêts civils des mêmes voies dont ils se servent pour l'établissement de leurs maximes et de leur politique. Ils implorèrent la même faveur pour s'établir, qu'ils implorent pour détruire ceux qui les choquent; ils obtinrent donc des lettres de cachet, et intéressèrent l'autorité du roi. Ils furent installés à Clermont par l'intendant de la province et par un huguenot qui leur avoit prêté son carrosse, et ouïrent pour premières acclamations les murmures de toute la ville. La vigilance des magistrats et le raisonnement du cocher de l'intendant contribuèrent fort à arrêter les violences d'un peuple ému et prêt à faire sédition : les magistrats criant d'un côté qu'il ne falloit pas résister à l'autorité du roi, qu'on feroit des députations et des remontrances; et le cocher criant de l'autre qu'ils n'avoient pas de quoi se plaindre, qu'ils pourroient à l'avenir vivre avec plus de licence qu'auparavant, qu'ils auroient dans leur ville des gens tout prêts à les absoudre. Ils chassèrent avec violence ceux qui avoient le soin de l'instruction de notre jeunesse, et voulurent instruire nos enfants malgré nous. Pour gagner le peuple et arrêter les murmures des bonnes femmes qui, comme vous savez, par le droit de leur sexe et par l'autorité que leur donne l'âge, font bien plus de bruit que les autres, ils firent valoir cette indulgence et choisirent le troisième dimanche du mois pour célébrer cette fête. Mais les carmes qui sont leurs voisins se plaignirent qu'on leur ôtoit toute la dévotion de leur confrérie, que leur scapulaire seroit déserté, qu'ils avoient tous les droits d'ancienneté, que c'étoit d'abord trop entreprendre, et qu'il falloit un peu ménager ses voisins. Cette raison de voisinage eut plus de pouvoir sur l'esprit de ces bons pères que toute autre, et pour n'avoir point d'ennemis à leur porte, ils changèrent leur fête au premier dimanche; mais ce jour étant encore pris par une paroisse de la ville, le curé qui étoit homme zélé, et qui aimoit que toutes choses fussent dans l'ordre, se plaignit ouvertement, et monta en chaire, alléguant les conciles en faveur de la paroisse et faisant grand bruit contre les usurpateurs de ces fêtes. Cela fit que l'indulgence fut remise au second dimanche. Les cordeliers en ont murmuré ; mais quelque droit de préséance qu'ils eussent, et quelques bonnes voix qu'ils aient pour se plaindre aussi haut que les autres, on a jugé qu'il ne falloit point tourmenter la société ni traîner de dimanche en dimanche leur confrérie. C'est pour cela qu'ils se sont arrêtés au second, et qu'ils font aujourd'hui les cérémonies que vous avez vues. »

Cet honnête homme, qui, comme j'ai appris depuis, est un des chefs du parti de province et fort avant dans la ligue de Port-Royal, me fit connoître qu'il avoit été des principaux à s'opposer à la translation de ce collège, et que s'il eût été bien secondé, les affaires seroient allées bien autrement. Je l'interrogeai sur l'état du parti de saint Augustin, et j'appris de lui que M. l'évêque, qui n'est pas théologien, et bien loin de là, étoit fort zélé contre la saine doctrine, et qu'une fausse complaisance pour les jésuites qui l'ont gagné, et une malheureuse reconnoissance pour la reine mère qui l'a fait évêque, l'avoient tourné du côté des molinistes ; que tout le clergé qui étoit fort ignorant avoit donné dans ces sentiments, comme les plus communs et les mieux reçus à la cour ; mais que les honnêtes gens et les savants de la ville ne s'étoient point laissé corrompre, et qu'ils aimoient la vérité ; qu'il y avoit eu un chanoine régulier de saint Augustin qui avoit bien soutenu l'honneur des saints pères, et que, si le parti n'étoit pas considérable par le nombre, il l'étoit par la vérité de la doctrine et par la qualité des personnes. Il me dit encore que les jésuites et les capucins étoient ligués, mais que les pères de l'Oratoire ne vouloient croire ni le fait des cinq propositions, ni l'infaillibilité du pape ; il me fit encore divers contes d'un conseiller de la cour des aides qui est passionné moliniste, qui, se trouvant dans un conseil de ville où l'on délibéroit s'il falloit recevoir les jésuites, conclut qu'on ne sauroit avoir assez de religieux dans Clermont, pour soutenir par la force de leurs prières la ville qui est toute suspendue en l'air et prête à s'abîmer sans eux ; qu'il ne veut rien acheter de tout ce qui vient de Maringues, parce que les huguenots y ont un prêche ; mais quelque horreur qu'il ait pour les calvinistes, il tient les jansénistes encore plus damnés ; jusque-là que voulant convertir un gentilhomme qui lui disoit qu'il seroit janséniste, s'il se rendoit catholique, il lui répondit qu'il valoit mieux rester où il étoit. Il s'offre de mettre la main au feu pour confirmer l'infaillibilité du pape, et croit absolument qu'elle ne brûleroit pas ; il ne parle que de massacrer tous les ennemis de l'infaillibilité, et il a tenu les Messieurs des Grands-Jours pour hérétiques, parce qu'ils ont ordonné qu'il y auroit des marguilliers dans chaque paroisse ; ce qui est, à son avis, entreprendre sur la juridiction spirituelle et ruiner la doctrine de Molina. L'entretien de cet homme me divertit fort. Mais revenons aux nouvelles des Grands-Jours.

Tout le monde avoit cru qu'on ne tenoit les Grands-Jours que pour arrêter les oppressions et pour punir les violences de la noblesse, mais on fut bien étonné, quand on ouït dire qu'ils venoient de donner un arrêt pour la réformation du clergé[1], et que M. Talon venoit de faire un des coups des plus hardis et des plus heureux qu'il ait jamais faits contre les ecclésiastiques et les communautés religieuses, en faisant casser d'un seul coup tous leurs priviléges. Cet homme, redoutable à tous les états, représenta, avec son éloquence sévère, les abus de l'état ecclésiastique, par le peu d'assiduité des chanoines, le libertinage des monastères déréglés et des religieux qui se prétendent exempts de la juridiction épiscopale, le désordre et scandale des religieuses de la campagne, et mille autres choses qu'il nommoit par des noms assez désobligeants et capables d'émouvoir les juges. Il eut tout le succès qu'il espéroit, et trouva ou rendit tout

---

1. Le *Journal de Dongois* (fol. 113-138) donne tous les articles de cette ordonnance avec une longue discussion sur le droit qu'avaient les magistrats d'intervenir dans la discipline ecclésiastique.

le monde si révolté contre le clergé, qu'on ordonna par arrêt qu'il y auroit des juges qui visiteroient tous les bénéfices, pour voir les réparations qui y sont à faire, et y contraindre les bénéficiers par la saisie même de leurs revenus; que les supérieurs des monastères établis depuis trente ans seroient tenus de rapporter, dans quinze jours, les lettres patentes de leur établissement, avec la vérification, à peine de suppression de leurs maisons et communautés; que les monastères ou communautés ecclésiastiques seroient tenus de faire voir leurs acquisitions depuis dix ans, et les lettres d'amortissement obtenues, sous peine de quitter et perdre leurs acquisitions; que les chanoines seront obligés de se trouver tous les jours, selon les décrets, aux trois grandes heures de matines, la grand'messe et vêpres; leur défend d'en sortir sans permission de celui qui préside au chœur que tout le service ne soit achevé, et plusieurs autres choses; que les séculiers et réguliers seront justiciables de l'évêque, et répondront devant lui de leurs crimes et scandales; que les monastères des religieuses qui ne gardent pas la clôture seront renfermés; qu'elles auront un an pour cela, après quoi défense de prendre des novices, si elles n'ont satisfait à l'arrêt, suivant l'ordonnance de Blois; que le nombre des prêtres qui composent des communautés sera réduit par l'évêque, selon la possibilité de leur revenu, ainsi que le nombre des chanoines, où les distributions ne suffisent pas pour leur subsistance. Ils règlent ensuite les réparations des paroisses, l'emploi des marguilliers, la subsistance des curés, réglant les portions congrues[1] à trois cents francs; ils défendent aux gentilshommes de prendre les dîmes, d'obliger *les curés* de dire leur messe à d'autres heures qu'à celles de l'ordonnance; ils défendent aux religieuses de recevoir chez elles des personnes séculières, sans la permission de l'évêque, et mettent les évêques en possession de

---

1. On appelait *portion congrue* la pension que les seigneurs, qui percevaient les grosses dîmes d'une paroisse, étaient obligés de payer aux curés.

visiter les églises et les tabernacles dans les maisons religieuses, cassant tous les priviléges et exemptions prétendues par les religieux et les chapitres.

Les sentiments furent différents sur cet arrêt : les uns trouvoient que M. Talon avoit eu trop d'autorité dans la compagnie, et qu'on avoit un peu excédé le pouvoir de leur commission ; que les conciles provinciaux n'en faisoient pas tant, lorsqu'ils avoient pouvoir de s'assembler ; qu'il ne falloit pas d'abord casser tous les priviléges ; qu'ils dévoient faire les juges, sans faire tant les réformateurs, et punir les crimes des nobles, sans s'amuser à régler les chanoines et les religieux. Les chapitres et les communautés des religieuses murmuroient de cette réformation, alléguoient des bulles et des priviléges, et se plaignoient qu'on étoit janséniste dans les Grands-Jours, et qu'on n'y tenoit point d'infaillibilité du pape[1]. Les autres, au contraire, trouvoient qu'il falloit commencer par la réformation de la discipline ecclésiastique ; qu'on ne sauroit assez étendre la juridiction des évêques, ni favoriser assez les curés, qui sont ceux qui ont plus d'autorité et qui sont les plus chargés dans l'Église ; ils alloient encore jusque dans les secrets de la cour, et croyoient qu'il y avoit eu des ordres secrets du roi pour ces ordonnances. Ils faisoient une affaire d'état de cet arrêt ; les desseins qu'on a de réformer toutes choses leur faisoient soupçonner que ce ne fût une démarche qu'on leur fit faire pour en faire un règlement plus général. Plusieurs des juges mêmes étoient dans cette opinion quand ils opinèrent. Les opinions étoient ainsi partagées dans le public ; mais on remontroit à la cour qu'il y avoit des choses qu'il falloit réserver au roi, et qu'il y avoit des ordonnances un peu trop hardies, trop nouvelles et trop générales, et l'assemblée du clergé murmure encore du règlement des portions congrues, qu'on assigne aux curés. Tant il est vrai

1. Telle est la leçon du manuscrit de Clermont ; il faudrait peut-être lire *qu'on n'y tenoit point compte de l'infaillibilité du pape.*

que chacun suit sa passion et ses intérêts dans l'établissement des choses même importantes pour la discipline. M. le président et M. Talon vouloient cet arrêt encore plus fort qu'il n'a été donné. M. le président ne goûta pas les difficultés ni les scrupules de M. Hébert et de quelques autres qui appréhendoient que la cour ne fût pas tout à fait de cet avis. M. Talon donna sa réponse, M. le président la mit entre les mains de M. Nau, qui l'expédia brièvement, et le lendemain il rapporta cet arrêt tout dressé. M. le président l'appuya de toute sa force [1].

On diroit que M. Talon est le plus grand réformateur des Grands-Jours, et qu'on ne sauroit rien ajouter à sa sévérité et à son humeur de législateur; il est pourtant vrai qu'il y a une personne plus entreprenante, plus jalouse de l'ordre et de la discipline, et plus agissante que lui; c'est Mme Talon [2], sa mère, à laquelle il doit l'honneur, en quelque manière. On savoit bien qu'elle faisoit autant de lois, et qu'elle donnoit autant et d'aussi sévères conclusions dans son domestique, que M. son fils en donnoit pour les affaires du palais, et qu'elle avoit eu même autant de rigueur contre ses amours [3], qu'il en a lui-même contre les crimes des accusés; mais on ne savoit pas qu'elle fût aussi hardie dans les affaires publiques; et si le roi eût su son humeur réformatrice, il auroit pu lui expédier une commission particulière pour les Grands-Jours. Elle fut à peine arrivée à Clermont, qu'elle entreprit de régler la police de la ville et de faire des taxes sur toutes choses, pour réprimer l'avidité des marchands qui vouloient profiter de l'occasion de cette assemblée pour leurs intérêts particuliers [4]. Étant assistée des

---

1. Voy. *Appendice*, n° XIV.
2. La mère de Denis Talon était Françoise Doujat, veuve depuis 1652 de l'avocat général Omer Talon.
3. Allusion à la passion bien connue de Denis Talon pour la maréchale de L'Hôpital. Fléchier, qui parle souvent de Talon avec ironie (voy. p. 37), revient encore plus loin sur les amours du grave magistrat.
4. Voy. *Appendice*, n° XV.

conseils et des bons avis que lui donnoit M. Nau, homme fort expérimenté en ces matières; pour y procéder avec ordre, elle se fit apporter tous les poids de la ville, ceux des marchands, ceux des orfévres, ceux des bouchers; les examina les uns après les autres, et comme elle a l'esprit fort pénétrant, elle découvrit bientôt qu'il y avoit du défaut et de la tromperie dans l'usage des poids et des mesures, et fit connoître à tout le monde que la livre de Clermont n'avoit que treize à quatorze onces, au lieu qu'elle en a seize partout ailleurs. Cette injustice qui surprend les étrangers, et qui confond l'ordre de leur dépense, lui donna si mauvaise opinion de la ville, qu'elle ne l'a jamais aimée depuis. Il est vrai qu'elle fit grand bruit et qu'elle voulut réformer cet abus, qu'elle trouvoit d'autant plus considérable qu'il étoit de conséquence pour tous les jours; mais il est si bien établi, qu'il eût fallu renverser toutes les coutumes du commerce, et ruiner toutes les lois de leur trafic particulier. Il fallut donc se contenter de diminuer du prix des choses, à peu près autant qu'on en diminuoit du poids, par des règlements qu'elle voulut faire publier. Elle entretenoit tous ceux qui la venoient voir, de cette affaire, et prenoit toutes les dames à témoin du soin qu'elle avoit de la justice distributive. Mais comme elle vit qu'on ne prenoit à cœur une affaire de cette importance, elle résolut de laisser à chacun la liberté de faire sa dépense, et ne voulant point donner mauvais exemple, ni passer pour mauvaise ménagère comme les autres, elle se faisoit apporter chez elle tout ce qu'elle achetoit, et le pesoit à sa manière, quelque remontrance que lui pussent faire les marchands qui, par la crainte de l'autorité du fils et de la colère de sa mère, subissoient les lois qu'on leur imposoit.

Cette première réforme qu'elle voulut introduire fut comme un essai de celles qu'elle devoit entreprendre pour l'exercice de la charité des dames, et pour le soulagement des pauvres. Elle établit des assemblées dans les paroisses sur l'exemple de celles de Paris, et convoqua toutes les femmes de qualité de la ville; et parce qu'il s'étoit glissé une certaine opinion parmi elles, qu'il falloit avoir passé cinquante ans pour avoir séance dans ces compagnies de piété, elle représenta qu'on pouvoit être charitable étant plus jeune; que pour être un peu plus belles et plus enjouées, elles n'en devoient pas être moins vertueuses; qu'il étoit beau de voir qu'une dame qui alloit au bal, ne refusoit pas de venir aux hôpitaux, et qu'après avoir dit en riant des douceurs à ses galants, elle venoit parler sérieusement des nécessités de la paroisse et des moyens de faire subsister ceux qui sont pauvres; qu'enfin tout âge étoit propre à la dévotion comme avoit dit saint Augustin, et qu'il falloit corriger ce désordre. Pour cet effet, elle pressa Mme de Caumartin la jeune [1] de se trouver à l'assemblée; afin de convaincre les esprits par son exemple, et de montrer qu'on n'excluoit pas la jeunesse de ces sortes de consultations charitables. On s'assembla donc dans une salle qu'on avoit choisie pour cela, et M. le curé et les dames ayant pris leur place, et le curé ayant voulu dire quelques mots d'exhortation, et se trouvant un peu embarrassé, Mme Talon prit la parole; et après avoir fait elle-même un petit discours à sa façon, pour persuader qu'il falloit se régler sur l'ordre *observé* à Paris, elle finit par une figure de rhétorique qui émut toute cette pieuse troupe, et fit qu'on travailla à faire des règlements.

Le curé proposa d'abord qu'il falloit élire une supérieure des dames de la charité, qui par humilité s'appelleroit la servante des pauvres; mais Madame répondit en l'interrompant, qu'on ne connoissoit point à Paris toutes ces affecteries [2] d'humilité, qu'il falloit servir Dieu en simplicité de cœur, comme elle avoit lu dans la traduction des épîtres et des évangiles de toute l'année, et qu'il ne falloit point s'amuser à ces niaiseries extérieures; qu'il y avoit quelque-

1. Catherine-Françoise de Verthamon.
2. On a conservé l'orthographe du manuscrit.

fois plus d'ambition sous ces apparences de modestie, et qu'elle avoit ouï dire à M. son fils que le pape n'étoit pas plus humble pour s'appeler serviteur des serviteurs de Dieu. Elle donna ses conclusions, et dit qu'on l'appelleroit supérieure, selon l'usage de Paris, et non pas servante. On élut ensuite une trésorière qui garderoit les aumônes et qui tiendroit le coffre des charités, qui n'excèdent jamais la somme de deux ou trois écus ; mais Madame trouva qu'il falloit qu'il y eût de l'ordre dans la distribution de cet argent, et que, pour ne laisser pas trop d'autorité à la trésorière, il falloit que le coffre fût fermé de deux clefs, et que la supérieure en eût une ; que ce n'étoit point par aucune défiance, mais pour se conformer aux établissements de Paris, ce qui étoit sa raison plus forte et plus ordinaire. La dernière élection fut celle d'une dame qui eût soin de la distribution, et parce qu'on ne trouve pas ici des sœurs grises, elle expliqua tous les devoirs de cet emploi, le curé ne faisant que louer la providence de Dieu d'avoir suscité une personne de cette vertu et de ce mérite à son église. Quand ces offices furent assignés, elle fit lever les officières l'une après l'autre, les instruisit gravement de tous leurs devoirs, donna des règles à la supérieure, exhorta la trésorière, et s'arrêta particulièrement à donner des leçons à l'économe. Elle lui disoit de quelle grandeur devoit être la marmite de la charité, la quantité d'eau qu'il falloit mettre dedans, et cent autres belles choses qui concernoient son emploi. « Vous, vous, madame, lui disoit-elle d'une manière pleine d'instruction et de piété, vous êtes choisie pour nourrir les pauvres qui sont les frères de Jésus-Christ, et qui sont les nôtres ; vous imitez plus particulièrement que les autres Notre-Seigneur dans le sacrement de l'eucharistie, qui se donne à nous en nourriture, selon que j'ai ouï dire à un bon père capucin dans une exhortation qu'il faisoit à une assemblée des dames de notre paroisse ; pour mériter devant Dieu toutes les récompenses de votre emploi, vous devez vous étudier à savoir faire un bon potage, aux moyens de l'éclaircir, s'il est trop épais, en y mettant de l'eau plusieurs fois, ou de l'épaissir, s'il est trop clair, en y mettant cinq ou six œufs. »

Cependant il se faisoit tard, et les dames commençoient à s'ennuyer; cela l'obligea de finir et de donner le bonsoir à la compagnie, après avoir ordonné qu'on rapportât la semaine d'après le papier de la dépense que l'on auroit faite. Tous ses ordres furent exécutés ponctuellement, et à l'assemblée d'après, l'économe apporta le rôle de la dépense qu'elle avoit mise en écrit selon l'ordonnance. On ne sauroit croire la joie qu'en eut Mme Talon. Elle loua Dieu de ce commencement de réforme, tira mille bons augures pour l'avenir, et dit que c'étoit là la plus belle écriture qu'elle eût vue, quelque barbouillée qu'elle fût, et que rien n'avoit jamais tant récréé sa vue que ce blanc et ce noir qu'elle apercevoit sur ce papier. M. le curé voulut dire quelques mots d'exhortation, mais il ne put jamais obtenir silence de cette troupe tumultueuse. Il commença son discours en ces termes : *Parci après, mesdames*, et comme il ne fut pas écouté, *Parci après*, reprit-il d'un ton plus haut.·.; mais le murmure des dames supprima sa voix, et l'obligea de redire encore une fois, *Parci après*, et de se taire. Il n'y eut que Madame qui put obtenir une favorable audience, laquelle examina la dépense, et ayant interrogé l'économe, qui étoit une dame de qualité de la ville, sur la distribution qu'elle avoit faite, sur le nombre des pauvres qu'elle avoit nourris, et sur quelques autres particularités, avec une exactitude et une ardeur qui faisoit trembler cette bonne dame, et supputant enfin avec ses doigts la somme qui n'alloit pas à trente sols, elle trouva qu'il y avoit du mécompte de plus de dix, et fit des plaintes du peu de soin, et peu s'en fallut qu'elle ne dît du peu de fidélité, dans l'administration du bien des pauvres. La confusion et l'embarras où elle avoit jeté cette personne qui a beaucoup de vertu, mais qui ne passe pas pour avoir trop d'exactitude, l'empêchèrent de parler de quelque temps ; mais ayant enfin recueilli ses esprits, elle fit voir qu'elle avoit encore employé davantage, et qu'on lui étoit redevable de plus de dix sols. Mais elle ne fut pas écoutée, et l'on l'assura qu'elle se trompoit ; mais toutes les dames en furent si effarouchées qu'on croit que l'assemblée sera déserte à l'avenir, et qu'il faudra des citations d'autorité pour les faire revenir.

Non-seulement elle entreprend les dames, elle veut même réformer les religieuses qu'elle va visiter et sur lesquelles elle prend tous les droits d'abbesse. Son premier exploit fut contre les religieuses de l'Hôtel-Dieu dont on lui avoit fait de grandes plaintes. Ceux qui ont fondé l'Hôtel-Dieu pour le soulagement des pauvres malades ont laissé du revenu pour l'entretien de plusieurs personnes et une place d'une assez grande étendue pour les loger. Le dessein[1] du bâtiment étoit assez bien pris pour le lieu, et comprenoit deux corps de logis capables de loger bien du monde. Soit que l'argent manquât au dessein, ou que le nombre des pauvres ne fût pas grand, on fit élever une partie de la maison, et le plan demeura imparfait pour l'autre, et l'on n'y fit que marquer les endroits et jeter quelques fondements. Les religieuses de l'Hôtel-Dieu, établies à Loches, eurent vocation de venir assister les misérables de cette ville ; et en détachèrent deux de leur maison pour venir faire une colonie de charité. La ville les reçut avec bien de la joie, et on espéra d'abord beaucoup de fruit de leur soin et de leur piété ; mais on a reconnu dans la suite du temps qu'elles ont plus travaillé pour leurs intérêts que pour ceux des pauvres, et qu'elles ont plus acquis de bien qu'elles n'ont soulagé de maux. Comme c'est l'ambition ordinaire de ces communautés d'étendre leurs droits et d'augmenter leur nombre et leur bâtiment, elles tâchèrent d'attirer des filles et de se multiplier insensiblement. Il fallut avoir un

---

1. Le manuscrit porte *dessein* et non *dessin*. Il s'agit ici, en effet, du projet de bâtiment et non du *dessin* proprement dit.

logement conforme à leur famille, et trouvant la place où l'on avoit déjà commencé à bâtir, elles s'en servirent sans ordre, et firent des logements pour des religieuses où le fondateur avoit voulu faire loger des pauvres. Lorsqu'elles se virent assez puissantes pour se soutenir par elles-mêmes, et que la supérieure, qui est une fille hardie et hautaine, se vit appuyée par les principaux de la ville dont elle avoit reçu des filles à profession, elles négligèrent la charité, et s'appliquèrent à leur profit particulier. Tout le secours qu'on tiroit d'elles, c'étoit qu'elles jetoient tous les matins de l'eau bénite aux malades et qu'elles nettoyoient leurs chambres légèrement. Quoiqu'il y eût des filles très-habiles pour le soulagement des maladies et pour toutes les opérations même de la chirurgie, elles n'en faisoient aucune fonction ; elles ne vouloient point souffrir que les administrateurs prissent connoissance de leur emploi, et demandoient un prix si excessif pour fournir des remèdes qu'on avoit été obligé de s'en fournir d'ailleurs. Le nombre de leurs religieuses excédoit le nombre des pauvres ; enfin elles ne servoient qu'en apparence, pour avoir le prétexte de leur établissement.

Quelques personnes de piété voulurent entreprendre de réformer cet abus et se déclarèrent contre elles; mais ils furent excommuniés par M. l'évêque qui étoit prévenu pour elles, et les Grands-Jours se tenant ici, on en fit plainte, et on prétendit faire restituer les biens qu'elles retiennent de l'Hôpital-Dieu. Mme Talon se déclara d'abord pour les religieuses; mais après avoir été bien informée, elle s'intéressa tout à fait pour les pauvres contre elles, et leur fit dire que si elles n'avoient point eu de lettres patentes pour leur établissement, ce qu'on tenoit pour certain, elles n'avoient qu'à reprendre la route de Loches, et s'en retourner à petit bruit dans la maison d'où elles étoient venues. Cette menace les épouvanta et fit qu'elles produisirent des lettres qui marquoient tous les devoirs de leur état, et dans lesquelles elles exposoient que, par vœu et par profession, elles s'étoient obligées de s'appliquer entièrement au soin des pauvres et d'employer leurs personnes, les biens qu'elles peuvent acquérir, et leur dot même au service des hôpitaux. Cette dame leur fit connoître que leur conduite étoit très-éloignée de leur institut, puisque, bien loin de donner le leur, elles employoient celui des autres à leurs usages ; que c'étoit un sacrilége de pervertir les desseins des fondateurs, et de se servir de ce qu'on a consacré pour les nécessités publiques. Elle ne se contenta pas de ces remontrances, elle prit quelques personnes avec elle, et pria M. Nau de l'accompagner à la visite qu'elle alloit faire de ce monastère. Elle fit d'abord venir toutes les religieuses, leur fit plusieurs interrogations qui les troublèrent un peu, et les embarrassa si fort qu'elles ne savoient plus ce qu'elles disoient. Elle voulut apprendre le nombre des religieuses et n'en sut jamais tirer une réponse précise. L'une répondoit que c'étoit à la supérieure de le savoir ; l'autre disoit qu'elles ne se comptoient point dans ce monastère ; il y en eut une qui dit qu'il y avoit autant de religieuses qu'il y avoit de lits dans la maison. On entra dans les chambres ; tout y étoit fort propre, tout bien bâti et bien orné ; une boutique aussi bien fournie qu'aucune boutique d'apothicaire de Paris, et toutes choses en si bel ordre qu'on n'auroit qu'à les louer, si elles avoient soin de leurs fonctions principales. Elles ne vouloient point qu'on sût le nombre des sœurs ; et, parce qu'il eût paru par celui des chambres habitées, elles en avoient fait tirer les lits et les meubles pour faire croire qu'elles n'y logeoient point ; mais M. Nau qui est homme de bon sens, et qui sait toutes les chicanes, découvrit la ruse et pénétra jusqu'à l'endroit où l'on avoit caché ces ameublements. Cette visite finit par des corrections assez aigres, et l'on ne sait encore ce qui doit arriver de cette affaire [1].

Voy. *Appendice*, n° XVI.

Son zèle ne s'est point arrêté là; elle a fait fermer une des portes de l'église cathédrale, parce qu'elle pouvoit servir de passage d'une rue à une autre, bien que ce fût une occasion à plusieurs de faire quelque prière, et que le bon Dieu, comme on lui disoit, y gagnât toujours quelques *Ave Maria*.

Elle a pris encore la résolution de réformer les Ursulines, et la réforme qu'elle prétend se réduit à quatre points : le premier abus qu'elle trouve, c'est qu'elles se lèvent à quatre heures et demie en été et à cinq heures en hiver; elle tient que c'est trop dormir pour des religieuses; que c'est faire comme les folles vierges de l'Évangile, qui s'endormirent lorsqu'il falloit recevoir l'époux, ou qu'il ne faut point tant de repos dans les cloîtres. Elle veut donc qu'en tout temps elles se lèvent à quatre heures, et trouble ainsi le sommeil de ces pauvres filles. Sa seconde imagination est qu'il faut qu'elles disent le grand office les fêtes, et qu'elles fassent chanter une messe haute avec diacre et sous-diacre, quelques exemptions qu'elles en aient à cause qu'elles instruisent les jeunes filles, parce que cela excite la dévotion et donne une plus grande idée de la religion par les cérémonies extérieures. Elle prétend encore qu'elles fassent un vœu plus exprès et plus particulier qu'elles ne font, pour s'obliger à instruire la jeunesse; et le dernier désordre qu'elle trouve fort important, et qu'elle veut réformer à quelque prix que ce soit, c'est qu'elles portent une ceinture de laine, au lieu qu'elles en devroient porter une de cuir, selon leur statut. Voilà ce qu'elle entreprend avec beaucoup de chaleur. Elle ira bientôt examiner les autres communautés religieuses, et nous verrons introduire la réforme aussi bien qu'aux Ursulines. Ce qu'il y auroit à observer en ce monastère, c'est qu'il fait un corps séparé et indépendant de tout le reste de l'ordre, et ne reconnoît ni aucune société ou alliance, ni aucune supériorité. Cette indépendance n'est établie sur aucun fondement ni sur aucune bulle de Rome; ce qui pourroit même faire douter de la validité de leurs vœux. Mais il vaut mieux réformer leurs ceintures, que d'aller examiner leur établissement jusque dans leur principe. Quoi qu'il en soit, les Grands-Jours font de grands fruits en ce pays, et pour l'ordre de la police, et pour le soulagement des opprimés, et pour le rétablissement de la discipline ecclésiastique ; et si les Messieurs donnent des arrêts pour régler les affaires, il se trouve une dame qui prend le soin d'y régler les mœurs, et d'introduire la sainteté dans les monastères. Il est impossible qu'on empêche le monde de murmurer, quand on fait de bonnes œuvres. Les uns disent qu'elle feroit mieux de réformer sa coiffure qui est tout à fait extraordinaire ; les autres ont remarqué qu'elle porte un bonnet qui s'étend et se relève, et qui a quelque forme de mitre, qui est la livrée de sa mission et le caractère de son autorité. Les autres se plaignent qu'elle gâte tout, au lieu de raccommoder ; qu'elle empêche les charités, en voulant examiner si rigoureusement les dames charitables ; qu'elle détruit l'hôpital en voulant le régler, parce qu'elle en fait sortir ceux qu'elle n'y trouve pas assez malades à son gré, et le laisse plutôt vide ; qu'elle exige trop de soin des administrateurs, disant que le roi et M. Colbert en ont bien davantage sans se plaindre, et qu'enfin étant venue principalement pour régler le ménage de son fils et pour empêcher qu'il ne fasse trop de dépense, elle ne devroit pas se mêler de tant de choses, ni examiner tout jusqu'à une pension d'un prisonnier et aux gages de l'exécuteur de la justice ; mais la vertu est généreuse et se met au-dessus de tous les murmures.

L'engagement que j'avois de prêcher à Riom[1], le jour de la Toussaint, dans l'église des religieuses de Notre-Dame, par la sollicitation de M. le lieutenant général[2] et de

---

1. Fléchier avait, dès cette époque, le titre de prédicateur du roi.
2. Voy. plus haut, p. 1, note 2.

Mmes de La Feuillade que j'avois rencontrées à Vichy, où elles prenoient les eaux, m'obligea d'aller passer la fête à Riom avec M. le lieutenant, qui est un homme d'esprit, de mérite et de probité, qui rend la justice avec toute l'équité qu'on peut souhaiter, et qui soutient les lois par son autorité et par son exemple. Il m'avoit recueilli un petit auditoire choisi, et s'étoit piqué, par bonté, de me faire voir bonne et belle compagnie. Il m'avoit si bien prêché auparavant que j'eusse prêché moi-même, qu'on voulut bien avoir quelque bonne opinion de moi sur sa parole. Je prêchai donc ; je passai quelque temps en conversation avec les dames religieuses et quelques autres dames qui étoient venues goûter des fruits du sermon ; et, après avoir encore fait un tour de promenade, j'allai passer quelques bons moments chez Mme de Brion, dont la conversation est si agréable, si pleine d'esprit, et si judicieuse, qu'on ne la quitte jamais qu'avec regret.

Le lendemain, j'employai toute la matinée, selon l'usage de l'Église, à penser à mes amis morts, et à leur rendre ces pieux devoirs que la charité chrétienne exige de nous pour notre consolation et pour leur repos. Ce fut dans l'église des Cordeliers, qui est ce jour-là d'un grand abord, que je fis mes prières. Je ne vis jamais dévotion plus tumultueuse que celle que l'usage a introduite et que la prudence devroit abolir. On voit plus de vingt cordeliers, divisés par bandes de deux à deux, qui se promènent jusque dans le sanctuaire avec un visage serein, et qui se rangent dans tous les coins de l'église attendant qu'on les emploie à chanter les prières funèbres qu'on a recueillies de l'Écriture pour exciter la piété envers les morts. Les bonnes dames, selon la rencontre, s'adressent à eux et leur recommandent l'âme de leurs pères ou de leurs maris, et d'abord les deux religieux qu'on emploie entonnent, d'une voix à remplir toute la nef, des *De profundis* et des *Libera*. A peine ceux-là ont-ils commencé en se promenant que d'autres sont priés de l'autre côté, et font comme un écho déambulatoire qui répond aux premiers. Cependant deux voix sortent d'un autre endroit, et l'on n'entend que chant lugubre par toute l'église. Les premiers achèvent lorsque les derniers commencent; il y en a de plus ou de moins avancés, et cela fait à la vérité un peu de confusion. Ce que j'admire, c'est que ces bons pères sont si préparés à cela qu'à la moindre aumône qu'on leur présente, au moindre mot qu'on leur dit, au moindre signe qu'on leur fait, ils entonnent leurs prières de commande à qui mieux mieux, cependant que les autels sont chargés d'offrandes et de pain et de vin. Ce qui m'étonna davantage, ce fut que je vis un bon frère au milieu de l'église, qui vendoit du vin aux bonnes femmes pour leurs oblations, et qui faisoit un trafic de vendre et d'acheter que l'Évangile n'approuve pas. Je voulus dire ce que j'en pensois, mais on m'avertit que c'étoit une coutume établie, et que le peuple feroit sédition plutôt que de la perdre. Une autre persécution qu'on souffre ce jour-là, c'est celle d'une infinité de petits enfants et de petites filles qui viennent interrompre votre dévotion, et vous exhortent d'acheter un *De profundis* ou les sept psaumes de la pénitence de David; ils mettent les prières à bon marché, et pour un sou on leur fait bien tourner des feuillets. J'en avois la tête si rompue, qu'après avoir dîné chez Mme de Brion et passé quelque temps en conversation, je partis pour Effiat, qui est une belle maison, où j'avois appris que Mme de Caumartin s'étoit arrêtée à son retour de Vichy.

Les Messieurs des Grands-Jours, qui s'étoient dispersés la veille de la fête, se réunirent deux jours après, et travaillèrent comme auparavant. Dans la première audience, ils jugèrent une cause assez célèbre, que deux avocats de Riom plaidèrent aussi bien que le pouvoient des gens nourris dans la province, qui ne manquent pas d'esprit, mais qui n'ont pas le tour ni la politesse de Paris, et de qui l'on peut dire, comme Messala[1] disoit de Tite Live[2], qu'ils ont encore l'air de leur pays, et qu'ils font bien connoître qu'ils sont de Riom et de Clermont. Voici le sujet du procès : les chanoines réguliers[3] de Saint-Augustin, qui ont plusieurs maisons en ce pays, ont un droit de domination fort particulière dans un certain endroit du pays de Combrailles[4], par lequel ils ont des sujets esclaves et dépendant d'eux en toutes manières. Les coutumes écrites de ces provinces, l'usage et la longue possession les autorisent; mais il semble que la charité chrétienne et les règles de la douceur évangélique sont fort contraires à cette servitude personnelle, qui consiste à ne pouvoir point sortir du lieu de leur habitation, sans la permission des seigneurs, à n'être pas libres dans la disposition de leurs biens, les seigneurs étant leurs héritiers au préjudice de tous les parents collatéraux, et à mille autres redevances fort onéreuses[5].

Quelques-uns voulurent s'exempter de cette sujétion, et demandèrent la liberté avec instance. Ils avoient quelque raison en ce qu'ils étoient nés d'un père libre, et qu'ils prétendoient que la condition se tiroit de celui qui étoit le premier dans la famille et le principal auteur de la naissance, et que le malheur qu'ils avoient d'être sortis d'une mère esclave ne devoit point faire de conséquence pour leur état; que quand il n'y auroit aucune prééminence du

---

1. Messala est ici mis par inadvertance pour Pollion.

2. « In Tito Livio, miræ facundiæ viro, putat inesse Pollio Asinius « quamdam patavinitatem. » Quintil., *Inst. orat.*, lib. VIII, c. I.

3. On appelait *chanoines-réguliers* ceux qui étaient soumis à une règle monastique. On faisait remonter leur institution jusqu'à saint Augustin; mais ils dataient en réalité des conciles tenus à Rome en 1059 et 1063.

4. Le Combraillés, qui répond à une partie du département de la Creuse, était une petite contrée au sud-ouest du Bourbonnais et au nord-ouest de l'Auvergne; elle avait pour chef-lieu Évaux.

5. La Coutume d'Auvergne rédigée en 1510 prouve que, dès cette époque, il n'y avait plus de serfs dans cette province. Mais, dans les contrées voisines, et principalement dans le pays de Combrailles, le servage a duré jusqu'à l'édit d'août 1779, par lequel Louis XVI abolit la servitude personnelle dans la France entière.

père, il falloit prendre les choses du côté le plus favorable, et que, selon la commune façon de parler, le bon emporte le pire. Cela paroissoit si bien fondé que la théologie, même la plus saine, tient que, si Adam n'eût pas péché, sa femme auroit eu beau manger des pommes, nous n'en aurions point senti d'incommodité. Les autres crioient au contraire contre des esclaves qui vouloient rompre leurs chaînes et briser leurs fers, et soutenoient que la mère doit faire la condition des enfants, parce que, quoiqu'elle ne soit pas le principal principe de notre naissance, elle en est le plus assuré. Ils alléguoient les diverses coutumes de la province qui sont expresses sur ce fait. Ils avoient l'autorité des lois anciennes, qui laissoient dans la condition d'esclave, lorsque l'un ou l'autre parent l'étoit, parce que les mariages des esclaves n'étoient pas de véritables mariages : *non matrimonia, sed sodalitia*; ils faisoient enfin valoir cette maxime vulgaire, que la naissance suit la condition de la mère : *partus ventrem sequitur*. M. Talon dit les plus belles choses du monde sur l'esclavage et sur la liberté, et quelque apparence qu'il y eût de maintenir ce droit d'usage et de coutume, il trouva que ces droits étant odieux et contraires aux lois du christianisme, il falloit les réformer, et conclut à la rédemption de ces captifs sans chaînes; mais il ne fut pas suivi, et la cour appointa[1] l'affaire.

Le 6e[2], on fit exécuter un misérable[3] qui avoit commis un adultère et un inceste tout ensemble, et qui avoit entrepris sur l'honneur d'une femme qui étoit sa belle-sœur et sa belle-fille. Ils avoient aimé en même lieu son fils et lui, et avoient épousé deux sœurs qu'ils avoient recher-

---

1. On appointait un procès, lorsque, la question paraissant trop délicate ou trop compliquée, on renvoyait les parties à une décision qui devait être prise ultérieurement sur le vu des pièces. C'était quelquefois un moyen d'ajourner indéfiniment la solution d'un procès.
2. Le 6 novembre 1665.
3. Il se nommait Claude Boudniauge, d'après le *Journal de Dongois*.

chées avec honneur. Heureux s'ils eussent joui chacun de leurs amours, et s'ils n'eussent pas confondu leur famille. Le père, après avoir passé quelque temps dans une assez grande tranquillité dans son domestique, trouva enfin que le choix de son fils étoit plus raisonnable que le sien, et par une corruption commune parmi les hommes qui cessent d'aimer ce qu'ils ont en leur possession, et qui trouvent plus beau tout ce qu'il ne leur est pas permis d'aimer, il devint amoureux de sa belle-fille, et la traita, comme Jupiter fit Junon, de sœur et de femme : *et soror et conjux;* il en fut convaincu, il en fut puni.

Ce 7ᵉ novembre, on a condamné à mort le curé de Saint-Babel, pour un crime qu'il avoit commis il y a environ trois ans. C'étoit un homme qui ne manquoit pas d'esprit, et qui étoit assez intelligent dans les affaires, mais qui se laissoit emporter à ses passions, et qui ne se piquoit pas trop de donner de grands exemples dans sa paroisse. Il étoit particulièrement décrié pour ses amourettes, et l'on raconte de lui d'assez plaisantes histoires ; plaisantes, si l'impiété n'étoit pas jointe à l'amour, et si l'on n'y trouvoit partout un caractère éloigné de la sainteté du sien. On l'accusoit dans le monde d'avoir instruit ses paroissiennes d'une manière toute nouvelle ; de leur avoir inspiré quelque autre amour que celui de Dieu, et de leur avoir fait des exhortations particulières, bien différentes des prônes qu'il leur faisoit en public. Il étoit galant si à contre-temps, qu'un jour une bonne femme l'ayant envoyé prier de venir la voir et l'entendre à confession, dans une maladie extrême où elle étoit, il négligea de lui administrer les sacrements, pour s'amuser à gagner une fille qu'il trouvoit à son gré dans la maison, et ne se soucia plus du salut de sa maîtresse, dans le dessein qu'il eut contre l'honneur de la servante. Il oublia ce qu'il étoit, dès qu'il eut vu comme elle étoit faite, et l'amour l'emporta sur son devoir. Au lieu d'écouter la confession de l'une, il faisoit sa déclaration à l'autre, et bien loin d'exhorter la malade à bien mourir, il sollicitoit celle qui se portoit bien à mal vivre, et la prenant par la main et par le menton : « Quelle peine, disoit-il, pour moi, d'être appelé par une personne que l'âge et la maladie ont réduite à l'extrémité, et quelle joie seroit-ce de venir pour vous, qui avez de la jeunesse et de la beauté ! Je vous avoüe que je n'aime point à entendre ces vieux péchés que nous racontent ces bonnes anciennes, et que ceux des jeunes gens me paroissent bien plus agréables ; que Madame songe comme elle a passé ses années, et songeons comme nous passerons les nôtres ; qu'elle s'examine si elle a péché, et que je sache cependant de vous si vous pouvez aimer qui vous aime. Ne vous étonnez pas de me voir dans la résolution de quitter mes fonctions pour satisfaire mon inclination, et si vous m'aimez, regardez en moi l'homme et ne regardez pas le curé ; et songez que vous pouvez être et mon amante et ma paroissienne, et que vous trouvez en moi et un pasteur et un amant également affectionné. »

Ainsi il abandonna la pénitence pour suivre la volupté, et abusant de la simplicité de cette fille, il trompa la bonne intention qu'avoit l'autre de se confesser, et commit un péché lui-même, lorsqu'il devoit entendre ceux de l'autre. Ce n'est pas sur ce crime qu'on l'a jugé. Il avoit une grange à quelques pas de la paroisse, où il avoit accoutumé de recueillir non-seulement les fruits de son revenu, mais encore ceux de ses amours. Outre qu'il y tenoit ses grains, il y enfermoit encore une jeune maîtresse qu'il avoit choisie dans son église, faisant de ce lieu un lieu de plaisir et de nécessité pour lui. Pour être plus en repos et plus en secret, il avoit détourné un chemin qui pouvoit donner aux passants la curiosité de voir ce qu'il faisoit dans sa retraite ; mais quelque peine qu'il prît à se cacher, il ne put pas éviter le soupçon, et ensuite le murmure de tout le village. Un paysan, qui avoit ou plus de zèle ou plus de malice que les autres, entreprit de découvrir tout le mystère, et ayant pris son temps, alla fermer la porte de la grange où ces deux amants étoient en repos, si l'on peut appeler moments de repos ces moments que l'amour occupe et que le crime trouble infailliblement. Il fallut attendre en patience la miséricorde de quelque passant pour sortir de là, et souffrir cependant la honte d'être reconnu publiquement pour un homme de mauvaise vie. Il dissimula tout ce jour son désespoir, et ayant appris que cet homme importun, qui l'avoit trahi, ajoutoit à l'affront encore la raillerie, il le menaça de l'en punir, et sa menace fut si emportée et si violente, qu'elle lui fit craindre l'extrémité de son désespoir. Le succès montra qu'il en avoit bien sujet ; car comme il étoit dans un cabaret avec quelqu'un de ses amis, on lui vint donner avis de ne point sortir, parce qu'on l'attendoit pour le maltraiter. Ils n'eurent pas assez de déférence pour celui qui les avertissoit charitablement, et sortirent avec assez de confiance sur ce que l'un d'eux avoit un pistolet. Ils rencontrèrent d'abord le valet du curé tout épouvanté, et lui ayant demandé où il alloit, il leur répondit, comme en tremblant, qu'il n'en savoit rien. A peine eurent-ils avancé quelques pas, qu'ils virent sortir quatre ou cinq hommes conduits par le curé, qui les chargèrent vertement à coups de bâton et les mirent d'abord hors d'état de défense. Mais, comme ils s'attachèrent particulièrement à celui qui étoit le sujet de leur violence, ils donnèrent à l'autre le temps de s'échapper et d'avertir quelques-uns de ses parents qu'on assommoit son ami ; après quoi, je ne sais quel mouvement lui donna non pas tant le courage de venir l'assister, que la curiosité d'apprendre des nouvelles de cette action, et il dépose qu'il entendit ce misérable qui prioit le curé de ne le pas tuer, un de la troupe qui disoit que c'étoit assez, et le curé qui crioit qu'il falloit achever l'affaire. Ces deux témoins, dont l'un a vu, l'autre a ouï, ont fait leur déposition en forme, et il s'en trouve encore qui, ayant reproché à des complices la cruauté de cette action, assurent qu'on leur a répondu que c'étoit la cruauté du curé. D'autres disent que se voyant réduit à la mort, il demanda à son ennemi la vie ou l'absolution, sur quoi il lui déchargea le dernier coup. Vit-on jamais une absolution plus forte que celle-là, et l'Église, qui craint le sang et la violence, a-t-elle jamais des sacrements qui fassent mourir? Quoi qu'il en soit, on entendit de grands cris et un dernier coup, après lequel il ne fut plus ouï. Il fut trouvé assommé de coups.

Sur la plainte de l'ami du mort, les juges informèrent, et n'ayant interrogé que des amis du curé, ils le déchargèrent du crime par leur sentence, et reçurent la preuve d'un *alibi* qu'il leur présenta. Quoiqu'il soit vrai que pendant ce temps-là on ait trouvé la porte du presbytère ouverte, qui marquoit qu'on étoit sorti et qu'on devoit rentrer peut-être en désordre parmi l'obscurité de la nuit, ce bon ecclésiastique ne manqua pas de faire sa plainte lui-même contre son délateur, disant qu'on l'avoit trouvé avec un pistolet de nuit, et qu'il falloit qu'il fût le meurtrier; mais il se prouve qu'ils n'avoient jamais eu querelle; qu'ils avoient même de l'amitié l'un pour l'autre, et qu'il a été assommé du bâton, et non pas tué d'un pistolet. Ce que je trouve de pitoyable, c'est que le lendemain de cette action, il fit lui-même le service, et dit la messe pour le mort, ne craignant pas d'offrir le sacrifice innocent, après en avoir fait un si cruel et si sanglant, et osant faire le prêtre après avoir fait le meurtrier, et offrir le sang de Jésus-Christ lorsqu'il avoit ses mains encore teintes de celui de son frère. Cependant, après toutes ces preuves convaincantes, il a toujours persisté à désavouer son crime; il a récusé les témoins, il a protesté aux juges, sur la sellette, qu'ils ne le condamnoient que sous de fausses accusations; il a reçu son arrêt avec beaucoup de fermeté, mais avec les mêmes protestations de faux témoignages; il les a réitérées sur la potence, et a toujours assuré qu'il avoit assez commis de crimes, mais qu'il étoit innocent du sang de cet homme. Je ne sais si c'est ou par une vaine ostentation de se justifier devant les hommes, ou par un comble d'aveuglement qui continue même à la mort, quand on a mené longtemps une mauvaise vie, ou pour sauver un de ses neveux qui étoit présent à l'action, ou pour rendre ce témoignage à la vérité de sauver son innocence; les juges ne laissent pas d'être en repos sur leur arrêt, et les preuves étoient si évidentes qu'on n'a point pu éviter de le condamner à la mort. M. Hébert, que M. l'évêque a fait son official[1] pendant les Grands-Jours, pour les procès des ecclésiastiques qui surviendront, l'avoit jugé avec deux chanoines, l'official et deux avocats, à toutes les pénitences que l'Église ordonne pour les grands crimes, suppliant la cour de vouloir se contenter de ce châtiment; ce qui est une clause qu'on ajoute quand on reconnoît le criminel digne de mort. M. l'évêque l'avoit déféré à M. le président, ce qui peut faire douter s'il n'y a pas quelque espèce d'irrégularité, sans qu'on y pense. Voilà la fin de ce procès qui passe pour une exécution considérable, à cause de la qualité de la personne[2]. Il avoit été arrêté par le lieutenant du guet, qui, sous prétexte de faire dire des messes, s'insinua dans sa maison, et le conduisit fort adroitement à Clermont.

Un petit rayon de soleil qui parut ce jour-là nous obligea d'aller prendre l'air des champs, et de faire fort subitement une partie de promenade. Nous choisîmes une maison de campagne à un quart de lieue de Clermont, qui doit être fort agréable en été, à cause des eaux qui l'arrosent de toutes parts; et qui la rendent le séjour de Saint-Cloud et le Liancourt d'Auvergne[3]. La situation en est la plus belle du

---

1. Juge d'Église qui tenait la place de l'évêque ou de l'archevêque et exerçait sa juridiction ordinaire.
2. Dongois rend un compte sommaire de ce procès dans son *Journal*. Voy. *Appendice*, n° XVII.
3. L'Oradoux, dont il s'agit ici, est une maison de campagne située entre Clermont et Montferrand.

monde ; elle est sur une éminence fort douce à monter, de laquelle on voit une grande étendue de prairies, qui sont beaucoup plus vertes et plus fleuries que celles de Paris, et qui, étant rafraîchies par une infinité de ruisseaux, ont un émail plus vif et plus sensible que les autres. On voit en perspective deux villes de distance égale qui semblent paroître belles pour faire honneur à cette maison. La montagne de Dôme avec une grande suite d'autres bornent la vue d'un côté, et une plaine s'étend de l'autre, qui donne toute la liberté aux yeux de voir en éloignement des rochers d'une autre province. Le bâtiment est fort petit, mais il est assez propre ; et s'il est défectueux, sa situation et sa belle vue font qu'on lui pardonne tous ses défauts. Il y a des grottes d'où viennent les eaux, et c'est une chose considérable que les sources mêmes sont dans la maison et font de fort plaisantes figures. On y trouve des bassins où se rendent mille fontaines, des îles flottantes qui font autant de cabinets, où l'on fait toutes les parties de divertissement; des cascades qui font un bruit fort modéré, et qui répandent à petits bouillons l'eau la plus vive et la plus claire dans le jardin et dans la prairie ; une volière dans laquelle il y a même des chutes d'eau et une grotte où l'eau coule de tous côtés par cent petits canaux de plomb, et où l'on voit une Diane dans une niche qui jette des filets d'eau et qui est toute couverte d'un voile liquide et coulant, qui tombe sans interruption et qui conserve toujours sa figure. Cette maison appartient à M. Champflour, dont les parents étoient attachés aux intérêts et aux affaires de MM. d'Effiat; et dans le dessein qu'avoit le maréchal surintendant des finances de ne faire qu'une ville de Clermont et de Montferrand, il avoit jeté les yeux sur ce lieu, pour en faire une merveille de la province. Nous fîmes le tour des allées, et, après avoir rendu visite à toutes les naïades dans leurs grottes, nous rencontrâmes, dans la suite de notre promenade, un chanoine qui paroissoit homme d'esprit et homme de bien, et qui sembloit s'être retiré là pour y faire quelque méditation sérieuse.

Je le saluai aussi civilement que je pus, et l'abordant avec un air riant et qui tenoit pourtant un peu de ma gravité ordinaire : « Si je croyois, monsieur, lui dis-je, que votre retraite fût une retraite d'application, et que vous fussiez ici pour occuper votre esprit plutôt que pour le relâcher, je ne troublerois point l'entretien sérieux que vous auriez avec vous-même ; mais comme je crois qu'on ne cherche cette maison que pour le divertissement, et qu'on ne prétend ici que le plaisir de la promenade, je prends la liberté de vous séparer un peu de vous-même, et de vous avertir qu'il faut être un peu moins sérieux dans un lieu si propre à récréer les yeux par le paysage, et à divertir l'esprit par quelque conversation libre et peu sérieuse. » Il répondit à mon compliment de la meilleure grâce du monde, et se joignit avec tant de bonté à notre entretien, qu'il étoit aisé de connoître qu'il étoit bien aise d'avoir été prévenu. Il m'avoua que l'exécution qu'on faisoit par l'ordre des Grands-Jours, ce jour-là, étoit le sujet de sa retraite ; qu'il avoit eu peine à se trouver dans une ville où le sacerdoce devoit être déshonoré par le supplice d'un prêtre corrompu et plus encore par ses crimes, et que sa solitude étoit une retraite de tristesse et de bienséance, plutôt que de divertissement et de promenade. Je lui dis que la foiblesse est naturelle à tous les hommes, et que la prêtrise élevoit l'homme jusqu'à Dieu, sans pourtant détruire l'humanité ; qu'il y avoit eu de tout temps de faux frères, et qu'il falloit se consoler de ce que la justice réprimoit le mauvais exemple, et qu'on obligeoit par les peines de suivre les lois des hommes ceux qui ne veulent pas s'assujettir à celles de Dieu. Nous fîmes quelques réflexions ensemble sur les désordres qui se glissent quelquefois dans le clergé, et voyant que j'étois étranger et que je ne savois point l'état du diocèse de Clermont, il me parla de la sorte :

« Vous savez sans doute, monsieur, que notre église est fort ancienne, et qu'elle a été fondée par saint Austremoine, au même temps que saint Denis fonda celle de Paris, saint Saturnin celle de Toulouse, saint Martial celle de Limoges, c'est-à-dire, selon saint Grégoire de Tours, qui étoit natif de Clermont, au milieu du IIIe siècle. On raconte qu'après avoir gouverné trente-six ans cette église naissante, et réduit la plupart des infidèles à reconnoître leurs erreurs, il se retira dans une solitude à Issoire, et se démit de son évêché, et passa six ans dans une vie particulière et pénitente, après lesquels il mourut en odeur de sainteté; mais il ne fut honoré comme saint que trois cents ans après, par l'ordre d'un de ses successeurs [1], qui ordonna qu'on l'invoquât et qu'on fît des prières sur son tombeau. On devoit cet honneur à celui dont on avoit reçu la foi, et l'on devoit bien reconnoître celui par qui nous connoissions la vérité. Il eut pour successeur saint Urbic, qui étoit un homme de qualité de la ville, qui fut tiré de l'état laïque pour entrer dans l'ordre de l'épiscopat, et séparé de sa femme et de la conduite de sa famille pour être attaché au gouvernement de l'Église; mais comme les liaisons que le mariage fait sont presque éternelles et ne se rompent jamais, et qu'il y a des retours dans le cœur, lors même qu'on a voulu l'obliger à une séparation et à un divorce religieux, l'épouse du monde l'emporta sur l'épouse de Jésus-Christ, et les tendresses de la chair et du sang eurent plus de force sur lui que les considérations de son état et la sainteté de son caractère; mais il le reconnut bientôt après, et fit une pénitence exemplaire dans un monastère de son diocèse [2]. Je ne vous raconterai pas la suite de nos prélats; je vous dirai seulement qu'ils ont été saints pendant plusieurs siècles, ou parce qu'ils étoient très-religieux, ou parce que la sainteté étoit alors

---

1. Cautin, vers l'an 554.
2. Au monastère de Chantoin, occupé depuis par les carmes-déchaux ou déchaussés, au nord-est de la ville.

un titre et l'apanage de l'épiscopat plutôt qu'un témoignage de sainte vie parmi les anciens. Quoi qu'il en soit, nous avons eu pour pasteurs, saint Sidoine dont nous avons de si beaux ouvrages, saint Bonnet qui fut salué évêque dès le ventre de sa mère, saint Gal qui, après un grand incendie, obtint de Dieu que notre ville ne seroit point sujette à ces vastes embrasements qui parcouroient et emportoient souvent les villes entières; et l'expérience nous fait voir qu'il ne se brûle jamais plus d'une maison dans les incendies les plus étranges. Après tous ces saints, il en est venu qui ne l'étoient pas tout à fait, et nous pouvons dire que le relâchement s'étoit fort introduit pendant l'épiscopat de M. Joachim d'Estaing, que nous avons vu dans une assez grande indifférence pour ce qui concernoit l'état de son église pendant l'espace de trente-six ans qu'il l'a gouvernée. Sa principale occupation fut de plaider contre ses chanoines et de faire la guerre à son chapitre avec tant d'aigreur, que, voulant faire tenir les ordres dans sa cathédrale par l'évêque de Bethléhem, et les chanoines lui refusant d'ouvrir la porte, il fit enfoncer les portes de l'église avec des machines à peu près comme le bélier dont les Romains se servoient autrefois dans les siéges [1]. Il n'étoit pas moins vigoureux contre les personnes relevées en dignité, et l'on raconte que le vicomte de Polignac, gouverneur de la province par commission, s'étant mis à genoux sur un prie-Dieu qu'on lui avoit mis dans la nef un jour que l'on chantoit le *Te Deum* pour la prise d'Arras, cet évêque, qui étoit aveugle, se fit conduire à l'église et l'obligea de se retirer, sur ce qu'il disoit qu'il n'y avoit que le roi qui eût ce droit dans les cathédrales.

« S'il n'eût eu que de la fermeté, c'eût été une vertu épiscopale; mais il avoit des foiblesses qui n'édifioient pas

---

[1]. Joachim d'Estaing fut évêque de Clermont de 1614 à 1650. Devenu aveugle, il prit pour coadjuteur André de Sausia, évêque de Bethléhem. Comme les chanoines refusaient à ce prélat l'entrée de la cathédrale, l'évêque en fit enfoncer les portes à coups de bélier.

trop son peuple, et des abaissements qui le rendoient presque méprisable. Tous les bals se tenoient chez lui, et sa maison, qui devoit être une maison de prières et de pénitence, étoit une maison de réjouissances et de festins ; toutes les assemblées se faisoient dans la salle de son évêché, où il ne paroissoit point comme évêque pour instruire son peuple, mais comme un gentilhomme en habit violet, qui disoit des douceurs aux dames comme les autres. Il saluoit toutes les dames plus que paternellement, et mesurant avec sa main leur visage, il rendoit compte de ce qu'elles étoient, et ne se trompoit point sur le jugement de leur beauté, quelque aveugle qu'il fût, ayant son discernement aux mains comme les autres l'ont aux yeux, et connoissant, comme bon pasteur, toutes les brebis. Il étoit si peu retenu dans les fonctions de son caractère, qu'un gentilhomme lui ayant demandé un jour dispense pour presser son mariage, il lui dit qu'il ne l'accordoit qu'à condition qu'il seroit co..., et ses aumôniers ajoutèrent des choses que je n'ose dire. Jugez, monsieur, si le clergé pouvoit être bien réglé sous un prélat de cet exemple ; aussi l'on voyoit des chanoines ordinairement vêtus de couleur, qui quittoient leur habit ecclésiastique après le sermon ; et paroissoient couverts de rubans des couleurs les plus éclatantes. On les voyoit courir aux comédies avec des dames, dès qu'ils étoient sortis du sermon ; et faire un mélange de la vanité du monde avec la piété extérieure que leur état leur imposoit. Les curés n'étoient pas instruits, et n'avoient ni l'ardeur de la charité ni les lumières de la science. Nous avons vu avec beaucoup de douleur un curé du diocèse se faire voir partout avec un habit purement séculier et faire impunément mille profanations dans son ministère. La chasse l'occupoit plus que le service divin, et il avoit plus de soin de faire mourir des lièvres que d'assister ses paroissiens. Pour vous exprimer l'ardeur qu'il avoit pour cet exercice, je n'ai qu'à vous dire qu'il étoit tombé dans un tel déréglement, que, portant le saint sacrement dans une ferme assez éloignée de son presbytère, il faisoit porter un fusil par son clerc, et s'il découvroit quelque gibier par la campagne, il quittoit le saint sacrement, et prenant ses armes en main, il poursuivoit sa proie jusqu'à ce qu'il l'eût prise ou qu'il l'eût manquée. » Je ne pus m'empêcher de l'interrompre en cet endroit par une exclamation de colère et d'indignation.

Ce que je dis ici me fait souvenir de la folie de ce curé d'Alençon, qui montoit en chaire tous les jours de l'an, et publioit le nombre des cocus qu'il avoit dans sa paroisse, et marquoit si l'année qui venoit de finir avoit été bonne ou mauvaise; en faisant la procession il faisoit des cornes aux marguilliers qui le précédoient, et disoit en pleine église une oraison pour les jésuites contre les jansénistes; ce qui lui attira l'amitié de ces bons pères qui ont depuis sollicité pour lui dans un procès qui l'embarrasse. Après que je lui eus dit le sujet que j'avois à rire, il reprit son sérieux et continua de la sorte :

« Son frère Louis d'Estaing lui succéda[1], qui fit quelques visites, et réforma quelques abus qui s'étoient glissés, par les avis de M. Pereyret, son official, docteur en Sorbonne, et qui avoit été grand maître du collège de Navarre[2]. Mais c'étoit un pauvre prélat qui avoit presque toutes les imperfections de l'autre, et qui n'en avoit pas la fermeté. Enfin, M. d'Arbouze[3], abbé de Manglieu, ayant été pourvu de l'évêché, l'ordre se rétablit de jour en jour, et par sa piété, sa prudence et son exactitude, on peut espérer que la discipline sera remise en sa première vigueur. C'est un prélat de fort bon exemple, et quoiqu'il n'ait pas beaucoup d'étude ni d'usage de la théologie, il a beaucoup de zèle et beau-

---

1. Louis d'Estaing occupa le siége épiscopal de Clermont de 1651 à 1664.
2. Ce fut par le conseil de saint Vincent de Paul, que Mazarin chargea Jacques Pereyret, de Billom, de la réforme du diocèse de Clermont. Cet ecclésiastique mourut en 1658. Voy. Savaron, *Orig. de Clairm.*, édit. de Durand, p. 279 et suiv.
3. Gilbert de Vainy d'Arbouze. Voy. plus haut, p. 40.

coup d'onction, et je ne saurois souffrir ceux qui, sous prétexte de peu d'érudition, entreprennent de décrier sa conduite. Ils nous racontent sans respect que sa vie n'a pas toujours été conforme aux sentiments qu'il a présentement, lors principalement qu'il brûloit l'échelle du temple[1]; que parlant un jour de la grâce suffisante, il disoit qu'elle n'avoit pas manqué même aux enfants morts sans baptême, et qu'il croyoit que Dieu leur faisoit miséricorde; que M. le président de Montorcier lui parlant un jour du sacerdoce dans son principe, en des termes théologiques, il se tournoit à tous moments vers un ecclésiastique pour lui demander si ces propositions étoient catholiques; qu'il a fait un mandement pour la signature du formulaire, plus moliniste et plus pressant qu'aucun évêque de France, sans faire distinction du droit et du fait, et avec ordre aux confesseurs d'examiner leurs pénitents laïques sur cette matière, et de leur refuser l'absolution en cas de peu de sincérité; qu'enfin, voulant faire compliment à Messieurs des Grands-Jours à leur entrée, il n'avoit jamais pu en sortir. Ces choses, qui ne sont pas de grande importance, ne détruisent point la bonne opinion qu'on doit avoir de sa probité; et quelque peu d'étude qu'ait un prélat, on doit croire que les lumières du Saint-Esprit suppléent au défaut de la science acquise, et que sa bonne vie est la principale étude qui doit accompagner l'épiscopat. On ne sauroit lui disputer la gloire d'une prudence singulière à concilier les esprits et à raccommoder les querelles, qui est aujourd'hui un emploi propre à un gentilhomme, et qui étoit autrefois une des fonctions épiscopales. Son chapitre n'a point de différend avec lui, ce qui se trouve en peu de diocèses; et la discipline y est si bien observée, et le service si bien réglé, quoique

---

1. L'échelle était le signe de la haute justice. C'était un échafaud où l'on montait par des degrés qui avaient la forme d'échelons, et où l'on exposait à la vue du public ceux qu'on vouloit noter d'infamie. La maison du Temple, à Paris, a conservé son *échelle* jusqu'au XVIIIe siècle.

les prébendes y soient fort peu considérables, qu'on a sujet de dire, quoique avec un peu moins de respect qu'il faudroit, que Dieu ne sauroit être mieux servi pour son argent. »

A peine eut-il achevé le mot, que nous nous trouvâmes proche d'une grotte d'où sort une foule de ruisseaux qui vont serpenter dans une vallée voisine; et le bruit des eaux et la compagnie de quelques dames que nous y rencontrâmes ayant rompu notre conversation, à peine pus-je lui faire un petit remercîment de sa relation. Une dame un peu plus curieuse que les autres voulut savoir le sujet de notre entretien, et comme je lui parlois de ce que j'avois appris des relâchements anciens du clergé de Clermont : « Ils ont été si grands, reprit une autre, qu'il y a une bulle du pape qui exempte de la juridiction de l'évêque les chanoines et les enfants qu'ils auront eus par quelque crime que ce soit. » Cette bulle nous parut d'une forme extraordinaire, et nous admirâmes et l'effronterie des chanoines de ce temps-là et celle de la cour de Rome, et nous en fîmes mille railleries en nous en retournant chez nous.

Je fus à peine arrivé de la promenade que j'appris une historiette toute récente, qui faisoit grand bruit parmi quelques conseillers des Grands-Jours. Mme de Canillac, après l'exécution de M. son mari, se retira dans un monastère des religieuses de la Visitation, pour y passer le premier effort de sa douleur dans la retraite ou dans la communication de ces filles qui, s'étant consacrées à Dieu, et jouissant d'une tranquillité et d'une paix parfaite hors du siècle, peuvent consoler ceux qui sont dans le trouble et dans l'affliction. Elle fut un jour et demi dans ce repos, s'il y avoit du repos pour elle ; mais il fallut bientôt en sortir pour aller mettre ordre aux affaires. C'est le grand désespoir de ces sortes d'affaires criminelles : après avoir perdu ses proches, il faut songer à sauver ses biens ; il faut supprimer en quelque façon sa tristesse, et oublier le malheur qui vient d'arriver

pour songer aux adresses d'écarter la confiscation, et de
conserver ce qui reste dans la famille. Ainsi il faut agir et
souffrir tout ensemble, et se mettre en peine et pour la
mort des uns et pour la vie des autres. Ce fut l'embarras
où se trouva la vicomtesse. Elle tâcha de mettre en sûreté
l'argent qu'elle avoit, et de tromper la vigilance de quelques-uns qui l'observoient avec beaucoup de soin. Cependant les ordres étoient donnés pour diverses commissions,
et le hasard fit qu'un prévôt rencontra en son chemin un
paysan qui paroissoit être homme sans artifice, et qui s'approcha de lui avec beaucoup de simplicité : « Vous vous
égarez, monsieur, lui dit-il, et si vous voulez faire une
bonne prise, il faut aller chez M. de Beaune, où vous trou-
verez un coffre d'importance qu'on y a mis en dépôt depuis
quelques jours. » Cet avis obligea le prévôt à prendre la
route qu'on lui marquoit ; et, tournant du côté où il y avoit
une si bonne prise à faire, il crut qu'il feroit sa cour au
président et à M. Talon. Il ne trouva point de résistance ;
on lui avoua qu'il étoit dans le château, et qu'on le remettroit entre ses mains, quand on y auroit mis le scellé. La
nouvelle en fut apportée avec bien de la joie, et M. Nau fut
commis pour lever le scellé, et pour découvrir ce que c'é-
toit. On n'a jamais vu tel empressement ; on en fit l'ouverture avec tout l'appareil et toute la solennité que pouvoit
autoriser cette action ; mais on fut bien étonné, lorsqu'au
lieu d'une somme considérable d'argent ou d'une quantité
de vaisselle, on y trouva quelques pistolets rouillés et quelques vieilles serrures. C'étoit une chose agréable de voir
M. Nau qui étoit également touché de honte et de crainte ; il
étoit surpris de se voir trompé, et craignant que ce pistolet ne fût un piége et qu'il reçût des ressorts qui devoient
lâcher contre lui, il faisoit une fort plaisante figure. Il fut
donner l'alarme chez M. le président, qui convoqua quelques conseillers de ses amis et de ses voisins pour consulter ce qu'il falloit faire ; les uns furent d'avis de donner un

ajournement personnel à Mme de Canillac; mais les plus sages trouvèrent cet avis un peu violent, et jugèrent qu'il ne falloit pas affliger cette femme déjà assez malheureuse, et que ce lui seroit une peine intolérable de paroître devant des juges qui venoient de condamner son mari, et une cruauté très-odieuse de paroître eux-mêmes devant celle qu'ils devoient plaindre plutôt que de l'accuser, et l'avis le plus raisonnable fut de décréter contre le gentilhomme et contre ceux qui avoient saisi; ce qui fut exécuté le lendemain. Ainsi la tragédie de la mort de M. de Canillac finit jusqu'à un incident comique, soit qu'on eût changé le coffre pendant qu'on travailloit à le sceller, soit que ce fût un jeu joué pour avoir du temps à écarter le reste; ce qui me paroît plus probable et qu'on m'a confirmé très-sérieusement.

Ces derniers jours, on a examiné l'affaire des religieuses de Marsac, qui a tenu deux ou trois audiences, et qui fut jugée le douzième jour de novembre. C'est un prieuré de filles de Saint-Benoît, sous l'abbé de Cluny, qui vaut environ trois ou quatre mille livres de rente. Mme d'Aurat, sœur de M. d'Aurat, le conseiller, fut autrefois appelée pour y apporter la réforme, et, après avoir exécuté son pieux dessein, se retira, et les religieuses élurent pour prieure Mme de Talleyrand, qui étoit religieuse de Saintes, qui vint prendre possession de la conduite de cette maison, et y a gouverné longtemps avec beaucoup de bonté et d'édification; jusqu'à ce qu'étant dans un âge qui sembloit exiger du repos, et se trouvant d'une humeur assez tranquille pour vivre en particulière dans ce monastère, elle jeta les yeux sur Mlle de Chalais, sa nièce, qui avoit renoncé à de grands biens, et s'étoit rangée hors du siècle, dans le monastère de Montmartre, où elle vivoit dans les bonnes grâces de Mme de Guise et dans l'approbation de toutes les religieuses. Elle lui écrivit des lettres fort pressantes pour l'attirer en Auvergne, et la sollicita longtemps sans succès, soit que son abbesse l'en dissuadât, soit qu'elle aimât mieux être aux portes de Paris simple religieuse, qu'à celles de Riom prieure, soit enfin qu'un esprit d'humilité intérieure l'éloignât de toute sorte de commandement. Mais enfin les larmes et les prières de la tante l'emportèrent sur les conseils de l'abbesse, et peut-être que dans ses secondes réflexions elle trouva qu'il valoit mieux commander à des filles d'Auvergne, qu'obéir à une princesse de la maison de Lorraine, et que l'indépendance qu'on lui offroit n'étoit pas une grâce à refuser. Peut-être même que ses directeurs furent d'avis qu'elle acceptât le parti de la supériorité, pour aller maintenir la régularité dans les provinces, après l'avoir pratiquée à Paris. Elle vint donc à Marsac, et fut reçue avec beaucoup d'honneur de la prieure et des religieuses, qui, par la bonne opinion qu'elles en avoient, ou par complaisance pour sa tante, l'élurent pour être sous-prieure. Elle exerça cette charge avec beaucoup de prudence, et après avoir passé par cet emploi, Mme de Talleyrand lui résigna son prieuré, par une procuration en cour de Rome, en se réservant une pension de six cents livres sur les fruits du monastère, séparée de la mense commune [1]. Les religieuses furent bien aises de cette résignation, l'acceptèrent avec joie et louèrent fort le choix de leur ancienne. Cette paix ne dura pas longtemps; soit parce que la nouvelle supérieure, qui vouloit régner sans compagne, entra en jalousie de l'ancienne, qui retenoit encore quelque reste d'autorité sur les esprits; soit parce que l'ancienne, qui avoit encore l'usage du commandement, en vouloit conserver l'honneur, et croyoit s'être dépouillée du titre, mais non pas de la douceur de la supériorité. Quoi qu'il en soit, elles entrèrent dans quelque mésintelligence, ce qui est presque inévitable dans les religions en ces rencontres. Les filles prirent parti :

---

1. Partie du revenu d'un bénéfice ecclésiastique qui était affectée à l'entretien de toute la communauté. On distinguait la *mense commune* de la *mense abbatiale*, qui était réservée à l'abbé.

et comme ce sexe timide regarde ordinairement le soleil levant et suit les mouvements qui lui viennent du côté de l'autorité, elles se rangèrent presque toutes vers leur prieure. L'ancienne se plaignit à tout le monde, et n'en fut pas mieux payée de sa pension. On lui montra même des clauses qu'elle n'avoit pas prévues, qu'on avoit fait passer en cour de Rome dans le règlement de sa pension. On prétendit qu'elle devoit payer sur cette pension sa subsistance dans le monastère. Ce fut pour lors que cette bonne mère s'écria à la perfidie et à la surprise, et prétendant que sa résignation étoit nulle, fit toutes les procédures qu'on fait quand on se repent d'avoir résigné, et qu'on veut rentrer dans un bénéfice. Le grand bruit qu'elle faisoit obligea la jeune de lui interdire les parloirs, et de veiller elle-même à toutes les grilles, où l'on avoit ordre de l'observer et de renvoyer toutes ses visites.

L'animosité s'échauffa encore sur le sujet d'un révérend père carme-déchaussé, qui, étant venu pour la voir et ayant été renvoyé comme les autres, jura par la mère sainte Thérèse et par son père saint Élie de s'en plaindre aux supérieurs, et écrivit, avec un zèle digne de ce prophète, des lettres pleines de tendresse pour cette pauvre persécutée, et leur donna une bénédiction si puissante qu'elles eurent le bonheur d'entrer et d'être rendues à celle dont il pleuroit la persécution. Quand on n'est pas accoutumé au silence et à la solitude, il est bien malaisé de vivre sans visiter les parloirs, et l'on a bien plus de force quand on se voit plainte. Cela fit qu'elle se rétracta avec plus d'éclat, entraînant une partie de la communauté que sa nièce n'avoit pas bien su ménager. Il fallut faire venir un visiteur, qui voulut régler cette affaire et réconcilier ces esprits animés les uns contre les autres. Il prit avec lui deux ou trois avocats, l'official de l'évêque et un père jésuite qui prêchoit le carême à Riom, et crut avoir fait un accommodement éternel ; mais à peine fut-il retourné à Cluny, que la chose revint au même point, et qu'elle s'aigrit même davantage.

Il se fit une grande quantité de procédures ; on désavoua le visiteur, et les Grands-Jours étant établis à Clermont, elles y portèrent leur cause. L'ancienne demandoit qu'on déclarât la résignation nulle, et alléguoit plusieurs défauts ; la jeune demandoit qu'elle fût confirmée. Une douzaine de religieuses intervenoient sur ce qu'elles disoient que ce bénéfice étoit électif, et qu'elles ne devoient pas perdre le droit naturel d'élection qu'elles avoient. L'abbé de Mauzac, qui est M. le comte d'Albon, étoit en cause et prétendoit qu'il avoit la nomination du bénéfice ; *que ce bénéfice*, par la nullité de la résignation et la mauvaise foi des parties, tombant en dévolu[1], c'étoit à lui à y pourvoir. Quatre avocats différents plaidèrent, et M. Talon ayant d'abord éloigné la prétention de l'abbé de Mauzac sur les abus qui se pourroient glisser, si cet abbé faisoit des prieures à sa volonté, il réfuta la bulle de Paul V, qui lui attribuoit cette nomination, et observa que la bulle contenoit une clause bien extraordinaire, par laquelle le pape confirmant la réforme établie dans ce monastère, confirmoit tous les statuts qu'elles feroient à l'avenir, pourvu qu'ils fussent dans l'honnêteté et dans l'ordre ; après il insista longtemps sur le droit d'élection qu'il faudroit non-seulement conserver, mais qu'il faudroit même établir où il n'est pas. Pourtant il loua fort la nouvelle prieure et approuva la résignation, parce qu'ayant été faite et reçue avec le consentement des religieuses, elle pouvoit passer pour élection, sans conséquence pourtant. Il déclama contre les pensions réservées ; mais il observa que la pauvre mère étoit fort âgée, et que probablement elle ne feroit pas grand tort à ce monastère, et conclut enfin à la maintenue de la résignation pour l'une, et de la pension pour l'autre, le tout sans conséquence, étant d'avis que M. l'évêque de Clermont y fît une visite pour remettre les esprits et rendre la paix à cette maison. Ses conclusions fu-

1. Un bénéfice tombait en *dévolu* lorsque le titulaire en était privé pour incapacité ou pour quelque défaut essentiel qui entraînait la déchéance.

rent absolument suivies. J'ai appris que M. Talon avoit été un peu porté pour l'ancienne, mais que Mme sa mère, qui se mêle de toutes sortes d'affaires, avoit entrepris de les accommoder, et que n'ayant pas trouvé assez de déférence dans son esprit, lorsqu'elle lui fit demander un seing en blanc, elle en conçut mauvaise opinion, et conjura son fils de conserver tous les droits qu'il pourroit à la jeune, qui lui avoit paru plus soumise, et qui l'avoit reconnue pour juge et pour arbitre.

Le 13e [1], on fit dans la Chambre le procès à une femme qu'on accusoit d'avoir eu un enfant d'un autre que de son mari, et de l'avoir tué. Son père, son mari et ses sœurs déposoient contre elle, et toute sa famille la tenoit pour adultère et pour meurtrière. Il étoit prouvé qu'elle étoit devenue grosse en l'absence de son mari ; elle l'avoit avoué devant les juges de son village, mais elle se rétracta devant les juges des Grands-Jours, et soutenant son honneur par son effronterie, elle voulut passer pour femme de bien ; et comme son mari, qui étoit maçon, avoit été fort éloigné pendant un an et demi, et que les enfants ne viennent point de si loin aux femmes, elle voulut lui faire accroire qu'il avoit été présent, et que cet enfant avoit été de lui sans qu'il y eût pensé. Il avoit beau dire que ce sont des choses sérieuses qui ne se font point avec tant de distraction, et qu'il avoit bonnes attestations de son voyage, elle vouloit toujours que ce fût lui, et le faisoit plus père qu'il n'étoit ; mais son grand crime étoit le soupçon qu'on eut d'avoir tué ce qu'elle avoit fait naître avec crime. Il est vrai qu'elle étoit allée accoucher dans une grange, et que s'étant retirée, on trouva son enfant mort sur de la paille. Il avoit les joues enflées, la tête meurtrie et les lèvres trop flétries. C'étoient des présomptions contre elle fort considérables, et, selon les lois, elle devoit mourir. Il y eut d'abord six opinions et

---

1. 13 novembre 1665.

six voix à la mort; mais tout le reste fut pour elle, et se contenta de la condamner au fouet, à la fleur de lis et au bannissement. Les juges mêmes s'étonnèrent après de leur douceur, et avouèrent eux-mêmes qu'il y avoit un certain hasard dans les jugements, qui, je ne sais par quel mouvement, anime ou relâche l'esprit des juges, et sauve quelquefois des criminels et condamne des misérables.

On jugea le même jour une plainte de M. Griffet, médecin de Bourbon, contre un baigneur qui, par une témérité sans exemple, avoit osé se révolter contre lui. Il n'est point d'art plus souverain que la médecine; elle ordonne avec autorité tout ce qu'il lui plaît, et menace de mort ceux qui refusent d'obéir à ses ordonnances. Tous les malades sont ses sujets, et tous ceux qui veulent vivre reconnoissent son pouvoir et révèrent ses ordres. Aussi il n'est rien de plus glorieux qu'un médecin qui prétend qu'on lui doit honneur par un précepte de l'Écriture[1]; et qu'il est nécessaire à la république. Les baigneurs de Bourbon qui n'ont pas l'esprit de juger des choses, et qui n'ont pas lu par malheur les livres de la Sagesse, n'avoient pas cette soumission d'esprit et cette obéissance aveugle pour leur maître. Ils croyoient que leur science étoit indépendante de celle d'Hippocrate et de Galien, et qu'ils savoient aussi bien les règles du bain que M. Griffet et M. Delorme. Ce déréglement parut si étrange que ces Messieurs jurèrent par Esculape qu'ils les rangeroient bien à leur devoir; ils le firent avec beaucoup de chaleur, et depuis ils n'ont vu que des baigneurs soumis. Mais comme ces soumissions contraintes ne sont pas éloignées de la révolte, et qu'une domination violente trouve quelquefois de la résistance, il s'en trouva un qui ne porta pas tout l'honneur qu'il devoit à M. le médecin, et qui se doit réparer par toute sorte de voie. L'occasion se présenta bientôt de venger l'injure reçue en vengeant les intérêts publics; et

---

1. Ce précepte se trouve dans l'*Ecclésiastique*, chap. XXXVIII, 1 : « Ho-« nora medicum propter necessitatem; etenim illum creavit Altissimus. »

quelque personne qui prenoit le bain s'étant évanouie entre les mains de ce baigneur révolté, il fallut lui faire de grandes leçons et le menacer d'un ton bien grave ; mais il n'eut pas assez de vertu, et s'échappant en paroles, il appela M. Griffet *âne de médecin*. Toute la faculté de Bourbon, qui réside en lui, en fut scandalisée, et lui fit procès devant Messieurs des Grands-Jours, qui, pour l'exemple et pour la satisfaction d'un médecin dont ils peuvent avoir besoin, si Dieu réduit leur santé à la nécessité des eaux de Bourbon, condamnèrent ce misérable à lui demander pardon, à lui payer une amende de 100 francs, et à être suspendu durant six mois de ses fonctions de baigneur; il est vrai que ce sont des mois d'hiver où son office est inutile. Voilà comme on a puni ce téméraire. Le médecin pourtant murmure encore, et trouve qu'il n'a pas sujet d'être satisfait.

Le 14, on jugea l'affaire du comte de Beaune[1] sur la comédie du coffre. Ce gentilhomme, des principaux de la province et pour la qualité et pour les richesses, étant d'une noblesse ancienne, et ayant près de 50 000 livres de rentes, fut arrêté en vertu du décret pour venir se présenter à la Chambre. Jamais homme ne fut plus épouvanté que lui, quoique sa vie fût tout à fait sans reproches. M. Nau, qui se trouvoit intéressé et piqué au jeu, lui avoit dit dans sa colère des choses fort désobligeantes, et l'avoit menacé fort indiscrètement de la question. Ce procédé auroit paru fort extraordinaire en un autre, mais on ne s'en étonna pas tout à fait en lui. Quelques-uns des plus sensés avoient été d'avis qu'il ne falloit point de décret contre une personne qui n'avoit fait que rendre office à un de ses amis, et que, comme on étoit venu pour punir les criminels, il étoit à propos de traiter avec beaucoup de civilité les gens de bien ; qu'on n'avoit qu'à lui témoigner, qu'il viendroit sans peine, et qu'il étoit à propos de lui épargner la honte d'être conduit

---

1. D'après le *Journal de Dongois*, ce personnage se nommait messire Joachim de Montaigu de Beaune.

par des archers comme un homme prévenu de crimes; mais
la résolution avoit été prise, et il en fallut passer par l'avis
le plus sévère. Après que le premier feu fût passé, et que ces
Messieurs irrités eurent fait un peu plus de réflexions, ils
s'apaisèrent, et, pour raccommoder les choses, proposèrent
de le relâcher sur sa parole et lui donner la ville pour prison. Les autres représentèrent qu'il n'étoit pas moins coupable aujourd'hui qu'hier, et qu'il falloit ou n'avoir point
eu tant de chaleur, ou avoir plus de fermeté ; qu'ils étoient
pourtant bien aises qu'on en revînt à leur opinion, et qu'on
ne témoignât point tant d'ardeur pour un petit intérêt d'a-
mende. Ainsi l'on se radoucit et l'on jugea que M. de Béaune
seroit obligé de fournir 20 000 francs, ou de les faire fournir
par Mme de Canillac, lui donnant recours contre elle[1]. Il
donna d'abord 10 000 francs, et est encore arrêté pour les
autres 10 000. A son particulier, il est condamné à une
amende que les uns vouloient faire grande, et que la plupart réduisirent à 200 francs. Il est fort content de cet arrêt, ou parce qu'il croit que Mme de La Mothe ne fera point
difficulté de payer la somme, dont on attend des nouvelles
dans trois jours, ou parce que, dans l'épouvante où il étoit,
il est bien aise de sortir d'affaire, à quelque prix que ce
soit.

Le 16, qui fut le lundi, il n'y eut point assez d'affaires pour
fournir l'audience, et l'on jugea en particulier deux femmes,
toutes deux accusées d'un même crime. L'une avoit eu une
inclination particulière pour le vicaire de son village, et je
crois que l'inclination avoit été mutuelle[2]; ils s'étoient fait

---

1. Le *Journal de Dongois* présente ici quelques différences : « Il (le
vicomte de Beaune) fut condamné d'aumôner la somme de huit vingts
livres parisis applicable au bâtiment des religieux augustins réformés, et
payer en son nom la somme de seize mille livres parisis d'amende, adjugée
par l'arrêt intervenu contre Gabriel de Beaufort-Canillac, comte de La
Mothe, pour lesquelles sommes il tiendroit prison jusques à l'actuel
payement. »

2. Cette fille, nommée Antoinette Farges, fut condamnée au fouet et

leur déclaration réciproquement, et il y eût paru quelques mois après, si cette femme artificieuse n'eût caché les marques apparentes de son amour. Elle se conduisit fort adroitement, mais elle ne put point éviter le soupçon de quelque voisine malicieuse qui s'aperçut du désordre qui lui étoit arrivé; elle accoucha pourtant fort secrètement en enterrant son enfant, qu'elle prétend être venu mort au monde; elle ne creusa pas assez avant dans la terre, et je ne sais par quel hasard un chien, fouillant en cet endroit, trouva ce petit corps, et, le rongeant, le traîna par tout le village. Les voisines ne manquèrent pas de parler ; elle fut condamnée par les juges à la mort, et fut appelante aux Grands-Jours. L'autre étoit dans la même espèce, et la seule différence, c'est qu'elle étoit plus jolie, et qu'elle ne s'étoit pas amusée au vicaire de sa paroisse, mais à quelque jeune homme de son voisinage. Elle fut plus adroite à cacher sa grossesse, et les voisines, soit qu'elles fussent moins soupçonneuses, soit qu'elle les vît plus rarement, n'en eurent jamais le moindre vent. Elle enterra son enfant comme la première, et un chien s'étant amusé à le déterrer, il s'en fit information en la justice du lieu, et le juge, qui étoit un vieux raffiné, ordonna qu'on visiteroit toutes les filles du village, et qu'on verroit s'il ne s'en trouveroit point quelqu'une qui eût du lait. Elle se trouva la misérable, et avouant sa fragilité et désavouant le meurtre de l'enfant, comme l'autre, elle fut condamnée et conduite par appel aux Grands-Jours, où les avis furent fort partagés : les uns alléguant l'ordonnance qui juge digne de mort une mère-fille dont l'enfant se trouve mort en naissant, si elle n'a découvert sa grossesse à personne, supposant qu'elle n'a gardé le secret que pour avoir plus de moyens de faire son crime impunément; les autres trouvant que l'ordonnance étoit trop sévère, et qu'il falloit toujours juger favorablement, elles furent condamnées à

---

au bannissement après avoir été marquée d'une fleur de lis. Le vicaire se nommait Jean Roy. *Journal de Dongois.*

toutes choses, excepté la mort. Ce jugement n'auroit point passé à la Tournelle, et l'on trouvoit étrange qu'il eût passé à la Chambre des Grands-Jours.

Cependant que toutes ces choses se jugeoient, une troupe de comédiens de campagne étoit arrivée pour venir donner du divertissement à ceux qui donnoient de la terreur à tout le monde. Ils dressèrent d'abord leur théâtre, et furent prêts à jouer le lendemain. M. le président donna la première comédie aux dames dans sa maison, où elle fut représentée par des gens à peu près comme M. la Rapinière et M. l'Étoile du roman de Scarron [1]. Ils disoient tout rôle du mieux qu'ils pouvoient, changeant l'ordre des vers et des scènes, et implorant de temps en temps le secours d'un des leurs qui leur suggéroit des vers entiers, et tâchoit de soulager leur mémoire. Je vous avoue que j'avois pitié de Corneille, et que j'eusse mieux aimé, pour son honneur, que M. d'Aubignac [2] eût fait des dissertations critiques contre ses tragédies, que de les voir citer par des acteurs de cette façon. Il y avoit une de leurs femmes qui récitoit assez bien, et il faut leur donner cette louange qu'ils représentoient assez bien le burlesque, parce qu'ils étoient assez burlesques eux-mêmes, et qu'ils étoient meilleurs farceurs que comédiens. Comme ils sont seuls dans la province, il faut bien se contenter d'eux. Cela fait qu'on y va presque pour y trouver compagnie plutôt que pour y entendre les comédiens, et qu'il s'y passe bien d'autres amours que ceux qu'on représente sur le théâtre. L'assemblée est composée de quelques dames de la ville qui sont de tous les divertissements, de quelques galants qui les

1. La Rapinière et l'Étoile sont des personnages du *Roman comique* de Scarron.
2. L'abbé d'Aubignac venait de faire paraître ses critiques de plusieurs pièces de Corneille. Il avait publié, en 1663, deux *Dissertations concernant le poëme dramatique, en forme de remarques, sur les deux tragédies de Corneille intitulées : Sophonisbe et Sertorius*. La même année parut encore un ouvrage de l'abbé d'Aubignac intitulé : *Troisième et quatrième dissertations concernant la tragédie de Corneille intitulée OEdipe, et réponse à ses calomnies*.

suivent ou qui les mènent, et de quelques-uns de Messieurs des Grands-Jours qui jouent des personnages bien différents dans cette ville. Ils font dresser des échafauds pour les exécutions ; ils font dresser des théâtres pour leurs divertissements ; ils font le matin les tragédies dans le palais, et viennent entendre l'après-dînée les farces dans le jeu de paume ; ils font pleurer bien des familles, et veulent après qu'on les fasse rire ; et comme si la judicature étoit attachée à leur robe, ils dépouillent toute leur sévérité en la dépouillant, et ne se font plus craindre lorsqu'ils sont habillés de court. Ils voient pourtant dans la représentation du théâtre une partie de ce qu'ils voient en instruisant les procès, c'est-à-dire des tyrans qui ont opprimé les foibles, des amants qui ont fait mourir leurs rivaux indignement, des femmes qui ont donné ou qui ont reçu du poison de leurs maris, et cent autres passions dont on se plaint dans la province et dont on se rit dans le tripot[1], qui peuvent pourtant servir pour exciter à la justice, *parce* qu'on les représente toujours punies.

Je ne suis point de ceux qui sont ennemis jurés de la comédie, et qui s'emportent contre un divertissement qui peut être indifférent, lorsqu'il est dans la bienséance ; *je n'ai pas la même ardeur que les Pères de l'Église ont témoignée contre les comédies anciennes*, qui, selon saint Augustin, faisoient une partie de la religion des païens, et qui étoient accompagnées de certains spectacles qui offensent la pureté chrétienne. Aussi je ne crois pas qu'il faille mesurer les comédiens comme nos ancêtres et les Romains, *qui* les méprisèrent, en les privant de toutes sortes d'honneurs, et les séparant même du rang des tribus, comme on peut remarquer par un passage du livre de la *République* de Cicéron, que saint Augustin a cité dans son deuxième livre de la *Cité de Dieu*[2]. Je leur pardonne même de n'être pas

---

1. Ce mot, dérivé du latin *tripudium*, indique ici un jeu de paume.
2. « Quum artem ludicram scenamque totam in probro ducerent, genus

trop bons acteurs, pourvu qu'ils ne jouent pas indifféremment tout ce qui leur tombe entre les mains, et qu'ils n'offensent ni l'honnêteté ni l'ordre de la société civile. Nos comédiens manquèrent en ce point, plutôt par simplicité que par malice, et entreprirent de jouer une méchante parodie que quelques envieux ont composée et dont ils ont fait une satire contre M. Chapelain, dont la vertu, la prudence et l'érudition sont connues partout où il y a des gens de bien et des gens savants [1]. Je fus étonné lorsque j'appris qu'ils avoient eu l'indiscrétion ou l'effronterie de réciter publiquement ces vers injurieux, et de faire revenir l'ancienne licence de la comédie. C'étoit un usage de mauvais exemple, que la liberté de la république et la jalousie du peuple contre les grands avoit introduit, *de mettre* parmi les rôles qu'on faisoit publiquement, des satires contre les principaux citoyens d'Athènes. Ce ne fut pas une simple tolérance, ce fut une coutume confirmée par une loi qui permettoit que la comédie *quod vellet vel de quo vellet nominatim diceret*, dît ce qu'elle voudroit, et nommât ceux qu'elle voudroit blâmer même par leur nom. Elle attaqua d'abord les séditieux et fit des satires contre les Cléons et les Cléophons, avec quelque espèce de justice, voulant flatter le peuple, en condamnant des noms qui lui étoient déjà fort odieux ; quoiqu'il eût été plus à propos qu'ils eussent été condamnés par un censeur que par un poëte, dit saint Augustin : *Ejusmodi cives a censore quam a poeta notari*. Mais comme la médisance s'insinue insensiblement et que la liberté se change aisément en licence, elle entreprit de décrier les gens de bien, et de dire des injures à Périclès et à Socrate. Se servant des actions et des personnages véritables et connus, comment auroit-elle épargné les gens de bien, lorsqu'elle n'épargnoit pas

---

« id hominum non modo honore civium reliquorum carere, sed etiam tribu
« moveri notatione censoria voluerunt. » *De civit. Dei*, lib. II, c. XIII.

1. Il s'agit probablement de la parodie satirique intitulée : *Chapelain décoiffé*. Elle avait été composée en 1664.

même les dieux? et quel respect pouvoit-elle avoir pour la société, puisqu'elle n'en avoit point pour la religion, et qu'on se moquoit des autels sur le théâtre? Nous en trouvons cent exemples dans l'antiquité; mais je fais une réflexion et non pas un traité sur ce sujet.

La nouvelle comédie, soit que le gouvernement fût changé et que les grands fussent plus puissants, soit que le siècle fût plus réformé et qu'on fût devenu plus sage, s'arrêta à des vraisemblances agréables, et ne chercha pas des vérités odieuses. Elle inventa des noms et des actions, et quittant cette satire découverte, elle se contenta de décrier le vice et de marquer le défaut des hommes en général, et de toucher les spectateurs sous des personnes empruntées. Ainsi Ménandre peut passer pour meilleur auteur qu'Aristophane, quand même il n'auroit pas tous les autres avantages que Plutarque lui donne, puisqu'il a été plus retenu et moins médisant. Le théâtre fut dans les mêmes déréglements parmi les Romains, et commença par la même jalousie contre les plus puissants de leurs concitoyens; mais on réprima cette insolence, et l'on fit une loi par laquelle on condamnoit et celui qui auroit fait les vers, et celui qui les auroit récités : faisant un même crime et de l'auteur et de l'acteur de ces satires, *qui actitavisset aut carmen condidisset quod infamiam faceret flagitiumve alteri*[1]. Ils jugeoient fort bien que notre vie ne devoit point être exposée à ces insultes, et que nos actions ne devoient être sujettes qu'aux jugements et aux suffrages des magistrats. Mais lorsqu'ils

---

[1]. Cette phrase du traité de la *République*, où Ciceron cite la loi des Douze Tables, a été altérée. Voici le texte : « *Nostræ contra duodecim tabulæ, cum perpaucas res capite sanxissent, in his hanc quoque sanciendam putaverunt, si quis* OCCENTAVISSET, *sive carmen condidisset quod infamiam faceret flagitiumve alteri.* » M. Villemain traduit ainsi ce passage : « Nos lois des Douze Tables, au contraire, si attentives à ne porter la mort que pour un bien petit nombre de faits, ont compris dans cette classe le délit *d'avoir récité publiquement* ou d'avoir composé des vers qui attireraient sur autrui le déshonneur et l'infamie. »

faisoient paroître leur honnêteté civile, ils négligeoient la
religion, et conservoient l'honneur de leurs citoyens, sans
se soucier du culte de leurs dieux, puisqu'ils ne défendirent
point qu'on se moquât de leurs actions ou de leurs mystères.
C'est la réflexion de saint Augustin : ils eurent soin de la
réputation de leurs sénateurs, et n'en eurent point de l'autorité de leurs dieux; ils avoient plus de considération pour
Rome que pour le ciel ; les intérêts de la cour les touchoient
plus que ceux du Capitole : *Pluris habenda visa est existimatio curiæ vestræ quam Capitolii* [1]; et lorsqu'il se rencontroit parmi eux des gens d'honneur qui eussent trouvé
mauvais que Plaute ou Nævius eussent mal parlé de Scipion ou de Caton, il ne se trouva ni censeur, ni sénateur,
ni pontife qui prît la cause des dieux. Lorsque Térence
excitoit un jeune comédien à la débauche par l'exemple
de Jupiter, ces désordres étoient considérables, et l'on
avoit raison d'employer toute l'autorité des lois pour en
arrêter le cours ; mais les sages ne s'en étonnoient point,
et Socrate a donné sur ce sujet un exemple de modération et de fermeté qui devroit être connu de tout le monde.
Aristophane, qui étoit un poëte badin et médisant s'il en
fut jamais, ayant perdu toute considération pour la sagesse, se mit à écrire une comédie très-injurieuse contre
Socrate, ou à la sollicitation de ses ennemis, ou par
sa propre jalousie, sur ce que ce philosophe estimoit
Euripide plus que lui, et ne lui faisoit pas l'honneur d'assister à ses comédies, comme il assistoit aux tragédies
de son rival. Il se proposa de le tourner en ridicule, et
voyant qu'il entreprenoit non pas Cléon, qui étoit un esprit
séditieux et tout à fait de mauvais bruit parmi le peuple,
ni les Lacédémoniens et les Thébains, que les différends
et les jalousies d'État rendoient odieux à la république
d'Athènes, ni Périclès même, qui avoit des envieux et de

---

1. D. Augustinus, *De civit. Dei*, XII. Le mot *curia*, la cour, le lieu où s'assembloit le sénat, désigne ici les sénateurs eux-mêmes.

mauvais interprètes de ses actions, mais un philosophe qui passoit pour le plus homme de bien de son temps, au jugement de l'oracle même, il résolut d'y employer toutes les grâces de la raillerie et de gagner, par ses bons mots, les applaudissements de la multitude. Il réussit dans son dessein, et trouva des esprits, qui étoient naturellement portés à s'élever contre les sages magistrats et les hommes vertueux, disposés à écouter toutes ses folies. Ce spectacle les surprit si agréablement et leur parut si plein d'esprit, qu'ils battirent des mains mille fois, et le déclarèrent vainqueur par mille cris de joie redoublés. Socrate, qui étoit le plus grave, le plus modeste et le plus juste de tous les hommes, ne fréquentoit point les théâtres, et n'aimoit point la comédie, parce qu'elle lui paroissoit trop injuste et trop dissolue. L'estime qu'il avoit pour Euripide, tant à cause de sa sagesse qu'à cause de la force judicieuse de sa poésie, l'engageoit à se trouver aux défis que lui faisoient les nouveaux poëtes tragiques, ou aux théâtres publics, ou dans le Pirée ; il avoit toujours témoigné beaucoup de répugnance lorsque Alcibiade et Critias le voulurent mener, comme par force, à la comédie. Aristophane, piqué ou corrompu par argent, choisit le jour de la fête des Bacchanales, où toute la Grèce s'assembloit, et crut faire un affront bien sanglant à ce philosophe ; mais cet homme sans reproche vint lui-même à l'assemblée, monta sur le théâtre, et voyant que quelques étrangers demandoient avec beaucoup de curiosité où étoit ce Socrate dont on parloit tant, il se leva et se tint debout durant tout le temps de la comédie, sans rien perdre de son repos ni de sa gravité. M. Chapelain a été si peu touché de cette parodie diffamatoire, qu'on peut croire qu'il en mépriseroit la représentation avec la même force d'esprit qu'il a témoignée lorsqu'on lui en a donné les premières nouvelles. Mais nous sommes dans un siècle où l'on a besoin de bons exemples, et où l'on doit empêcher qu'on ne décrie la vertu. Et si la faveur du ciel fait naître parmi nous des Socrates, la justice des hommes doit punir les Aristophanes qui les persécutent devant le monde. Ce fut cette considération qui obligea Messieurs des Grands-Jours de faire défense aux comédiens de réciter à l'avenir de telles satires. Ce fut M. de Caumartin qui représenta à l'assemblée que c'étoit une chose qui concerne les bonnes mœurs; qu'il étoit de la justice publique de régler ces sortes de déréglements; que si l'on souffroit cet usage de médire des gens de bien, on ne verroit aucune vertu à l'épreuve de la calomnie; qu'on joueroit les plus sages par leur nom, et qu'on rendroit ridicules les actions les plus sérieuses; que c'est un intérêt public et particulier qui le poussoit à leur donner cet avis; que ceux qui récitoient des satires contre un homme d'honneur et un auteur de réputation, pouvoient en réciter contre Messieurs des Grands-Jours, et qu'il se pourroit trouver dans la province des poëtes satiriques, aussi bien qu'à Paris; qu'enfin il étoit ami de M. Chapelain, et qu'il avoit trop d'estime pour lui pour assister à des représentations qui offensent la vertu en général, plutôt que son mérite particulier, et qui doivent être plus fâcheuses à ses amis qu'à lui-même. Toute l'assemblée trouva la proposition fort raisonnable, et l'on fit défense aux comédiens de jouer à l'avenir cette parodie.

M. de Chastillon donna, ce soir même, à souper après la comédie, fort proprement. Il avoit prié quatre dames de ce pays et plusieurs autres dames. Messieurs, tant des Grands-Jours que de la province, y assistèrent, qui en étoient avertis plutôt que priés, et qui venoient à une conversation plutôt qu'à un festin de cérémonie. On y dansa, on y vint en masque, et on s'y divertit avec beaucoup de liberté jusqu'après minuit. La fête fut plus galante que magnifique, et telle qu'un garçon et un galant homme la devoit donner.

Quelque divertissement qu'on eût pris le soir, il falloit

venir au palais le matin ; et quoiqu'on eût été gai jusqu'à deux heures après minuit, il falloit reprendre son sérieux cinq heures après, et faire le juge après avoir fait le galant. On jugea une affaire qui est d'assez bel exemple pour être sue, et qui fait voir qu'il y a d'honnêtes femmes dans le monde. Dans un village d'Auvergne qu'on nomme Mirefleurs, il y avoit une villageoise assez belle, qui eût pu plaire non-seulement aux bourgeois de son village, mais même aux plus délicats de la cour. Toute la jeunesse de ces quartiers-là avoit brûlé pour elle, et après avoir attiré tous les yeux, elle avoit gagné tous les cœurs de ceux qui l'avoient regardée ; mais elle avoit autant de pudeur que de beauté, et l'honneur lui fit toujours mépriser l'amour indiscret. Une certaine modestie sévère qu'elle affectoit de faire paroître sur son visage, et je ne sais quel air impérieux et indifférent, laissoient tous les jours quelqu'un de ses amants dans le désespoir, et faisoient que tous se sentoient forcés de l'aimer, et qu'aucun n'osoit espérer d'en être aimé. Aussi, quoiqu'on ne soit pas accoutumé parmi ce petit monde à faire l'amour respectueusement, elle avoit gagné sur l'esprit de tous ceux qui la voyoient, qu'ils auroient autant de sagesse que de bonne volonté pour elle, et leur avoit protesté qu'elle jugeroit de leur amitié par leur retenue, et par ce moyen les avoit quasi tous rendus honnêtes gens, autant que leur condition le pouvoit permettre. Comme c'est le sort qui fait les mariages, ses parents la donnèrent à un homme qui passoit pour le plus sage, et qui fut pour le moins le plus heureux de son village. Elle l'aima, dès qu'elle l'eut pour mari, avec tant de fidélité, qu'on jugeoit bien qu'elle ne pouvoit cesser de l'aimer et n'en pouvoit aimer aucun autre. Quelques-uns de ses anciens amants lui rendirent en compagnie quelques visites après son mariage ; et n'ayant pas été assez heureux pour être maris, ils s'estimoient encore assez fortunés d'être ses amis, et vivoient avec elle de cette manière respectueuse qu'elle leur avoit toujours proposée. Il y en eut un qui n'eut pas toute la modération qu'il falloit, et qui eut la hardiesse de lui faire une déclaration d'amour en des termes fort embarrassés, qui n'expliquoient pas bien ses pensées, mais qui découvroient sa passion, et qui se faisoient d'autant mieux entendre qu'ils sembloient être confus et peu intelligibles. On peut juger avec quelle fierté cette beauté sévère répondit à cet effronté. Elle lui interdit sa maison; elle le menace de découvrir à son mari son insolence, et lui représente en trois mots qu'il devoit la connoître, qu'elle étoit au désespoir qu'on eût osé seulement lui faire une proposition d'amour contre sa fidélité; et le regardant d'un air sévère, elle appela deux ou trois de ses voisines, et sous prétexte de leur faire voir de la toile qu'elle venoit d'acheter, elle s'arrêta avec elles en conversation, et ne regarda plus ce misérable, qui sortit moins satisfait, mais non pas moins passionné. Il y a des mouvements si forts en amour, qu'il faut beaucoup de sagesse pour les modérer. Ce galant n'en eut pas assez pour se vaincre, et un jour, sachant que le mari de cette belle étoit, pour quelque affaire, à un village au delà de la rivière, il se servit de cette occasion, et résolut d'avoir par force ce qu'il ne pouvoit obtenir par le mérite de sa passion. Il eut l'adresse de se cacher dans la maison; il entra la nuit dans la chambre où elle étoit couchée; elle y avoit laissé une chandelle allumée, ou à cause qu'elle étoit seule, ou qu'elle craignoit de se trouver dans les ténèbres; il se glissa jusque dans le lit et voulut tenir la place de l'absent; mais le bruit qu'il fit dans l'embarras où il se trouvoit l'ayant éveillée, elle fit un cri qui eût pu alarmer le voisinage, si la maison n'eût été un peu séparée des autres. Elle saute de son lit, lui dit les choses les plus touchantes du monde, pour l'obliger à se retirer sans poursuivre son mauvais dessein, et quelque crainte qu'elle eût, elle le menaça de son désespoir. Cet homme insolent ne se laissa toucher ni à ses larmes ni à ses prières, et voulut s'avancer vers elle, mais l'honnêteté donne de la force, et la fureur fait, en ces occasions, ce que la crainte et la foiblesse ne permettroient pas en d'autres. Elle chercha le moyen d'éviter ce déshonneur, et trouvant une hallebarde au coin de la chambre où elle s'étoit réfugiée, elle en perça le cœur de ce malheureux qui brûloit pour elle. A peine en sortit-il deux ou trois soupirs ardents avec lesquels il expira. L'amour qu'elle portoit à son mari lui fit trouver du plaisir même dans son crime, et l'horreur qu'elle avoit pour le crime de cet amant malheureux étouffa en elle tous les sentiments de pitié, et cet homme sacrifié à sa chasteté fut un spectacle qui ne lui déplut pas pendant cette nuit; elle sortit pourtant tout effrayée de sa maison, appela quelques-uns de ses voisins et leur fit le récit de son action. Le témoignage de ces bonnes gens et la réputation de sa vertu la firent absoudre.

Cette action, qui ne la rendoit pas criminelle devant les juges, la rendoit encore plus agréable qu'elle n'étoit aux yeux de son mari; mais les parents du mort ayant fait informer et porter l'affaire devant les Grands-Jours, où le meurtre étoit bien prouvé et la vertu de la meurtrière peu reconnue, la cour obligea toute cette famille à se venir présenter, et la condamna à une amende considérable pour des gens d'un bien et d'une condition fort médiocres. Cette action peut être considérée ou selon les lois de la société, ou selon les règles du christianisme : selon les lois, cette femme étoit excusable de s'être portée à cette extrémité contre un homme qui venoit lui faire violence; il y a une défense légitime pour l'honneur, comme il y en a une pour la vie; l'honnêteté et la pudeur ont leur désespoir lorsqu'on les presse, et on leur permet un premier mouvement comme à des passions justes et raisonnables, lors même qu'elles semblent sortir des bornes de la raison. Si le droit a permis aux maris de tuer les deux adultères et de venger l'honneur de leur famille dans leur premier emportement, ne croyant pas qu'on peut réprimer un ressentiment si violent et si pardonnable, pourquoi ne seroit-il pas licite à une dame qui se voit réduite à se défendre contre la force, de sacrifier à sa chasteté celui qui veut la contraindre au crime? Ces sortes d'amours ne peuvent être punis que par la mort. Elle pourroit être meurtrière pour n'être pas infidèle; l'ardeur de conserver son honneur pouvoit être aussi forte en elle que la passion de le lui ravir étoit insolente en lui-même. Quelqu'un avoit si bien instruit cette aimable homicide, ou elle avoit de si beaux principes d'esprit, qu'elle répondit avec beaucoup de grâce et de force à ses juges, qu'elle faisoit gloire du crime dont on l'accusoit, et que c'étoit un éloge pour elle que d'être accusée d'être trop pudique; qu'elle avoit plus de honte d'avoir pu être sollicitée par un amant forcené, qu'elle n'avoit de peur d'être condamnée par des juges sévères; et qu'une femme qui avoit eu le courage de tuer, auroit bien aussi le courage de mourir pour ce sujet; que la nature avoit donné aux hommes la force de repousser toutes sortes d'injures, et n'en avoit laissé aux femmes que pour résister à leur déshonneur; qu'on faisoit un crime de ce qui devoit être un exemple à tout son sexe; qu'on ne devoit pas considérer en cette rencontre une femme qui tue, un homme qui meurt, mais un amant qui est transporté d'une passion brutale, et une femme qui devient cruelle pour être chaste; qu'enfin elle avoit ouï parler de Lucrèce, et qu'elle savoit qu'il y a eu des siècles où ces crimes-là ont mérité des récompenses. Elle disoit ces choses avec une modestie qui témoignoit son innocence, et faisoit connoître à ces Messieurs qu'elle n'avoit fait que punir un criminel qu'elle leur eût réservé pour faire un exemple de leur plus sévère justice, si le péril n'eût été pressant, et si elle eût pu se sauver sans le perdre. Selon les maximes de la religion, saint Augustin est d'avis qu'il n'est point permis de tuer, même dans ces occasions, et tient le précepte si général, qu'il ne croit pas qu'on puisse faire mourir quelqu'un innocemment, si ce n'est par l'ordre de Dieu, comme les héros de l'ancienne loi qui ont entrepris des guerres sanglantes, et comme Abraham, qui fit un acte de piété d'une résolution parricide, ou par une inspiration particulière, comme Samson et Jephté, ou par l'autorité d'une dignité publique qui porte un caractère de justice et qui a ordre du ciel de punir les coupables[1]. Il est malaisé de faire l'application de ces règles à cette action particulière. Il trouve même que c'est un crime à une dame de se tuer pour éviter le déshonneur, et ne peut point souffrir qu'on allègue l'exemple de Lucrèce. Il faut, dit-il, qu'elle ait été ou déshonnête ou injuste; elle a fait de deux crimes l'un, ou l'adultère ou l'homicide; ou elle consentoit à la perte de sa pudeur, et elle étoit criminelle; ou elle n'y consentoit pas, et elle étoit meurtrière d'une personne chaste et innocente. Ainsi l'on peut dire avec raison : Si elle est adultère, pourquoi la loue-t-on depuis tant de siècles? si elle est chaste, pourquoi se tuoit-elle? C'est une vanité de Romaine qui n'aimoit pas tant l'honnêteté qu'elle craignoit la honte, et qui ne cessa de vivre que parce qu'elle n'osoit paroître devant le monde; pourquoi faisoit-elle un crime elle-même pour éviter celui d'un autre? Quoi qu'il en soit, saint Ambroise est d'un avis contraire, et il prend plaisir, dans le livre de ses *Offices*, de louer la constance et la résolution de quelques vierges qui se sont précipitées, ou qui ont prévenu par un meurtre ou par une mort volontaire les violences de leurs tyrans.

Quelques jours après, on présenta les lettres de grâce que M. de Caumartin avoit scellées pour un jeune homme de Clermont, nommé Gaschier, fils du lieutenant criminel, qui avoit tué sans dessein une femme de la même ville. C'est la coutume dans la province que, lorsqu'il se fait quelque fête solennelle, ou pour quelque réjouissance publique, ou pour l'entrée de quelque personne considérable,

---

1. « Sine data lege, sine expressa jussione, sine latenti inspiratione. »

toute la jeunesse s'assemble, et s'étant mise sous les armes, fait le tour de la ville en bel ordre pour faire honneur à la fête. Chacun cherche les armes les plus bruyantes, et c'est une gloire parmi eux d'avoir tiré le plus grand mousquet et d'avoir fait le plus grand bruit. Lorsque M. l'évêque de Clermont[1] fit son entrée et qu'il reçut les compliments de tous les corps, il y eut une troupe fort nombreuse d'habitants armés qui allèrent au-devant de lui, et l'accompagnèrent jusque dans son palais en le saluant incessamment de toute leur mousqueterie. Son cheval, qui étoit fougueux, bondissoit si fort qu'on craignoit que la joie ne fût troublée par quelque malheur, et que le prélat ne fût pas assez bon cavalier pour soutenir ces agitations violentes. Ce cheval croyoit d'être dans un champ de bataille plutôt que dans une ville de paix, et porter un général d'armée, non pas un évêque. Toutes les bénédictions que l'évêque donnoit à peine restoient à demi formées en l'air, et il ne pouvoit faire qu'un demi-signe de croix, que le mouvement interrompoit à tous les coups qu'on venoit d'entendre. Toute la ville loua Dieu de leur avoir donné pour le gouvernement de son église un homme qui, outre qu'il étoit homme de bien, étoit encore bon écuyer, et l'on reconnut l'importance qu'il y a qu'un évêque soit bon homme de cheval, lorsqu'il fait son entrée dans ces provinces. Ce Gaschier dont je parle étoit de cette joyeuse escadre, des plus lestes et des mieux armés, et voyant une bourgeoise de sa connoissance qui, pour voir passer la pompe plus en repos, étoit montée avec quelques-unes de ses compagnes sur un monceau de pierres assez élevé, ou pour la saluer, ou pour l'épouvanter par divertissement, tira son mousquet si proche d'elle que la poudre et le feu ayant fait un effort considérable et pénétré jusqu'au corps au travers des jupes, elle resta morte sur la place. Le gendre de cette pauvre malheureuse qui étoit présent, voulut venger la mort de sa belle-

---

1. M. de Vainy d'Arbouze avait fait son entrée à Clermont le 30 novembre 1664.

mère, et poursuivit son meurtrier l'épée à la main ; mais on l'arrêta. Ce criminel involontaire représente aujourd'hui ses justifications, et a reçu des lettres de rémission qui ont été lues et examinées.

Le 28ᵉ novembre[1], l'affaire de MM. du Palais fut décidée, qui fut la première contumace qu'on ait jugée dans la cour des Grands-Jours. L'arrêt en fut sévère, parce que l'action avoit été fort criminelle. M. le comte du Palais ayant acheté Feurs, qui est un bourg fort considérable dans le Forez, et prétendant faire valoir les droits de seigneur avec un peu trop d'autorité, M. de Magnieu, qui est un homme de qualité, qui avoit des terres dans l'étendue de sa paroisse, eut quelque intérêt à démêler avec lui, qui ne sembloit pas fort important dans le fond, mais qui le devint dans les suites. Les premières plaintes se firent de part et d'autre dans l'ordre de la justice, et il sembla que le procès devoit se terminer dans les formes ordinaires. Mais comme il se glisse ordinairement un certain esprit d'animosité et d'aigreur entre ceux qui plaident, et que la haine ou la vengeance achèvent souvent ce que la justice a commencé, cette affaire changea de face, et devint une affaire d'honneur, après avoir été de pur intérêt. Cela fit qu'il y eut entre ces deux gentilshommes une inimitié déclarée, ensuite de laquelle on accuse M. du Palais d'avoir voulu faire assassiner M. de Magnieu et de lui avoir fait dresser des embûches[2]. Soit que ce fût pour cet assassinat, ou pour quelque autre raison de justice, ce dernier, sur les plaintes qu'il avoit faites de son ennemi, obtint un décret contre lui, et lui envoya cinq huissiers à sa maison du Palais pour lui faire quelque sommation, ou pour lui signifier quelque ordre qui ne lui étoit pas fort agréable. L'on dit qu'il en avoit été averti, qu'il avoit mandé quelques-uns de ses

---

1. Le 23 novembre, d'après le *Journal de Dongois*. Le récit du greffier n'est pas entièrement d'accord avec celui de Fléchier. Voy. *Appendice*, n° XVIII.

2. Fléchier atténue les charges qui pesaient sur les marquis du Palais. Voy. *Appendice*, n° XVIII.

amis, et qu'il avoit assemblé chez lui tous les braves de son voisinage. Les huissiers ne manquèrent pas de venir exécuter leur commission dans toutes les formes, à la porte du château, et de témoigner à ces messieurs qu'ils étoient sujets aux lois et aux ordonnances des juges, comme les autres. Cette hardiesse ne leur plut pas; ils délibérèrent s'ils devoient s'en venger sur-le-champ, ou s'il falloit différer quelque temps leur ressentiment pour l'assouvir avec plus de violence et avec plus de sûreté. Quelque chaleur qui les emportât, ils furent capables d'un peu de modération, et se contentèrent pour lors de leur donner la chasse et de les menacer. Il n'étoit pas malaisé d'épouvanter ces sortes de gens, qui se retirèrent au premier village pour y passer la nuit; mais personne ne voulut les recevoir, parce qu'ils étoient ennemis de M. du Palais qu'ils aimoient ou qu'ils redoutoient. Ils ne furent pas mieux reçus dans les autres endroits pour les mêmes considérations, et quelque tard qu'il fût, ils furent obligés d'aller loger à six lieues de là, où, après s'être retirés, ils reposoient fort profondément, lorsque deux troupes de gens à cheval arrivèrent du Palais, entrèrent avec violence dans l'hôtellerie, passèrent dans une chambre où trois de ces huissiers étoient couchés, et tirant plus de vingt coups de pistolet en tuèrent deux, et cassèrent l'épaule au troisième, qu'ils obligèrent de se traîner encore tout sanglant jusqu'à la chambre de ses compagnons, lesquels, se voyant dans la dernière extrémité, se jetèrent à leurs pieds, implorèrent toute leur pitié, et n'attendoient plus que la mort[1]. Quelques-uns, échauffés dans le premier meurtre, furent d'avis qu'il falloit achever; mais quelqu'un plus modéré, si l'on peut dire qu'il y eût de la modération en ce rencontre, opina à la vie. Ainsi on les laissa vivre, mais on leur fit souffrir des peines extrêmes: on les mena jusqu'au Palais tout nus dans la plus grande rigueur de la saison; on leur donna mille coups

---

1. Le récit de Fléchier adoucit encore ici les détails de ces odieuses violences. Voy. *Appendice*, n° XVIII.

de fouet durant le chemin, et on les renvoya presque aussi morts que leurs compagnons, avec défense de regarder derrière eux sous peine de la vie. Quoique le marquis du Palais fût fort jeune en ce temps-là, il n'a pas laissé d'être compris dans l'information, comme ayant été remarqué lui-même avec un de la maison de Canillac, qu'on charge extrêmement, et qui est mort pour son bonheur et peut-être pour celui de quelques autres. La partie de ces messieurs ne manqua point de faire les poursuites qu'il falloit faire. Le procès fut instruit et prêt à juger; mais, soit qu'ils fussent las de plaider, ou qu'ils ne voulussent pas être la cause de la mort de plusieurs personnes de qualité, ils remirent leurs intérêts à M. de Villeroi, qui les accommoda et les mit hors de tout intérêt civil. Mais les Grands-Jours étant survenus, et M. Legrand, conseiller au parlement de Paris, étant venu dans la province, et ayant donné le procès entièrement instruit, il fut jugé sans que les parties intéressées en eussent eu le moindre soupçon. Par arrêt, MM. du Palais père et fils furent condamnés à avoir la tête coupée, et quelques juges même furent d'avis qu'ils fussent roués vifs; leurs biens furent confisqués; l'amende fut de 40 000 livres ; on procéda à la démolition du château du Palais[1]. Quelques-uns de ceux qui s'étoient trouvés à l'occasion furent condamnés à la roue. Ainsi la justice se vengeoit elle-même et faisoit craindre ses arrêts à ceux qui avoient autrefois si mal reçu ses ordres. Mme la marquise du Palais, femme du fils, se rencontra par hasard ce malheureux jour à Clermont, où elle

---

1. « Les sieurs marquis du Palais, père et fils, furent condamnés d'avoir les têtes coupées; leurs biens situés en pays de confiscation furent déclarés acquis et confisqués; sur le tout néanmoins pris trente-deux mille livres parisis d'amende. La terre du Palais fut privée de toute justice; elle fut déclarée réunie à la royale, dont elle ressortissoit, et il fut ordonné que le château du Palais seroit incessamment démoli et rasé; que les bois qui y servoient d'ornement seroient coupés à trois pieds de hauteur. Saint-Michel, La Roche, Champagne, Le Picard, La Madelaine et La Rozée, valets, furent condamnés d'être rompus vifs et d'expirer sur la roue, et en quatre mille livres d'amende solidairement. » *Journal de Dongois.*

étoit venue, ou pour voir quelques-uns de ses parents, ou même pour se divertir dans la ville, puisqu'elle n'entendoit plus parler du procès qui devoit, à son avis, être instruit à grand bruit, et faire craindre longtemps auparavant que d'être en état. Il n'est pas hors de propos de remarquer que cette dame est d'une qualité fort relevée, de la maison de La Tour d'Auvergne, parente au trois ou quatrième degré de M. de Turenne; elle a la taille avantageuse, des yeux bleus qui ont de la douceur et qui ne laissent pas d'être animés; un tour et des traits de visage qui sont fort beaux, et un teint fort vif et fort uni. Sa beauté fit bien du bruit, lorsqu'elle fut à Clermont, dès qu'elle y parut; et la plupart des galants d'Auvergne adorèrent cet astre naissant. M. de L'Anglar fut le plus constant et le plus passionné, et il alloit être le plus heureux, si le destin qui trouble souvent les plus belles passions, n'eût été contraire à son amour, et ne l'eût ravi à cette belle, qui l'aimoit autant qu'elle en étoit aimée. Car ayant eu querelle avec M. le comte de Canillac et s'étant allé battre avec lui, il fut tué d'un coup de pistolet. Quelques-uns assurent que le comte étant l'agresseur et voulant donner le choix des armes par civilité, selon l'usage qui s'observe ordinairement dans ces combats particuliers, il lui présenta deux pistolets, dont l'un étoit chargé à balle et l'autre ne l'étoit point, avec résolution de vouloir se servir de son avantage, si le pistolet chargé de plomb lui tomboit en partage, ou de prévenir quelque chose et de tirer en l'air comme un coup d'essai, si l'autre lui étoit échu, afin d'avoir moyen de le relâcher; que le choix fut fait selon son désir, et que, tirant son coup sans crainte, il en blessa son ennemi à mort. Je n'oserois point assurer une chose qu'il seroit très-malhonnête d'avoir faite et qu'il seroit très-imprudent d'avoir dite; je me contente de dire que Mlle de La Tour eut bien du déplaisir, et qu'elle plaignit extrêmement et le malheur de son amant et celui de son amour.

Environ ce temps-là, le marquis du Palais s'étant retiré

dans une de ses terres qui n'est qu'à une lieue de la Roche, où demeuroit cette belle, lorsque sa mère la ramenoit dans sa solitude, prit occasion de la voir, comme par droit de voisinage. Il connut bientôt qu'il étoit impossible de la voir sans l'aimer, et se trouva sans y penser engagé à des charmes qui lui parurent inévitables, si bien qu'après l'avoir vue comme voisin, il vint la revoir comme amant. Il avoit de l'esprit et de l'amour, il se conduisit si bien auprès de la demoiselle, qu'il mérita d'en être aimé. Sa qualité, son bien, sa bonne grâce y contribuèrent beaucoup, et firent qu'elle reçut sa première déclaration avec beaucoup de douceur et même avec quelque espèce de joie. La mère, qui n'avoit pas de bien à donner à sa fille, et qui trouvoit tous ses avantages dans ce parti, ne désavoua point son inclination, et l'affaire se trouva fort résolue de part et d'autre. Il fallut en donner avis au comte du Palais le père, qui voyoit sa maison assez engagée, et n'espérant de raccommoder ses affaires que par le mariage de son fils, s'opposa de toute son autorité à ses amours, et crut qu'il devoit considérer en cette occasion non-seulement sa satisfaction particulière, mais encore l'intérêt de sa maison et l'avantage de sa famille. Il lui défendit de la voir; il le menaça de toute son indignation, et lui proposa d'autres partis pour le divertir de celui qu'il recherchoit; enfin il employa tous les moyens pour réduire cet esprit prévenu. Mais la défense redoubla son désir; les menaces ne firent que l'enflammer davantage, et les autres filles qu'on lui proposa ne firent que lui faire connoître la différence de celle qu'il aimoit d'avec toutes les autres. Il poursuivit donc son dessein, et se déclara si fort contre les intentions de sa parenté, que son père obtint de M. l'évêque de Clermont une défense à tous les curés de son diocèse de marier ces deux amants. Mais l'amour a mille adresses et trouve mille inventions pour rompre tous les obstacles qu'on lui oppose. Il alla consulter la mère de la fille, avec laquelle il résolut qu'il la rencontreroit le lendemain, et que la mettant dans son carrosse, il l'emmèneroit hors du diocèse, et l'épouseroit en face d'église ; la chose fut exécutée. Elle sortit de la maison, sous prétexte de se promener avec un ecclésiastique, qui sans doute avoit la confidence de la mère, et à peine eurent-ils avancé dans la campagne, que le marquis arrive, et lui donnant la main, la fait monter dans son carrosse, et va l'épouser dans un village voisin, d'un autre diocèse que celui de Clermont ; il revint encore faire la noce chez la mère et y coucher la même nuit. Lorsque le comte du Palais apprit la nouvelle de ce mariage, il en fut au désespoir, il s'en plaignit en justice et fit informer comme si on eût enlevé son fils. La dame, qui ne songeoit qu'au bonheur de sa fille, fut avertie par ses amis de faire informer de son côté, de traiter l'affaire d'enlèvement et d'implorer les lois pour épouvanter le père et pour l'obliger de ne résister plus à ce mariage. La chose réussit comme on se l'étoit proposé, et le comte avisé consentit enfin volontairement à ce qu'il ne pouvoit plus empêcher. Leur joie fut si grande, et le plaisir qu'ils avoient d'être ensemble les occupa si fort depuis, qu'ils ne songèrent pas même à tirer du greffe les informations qui avoient été faites de concert contre l'enlèvement prétendu de la fille ; de sorte que les Grands-Jours ayant été établis à Clermont, comme on se fut saisi de leur part des grosses de tous les procès, on y trouva celui-ci pour lequel il eût été assigné à la cour. Mais on avoit contre lui une affaire plus importante, et l'enlèvement étoit peu de chose, si le meurtre et la rébellion de justice ne l'eût rendu plus criminel. L'arrêt fut donné le matin, et Mme du Palais, qui croyoit qu'il falloit de longues procédures pour l'instruction, et qu'elle en seroit avertie longtemps auparavant, comme tous les autres l'avoient été, entendit des laquais qui s'entretenoient de ce qu'on avoit fait le matin à la Chambre des Grands-Jours ; mais elle n'y fit nulle réflexion, et allant voir le comte de Canillac dans la prison, elle voulut se divertir avec lui de la nouvelle qu'elle avoit ouïe ; mais elle fut bien surprise, lorsque le comte, la larme à l'œil, lui confirma cette fâcheuse condamnation. Et elle tomba évanouie à ses pieds, et comme on l'eût fait revenir, elle monta en carrosse toute délacée qu'elle étoit, et s'en vint tout en désordre chez madame sa sœur, où nous étions logés. Elle monta dans la salle où Mme de Caumartin étoit avec quelques dames de la ville qui étoient venues lui rendre visite ; et avec des cris et des lamentations que je ne saurois exprimer, elle toucha si fort toute la compagnie que chacun joignit ses larmes avec les siennes, et qu'on eût eu de la peine à deviner laquelle de ces dames pleuroit son mari condamné, tant la douleur d'une belle personne inspire des sentiments de pitié. Je ne vis jamais douleur plus emportée : tantôt elle prouvoit l'innocence de son mari, et s'arrêtoit au milieu de sa raison ; tantôt elle reprochoit aux juges leur cruauté ; tantôt elle louoit la tendresse de son mari pour elle. « C'est moi, disoit cette dame éplorée, c'est moi qui suis la cause de tous ces désordres, et quelque innocent qu'il soit, Dieu le punit pour m'affliger ; son seul crime est d'avoir épousé une malheureuse. » Les sanglots interrompoient ses discours ; enfin s'apercevant qu'elle embarrassoit tout le monde, elle sortit brusquement, et après quelques mots de considération que nous lui dîmes, elle fut conduite chez quelques conseillers de la ville pour consulter les moyens qui lui pouvoient rester de conserver quelque chose de son bien. Sa douleur l'avoit si fort transportée, qu'elle ne songeoit à son mari que pour le plaindre. Comme il ne s'attendoit point d'être jugé si promptement, il étoit resté dans une de ses terres, et se croyant innocent, ou espérant avoir des informations et des témoignages pour sa décharge, il ne craignoit point son jugement. Quelques personnes sages furent d'avis de commencer par songer au danger où il étoit exposé, et de lui envoyer bien vite un courrier en poste. Quelque diligence qu'on pût faire, à peine eut-il le temps de se sauver ; les archers le poursuivirent de si près qu'ils l'atteignirent, et, lui réduit au bord d'une rivière, lui crièrent qu'ils l'arrêtoient par ordre du roi. Mais l'extrémité où il étoit lui donna du courage et fit qu'il se jeta dans la rivière à cheval; et comme il étoit bien monté, il la traversa à la nage, et se sauva fort heureusement, laissant ceux qui le poursuivoient bien étonnés à l'autre bord. Cette dame est inconsolable; elle ne plaint ni ses biens ni trois enfants qu'elle a; elle ne regrette que l'éloignement de son mari; elle vivroit encore heureuse, s'il ne lui falloit point vivre en veuve, et dans son désespoir, elle se destine à pleurer les jours et les nuits son infortune.

Le 26 du mois, M. le président ayant reçu une lettre de M. Colbert, qui portoit quelques ordres du roi touchant la prorogation des Grands-Jours[1] et l'enregistrement de la commission de M. de Caumartin pour la présidence, en cas de récusation ou d'absence, il assembla tous les conseillers à sa ruelle, et leur proposa ses deux affaires. Après la lecture des ordres de la cour et des avis du ministre qui témoignoient que le roi étoit très-satisfait de leur conduite, et qu'ils n'avoient manqué qu'en ces deux points; qu'ils devoient considérer que c'étoit un grand prince fort absolu et qui vouloit être obéi, et qu'il leur conseilloit en ami de n'attendre pas de nouveaux ordres. Pour savoir le sujet de cette lettre, il faut remarquer que le roi avoit envoyé, depuis quelque temps[2], une prorogation des Grands-Jours, sur la connoissance qu'il avoit des grands fruits que faisoit cette justice dans la province, et de la nécessité de poursuivre les desseins qu'il avoit eus de rétablir l'ordre, avec ordre de la vérifier dans la Chambre même. Ces Messieurs, qui ne font qu'une partie du parlement, lui envoyèrent cet arrêt de prorogation, afin qu'il le voulût vérifier lui-même, soit pour rendre cette déférence à leur compagnie, soit pour n'être point engagés à registrer aussi la commission pour la présidence dont ils avoient ordre. Le roi n'approuva point qu'ils

---

1. Voy. *Appendice*, n° XVIII.
2. La lettre de cachet avait été lue à la séance du 12 novembre 1665.

eussent plus de considération pour le parlement que pour lui, et qu'ils éludassent l'exécution de ses volontés [1].

Pour ce qui regarde la présidence, entre le maître des requêtes et les conseillers, en cas d'absence du président, l'affaire étoit encore plus embarrassante, chacun alléguant des raisons et défendant l'honneur de sa charge ; les uns refusant d'être présidés par une personne qui n'est pas de leur corps, et qui ne peut avoir aucune autorité sur eux ; les autres soutenant qu'ils ont les mêmes droits puisqu'ils sont de la même commission, nommés au second rang, non pas comme étrangers, mais comme étant de la même assemblée qu'eux et ayant la préséance après le président. Je n'entre point dans les diverses raisons de ce différend, et je ne m'arrête qu'au fait particulier. Chacun sait que c'est l'usage, lorsqu'on établit les Grands-Jours, de choisir un président à mortier, des conseillers de diverses chambres, et un maître des requêtes, pour porter les sceaux, donner des lettres de rémission dans les cas rémissibles, et sceller des commissions pour assigner les parties et proroger les jugements, et que, selon cette coutume, M. le président de Novion, M. de Caumartin, maître des requêtes, et quinze ou seize conseillers ont été envoyés pour tenir les assemblées de justice à Clermont. Lorsque la déclaration du roi fut vérifiée en parlement, quelques-uns s'avisèrent qu'il pourroit y avoir quelques contestations pour la présidence, si M. de Novion venoit à être absent ou par infirmité, étant sujet à quelques vapeurs qui l'incommodent, ou par récusation, ayant des parents et des alliances dans la province. Mais on ne voulut point faire bruit de cette affaire, tant parce qu'il n'étoit pas assuré qu'on leur disputât cette préséance, que parce qu'ils auroient donné lieu de croire leur droit douteux, s'ils l'eussent mis en délibération. M. de Caumartin, qui auroit fait une assez pauvre figure aux Grands-Jours, s'il eût fallu qu'il se promenât malgré

---

1. L'enregistrement des lettres patentes pour la prorogation des Grands-Jours eut lieu dans la séance du 28 novembre 1665. (*Journal de Dongois*.)

lui ou qu'il contrefît le malade toutes les fois que M. le président l'eût été, examina le droit qu'il pouvoit avoir, chercha des exemples pour le confirmer, et concerta avec les Messieurs de sa compagnie un placet qu'il avoit dessein de présenter à la cour, qui contenoit quelques raisons et trois ou quatre exemples du fait. Il le donna à M. Colbert et le fit voir à quelques autres personnes du conseil, qui firent les réflexions qu'il falloit sur sa demande, et lui témoignèrent qu'ils ne la trouvoient pas injuste ni mal fondée, et qu'il n'avoit qu'à attendre la voix de l'oracle qui se déclareroit vraisemblablement en sa faveur. Comme il étoit important pour lui que la chose fût décidée avant son départ, il en ouvrit le discours au roi, lorsqu'il fut prendre congé de lui, et Sa Majesté lui répondit qu'elle avoit donné ses ordres là-dessus, qu'il n'avoit qu'à partir, et qu'il les recevroit après l'ouverture de la Chambre. Il apprit que ces ordres étoient un arrêt du conseil pour le faire présider, et une lettre de cachet ordonnant que l'arrêt fût registré dans la Chambre. M. le premier président[1] étoit extrêmement contraire à cette prétention, et dans le rang qu'il tient aujourd'hui, on ne pouvoit point le faire souvenir qu'il eût été maître des requêtes. M. de Novion n'étoit pas si obstiné que lui, et soit qu'il fût occupé de la pensée de son emploi, soit qu'il craignît que la contestation de ce droit ne troublât cette commission qui lui étoit fort honorable, il paroissoit indifférent là-dessus, et conseilloit même à M. de Caumartin de se munir de bonnes lettres et de mettre le bon ordre à son affaire, afin de ne se trouver point dans l'embarras lorsque la Chambre seroit ouverte.

Sur cela, tous ces Messieurs partent et se rendent à Clermont, pour y exercer leurs fonctions de justice ; la semaine d'après, M. Talon reçut l'arrêt et la lettre de cachet dans les formes de la demande qu'on en avoit, pour la présenter, en qualité d'homme du roi, à la compagnie. Il la communiqua à

1. Le premier président du parlement de Paris était alors Guillaume de Lamoignon qui avait été maître des requêtes jusqu'en 1658.

M. le président, qui le pria d'attendre encore sept ou huit jours, et de lui donner le temps d'un courrier pour en écrire, et pour en recevoir réponse de la cour. Cependant il sollicita M. de Caumartin de ne presser point le registrement de l'arrêt, que dans l'occasion; d'attendre que la nécessité des affaires l'obligeât de se récuser, ou que l'infirmité de sa santé le contraignît d'être absent ; que pour lors, il feroit recevoir sa commission : et son dessein étoit sans doute de traîner l'affaire jusqu'après l'ouverture du parlement, afin que tout le corps s'intéressât à Paris. Mais outre que c'étoit un amusement, il est certain que les affaires du roi s'y trouvoient intéressées, et que si le président fût tombé malade, la Chambre refusoit de registrer, demandant du temps ou pour en informer le parlement ou pour faire des remontrances, les Grands-Jours eussent été sans doute interrompus. C'est pourquoi il étoit important de prévenir les occasions de faire vaquer la justice contre les intentions du roi. Trois semaines se passent dans ces irrésolutions, chacun écrivant à ses amis de Paris pour ses intérêts. Quoique M. de Novion n'eût aucun intérêt particulier dans l'affaire, il avoit l'intérêt du parlement à ménager, et quelques-uns des conseillers qui étoient ses plus familiers lui protestant qu'ils ne recevroient jamais qu'un président de leur corps, et qu'ils souffriroient plutôt l'exil que de trahir les intérêts de leur compagnie, il craignoit les reproches du parlement, et les suites qui pouvoient être fâcheuses à ses amis. Aussi il éloignoit, autant qu'il pouvoit, la présentation de ces lettres, quoique M. Le Tellier eût écrit à M. Talon que le roi entendoit qu'elles fussent incessamment présentées, et qu'une personne qui a grand accès auprès des ministres lui envoyât des avis assez pressants. Cependant M. de Caumartin vivoit avec toute l'amitié et toute la bonne intelligence qu'on pouvoit souhaiter avec tous ces Messieurs, tenoit fort bonne table chez lui, et leur faisoit festin presque tous les jours ; lioit avec eux des parties de promenade, recevoit d'eux et leur rendoit toutes les amitiés et toutes les marques d'estime imaginables, et leur témoignoit dans les occasions que, s'il arrivoit, par malheur, qu'il survînt entre eux quelque embarras pour la présidence, ils se souvinssent que c'étoit une querelle de charge et non pas de personnes, et qu'ils fussent conseillers de la cour, tant qu'il leur plairoit, pourvu qu'ils ne cessassent point d'être amis. Cette honnêteté et cette franchise leur faisoient louer sa conduite, et ils avouoient que le roi n'eût su faire un choix plus raisonnable. Ces choses se passoient ainsi, lorsque M. le président, ou importuné des lettres de quelques-uns qui lui donnoient des avis là-dessus, ou pour témoigner à MM. les conseillers son zèle pour le parlement, parla à M. de Caumartin, en leur présence, de la prétention qu'il avoit, et lui représenta que c'étoit une affaire qui pouvoit troubler l'ordre de la justice et le repos particulier des juges ; qu'il pouvait bien s'imaginer que tout le parlement s'opposeroit, qu'on iroit plutôt au fond des provinces les plus éloignées, que de consentir à l'enregistrement de cette commission ; que si la cour s'étoit en quelque façon déclarée en sa faveur, c'étoit par la grande sollicitation de ses amis, et particulièrement de M. Verthamon [1], son beau-père, qui s'étoit servi de tout son crédit auprès des ministres ; que cela devoit faire croire qu'il avoit souhaité son emploi pour entreprendre par autorité sur les droits qui appartiennent de justice aux plus anciens conseillers de la Chambre ; que pour lui il avoit bien toujours cru que cela ne lui réussiroit pas, et qu'il lui en avoit témoigné quelque chose ; qu'au reste, il étoit fâcheux d'avoir un différend de cette nature avec une personne d'un mérite si reconnu et d'une conduite si approuvée, non-seulement dans sa compagnie, mais encore dans la Chambre des Grands-Jours où chacun en particulier avoit une estime et une amitié même particulière pour lui. Il lui proposoit ensuite de se désister de ses sollicitations, et de ne faire point paroî-

---

1. François-Michel de Verthamon ou Verthamont, conseiller d'État, fut nommé premier président du grand conseil, le 28 février 1697.

tre du désir pour cet honneur, et que tout se passeroit assez bien, s'il avoit la bonté de vouloir faire le malade, durant le temps du procès de M. le comte de Canillac, où il s'attendoit bien d'être récusé. M. de Caumartin répondoit qu'étant dans la même commission que MM. les conseillers, et ayant l'honneur de les précéder sans contestation, il ne troubloit point l'ordre de la justice et ne faisoit aucun tort aux juges de prétendre de les présider en son absence ; qu'il seroit bien malheureux d'entreprendre sur les droits du parlement où il a eu l'honneur d'être assez longtemps, et pour lequel il conservera toujours tout le respect et toute la déférence qu'il doit ; mais qu'il croyoit que le parlement céderoit à la raison, à l'exemple et à l'autorité du roi; et que Messieurs qui jugent si bien toutes choses, donneroient eux-mêmes un bel exemple de justice, en recevant un ordre qu'un roi si grand et si juste leur envoie, bien loin de s'obstiner à le refuser ; que la cour s'étoit déclarée en sa faveur sans beaucoup de sollicitations de sa part, ni de celle de ses amis ; que l'arrêt et la lettre avoient été expédiés si promptement après son arrivée, qu'on n'avoit pas eu le loisir d'importuner les ministres, et qu'il étoit aisé de croire que ce n'étoit pas son ambition ni son empressement, mais le choix et la délibération du prince ; que, pour lui, il pouvoit dire avec vérité qu'il n'avoit point brigué ni même souhaité cet emploi, et qu'il avoit été fort surpris lorsque quelques-uns de ses amis lui en donnèrent les premiers avis, et que M. le chancelier les confirma. Quant à M. le président, qu'il pouvoit se souvenir de ce qu'il lui avoit conseillé dans son jardin, de se munir de bonnes lettres, ce qui fait voir qu'il avoit été dans un sentiment bien différent de celui d'aujourd'hui ; que s'il eût eu tant de peine à consentir à la prétention de la présidence, il en auroit parlé aux ministres, et représenté toutes les difficultés qui sans doute eussent été fort bien écoutées ; qu'il y auroit eu un fort bel expédient de nommer M. de Fortia, pour tenir les sceaux, lequel étant intendant en Auvergne, seroit allé pour les affaires de la province, faire un voyage toutes les fois que le président auroit voulu s'absenter, et auroit évité sans honte la concurrence de la présidence ; il ajoutoit qu'il s'estimoit très-malheureux d'être dans un emploi où il fût obligé d'avoir quelque différend avec des personnes qu'il estime très-particulièrement, et pour lesquelles il sent une tendresse respectueuse qu'il ne sauroit expliquer ; qu'il voudroit pour beaucoup n'être point dans cette fâcheuse nécessité, mais qu'il leur protestoit que dans la différence des sentiments, il conserveroit toujours la même cordialité pour eux, et que si les opinions étoient partagées, les cœurs ne seroient jamais divisés ; qu'enfin, après les déclarations de la cour et les ordres du roi expédiés, il ne devoit plus regarder son affaire comme sienne ; que ce seroit trahir les intérêts de sa compagnie et les intentions de Sa Majesté, que de se désister de ses prétentions, lorsqu'elles sont justes et autorisées, et que ces expédients de maladie supposée n'étoient plus à propos, lorsqu'il s'agissoit d'exécuter des ordres et non pas de les éluder. Quoique tout se fût passé avec beaucoup de douceur et de civilité, il paroissoit pourtant que M. le président affectoit de dire certaines choses qui pouvoient animer les autres, en leur faisant soupçonner que M. de Caumartin s'étoit empressé pour avoir son emploi et pour obtenir de la cour des lettres qui leur étoient contraires. Après ces premiers éclaircissements, on ne fit plus de difficulté de parler de ce différend. M. de Novion insistant toujours qu'il n'y avoit point de meilleur expédient que d'être malade avec lui, et disant que la cour ne s'intéressoit pas tant qu'on pensoit à cette affaire, et que M. Colbert ne lui en écrivoit plus depuis longtemps, et qu'il ne recevoit sur ce sujet que les lettres et les avis de M. F. ; que M. de Verthe[1] lui attiroit ; mais qu'il le prieroit de ne lui en plus donner à l'avenir. On écrivoit au contraire de Paris, qu'on s'étonnoit fort à la cour que

---

1. Il s'agit probablement de Charles Tubeuf, baron de Blansac et de Vert ou Verthe, maître des requêtes.

l'arrêt ne fût pas déjà registré ; qu'il falloit laisser agir ceux qui sont établis pour faire exécuter les volontés du roi ; qu'on pourroit bien envoyer un autre arrêt et d'autres lettres, et que l'esprit et l'état présent de la cour étant un état de fermeté et un esprit de gouvernement absolu, il étoit à croire qu'on ne commenceroit pas à se relâcher et à plier dans cette occasion. Enfin la lettre de M. Colbert arriva, qui acheva de faire connoître les desseins du roi, touchant la prorogation et la présidence. M. de Novion, après l'avoir reçue, assembla tous les conseillers, un soir qu'il devoit donner le bal et la comédie, à cause de la fête de Mlle Ribeyre, et les fit tous ranger à sa ruelle, parce qu'il s'étoit couché pour quelque légère incommodité. On fit la lecture de la lettre, et on commença par la délibération sur l'article qui regarde la présidence. Ils se fortifièrent tous pour s'y opposer, et ceux même qui n'en faisoient aucune difficulté en particulier, étoient aussi contraires que les autres, lorsqu'ils étoient assemblés, et ne se souvenoient plus des compliments d'amitié, lorsqu'il s'agissoit des intérêts de leur charge, soit parce qu'ils craignoient que le parlement ne leur reprochât un jour leur lâcheté, soit parce que l'usage veut qu'un président ait une grande autorité sur l'esprit des conseillers.

Il y eut deux choses qui parurent un peu extraordinaires en cette assemblée : la première, qu'elle se tenoit dans une petite chambre où il y avoit huit ou dix dames et autant de messieurs qui, en jouant ou regardant jouer, entendoient tous les avis, et qui savoient le lendemain la lettre de M. Colbert par cœur. Cela fit dire à quelques-uns que le respect qu'on devoit aux ordres du roi, la bienséance qui veut qu'on cache autant qu'on peut ces sortes de division parmi des gens qui sont en autorité, et l'usage commun des délibérations, exigeoient un peu plus de secret et de précaution. La seconde fut que M. de Vassan, qui est fort attaché à M. le président, ou pour lui complaire, ou pour témoigner son zèle pour le parlement, représenta à la compagnie que quelque estime et quelque amitié que méritât M. de Caumartin, et quelque inclination qu'on eût de lui en témoigner autant qu'il mérite, il étoit pourtant à propos, dans la conjoncture des affaires, de supprimer un peu de cette cordialité extérieure, et de dissimuler pour quelque temps la grande familiarité qu'on avoit avec lui, afin que la cour voyant qu'ils se séparoient en quelque façon de lui, elle jugeât la répugnance qu'ils avoient à consentir à sa présidence, et n'espérât pas qu'on fît rien en considération de sa personne, lorsqu'il faudroit soutenir les intérêts publics et tout leur corps. Cet avis fut suivi, et l'on résolut qu'on ne le verroit plus si souvent, et qu'on ne mangeroit plus du tout chez M. le maître des requêtes. M. Le Coq, qui est le plus intéressé, ce semble, en cette affaire, fut le seul qui proposa qu'il n'étoit pas nécessaire de diviser les personnes où il n'y avoit qu'un démêlé d'office, et qu'on pouvoit défendre sa cause sans retrancher aucune marque d'amitié; mais son sentiment ne fut pas appuyé. Comme on procédoit à la délibération sur l'article de la prorogation, M. de Caumartin arriva inopinément, et parce qu'il insista fort sur l'obéissance entière qu'on devoit au roi, ne faisant qu'un même article de la prorogation et de sa commission, et que quelques-uns élevèrent un peu le ton, on pria les messieurs et les dames qui avoient été jusque-là auditeurs et spectateurs, de se retirer, et, après quelques petites contestations, chacun prit parti; les uns allèrent à la comédie, les autres chez eux. M. de Caumartin ayant appris leur délibération, en fut un peu surpris, et trouva quelques raisons de s'en consoler.

Lorsqu'il fut au palais le lendemain, tous ces Messieurs lui firent mille caresses, lui protestèrent qu'ils ne l'honoroient pas moins qu'auparavant, lui demandèrent congé de ne manger plus chez lui de quelque temps, et lui dirent mille choses fort obligeantes. Lui, de son côté, leur témoignoit en riant que c'étoit un état malheureux que d'être retranché de la plus douce société qu'il y eût au monde, et que cette excommunication politique le touchoit fort; mais qu'il se consoloit sur son innocence, quand il voyoit que son seul crime étoit d'être maître des requêtes et eux conseillers. Ce qui étoit le plus fâcheux dans cette conduite étoit l'éclat que faisoit cette division apparente. Les plus sages en étoient étonnés ; les gentilshommes en rioient ouvertement, et espéroient bien du repos et du relâche, si leurs juges pouvoient être une fois brouillés ; et M. Talon qui est plein de zèle pour la justice, et qui n'eût pas voulu donner la moindre trêve aux criminels, pria M. de Caumartin de n'en écrire point à M. Colbert, jusqu'à l'autre ordinaire, pour lui donner le temps d'essayer d'accommoder les choses. Il en parla à quelques-uns de ces Messieurs qui lui rendirent visite ; à Mme de Caumartin, et après à M. son mari comme auparavant; *tous* l'assurèrent qu'ils étoient résolus de bien vivre éternellement avec lui, et qu'ils ne vouloient qu'essayer s'ils pourroient se passer quelques jours de venir manger avec lui ; ce qu'ils exécutent ponctuellement. M. Talon qui est du parlement, et qui est aussi homme du roi, a proposé là-dessus un expédient qui lui paroît le plus doux et le plus court, qui est que le roi, qui doit aller un de ces jours en parlement, présente à vérifier l'arrêt de la prorogation des Grands-Jours et insère la décision de la présidence ; que le parlement qui attend quelques grâces de Sa Majesté ne s'y opposera peut-être pas en sa présence, et que MM. les conseillers qui sont à Clermont auront de la joie de lui donner satisfaction, quand ils ne craindront plus les reproches de leur compagnie. Ils en ont écrit à Paris, et l'on attend le succès de cette affaire[1]. Quoi qu'il en soit, ces Messieurs ont toujours beaucoup de civilité et d'estime pour M. de Caumartin, et affectent de lui

---

1. La commission donnée par le roi à M. de Caumartin pour présider les Grands-Jours en l'absence de M. de Novion fut enregistrée par la Chambre le 14 novembre 1665. (*Journal de Dongois*, fol. 173.) On trouvera dans ce journal toutes les pièces et une longue discussion relatives à cet incident.

en donner des marques en toute occasion. La déférence universelle qu'ils eurent le jour d'après pour l'avis qu'il proposa sur le jugement de M. de Montvallat, fut remarquée par plusieurs comme une complaisance recherchée.

M. le comte de Montvallat[1] est un homme qui tient un rang assez honorable dans la province, et par la qualité, et par les biens qu'il possède, et par la réputation même de n'être pas fort tyran dans ses terres. Tout ce qui paraît au public de reprochable, c'est le désordre de son domestique, qui vient plutôt de la mauvaise humeur de sa femme que de son déréglement[2]. Selon le bruit le plus commun, bien loin d'avoir commis des meurtres et d'avoir fait des violences qui eussent éclaté dans le pays, il passoit pour si doux et pour si tranquille, qu'il étoit certain que ses paysans l'avoient souvent menacé, et que sa femme l'avoit souvent battu, et qu'il avoit été aussi bon seigneur que bon mari. Comme la justice des Grands-Jours est établie pour punir les oppressions que font les gentilshommes, et non pas celles qu'ils souffrent dans leurs maisons, on croyoit que celui-ci étoit à couvert et que son seul crime étoit de n'avoir que trop d'innocence. Mais il avoit pour voisin et pour ennemi le procureur du roi de Saint-Flour, qui suscita un grand nombre de témoins dans ses terres, et présenta contre lui plus de trente chefs d'accusation, sur lesquels il fut arrêté. Une grande marque qu'il n'étoit pas fort coupable, c'est qu'il n'étoit pas en fuite, et qu'il se croyoit en sûreté chez lui. Mme sa femme qui poursuivoit sa séparation d'avec lui, bien qu'elle en ait pour le moins dix enfants vivants, vint à Clermont très-alarmée, ou par un sentiment que la nature inspire en ces occasions, ou par une bienséance extérieure qui veut qu'on sauve les apparences. Elle lui fit d'abord demander, à ce que j'ai appris, assez froidement, s'il agréoit qu'elle sollicitât pour lui. Il lui répondit aussi froidement qu'il étoit assuré de son

---

1. Le comte de Montvallat fut jugé dans la séance du 27 novembre 1665.
2. La femme de Charles de Montvallat se nommait Gabrielle d'Apchon.

innocence et qu'il n'avoit pas besoin de son secours. Ce mépris la piqua si fort, qu'elle fut quelque temps en résolution d'être sa partie, puisqu'il la refusoit pour solliciteuse, et de fournir des informations contre lui, puisqu'il ne vouloit point être justifié par elle; et véritablement elle qui le maltraitoit lorsqu'il étoit libre, pouvoit bien le poursuivre lorsqu'il étoit en prison. Mais ses amis l'arrêtèrent, et lui firent comprendre qu'elle se feroit tort à elle-même plutôt qu'à son mari, et qu'elle agiroit contre toute sorte de bienséance. Cela fit qu'elle se retira dans une fort belle terre qu'ils ont proche de Riom, qu'elle a apportée de son mariage. Je ne sais point quel est le sujet de leur mauvais ménage : quelques-uns l'attribuent à la mauvaise humeur de Madame; les autres à quelques petites passions de Monsieur pour quelques filles de son voisinage; d'autres en disent encore une cause plus considérable, qu'assurément une femme doit avoir en horreur; et si l'on dit vrai, il est juste qu'on lui pardonne son aversion. Quoi qu'il en soit, on trouve étrange qu'une dame veuille se séparer de son mari, après qu'elle a pris sur lui l'autorité d'user du droit de correction, et qu'elle n'ait pas plus de considération et d'estime pour un homme dont elle a eu plus de dix enfants. Quoique ce gentilhomme fût d'une humeur très-paisible et qu'il ne fût pas capable de faire de grandes violences, il ne laissoit pas d'en faire de petites et d'être tyran................ [1] et à petit bruit [2]. Comme il avoit la justice dans ses terres sur ses sujets, il trouva le moyen de s'en servir pour ses injustices, et de profiter de leurs crimes. S'il arrivoit que quelqu'un fût accusé d'assassinat, il lui promettoit sûreté en justice, à condition qu'il lui feroit une obligation de telle somme; si quelque

---

1. Lacune dans le manuscrit.
2. D'après le *Journal de Dongois*, le comte de Montvallat exigeait des corvées avec beaucoup de rigueur, « et même on prétendoit, ajoute le greffier, que, sur le refus fait par un nommé Albarot, il l'avoit fait enlever en son château, où il l'avoit fort maltraité. »

autre avoit entrepris sur l'honnêteté d'une de ses sujettes, il faisoit brûler les informations sur une obligation qu'on lui donnoit, et vendoit ainsi l'impunité à tous les coupables. Ainsi rien ne lui étoit plus inutile dans ses terres qu'un homme de bien. Il renvoyoit les criminels au notaire plutôt qu'au juge, et ne connoissoit autres lois écrites que les contrats d'obligation. Cette adresse de faire tout racheter par argent étoit très-utile pour lui et très-commode pour les autres, et la sûreté y étoit entière, puisqu'il les tyrannisoit pour les empêcher d'être jugés, et que les peines qu'il leur imposoit étoient des grâces, et qu'ils ne pouvoient se plaindre sans se trahir et sans se perdre. On l'accusoit encore d'une autre espèce de concussion qui n'étoit pas moins plaisante. Il y a un droit qui est assez commun en Auvergne, qu'on appelle le droit des noces [1]. Autrefois on ne l'appeloit pas si honnêtement; mais la langue se purifie dans les pays même les plus barbares. Ce droit, dans son origine, donnoit pouvoir au seigneur d'assister à tous les mariages qui se faisoient entre ses sujets; d'être au *coucher* de l'épousée; faire les cérémonies que font ceux qui vont épouser par procuration les reines de la part des rois. Cet usage ne se pratique plus aujourd'hui, soit parce qu'il seroit incompatible

---

1. Les seigneurs féodaux contraignaient les nouveaux mariés de leur payer un tribut et de se soumettre à des usages qui avaient surtout pour but de constater leur droit sur leurs vassaux. Les seigneurs ecclésiastiques percevaient comme les laïques le *droit de noces*. Un arrêt du parlement de Paris (19 mars 1409) défendit à l'évêque et aux curés de cette ville d'exiger aucun droit de cette nature. Dans certaines contrées les nouveaux mariés devaient un *mets de mariage*, *past* ou repas, à ceux que le seigneur envoyait pour assister en son nom à la cérémonie. La mariée était quelquefois obligée de porter le mets de mariage au château; elle s'y rendait accompagnée de joueurs d'instruments. Il est possible que sous le régime féodal, où régnait trop souvent la violence, il y ait eu des exemples d'abus odieux, à l'occasion de ces usages; mais ils ne constituèrent jamais un droit. Les fabliaux, qui attaquent sans ménagement les excès du moyen âge, ne font aucune allusion à ce prétendu droit du seigneur. Les conciles, qui ont condamné des usages moins odieux, gardent également sur ce point un silence significatif.

aux seigneurs d'être de toutes les noces de leur village et d'emporter [1] leurs jambes dans les lits de tant de bonnes gens qui se marient, que parce que cette coutume étoit un peu contraire à l'honnêteté, et qu'elle exposoit les gentilshommes qui avoient l'autorité et qui n'avoient pas toujours la modération, à des tentations assez dangereuses, lorsqu'ils en trouvoient quelques beaux sujets. Cette honteuse cérémonie a été changée en reconnoissance pécuniaire, et, par un accord mutuel, les seigneurs ont demandé des droits plus solides, et les sujets ont été bien aises de se rédimer de cette loi si dangereuse à leur honneur. M. de Montvallat trouvoit que les anciennes coutumes étoient les meilleures, lorsque quelque belle villageoise alloit épouser, et ne vouloit pas laisser perdre ses droits; et comme on le tenoit assez redoutable sur ce sujet, et qu'on craignoit que la chose passât la cérémonie, on trouvoit encore plus à propos de capituler, et de lui faire quelque présent considérable selon leurs forces. Quoi qu'il en soit, il faisoit valoir ce tribut, et il en coûtoit bien souvent la moitié de la dot de la mariée.

Il étoit encore chargé d'avoir tiré par force des obligations, d'avoir tenu longtemps dans un cachot et maltraité un paysan qui lui avoit fait, à ce qu'on dit, une fausseté, et de plusieurs autres chefs qu'on avoit accumulés et dont on avoit trouvé des témoins en assez grand nombre, parce qu'il n'est pas des plus violents, et qu'il ne se fait pas craindre comme les autres. Son procès fut instruit, et les conclusions de M. Talon portoient le bannissement perpétuel et la confiscation de tous ses biens, c'est-à-dire son malheur inévitable, et la ruine de toute sa famille. La considération de ses dix enfants faisoit pitié aux juges, et M. Nau qui fut son rapporteur ou, comme il disoit, son persécuteur, portoit lui seul les choses à l'extrémité. Au commencement de son affaire, ce gentilhomme tomba entre les mains de M. de La Falluère

---

1. Le manuscrit paraît altéré en cet endroit; il faudrait lire *enfoncer*, ou autre mot analogue, au lieu d'*emporter*.

qui est d'un naturel fort doux et fort civil, et qui le traitoit
d'une manière fort obligeante. Mais la commission qu'il eut
d'aller informer des crimes du Bourbonnois fit qu'on choisit
M. Nau, qui est d'une humeur plus brusque et plus justi-
cière, pour son commissaire. Il s'en acquitta si exactement
que la première punition de cet accusé, et peut-être une des
plus grandes, fut d'avoir un si sévère rapporteur qui l'examinoit à toute rigueur et l'épouvantoit en toute rencontre. Il est
vrai qu'il le tourmenta jusqu'à la sellette, et que se trouvant
derrière lui lorsque M. le président l'interrogeoit, et trouvant qu'il ne le traitoit plus assez cruellement, il lui faisoit
lui-même des demandes violentes, et le pressoit tout bas de
répondre en le poussant si rudement, qu'enfin il lassa sa
patience et l'obligea de se tourner vers lui et de lui dire qu'il
avoit à répondre à M. le président et non pas à lui; qu'il étoit
entre les mains de la cour et qu'il étoit temps qu'il ces-
sât de le persécuter. Cette saillie du criminel et les con-
torsions que faisoit le commissaire faillirent à faire rire
les juges les plus sérieux. Enfin on en vint au jugement.
M. de Caumartin qui ouvrit les avis remontra que les accusations n'étoient pas si considérables qu'il méritât un bannissement perpétuel, et qu'il n'étoit pas juste que toute sa
postérité devînt misérable, et jugea qu'il falloit confisquer sa
justice qui lui avoit servi d'occasion de vexer ses peuples, et
l'en priver pendant sa vie; le condamner à 8000 livres
d'amende; régler son droit de noces à un écu, et lui ordonner quelques réparations pour ceux qu'il avoit fait obliger
injustement. Cette opinion parut fort judicieuse, et bien que
plusieurs fussent d'avis d'un bannissement de quelques
années, ils se rangèrent pourtant au premier sentiment,
soit parce qu'il étoit plus raisonnable, soit parce qu'ils
voulurent témoigner cette déférence à celui qui l'avoit proposé[1]. M. de Montvallat qui craignoit un arrêt plus rigoureux

---

1. Voy. l'arrêt concernant Charles de Montvallat dans le *Recueil des*

et étoit au désespoir sur les conclusions de M. Talon, se trouva trop heureux d'en être quitte à si bon marché, et songea à payer son amende, pour sortir au plus tôt de la prison. Il se trouva bien des gens qui lui en offrirent la somme, pourvu que Mme sa femme voulût s'obliger pour lui; mais elle le refusa, soit qu'elle ne trouvât point de sûreté à être sa caution, et qu'elle eût expérimenté qu'il n'étoit pas d'une grande fidélité en son endroit; soit qu'elle ne voulût rien avoir à démêler avec lui dans un temps où elle poursuivoit une entière séparation; soit qu'elle ne voulût consentir à l'exécution d'un arrêt qui ne la contentoit pas tout à fait.

On remarqua dans la poursuite de cette affaire que les paysans étoient fort hardis, et qu'ils déposoient volontiers contre les nobles lorsqu'ils n'étoient point retenus par la crainte. Si l'on ne leur parle avec honneur et si l'on manque à les saluer civilement, ils en appellent aux Grands-Jours, menacent de faire punir et protestent de violence. Une dame de la campagne se plaignoit que tous ses paysans avoient acheté des gants, et croyoient qu'ils n'étoient plus obligés de travailler, et que le roi ne considéroit plus qu'eux dans son royaume. Lorsque des personnes de qualité, d'esprit et de fort bonnes mœurs, qui ne craignoient point la plus sévère justice, et qui s'étoient acquis la bienveillance des peuples, venoient à Clermont, ces bonnes gens les assuroient de leur protection, et leur présentoient des attestations de vie et mœurs, croyant que c'étoit une dépendance nécessaire, et qu'ils étoient devenus seigneurs par privilége de leurs seigneurs mêmes. Ils étoient encore persuadés que le roi n'envoyoit cette compagnie que pour les faire rentrer dans leurs biens, de quelque manière qu'ils les eussent vendus, et sur cela ils comptoient déjà pour leur héritage tout ce que leurs ancêtres avoient vendu, remontant jusques à la

---

arrêts, déclarations, etc., de la cour des Grands-Jours; Clermont, Jacquard, 1666, in-4°. — Ces arrêts ont probablement été imprimés à cause des dispositions réglementaires qu'ils renferment.

troisième génération. Ces simplicités, qui faisoient rire ceux qui ne s'y trouvoient point intéressés, donnoient une fâcheuse contrainte à ceux qui y avoient quelque part, parce qu'il falloit souffrir des insolences auxquelles ils n'étoient pas accoutumés, et réprimer des promptitudes qu'ils n'avoient pas accoutumé de réprimer, lorsqu'ils voyoient la justice plus éloignée. Celui qui s'en trouva le plus incommodé fut M. de Chazeron, qui est un homme assez considérable dans la province, et dont on n'a pu faire aucune plainte. Un de ses sujets, fort avare et fort mutin, se souvenant qu'il avoit appris par tradition dans sa famille que son bisaïeul ou trisaïeul avoit autrefois vendu quelque pré ou quelque vigne au grand-père de ce gentilhomme, le vint trouver dans sa maison, et lui demanda la restitution de son bien. Ces demandes ne sont jamais agréables; mais quand elles sont injustes et sans fondement, elles excitent la colère des plus modérés. Il lui représenta que le temps de la restitution étoit venu; qu'après en avoir joui injustement, le roi envoyoit des gens qui ne le craignoient pas, et qui rendroient bonne justice. On lui répondit qu'il se trompoit; que ce qu'il demandoit n'étoit pas juste, et que si ses ancêtres avoient vendu leur champ, les siens aussi l'avoient payé. Cette raison ne parut pas trop convaincante à ce bonhomme, qui se mit sur sa rustique fierté, et enfonçant son chapeau, et s'approchant avec emportement, et mettant sa main gauche à son côté, et faisant un geste menaçant de la droite : « Vous me le rendrez, disoit-il, et les Grands-Jours.... » Le paysan auroit été plus sage en un autre temps, et le seigneur l'auroit été moins; mais la peine où l'on voyoit ceux qui étoient accusés faisoit craindre ceux qui ne l'étoient pas. Aussi, toute la punition qu'il osa faire de cette hardiesse fut de lui jeter son chapeau à terre, et de l'avertir de se tenir dans le respect. Mais ce misérable, entrant en fureur, lui commandoit de lui ramasser son chapeau, ou qu'il lui en coûteroit la tête. La chose en vint au point que le gentilhomme, craignant de s'emporter et se méfiant de sa patience, en un temps où il falloit éviter toute sorte de reproche, lui releva son chapeau, et lui en ayant donné quelques coups, trouva à propos de monter à cheval et de venir faire ses plaintes à M. le président[1]. Tant le peuple se flatte ici des Grands-Jours, et tant la noblesse les craint !

Il en a coûté davantage à un officier de Riom, dont le père avoit acheté le champ d'un pauvre homme de son voisinage. Il jouissoit en repos de ses possessions et ne craignoit aucune accusation, lorsqu'on vint lui demander ou le champ ou le prix, au jugement des experts ; il examine la demande, il fait venir des anciens du village, il ne trouve rien dans ses papiers qui justifie l'acquisition. Les villageois témoignent que ce champ appartenoit à la maison de celui qui le requéroit. L'expédient le plus court fut de faire venir des experts, de réduire la somme du prix, et de payer 800 livres au demandeur, plutôt que d'être obligé à rendre par force, et d'être exposé aux peines des concussions et des violences. Mais ayant depuis trouvé des papiers qui justifient sa possession, et le paysan ne croyant point que les Grands-Jours soient venus pour lui, et qu'ils aient droit d'obliger à restitution ceux qui n'ont pas le malheur d'être nés nobles, il n'en a rien pu tirer que la raillerie de toute la ville. Ces choses ne sont que plaisantes et ne méritent pas qu'on les insère parmi les affaires sérieuses qui se passent ici, mais elles ne laissent pas de faire voir l'autorité du roi et la crainte qu'imprime dans les esprits la sévérité de sa justice.

Pendant que la noblesse et le peuple étoient dans cet état, les dames avoient aussi leurs affaires, et l'on ne voyoit que beaucoup de sollicitcuses qui venoient justifier leurs maris

---

1. Voy. la *Correspondance administrative sous Louis XIV*, t. II, p. 163. Les détails donnés par Fléchier y sont confirmés dans une lettre du président de Novion à Colbert.

qui étoient en fuite, ou qui venoient répondre en leur propre nom sur les violences dont on les avoit accusées. Mme la marquise de Canillac se trouvoit embarrassée dans les déréglements de son mari, et rendoit raison de sa conduite. Mme la comtesse de La-Roue avoit été citée aux Grands-Jours, et quoiqu'elle eût sept ou huit frères qui avoient des terres et des vassaux dans l'étendue du ressort, elle étoit la seule de sa famille qu'on accusoit. Mme la comtesse d'Apcher faisoit partout retentir le bruit de l'innocence de son mari, qui avoit eu l'honneur d'être mis au rang des Espinchal et des Canillac; et quelque âgée qu'elle soit, elle rompoit les oreilles des juges des noms de défunt son *papa*, dont elle porte un portrait bordé de blanc toujours pendant à sa ceinture. Cette dame est fort impérieuse, et en plusieurs rencontres elle avoit méprisé les Ribeyre, qui sont dans l'alliance de M. de Novion, qu'elle traitoit de petites bourgeoises, et dont elle disoit publiquement des choses fort désobligeantes sur la qualité. Elle avoit même blasphémé contre la beauté de Mme Ribeyre, et avoit déclaré hautement qu'elle avoit eu des femmes de chambre plus belles qu'elle; ce qui paroissoit trop injurieux pour être pardonné : aussi n'étoit-on pas fâché de la voir dans une posture plus humiliée.

Mlle de Beauvesé, qui est une demoiselle à Mme la Comtesse [1], y sollicitoit les juges pour rentrer dans la possession d'un bien que son père avoit autrefois aliéné à son préjudice. Elle est assez bien faite, et pourroit même prétendre à passer pour belle, si elle ne s'efforçoit un peu trop de le paroître; car rétrécissant toujours la bouche, qu'elle a déjà assez belle et assez petite, elle se rend difforme par cette affectation, et clignotant perpétuellement ses yeux pour les rendre plus brillants, elle leur fait perdre tout l'éclat qu'ils auroient; enfin, tirant sa voix du fond du gosier, pour avoir quelque

---

[1]. Olympe Mancini, nièce de Mazarin, mariée à Eugène-Maurice de Savoie, comte de Soissons. On l'appelait *Madame la Comtesse*.

agrément en son parler, elle achève de se contrefaire tout entière. Lorsqu'elle parut dans la ville avec une bonne vieille femme qu'elle appeloit sa mère, et qui l'est effectivement, la fille étant fort galante et fort affectée, et la mère paroissant de mauvais augure, quelques zélés faillirent à leur faire affront ; mais elle parla tant de Mme la Comtesse et de M. le duc de Savoie, que Dieu la sauva du déplaisir qu'elle auroit reçu. On parloit encore de quelques autres qui étoient en fuite et qu'on accusoit d'être criminelles dans leurs familles, où les maris étoient innocents. Mme la marquise de Sales en étoit une, et il passoit pour constant qu'elle avoit excité M. son mari à un des plus cruels assassinats qui se soient faits dans la province. Mais celle qui avoit fait le plus de bruit en ce pays, et qui avoit eu plus de raison de se retirer, étoit Mme la comtesse de Busset, qui se trouvoit coupable de beaucoup de déréglements. Elle étoit accusée d'avoir eu diverses passions en divers temps, quelques-unes fort douces, et quelques autres fort violentes. Elle avoit eu beaucoup de galanteries, et comme elle étoit fort belle, elle avoit attiré plusieurs amants, et ne leur avoit pas été cruelle, s'il faut en croire au bruit commun. M. de Candale [1], qui étoit gouverneur de la province, la vit et l'aima ; et comme il n'étoit pas des plus fins galants, il se vantoit partout d'être aimé et d'être l'unique ; mais il sut enfin qu'il avoit plus de rivaux qu'il n'avoit pensé. Tout le monde sait qu'elle s'échappoit de temps en temps pour quelques jours, et s'en alloit à Paris en poste, d'où, après avoir achevé toutes ses affaires, elle revenoit froidement chez elle. Son mari, qui est de la maison de Bourbon et qui n'en est ni plus glorieux ni plus sévère, la laisse vivre à sa mode, et n'en a paru jaloux qu'une fois. Il avoit appris les amours d'un gentilhomme

---

1. Louis-Charles-Gaston de Nogaret de La Valette et de Foix, duc de Candale, gouverneur d'Auvergne ; il était né à Metz le 14 avril 1627, et mourut à Lyon le 28 janvier 1658.

avec sa femme, et il étoit assuré que le lieu de leur rendez-vous ordinaire étoit une cabane de berger, couverte de chaume, où ces deux amants traitoient leurs affaires secrètes avec moins de simplicité que les bergers et les bergères ne font ordinairement. Quelqu'un l'ayant exhorté à la vengeance de ce déshonneur, il fit mettre un jour le feu à cette cabane. Il crut, le bonhomme, qu'il ne leur restoit plus de lieu propre à telles négociations, que leur amour s'éteindroit par l'embrasement de leur retraite, et se tenant en sûreté depuis ce coup, il se vantoit d'avoir bien vengé sa famille. Cependant, il est certain que pendant qu'il faisoit brûler ce chaume, sa femme brûloit d'amour avec son galant, et trouvoit l'occasion de se satisfaire en un temps où l'on travailloit à le lui ôter. On l'accusoit encore de quelques violences. Voilà l'état où se trouvent les dames de la province.

Le samedi 28 de novembre[1], qui étoit le dernier jour de la première déclaration, la prorogation pour deux mois fut publiée en pleine audience, et reçue avec tout le respect qu'on devoit aux ordres du roi. On plaida ensuite quelques affaires de peu d'importance. Ainsi furent terminés les deux premiers mois de la Chambre des Grands-Jours. Nous sortîmes de Clermont, le dimanche au matin, pour aller faire nos dévotions à une abbaye de l'ordre de Saint-Benoît, sous le titre de Saint-Allyre, qui est à cent pas hors de la ville, où des religieux réformés vivent fort exemplaire-

---

1. *Journal de Dongois*, fol. 159 : « Dès le matin, M. Talon, étant entré en la Chambre, dit que, suivant l'arrêté du 12 novembre, il avoit écrit à M. le chancelier qu'il plût au roi d'envoyer au parlement la déclaration de la continuation des Grands-Jours, pour y être vérifiée et registrée en la forme ordinaire et accoutumée; qu'il n'avoit point encore de nouvelles que cette vérification eût été faite au parlement; qu'il croyoit néanmoins qu'elle l'avoit été; mais que, comme le temps pressoit et qu'il n'y avoit plus de jour utile que ce jour, le temps porté par la première déclaration finissant lundi prochain qui étoit fête, il étoit absolument nécessaire de procéder présentement à l'enregistrement de la déclaration; autrement que la cour demeureroit sans pouvoir et sans fonction mardi prochain, etc. »

ment, sous la conduite d'un abbé régulier, qu'ils changent tous les trois ans. Après avoir satisfait à ce que l'ordre de l'Église et les devoirs de la piété chrétienne exigeoient de nous, l'abbé nous fit considérer tout ce qu'il y avoit de remarquable ou dans leur cloître ou dans leur église. La forme, l'épaisseur et l'obscurité du bâtiment nous firent bien douter, dès l'entrée, de l'ancienneté de cette église, et nous persuadèrent fort aisément ce qu'on nous apprit : qu'elle étoit bâtie depuis plusieurs siècles, et que ç'avoit été la première retraite des premiers chrétiens d'Auvergne, peu de temps après les apôtres. Ce bon religieux nous montra une espèce d'oratoire, au côté droit, qui est le lieu secret où se retiroient les premiers saints du pays pour vaquer à l'oraison, lorsque la foi étoit encore persécutée. Il nous entretint assez longtemps sur les commencements et les progrès de la religion dans cette province, et nous dit plusieurs choses dont les unes étoient véritables, les autres invraisemblables, les autres sans aucune apparence. Il nous fit voir quelques reliques, et nous assura que toutes les murailles de cette chapelle étoient creuses et pleines de corps saints et d'ossements de martyrs ; et nous montrant un tombeau assez antique et un pilier d'une grandeur merveilleuse qui n'en étoit pas éloigné, nous voulut obliger de croire, sur la foi d'une tradition qui est vénérable parmi eux, que c'étoit là le tombeau d'une vierge qui étoit venue d'Allemagne pour vivre sous la direction et sous la conduite de saint Allyre. Leur histoire rapporte qu'elle étoit fille de l'empereur Sévère [1], et que, par une providence particulière, elle fut possédée du démon. Sa noblesse, son esprit, sa beauté faisoient qu'on plaignoit son malheur partout, et qu'on y cherchoit tous les remèdes dont on se pouvoit aviser. C'étoit une chose terrible de voir la fille du maître du

---

1. Grégoire de Tours raconte dans *les Vies des Pères*, chap. II, la guérison de la fille de l'empereur Maxime. C'est par erreur que Fléchier l'appelle l'empereur Sévère.

monde entre les mains d'un tyran secret et inconnu, et un ange visible, sous la puissance d'un démon qu'on ne voyoit pas. Tous les efforts qu'on fit pour la délivrer furent inutiles, jusqu'à ce qu'on eut recours à ce saint qui vivoit dans sa retraite à Clermont, et dont la réputation s'étoit répandue jusque dans les provinces d'Allemagne. Il fut appelé avec instance par l'empereur, et fit des prières qui touchèrent le ciel, et attirèrent la guérison de la belle possédée. Son libérateur l'instruisit des principes de la religion chrétienne, et la délivra en même temps et des peines qu'elle souffroit et des erreurs où elle étoit engagée, et la tira de la puissance des diables qui la tourmentoient et des dieux qu'elle adoroit, suivant la superstition de ses pères : aussi, elle eut une si grande reconnoissance pour le bienfait qu'elle avoit reçu, qu'elle rompit tous les liens de la nature, de l'intérêt et de la persuasion, et, quittant ses parents, ses biens et ses idoles, se rendit en Auvergne pour y suivre les maximes évangéliques et les grands exemples de son bienfaiteur. Pour le mystère du pilier, il nous l'expliqua avec bien du plaisir, et nous dit que le saint, dans les exorcismes, s'étant souvenu qu'il faisoit bâtir son église, avoit ordonné au démon de sortir du corps de la fille, et de porter à Clermont un grand pilier qui étoit à la porte du palais de l'empereur ; ce qu'il avoit fait, traînant en l'air cette lourde masse sans machine, avec la seule force de son petit doigt. Il n'y a pas deux mois, qu'en mémoire de cette action mémorable, on voyoit un petit diable de pierre attaché à cette colonne, et l'on en trouve la représentation dans plusieurs tableaux de cette église.

Nous entrâmes ensuite dans le cloître et dans un petit jardin où l'on nous fit voir des grottes de voûtes de rocher, des cabinets et cent autres choses que fait en ce lieu une fontaine admirable qui change tout ce qu'elle arrose en pierre. Elle a fait, en coulant, un pont d'une grandeur fort considérable qu'elle augmente tous les jours ; on disoit que cette petite source coule par-dessus pour y travailler, et qu'elle promet de le rendre encore plus grand si l'on ne la détourne. Les feuilles et les bâtons qui tombent par hasard, ou qu'on jette exprès dans cette eau, durcissent insensiblement, et se couvrent d'une écorce assez forte, qui se forme d'un limon subtil qu'elle entraîne, et qui ne paroît point dans son cours, qui s'épaissit pourtant sur les matières solides qu'elle rencontre. Pline [1] parle d'une rivière des Ciconiens qui avoit la même vertu, dont Ovide [2] avoit dit devant lui, peut-être un peu poétiquement, qu'elle faisoit des marbres de tout ce qu'elle touchoit, et transformoit les corps de ceux qui en buvoient en pierres dures. Le même auteur fait pourtant mention d'une pareille rivière au delà de Surrente [3], dont l'eau était fort douce et fort saine à boire. Si nous étions au siècle des métamorphoses, nous trouverions bien le nom de quelques nymphes dont les cœurs auroient été inflexibles à leurs amants, qui auroient mérité d'être changées en froides fontaines, et qui, étant tombées dans un état de nature liquide, auroient conservé le droit d'endurcir tout ce qu'elles rencontreroient. Mais nous sommes désabusés de ces sortes de transformations ; et nous devons nous contenter d'admirer ces jeux ou ces merveilles de la nature, sans les rapporter à des imaginations fabuleuses.

Cette seconde ouverture des Grands-Jours se fit par une

---

1. « In Ciconum flumine, et in Piceno lacu Velino, lignum dejectum « lapideo cortice obducitur, et in Surio, Colchidis flumine, adeo ut lapi- « dem plerumque durans adhuc integat cortex. Similiter in Silaro, ultra « Surrentum, non virgulta modo immersa, verum et folia lapidescunt, « alias salubri potu ejus aquæ. » (Plin. *H. N.*, lib. II, cap. cvi.)

2.   « Flumen habent Cicones quod potum saxea reddit
        Viscera; quod tactis inducit marmora rebus. »
                                    (*Metam.*, XV, v. 313.)

La source de Saint-Allyre n'est pas la seule qui ait, en Auvergne, la propriété de cristalliser les objets qu'on y plonge. D'autres sources, et particulièrement celle de Saint-Nectaire (Puy-de-Dôme), ont la même vertu.

3. Sorrente ou Sorrento, dans la Terre de Labour (royaume de Naples).

audience que tout le monde trouva fort divertissante, parce qu'on y plaida la cause de Mme la comtesse de Saignes[1] contre son mari, sur un plaisant différend qu'ils avoient ensemble. M. le comte de Saignes étoit un homme de qualité qui ne manquoit pas d'esprit, et qui avoit surtout une grande bonté naturelle. Il n'avoit pourtant pas hérité de beaucoup de biens de sa maison, soit parce qu'il étoit fils des cadets, soit parce qu'il avoit eu beaucoup de frères, ou soit par le mauvais ménage de ses parents. Il passoit sa jeunesse comme font les gentilshommes qui ne sont pas fort accommodés, à épargner son petit patrimoine et à chercher quelque établissement qui fît sa fortune. Comme il n'avoit pas les inclinations fort cavalières, aussi il jugea bien qu'il ne parviendroit jamais par les armes, il se borna donc à se mettre au monde par la voie de la douceur, et à plaire par ses soumissions à quelque riche dame de la province. Il tâcha, par diverses galanteries, de gagner le cœur de quelques héritières provinciales que l'éclat de sa maison pouvoit éblouir, et qui eussent reçu de lui de l'honneur, si elles eussent voulu lui donner du bien ; mais toutes ses prétentions manquèrent et tous ses desseins furent traversés. Enfin, après avoir tenté plusieurs partis, il s'attacha à la poursuite d'une dame qui étoit d'une fort honnête famille, qui pouvoit passer pour riche, si elle eût su régler ses affaires et sortir de tous les embarras qu'elle avoit trouvés dans sa succession. Il lui rendit ses assiduités ; il lui fit premièrement connoître qu'il l'aimoit avec passion ; après, qu'il étoit aussi bon ménager que fidèle amant ; qu'il savoit la manière de développer les plus grands embarras des familles ; et que, s'il n'avoit pas eu assez de bonheur pour rencontrer du bien dans la sienne, il sauroit bien maintenir et conserver celui qu'il trouveroit dans une alliance avantageuse. Il persuada si adroitement par ses discours à cette dame qu'il savoit aimer et qu'il savoit plaider, qu'elle l'épousa

---

1. Marie de Cluys, que François de Chabannes, comte de Saignes, avait épousée en secondes noces.

dans l'espérance de trouver en lui et un mari et un protecteur. Elle ne fut pas tout à fait trompée, et s'il ne lui fut pas fidèle en toutes choses, il le fut pour le moins à soutenir les intérêts qui lui étoient devenus communs avec elle, et à dégager sa maison. De sorte qu'après plusieurs procès qu'il gagna, il vécut fort en repos et dans une parfaite intelligence avec sa femme, s'étudiant à augmenter son revenu, et jouissant paisiblement de dix à douze mille livres de rente. La douceur de son bon ménage fut interrompue par la mort de la comtesse, qui, pour récompenser l'affection et les services de son mari, dont elle n'avoit point eu d'enfants, le fit son héritier universel, et le laissa dans un état de repos et de satisfaction parfaite, s'il n'eût été touché sensiblement de la perte qu'il venoit de faire.

Mais les hommes ne sont jamais contents de leur sort, et lorsqu'il semble qu'on n'ait plus rien à souhaiter, il vient certains désirs de je ne sais où, qui troublent tout sans qu'on y pense. Ainsi, quoique le comte de Saignes eût sujet de passer doucement le reste de ses jours, et qu'il fût d'un âge à n'avoir plus de grandes passions, il trouva dans le voisinage de ses terres une jeune beauté qui eut assez de charmes pour lui faire oublier et ses premières amours, et ses résolutions, et son âge, et ses intérêts, et toutes sortes de bienséances. Dès qu'il la vit il en soupira, et bientôt après il en brûla, et en fit la demande à ses parents. Quelque soin que prissent ses amis de lui ôter cette passion, ils ne firent que l'enflammer. Il voulut acheter sa seconde femme comme la première l'avoit acheté. Les parents de la fille, qui n'avoient ni du bien ni de la naissance, furent ravis de faire d'une pauvre bourgeoise une assez riche comtesse, et l'accordèrent fort volontiers. Il est vrai que si la fortune l'avoit négligée, la nature avoit pris soin à l'embellir, et qu'elle avoit en beauté tout ce qui lui manquoit en abondance. Elle avoit la taille fort belle, l'air aussi agréable qu'on le puisse avoir, le teint fort vif et fort uni, les traits fort beaux, les yeux doux, la bouche petite et vermeille, et je ne sais quelle délicatesse répandue sur son visage. Joignez à cela cette fleur de jeunesse qui donne de l'éclat et qui anime la beauté en lui donnant de l'agrément. Enfin, il ne lui manquoit rien qu'un titre de comtesse pour relever par quelque gloire apparente tant de bonnes qualités naturelles. La fortune, qui se repentit de n'avoir pas assez bien accompagné sa beauté, lui offrit par hasard ce qu'elle ne lui avoit pas donné par droit de naissance, et si elle pouvoit dire qu'elle épousoit un mari bien noble et bien riche, il pouvoit bien se vanter aussi qu'il épousoit une très-jolie et très-agréable personne. Ceux qui ne considéroient que la disproportion de l'âge et des biens entre ces deux amants, blâmoient la passion du comte; mais la beauté de sa femme le justifioit, dès qu'on l'avoit vue; et tout le monde tomboit d'accord que pour un si agréable sujet un peu de folie étoit raisonnable. L'affaire fut donc conclue; il satisfit sa passion de son côté; elle satisfit son ambition du sien; et toutes choses sembloient être disposées à une grande union entre eux. Mais l'infidèle époux, qui revenoit de ses débauches, avoit fait paroître tous ses biens et avoit eu soin de cacher ses maux, et s'imaginant qu'il n'y avoit pas danger que tout fût commun entre la femme et le mari, il lui communiqua les uns et les autres, et rendit sa belle malade comme il étoit. Ses traits commencèrent à se confondre, sa fleur et son teint s'effaça ; son visage devint pâle, et la honte du mal, jointe à celle des remèdes, la rendirent tout à fait languissante. Le bonhomme en eut du regret, la fit traiter avec grand soin, et pour la consoler se mit dans les mêmes remèdes. Il la mena lui-même à Paris, espérant qu'elle y seroit mieux secourue, et sachant bien que le grand air du monde contribuoit fort quelquefois à la guérison des jeunes et belles personnes. Il ne se trompa point, et toutes choses réussirent comme il l'avoit pensé. Elle fut bientôt rétablie; toutes ses grâces revinrent avec sa santé, et se trouvant en plein air de galanterie, et mêlant un peu de coquetterie avec sa gaieté naturelle, elle s'en porta mieux qu'auparavant. Il ne tint pas de plusieurs amants qu'elle ne se vengeât de l'affront qu'elle avoit reçu dans son mariage; ils lui disoient qu'une jeune femme ne devoit point faire difficulté de tromper un vieux mari qui l'avoit trompée, et que son infidélité seroit moins criminelle que l'autre, parce qu'elle ne seroit point si dangereuse; qu'elle considérât qu'il y avoit des hommes plus sages, plus jeunes et plus honnêtes que celui qui l'avoit épousée, et plusieurs autres choses qui ne pervertirent pas son esprit, mais qui ne laissèrent pas de la toucher. Aussi elle n'eut pas beaucoup d'empressement ni de tendresse pour le comte. Elle voulut voir le monde sans lui, et la vie de Paris lui parut si douce, qu'elle eût volontiers brûlé toute sa province; mais il fallut bientôt déménager, et le mari, qui craignoit ou que le revenu de ses terres diminuât, ou que les galanteries de sa femme n'allassent un peu trop avant, suivant la coutume des vieilles gens, qui sont ordinairement jaloux et intéressés, se retira dans son village, et crut qu'il y avoit plus d'honneur et plus de sûreté pour lui d'y vivre en repos. Mais la dame qui avoit connu qu'il y avoit des hommes plus aimables galants que lui, et qui dans peu de temps avoit oublié la façon de vivre de la campagne, chercha dans la province de quoi consoler sa solitude; et pour le faire avec moins de contrainte, elle se plaint à tous ses parents de la perfidie de son mari; elle lui reproche à lui-même sa mauvaise foi, l'accuse d'être encore en mauvais état, et lui représentant continuellement le malheur du passé, et la crainte et le danger de l'avenir, elle propose une séparation d'avec lui, et fait si bien en grondant, que le bonhomme, pour se délivrer de ses reproches continuels et de ses importunités domestiques, consent qu'elle vive séparément, et lui fait 500 écus de pension, pourvu qu'elle se tienne modestement dans sa maison et sous les yeux de sa mère. Après qu'elle eut obtenu ce qu'elle souhaitoit, et qu'elle se vit libre, elle se comporta comme elle l'entendit. Ce n'est pas qu'elle n'eût beaucoup de retenue, et l'on ne l'accuse que témérairement d'avoir manqué aux conditions de son traité de séparation.

Que l'amour est puissant, et qu'il regagne facilement un cœur qu'il a soumis autrefois! Il se sert de l'absence même qui détruit la tendresse pour la renouveler, et retrace si bien dans l'esprit les objets que le hasard éloigne des yeux, qu'on aime bien souvent davantage ce qu'on n'a pas la commodité de voir quand on veut. Le comte, qui avoit accordé sans peine ce divorce et qui l'avoit souffert plus d'un an sans se plaindre, se remit dans l'esprit la beauté qu'il devoit avoir auprès de lui; la perte qu'il avoit faite de mille douceurs, et le déplaisir qu'il y avoit de vivre seul lorsqu'on pouvoit être accompagné si agréablement, et peut-être aussi la conscience qu'il y avoit de laisser une belle femme sur sa foi et sur celle d'une vieille mère, et l'embarras de lui donner une pension au bout de l'année sans qu'elle l'eût aucunement méritée. Quoi qu'il en soit, il la pria de revenir avec lui, et lui promit qu'elle ne courroit point de risques, et qu'elle ne s'en porteroit que mieux à l'avenir; et comme elle refusoit de se rendre dans sa maison, il refusa de lui payer sa pension. La jeune dame vint porter sa plainte à la Chambre des Grands-Jours, et se confiant sur sa beauté autant que sur la justice de sa cause, se rendit à Clermont, expliqua fort nettement tous ses démêlés, et avec beaucoup d'ingénuité, débita ses raisons à ses juges, afin qu'ils fussent bien instruits de l'affaire, sans laisser aucune circonstance des incommodités de son mari. Je me trouvai avec une dame qu'elle venoit visiter en sollicitant; elle fit son compliment de fort bonne grâce, et venant d'abord après aux interrogations, elle lui demanda si elle étoit de Paris, si elle étoit mariée depuis longtemps, quel âge elle avoit, de quelle maison elle étoit, combien elle avoit apporté en mariage. On la satisfit sur tous les points. Après qu'elle eut fait toutes ces questions, la dame fut bien aise d'être en droit de lui donner la question à son tour, et la menant par les mêmes routes qu'elle lui avoit ouvertes, elle connut bien qu'elle avoit autant de facilité à répondre qu'à interroger. Nous apprîmes donc qu'elle étoit du côté du Berry, d'une maison assez médiocre, âgée de dix-neuf ans, mariée depuis trois ans, et qu'elle avoit eu 2000 écus en mariage, qui n'avoient pas encore été payés. Le discours tomba bientôt sur son procès ; ce qui fit qu'elle nous exposa fort ingénument toute l'affaire, le tort que son mari lui avoit fait, la maladie invétérée et incurable qu'il avoit, le danger qu'il y avoit pour elle d'être avec lui, et plusieurs autres particularités qu'il n'est pas besoin de rapporter, lorsqu'on ne sollicite point des juges et qu'on ne parle point avec intérêt. Nous fûmes contents d'elle, et sa beauté et son ingénuité nous la firent plaindre. Elle fut aussi fort contente de nous, et l'auroit été davantage, si quelques sévères censeurs étant survenus, et ayant su sa naissance et son bien, ne lui eussent témoigné qu'elle ne devoit point se plaindre si hautement, et que le titre de comtesse et dix à douze mille livres de rente valoient bien qu'on souffrît un peu d'incommodité. Quoi qu'il en soit, je trouvois qu'elle avoit beaucoup de raison, mais qu'elle n'avoit pas assez de honte ; et l'ingénuité qui me paroît d'ailleurs une grande vertu, étoit à mon avis une imperfection en elle. M. son mari vint à Clermont, et, sans solliciter contre elle, rendoit toutes ses sollicitations suspectes en montrant son visage plein de santé et un air qui ne sentoit point son malade. L'affaire fut plaidée en pleine audience, elle y assistant et étant regardée des uns avec pitié, des autres avec amour, et des autres avec indignation. L'arrêt porta que le comte seroit visité par des médecins, et que si les choses se trouvoient comme elles étoient exposées, la dame seroit séparée et jouiroit en repos de sa pension. Les médecins de Clermont étoient prêts de terminer le différend, mais elle en appela aux médecins de Paris, et particulièrement aux médecins de la cour. Cependant elle se joignit avec les grisettes, qui sont de jeunes bourgeoises de la ville qui ont une galanterie un peu hardie, et qui se piquent de beaucoup de liberté. M. le comte de Saignes en usa fort honnêtement avec elle : ayant su qu'elle avoit besoin d'argent, il lui envoya 30 pistoles ; il alla lui-même la voir sur l'occasion d'un rhume dont elle étoit incommodée ; il lui rendit sa visite encore une fois, et quelques-uns de leurs amis les ayant enfermés ensemble dans sa chambre, je ne sais ce qu'ils y firent, mais ils en sortirent fort bons amis. Plusieurs ont cru qu'elle n'avoit à reprocher à son mari que son âge, et qu'il n'auroit point été malade pour elle, s'il n'eût été vieux[1]. Quoi qu'il en soit, ils sont raccommodés ; Dieu veuille que ce soit pour longtemps.

Le 14[2], on jugea par contumace une affaire de M. le baron de Blot avec M. de Puy-Guilhaume. Ces deux gentilshommes eurent, il y a quelques années, un démêlé qui fit assez de bruit dans la province, et, après quelques emportements de part et d'autre, ils voulurent le terminer, selon la coutume de la noblesse, par un combat particulier. L'assignation fut donnée, le lieu marqué ; ils sortirent en campagne. Quelque circonspection qu'ils eussent apportée à cacher leur dessein, ils ne dissimulèrent pas si bien que quelques gentilshommes de leurs voisins qui savoient leur ressentiment, et qui les observoient avec beaucoup de vigilance, ne l'aperçussent, ou, pour mieux dire, ne soupçonnassent quelque chose de leur résolution. Les amis de M. de Puy-Guilhaume furent les plus diligents, et montèrent à cheval au premier bruit de leur sortie. Ils allèrent chez leur ami, et ne l'ayant pas rencontré chez lui, ils coururent chez un de ses oncles, où il s'étoit retiré, et d'où il étoit prêt de sortir pour aller se battre. Lorsqu'ils arrivèrent, il fit bonne mine, comme on fait en ces occasions, et cacha si bien son dessein qu'il le découvrit ; et

---

1. Dongois dit également (dans une note de son *Journal*, fol. 165) : « Vraisemblablement son plus dangereux mal fut la vieillesse. »
2. 14 décembre 1665.

ses bons voisins qui n'étoient pas moins fins que lui, jurèrent qu'ils ne pouvoient point s'empêcher de le conduire dans son château, et qu'ils ne l'abandonneroient point qu'il n'y eût quelque accommodement. C'est en ces rencontres que la petite noblesse se fait de fête. Sous prétexte d'empêcher un combat, ils triomphent bien souvent eux-mêmes ; ils ravagent une maison, lorsqu'ils viennent la secourir, et les ennemis ne font pas souvent tant de désordre que ces troupes auxiliaires. Une petite course qu'ils auront faite leur vaudra plusieurs jours de bonne chère ; encore leur a-t-on de l'obligation, et souvent ceux qui sont les plus heureux dans ces querelles trouvent bien à se repentir, quand ils viennent à considérer les dépenses, après qu'ils sont hors de danger. Ces gentilshommes l'accompagnoient donc, et lui rendoient ce bon office avec bien de la joie ; mais toute leur prévoyance fut inutile, et par malheur ils ne sauvèrent pas leur ami, et ne mangèrent pas un de ses poulets d'Inde. Ils avoient fait à peine une demi-lieue, qu'ils se trouvèrent dans un chemin fort creux dont la descente étoit assez difficile. M. de Puy-Guilhaume, soit qu'il fût mieux monté que les autres, soit qu'il fût bien aise d'être un peu plus avancé pour rêver à son affaire et pour entretenir son ressentiment, étoit éloigné d'eux de trente à quarante pas, et avoit déjà franchi la montée, lorsqu'il vit son ennemi qui venoit le chercher de ce côté-là, et qui n'étant pas fort éloigné, courut à lui le pistolet à la main. Il fit ses avances de son côté ; ainsi, ils se trouvèrent à une juste distance pour tirer leurs coups avant que de pouvoir en être empêchés. La rencontre fut si imprévue et le combat fut si subit, que ceux qui étoient venus pour assister leur ami, le virent revenir sur ses pas blessé qu'il étoit, et tomber bientôt de cheval, criant qu'il avait le ventre brûlé. Le baron de Blot se mit en fuite, et quelque assistance qu'on pût rendre à M. de Puy-Guilhaume, il mourut le lendemain de sa blessure. Il y avoit assez longtemps que l'affaire étoit passée, mais on en fit venir les informations aux Grands-

Jours, où M. de Blot, qui étoit fugitif, fut condamné par contumace à être pendu, tous ses biens confisqués au roi, ordonné que son château seroit rasé après les cinq ans de la contumace, selon l'ordonnance [1]; qu'on feroit le procès à la mémoire du défunt, selon les formes accoutumées en telles rencontres [2]. Ce jugement ne fut pas sans difficulté. Il y eut quelques-uns des juges qui le trouvoient trop rigoureux, et qui prétendoient que, pour faire un véritable duel, il falloit non-seulement un combat, mais qu'il falloit qu'il fût volontaire et de concert entre les deux parties; qu'en celui-ci, le défunt avoit été forcé par l'irruption subite de l'autre, et qu'à son égard ce n'avoit été qu'une rencontre, et qu'il n'étoit point sorti de la loi de la défense légitime. Ils rapportoient l'exemple de M. de Nogent et de M. d'Alluy, dont le dernier ayant forcé l'autre de tirer l'épée à Paris, et ayant été tué, fut déclaré tué innocemment et dans les règles de la défense. Cette jurisprudence paroissoit fort raisonnable, mais le sort des jugements l'emporta, et M. de Barillon, qui avoit ouvert cet avis à la douceur, et M. de Caumartin, qui l'avoit suivi, ne purent point y ramener la pluralité des voix.

L'après-dînée, on tint audience où l'on plaida plusieurs petites affaires. L'une de M. Deshéraux, qu'on accuse d'avoir pendu de sa propre autorité un homme qui lui avoit fait un affront sanglant. Ce gentilhomme, dont nous parlerons en un autre endroit, étant sur le point de se mettre en fuite, fut arrêté et conduit aux prisons des Grands-Jours, où voyant de

---

1. De juin 1643, art. 14 et 17.
2. Dongois résume ainsi ce jugement (*Journal*, fol. 185) : « Le baron de Blot fut atteint et convaincu du crime de lèse-majesté, d'avoir contrevenu aux édits et déclarations des duels; pour réparation il fut déclaré déchu du privilége de noblesse, condamné d'être pendu et étranglé, et en quatre mille livres parisis d'amende; que ses maisons et châteaux seroient rasés, les fossés comblés, les bois servant d'ornement coupés à trois pieds de hauteur, ses armoiries brisées et noircies par l'exécuteur après les cinq années de la contumace expirées; et il fut ordonné que le procès seroit fait à la mémoire de Péguillon, contre lequel il s'étoit battu. » Le nom de Péguillon est le même que celui de Puy-Guilhaume ou Puy-Guilhem.

grands exemples de sévérité et n'espérant point ni de grâce ni d'impunité dans une justice si exacte, il présenta requête pour être renvoyé au parlement de Paris, où son affaire étoit pendante, et où il devoit être jugé en vertu d'un arrêt du conseil. Mais M. Talon, qui ne veut point laisser échapper sa proie, s'y opposa fortement; représenta que les Grands-Jours étoient établis pour punir tous les criminels qu'ils trouvoient dans toute l'étendue de leur ressort ; que la cour qui étoit à Clermont et le parlement de Paris n'étoient pas deux choses différentes, et conclut à retenir son procès. Ses conclusions furent suivies. L'autre fut une requête que présentoit une femme pour être séparée de son mari. Elle prétextoit des violences et des injures considérables ; qu'elle avoit été menacée, qu'elle avoit été maltraitée chez elle, et qu'elle avoit encore plus à craindre qu'elle n'avoit eu à souffrir. Mais la cause secrète de ce mauvais ménage étoit l'attachement qu'elle avoit avec M. l'official de....., qui la recevoit tous les jours chez lui, et lui auroit volontiers donné des lettres de séparation et de dispense de fidélité conjugale. Le malheur pour lui étoit que la mère et tous les parents de la demoiselle s'opposoient à sa prétention ; ce qui obligea les juges de la remettre entre les mains de son mari, qui veut l'avoir auprès de lui, pour l'exhorter à bien vivre et pour la tirer de la juridiction de l'officialité.

Le 15 [1], l'affaire de Mme de Vieuxpont fut expédiée. On s'étonna un peu moins de son crime, quand on sut que c'étoit une dame de Normandie ; et le naturel de la nation fit excuser en quelque façon le peu de sincérité de la personne. Cette dame ayant eu quelque sujet de se plaindre du procureur du roi d'Évreux [2], conçut une telle animosité contre lui, qu'elle résolut de le perdre à quelque prix que ce fût. Comme c'étoit un homme à qui l'on n'avoit peut-être aucun reproche à faire avec justice, elle résolut de lui susciter de

---

1. Dongois place au 22 décembre le jugement de ce procès.
2. Il s'appelait Henry de Launoy et était avocat du roi à Évreux.

fausses accusations, et de se venger par adresse. Elle se sentit assez capable de trahison, et se trouvant dans un pays où le faux témoignage n'est pas si défendu qu'ailleurs, elle se joignit avec cinq ou six personnes aussi peu scrupuleuses qu'elle, entre lesquelles étoit Damonville, intendant des eaux et forêts, un sergent et deux ou trois autres personnes; et ainsi son dessein devint une conspiration. Elle se servit de la première occasion qu'elle rencontra, qui fut un baptême d'un enfant du sergent qui se trouve aujourd'hui dans l'affaire, et cette action, qui d'ailleurs est si sainte, lui servit d'occasion d'être criminelle. Elle résolut de manquer de foi, en recevant la profession de celle de l'enfant qu'elle tenoit, et cette solennité fut une fête de cabale. La première chose que fit cette bonne commère, ce fut d'attirer le chevalier de Russan, qui étoit compère avec elle, et d'avancer le complot par son moyen. Il y avoit pour lors une affaire dans Évreux qui partageoit la ville, touchant quelque argent qui avoit été levé sur des particuliers, pour payer le don gratuit de la province[1]. Le procureur du roi fut obligé de parler en cette rencontre; et l'on prit sujet de l'accuser sur la harangue qu'il avoit faite. Des témoins furent disposés, les informations furent dressées; tout fut prévu et prémédité, et comme on eut publié des monitoires dans la ville, par ordre de M. Talon, à l'occasion de la Chambre de justice, Mme de Vieuxpont vint pieusement à révélation, et accusa M. le procureur du roi d'avoir tenu des discours fort séditieux et fort injurieux au roi, en parlant du don gratuit, en pleine audience, et d'avoir dit publiquement que le roi étoit un tyran, que son conseil étoit tyrannique; qu'il falloit avouer que c'étoit un fâcheux gouvernement que la monarchie; qu'il seroit bien plus à propos de changer le royaume en république, de réduire l'État à la forme du gouvernement de Venise; que chaque province devoit se conduire par elle-

1. On appelait *don gratuit* l'impôt que le clergé payait au roi. L'assemblée du clergé votait le *don gratuit* de cinq ans en cinq ans.

même, et qu'on devoit prier le roi de se retirer dans quelque cloître, comme on avoit fait autrefois à quelques-uns de nos princes, qu'on avoit rasés pour des raisons *semblables*, et plusieurs autres choses atroces qui mériteroient une punition bien exemplaire, si elles étoient bien prouvées. Le chevalier de Russan prit le soin d'en informer Sa Majesté, et deux des conjurés eurent l'honneur de l'entretenir ensuite assez longtemps, et avec tant d'apparence, que le roi leur donna deux cents pistoles et des ordres pour arrêter cet officier malheureux. Il fut conduit à Paris, et son procès instruit par la Chambre de justice [1]. On produisit cinquante dépositions de témoins, dont dix-huit étant confrontés dirent ou qu'ils avoient été forcés ou qu'ils avoient été surpris, outre que plusieurs personnes d'honneur qui avoient assisté à l'audience le même jour, témoignoient que ce n'étoit qu'une calomnie, et qu'ils n'avoient rien ouï de séditieux. Le bonhomme mourut dans la poursuite du procès, et les accusations furent si violentes, qu'il ne fut pas loin d'être condamné. Enfin, sa mémoire fut justifiée par arrêt de la Chambre de justice, à la sollicitation du fils qui, pour venger l'injure, et pour passer pour fils de bon naturel, prit les témoins à partie, et fit tout ce qu'une juste indignation et la loi même conseille en ces occasions, jugeant fils indigne de la succession *celui* qui ne poursuit pas ces injustices contre l'innocence des pères. La Chambre de justice se trouvant dans un grand embarras d'affaires, renvoya la dame de Vieuxpont et ses complices aux Grands-Jours, où le procès fut jugé au rapport de M. de Vaurouy. Ce ne fut pas sans difficulté : quelques-uns furent d'avis de la renvoyer sans punition et sans infamie, sur ce que de cinquante témoins on n'en avoit confronté que dix-huit ; que la déposition de ceux qui témoignoient n'avoir rien ouï dans l'audience, étoit une déposition

---

1. Cette Chambre de justice, instituée en 1661 pour juger les officiers de finances, siégea jusqu'en 1668. L'affaire dont il est question avait été renvoyée devant la Chambre de justice parce qu'il s'agissait d'un impôt.

négative, qui concluoit fort peu ; que c'étoient des officiers qui étoient amis de l'accusé ou qui craignoient eux-mêmes d'être accusés de n'avoir pas déféré un criminel d'État ; qu'apparemment il y avoit quelque fondement, et que l'effronterie eût été trop grande de supposer un crime public ; que l'animosité et la haine avoient sans doute bien ajouté à la vérité, mais que deux ans de sévère prison avoient assez puni ce qu'il y avoit d'excès et d'emportement de passion. Les autres soutenoient au contraire qu'il y avoit l'hyperbole du complot, et qu'ainsi tout devoit être suspect ; que Mme de Vieuxpont avoit déjà déposé une autre fois contre cet homme, et qu'ainsi elle étoit son ennemie déclarée ; qu'elle avoit été capable de beaucoup de déréglements, et qu'on ne lui faisoit pas tort de la soupçonner de calomnie. Les conclusions de M. Talon alloient au bannissement perpétuel et à la confiscation de ses biens. Enfin, la plus grande partie des voix alla à trois ans de bannissement, à 8000 livres de réparation, dommages et intérêts de la partie, et à 2500 livres d'amende solidaire pour elle et ses complices. Damonville fut aussi condamné au bannissement, et le sergent qui avoit dressé les dépositions, suscité les témoins, donné des exploits, et conduit l'accusé et fait mille personnages dans ce procès, fut condamné à cinq ans de galères[1].

Lorsqu'on mena cette dame devant les juges, elle parut

1. Voici, d'après le *Journal de Dongois*, le sommaire de l'arrêt : « Collart, sergent d'Évreux, fut condamné aux galères pour cinq ans ; Philippe d'Amonville, maître des eaux et forêts de la même ville, et la dame de Vieuxpont, baronne d'Haudouville, furent bannis des ressorts des parlements de Paris et de Normandie, savoir : d'Amonville pour sept ans, la dame de Vieuxpont pour trois, et ils furent tous trois condamnés solidairement en huit mille livres tournois de réparation envers Henry de Launoy ; et d'Amonville et la dame de Vieuxpont en mille six cents livres d'amende envers le roi. » Dongois a ajouté en note : « Les accusés avoient conspiré de perdre Launoy, avocat du roi à Évreux ; et pour cela, sur quelques paroles assez innocentes qu'il avoit dites en sa place, ils l'accusèrent de crime de lèse-majesté ; de sorte que Launoy, ayant été arrêté par l'ordre du roi, son procès fut instruit à la Chambre de justice où son innocence parut si visi-

d'abord avec beaucoup de fermeté ; mais lorsqu'il fallut se mettre sur la sellette, la crainte du jugement tira des larmes de ses yeux. Elle fut jusqu'au soir dans des emportements de douleur fort grands, sur l'incertitude de son arrêt, et quelque espérance qu'on pût lui donner, elle n'étoit pas consolable. Enfin, un gentilhomme qui avoit soin de ses affaires, arriva et lui dit d'une voix triste qu'il falloit se soumettre à tous les ordres de la Providence, et recevoir de la main de Dieu tout ce qu'on nous impose de peine, et que les juges ne sont que les interprètes des jugements de Dieu. Ce compliment, qu'on fait ordinairement à ceux qui sont jugés à mort, et qu'on veut préparer à leur dernière heure, épouvanta la dame affligée. La couleur de la mort parut peinte sur son visage, et elle souffrit un instant ce que souffrent ceux qui sont condamnés au dernier supplice ; mais comme elle eut appris que son arrêt ne portoit qu'un exil de trois ans, et une amende de 2000 livres, son visage devint plus tranquille, ses yeux plus sereins ; elle donna quelques moments de trêve à sa douleur. Mais après avoir passé ce premier mouvement de satisfaction, la réflexion qu'elle fit sur son arrêt l'affligea fort. Elle revint dans ses premières tristesses, et cette petite joie de ne mourir pas fut bientôt passée, quand elle reconnut qu'elle ne pouvoit plus vivre que misérable. Elle a été durant deux ans extrêmement resserrée ; tous ses fermiers ont négligé et même ruiné ses terres, et il est probable qu'elle sera longtemps encore dans la prison, si l'on attend qu'elle ait payé ses réparations et ses amendes. Ceux qui parlent de son affaire avec un peu moins d'indulgence que les autres, disent qu'elle a été capable de passions fort emportées. M. l'intendant de cette province, qui a été autrefois son juge à Rouen, nous racontoit qu'elle avoit été en fort mauvaise intelligence avec son mari ; qu'elle l'avoit fait même appeler

---

blement que l'on décréta contre les témoins, et l'on instruisit le procès. Mais, comme cette affaire étoit très-intriguée, elle fut renvoyée aux Grands-Jours, où elle fut jugée. »

en duel avec beaucoup de courage, et que le mari ne voulant
point faire de si tristes combats avec elle, lui avoit mis en
tête la belle-mère qui ne lui cédoit pas en hardiesse, et qui,
pour conserver avec l'avantage de l'âge celui d'être aussi
violente qu'elle, lui tira un jour un coup de pistolet dont elle
la blessa, et lui fit connoître qu'il ne falloit jamais s'en prendre aux belles-mères. Cette mauvaise humeur où elle étoit
contre son mari, a fait croire qu'elle avoit eu quelque part à
sa mort; mais ce peut être une calomnie par laquelle on
venge celle qu'elle a suscitée contre les autres.

Ce même jour, la commission pour la présidence de M. de
Caumartin fut présentée dans la Chambre[1]. M. Talon avoit
reçu une lettre de cachet depuis deux jours, avec des ordres
précis de la présenter. Il alla d'abord trouver M. de Novion
pour lui faire part de cette nouvelle, et l'ayant rencontré avec
quelques-uns de MM. les conseillers, il leur représenta que
le commandement étoit pressant et l'autorité du roi bien engagée; que les parlements pouvoient quelquefois, pour des
considérations raisonnables, différer l'exécution des ordres
du roi, mais qu'un officier comme lui devoit s'acquitter au
plus tôt des commissions qu'il recevoit, et ne pouvoit plus s'en
dispenser en aucune manière. Ces Messieurs lui témoignèrent qu'ils étoient résolus d'arrêter dans la Chambre qu'on
supplieroit Sa Majesté d'adresser au parlement cet arrêt
pour l'enregistrement. M. Talon, voyant leur fermeté là-
dessus, proposa quelques expédients, et vint trouver M. de
Caumartin pour l'informer de toutes choses et pour lui faire
les propositions d'accommodement qu'on lui avoit faites; il
lui représenta leur obstination; il venoit de recevoir d'un
côté des lettres de ceux qui avoient sa correspondance, qui
lui marquoient que la cour vouloit pousser entièrement l'affaire; que le roi prétendoit faire valoir son autorité engagée,

1. La commission pour la présidence fut présentée le 14 décembre,
d'après Dongois. On trouvera dans le journal du greffier toutes les pièces
relatives à cette affaire.

et que pour lui il ne devoit recevoir aucune sorte de tempérament. En effet, les puissances en avoient ainsi parlé ; mais de l'autre il avoit reçu des avis secrets de quelques amis particuliers, que Sa Majesté alloit faire une déclaration dans le parlement, où l'établissement du droit annuel pour trois ans et l'évalution des charges devoient assez tourmenter le parlement, sans y ajouter de la mortification de la présidence des maîtres de requêtes ; qu'on auroit peine à pousser tant d'affaires à la fois, quoiqu'on eût toute l'autorité et peut-être tout le dessein de le faire, et que la politique feroit peut-être relâcher, en sorte qu'on enverroit ordre sur ordre, et qu'on les laisseroit tous sans exécution, jusqu'à ce que la fin des Grands-Jours fût arrivée. La prudence obligea donc M. de Caumartin à répondre avec une fermeté mêlée de beaucoup de civilité et de respect pour le roi, sans faire paroître ni aucune présomption ni aucune défiance de la cour, qu'il feroit toujours tout ce qu'un homme d'honneur devoit faire en sa place, et qu'on devoit attendre de lui qu'il soutiendroit les intérêts de sa charge, autant qu'il plairoit au roi de les appuyer, mais qu'il le feroit toujours avec toute la civilité et toute l'amitié qu'il doit à ces Messieurs ; qu'au reste il seroit bien fâché que l'autorité du roi fût commise en sa considération, et que Sa Majesté exerçât contre eux des sévérités qui lui fissent tant soit peu de peine ; que pour lui il aimoit bien mieux recevoir quelque expédient raisonnable qui ne lui fût point désavantageux ni à sa compagnie, et dont Sa Majesté fût satisfaite. M. Talon fut fort content et des sentiments et de la conduite de M. de Caumartin, et ne voulut point rendre aucune réponse à ces Messieurs de ce jour-là, et le lendemain, la Chambre étant assemblée, il proposa les ordres qu'il avoit reçus, présenta l'arrêt et la commission, et, après avoir conclu à l'enregistrement, sortit de la Chambre. On procéda aux avis, et M. de Caumartin fut le premier à opiner. Un des Messieurs voulut faire quelque difficulté et proposer qu'il eût été à propos que M. de Caumartin ne fût point présent à la délibération, mais il ne fut point écouté ; il opina donc, comme on peut penser, à l'enregistrement, et voyant bien que c'étoit une chose difficile à persuader, il se défia de son éloquence en cette occasion et ne dit que son avis précisément. Deux autres opinèrent que la Chambre ne devoit ni ne pouvoit l'enregistrer, tout le reste fut d'avis de supplier le roi de faire recevoir l'arrêt et la commission au parlement; et qu'ils les recevroient après avec joie. Ainsi la délibération se passa avec beaucoup de douceur, et M. de Caumartin, suivant l'usage des jugements, étant obligé de revenir à l'avis le plus doux, revint à celui des derniers. L'après-dînée, Messieurs lâchèrent M. de B...., qui est fort des amis de M. de Caumartin, pour lui parler de l'expédient qu'on avoit proposé ; mais il répondit que c'étoit l'affaire du roi, non pas la sienne ; qu'il souhaitoit que Sa Majesté ne leur sût point mauvais gré de leur fermeté, et qu'elle reçût en bonne part toutes leurs raisons.

Après avoir passé quelques jours sans sortir de la maison, à cause de la rigueur de la saison, je résolus de jouir de la douceur de la promenade aux premiers rayons du soleil qui paroîtroient, et j'exécutai ma résolution dès le lendemain, accompagné de M. de B...., qui est un homme d'esprit qui sait fort bien les belles-lettres et qui est d'une conversation fort agréable. Les neiges et les glaces fondues par le soleil avoient rendu les chemins si difficiles que nous fûmes d'avis de ne sortir de la ville, d'entrer dans le cloître des Jacobins pour nous y promener plus à notre aise. Nous entrâmes dans cette maison religieuse qui est d'une fondation fort ancienne, et qui est encore célèbre, non pas tant par les religieux qui l'habitent, que par un concile qui s'y est tenu sous le pape Urbain II, l'an 1095, dans lequel on conclut cette grande croisade qui a été la plus célèbre expédition qui ait jamais été entreprise sur le royaume de Jérusalem[1], et par d'autres

---

1. Le concile où fut décidée la première croisade en 1095 n'a pu se tenir dans le couvent des dominicains ou jacobins de Clermont, qui ne

assemblées qui peuvent passer pour des demi-conciles. Nous rencontrâmes un père qui paroissoit des plus habiles et des plus considérés de la maison, qui nous fit accueil et se mit de la conversation le plus civilement du monde. Il nous dit d'abord mille antiquités de son ordre et de son établissement en Auvergne, et n'oublia rien de ce qui pouvoit nous donner du respect pour sa profession. Nous l'écoutions avec tant de complaisance qu'il nous jugea dignes de nous découvrir les mystères de son ordre, et pour soulager sa mémoire, nous interpréta de certaines peintures qui sont autour du cloître, et qui ne sont ni belles ni intelligibles, mais qui ont quelque éclat par la confusion des couleurs et des personnages qui s'y rencontrent. Il nous fit remarquer premièrement que c'étoit un usage bien ancien et bien raisonnable parmi les ordres religieux de tapisser leur cloître d'une peinture généalogique de leur fondateur, et de divers portraits de ceux qui ont vécu saintement dans leur institut, afin que leurs frères apprissent la vertu par leurs exemples, et que les étrangers apprissent leur histoire par cette représentation ; et que, comme les hommes du siècle faisoient gloire d'avoir des portraits de leurs ancêtres et de les montrer à leurs amis, ainsi les religieux devoient avoir cette ambition de faire voir à tout le monde les images de ceux qui ont excellé parmi eux ou en science ou en piété ; qu'on pouvoit donner cette louange aux enfants de saint Dominique, d'avoir soin d'embellir leurs murailles de ces sortes de décorations, et d'être zélés pour manifester la gloire de leurs confrères. Nous louâmes fort leur zèle, et pour l'engager à nous déchiffrer tous ces tableaux, nous y trouvâmes et de l'artifice, et de la proportion, et de la piété, si bien qu'après nous avoir dit que c'étoit un de leurs pères qui en étoit l'inventeur et l'ouvrier, il nous montra un endroit où étoient peints des rois et des empereurs, et nous avertit que c'étoient

---

fut achevé qu'en 1246. Ce fut dans la cathédrale de cette ville que se réunit l'assemblée présidée par le pape Urbain II.

là les parentés et les alliances de leurs fondateurs, qui étoient d'une des plus nobles maisons d'Espagne, d'où étoient sortis des rois et des reines, et qu'ainsi, quoiqu'ils ne fussent que fils spirituels de l'un, ils pouvoient se dire alliés des autres, et s'appeler un ordre royal ; qu'il y avoit peu de fondateurs d'ordre d'aussi bonne maison que la leur, et que saint Ignace, dont les jésuites élevoient si fort la noblesse, n'étoit que simple gentilhomme, au lieu que saint Dominique étoit un des grands du royaume, et que, sans mépriser personne, leur institut étoit bien plus noble que leur société. Pour prouver ce qu'il disoit, il nous fit lire les vers écrits au-dessous de ces portraits :

> La maison des Gusmans, jointe à celle d'Autriche,
> Te montre en cette branche et marque ouvertement
> Que là où les vertus ont établi leur niche,
> L'honneur et la valeur y ont leur logement.
>
> Ces empereurs, ces rois, ces princes, ces princesses,
> Issus de sang illustre et de royal estoc,
> Font voir que leur grandeur, la gloire et les richesses
> Ont pris pour leur objet l'humilité d'un froc.
>
> O vous qui travaillez à vous faire paroître,
> Concevez tout le bien qu'on pourroit figurer ;
> Puis apprenez ici que le recoin du cloître
> Comprend tous les honneurs qu'on pourroit espérer.

Il nous fit remarquer ensuite que le même qui avoit fait les tableaux avoit fait les vers, et qu'il étoit lui seul le peintre et le poëte ; qu'il savoit les belles-lettres parfaitement, et qu'il avoit traduit en vers une partie de la Somme de saint Thomas, qu'il n'avoit point voulu publier par humilité, quoique ses supérieurs l'eussent bien souvent exhorté de ne cacher point ses talents de la poésie que Dieu lui avoit donnés. Après cette petite digression, il nous fit prendre garde à une grande confusion de portraits de jacobins qui sont tous ornés diversement d'une façon assez plaisante. Le peintre, qui de plus étoit poëte, en avoit fait des représentations bizarres et poétiques. Les uns portoient des massues dans leurs mains comme des Hercules, vêtus d'un froc, au lieu de sa peau de lion ; les autres tenoient des lances couronnées d'épines, comme s'ils eussent voulu courre la bague. Il y en avoit qui portoient des torches ardentes ou des épées teintes de sang. « Voilà, nous disoit-ce bon père, nos premiers martyrs qu'on a assommés à coups de massue, percés à coups de lance et brûlés avec des flambeaux ardents ; cela n'inspire-t-il pas la dévotion ? » Nous en vîmes qui flattoient des lions et des renards, et qui tenoient une colombe ou un pivert sur le poing, comme on voit des chasseurs qui sont prêts à chasser l'oiseau. « Ceux-là, nous disoit-il, sont ceux qui ont vécu dans la justice originelle, et qui, selon notre docteur angélique.... » Il nous alloit citer deux ou trois articles de saint Thomas ; mais nous l'arrêtâmes pour lui demander l'explication d'un des plus curieux de tous ces portraits. C'étoit un jacobin qui tenoit une balance en main, où il y avoit d'un côté un panier plein de fruits, et de l'autre un panier avec cette inscription : *Retribuat tibi Deus* (Dieu vous le rende), et ce *Dieu vous le rende* étoit si pesant qu'il emportoit cette grande quantité de fruits qu'on avoit mis de l'autre côté. « Voilà, s'écria-t-il là-dessus, un des beaux exemples qui soient arrivés et des plus instructifs. Ce miracle que Dieu a fait par un de nos religieux montre bien que les aumônes qu'on donne aux personnes consacrées à Dieu sont assez bien payées d'un remercîment que nous en faisons. Il seroit bon qu'on prêchât souvent cette histoire ; les gens du monde en deviendroient plus charitables, et nous en serions plus à notre aise ; car le siècle est si peu porté à faire du bien.... » Il alloit déclamer contre le siècle, mais nous avançâmes vers une autre peinture en perspective, qui représente saint Dominique et saint François qui se saluent. Il nous dit là-dessus l'alliance de ces deux ordres et quelques particularités de leur établissement, et nous trouvâmes le dessin assez beau et la peinture plus délicate que les autres. Le seul défaut que j'y remarquai, c'est que le peintre avoit représenté ces deux saints avec un peu trop d'embonpoint, et leur avoit donné tout l'air de gaieté de leurs religieux d'aujourd'hui, au lieu de leur donner leur ancien air de mortification. Cette galerie étoit finie par une représentation du pape environné de plusieurs cardinaux, à qui saint Dominique présentoit une requête, et, au bas du tableau, on voyoit le cheval de Troie traîné par Priam et par des messieurs et des dames de la ville, qui croyoient rendre un grand service à leur déesse Minerve, avec toutes les circonstances que Virgile décrit dans son second livre de l'*Énéide*. Je fus étonné de ce mélange, et je cherchai longtemps le rapport qu'il pouvoit y avoir de l'histoire d'Énée avec celle de saint Dominique, du fondateur des Romains avec le fondateur des Jacobins. « Je vous avois bien dit, me dit alors notre interprète, que le père qui a travaillé à ces ouvrages savoit fort bien les belles-lettres, et qu'il savoit quelque chose de plus que la Somme de saint Thomas; il avoit lu tous les bons auteurs, et entendoit Virgile et Homère comme son bréviaire ; et comme il étoit pieux autant que savant, il faisoit un bon usage de ses lectures, et les appliquoit avec beaucoup d'esprit et de piété à Dieu et aux saints. »

Nous entrions cependant dans une autre galerie qui achève le tour du cloître, où nous lûmes d'abord une inscription latine en grands caractères, qui nous fit connoître que nous allions voir les miracles du saint Rosaire. Ce fut en cette occasion que ce bon religieux fit valoir tout ce qu'il avoit d'éloquence, et qu'il nous dit mille curiosités que nous ne savions pas sur ce sujet: « Voyez, nous dit-il, dans ce tableau, cet évêque qui est emporté par les eaux de ce fleuve rapide qui l'entraîne, et qui lève les mains au ciel pour implorer son assistance dans l'extrémité du péril où il se trouve. C'étoit un prélat qui ne croyoit point au Rosaire, qui ne vouloit point souffrir qu'on en établît des confréries dans son diocèse, et qui n'aimoit point les frères prêcheurs[1];

---

1. Nom des moines dominicains qu'on appelait aussi jacobins, parce qu'ils s'établirent d'abord dans la rue Saint-Jacques à Paris.

mais Dieu, qui prend le soin de protéger les siens, le donna en proie à l'impitoyable élément de l'eau, qui l'eût sans doute englouti, sans les prières de ce saint homme que vous voyez au bord du fleuve. C'étoit un jacobin qui lui tendoit la main sur le rivage. Dieu le convertit enfin là-dessus ; il eut de la foi après ce danger, et nous n'avons jamais eu depuis plus grand approbateur des confréries. » En disant cela, nous avancions, sans nous arrêter, jusqu'au dernier tableau de la galerie, parce que le reste étoit assez connu et que nous n'avions pas besoin d'explication. Il nous pria de vouloir considérer cette dernière peinture qui nous apprendroit un des grands miracles qui soient jamais arrivés parmi les confrères du Rosaire. Elle représentoit un festin où il y avoit un fort beau jeune homme qui paroissoit assez modeste parmi les excès de la bonne chère, et qui pourtant sembloit être assez passionné. On voyoit auprès de lui une demoiselle qui, par son sein découvert, ses habits magnifiques, et certain air un peu déréglé que le peintre avoit tâché d'exprimer, témoignoit que ce n'étoit pas une fort honnête personne, et deux autres de même figure, et par conséquent de même façon de vivre. « Voilà, nous dit-il, une chose aussi remarquable et aussi extraordinaire qu'on puisse imaginer, et qu'il seroit assez difficile de croire, si elle n'étoit écrite dans un livre des miracles approuvé par deux théologiens de notre ordre ; car enfin on ne voit rien de semblable dans les miracles mêmes du scapulaire, et il faut que les carmes en ce point le cèdent aux jacobins. Sachez donc qu'il y avoit dans une des principales villes, je crois que c'est de l'Italie, une fille de qualité fort belle et fort enjouée, qui fut l'admiration de tous ceux qui avoient le bonheur de la voir. Comme la beauté et l'enjouement sont deux choses qui attirent extrêmement les hommes du monde et qui causent le libertinage, comme nous ne savons que trop par les confessions que nous entendons, cette demoiselle ne fut pas longtemps sans être recherchée. Plusieurs jeunes hommes lui offrirent leur

cœur, elle offrit le sien à plusieurs aussi, et, perdant petit à petit toute sa pudeur et sa retenue, elle s'abandonna à toute sorte de libertés, et ses passions furent le scandale de toute la ville, comme sa beauté en avoit été l'admiration. Dans l'état même de la plus grande débauche, elle conserva toujours, par une grâce particulière, le respect qu'elle devoit à la confrérie où elle s'étoit enrôlée, et comme ceux-là ne sauroient périr qui se sont mis dans ce pieux engagement, elle fut retirée du danger où elle étoit de se perdre par une voie tout à fait extraordinaire. » Il nous raconta ensuite que ce jeune homme du tableau, de la tête duquel on voyoit sortir certains petits rayons presque éteints, étoit Notre-Seigneur qui s'étoit travesti en galant, tout comme seroit un très-beau jeune homme, selon les paroles du Sage, *speciosus formâ*. Il n'avoit pas eu peine à s'introduire; qu'on lui avoit fait même bonne chère ; et nous montrant une autre partie du tableau :
« Voilà, continua-t-il, un effet d'une grande miséricorde. Après le repas, cette pauvre abusée voulut parler de sa passion ; mais Notre-Seigneur lui représenta la sienne, et, changeant de figure, parut avec sa croix sur ses épaules et sa couronne d'épines sur la tête ; ce qui toucha le cœur de cette fille débauchée, et la remit dans une vie non-seulement honnête, mais sainte. »

Il nous fit observer un côté du tableau où cette demoiselle étoit représentée se mettant dans son lit assez en désordre, et ce jeune homme portant sa croix, qui semble l'exhorter à sa conversion, et l'autre où étoit peint un oratoire où sans doute cette pénitente du Rosaire avoit fait sa confession générale. Je ne pus point m'empêcher de lui dire qu'il y avoit des peintures plus dévotes et plus touchantes que celles-là, et que ces déguisements de Jésus-Christ en galant étoient un peu extraordinaires ; qu'il y avoit tant d'autres histoires peut-être plus véritables et plus édifiantes.... « Il est vrai, reprit-il, en ne s'arrêtant pas à mon sens, qu'il y en a bien d'autres, et un de nos pères en a fait un volume entier.... » Je crois qu'il nous alloit raconter ce volume entier d'histoires ; mais une choche sonna, par bonheur, qui l'appeloit à vêpres : il nous fit mille excuses sur l'obligation qu'il avoit d'aller à l'office, mais qu'il ne manqueroit pas de revenir, et qu'il avoit mille belles choses à nous dire. Ainsi se termina notre conversation. Il ne lui fut pas malaisé d'obtenir du prieur son congé, et nous ne fûmes pas assez patients pour l'attendre. Nous fîmes de fort plaisantes réflexions sur les choses que nous venions de voir et d'entendre ; et faisant encore un tour de cloître ; M. B***, qui se souvient de toutes les plaisantes aventures, me fit considérer, dans les portraits des alliances de saint Dominique, deux personnages qui sont remarquables, et qui furent autrefois le sujet d'une plaisanterie dont on parle encore. Dans le temps que ce bon père, peintre et poëte, travailloit aux tableaux et aux vers dont nous avons parlé, un jeune homme, nommé Pascal, qui s'entendoit en peinture, passant par le cloître un moment après qu'il eut quitté l'ouvrage pour aller en communauté, monta par curiosité sur l'échafaud, et après avoir considéré l'art et le dessin de cette peinture, trouvant les couleurs toutes préparées, prit le pinceau, et voyant ces deux personnages fort disposés au dessein qu'il avoit par leur posture d'admiration, peignit un tambour à l'un et une flûte à l'autre ; et se retira bien à propos derrière un pilier, pour voir toutes les grimaces du peintre. Il ne manqua pas de revenir bientôt à son travail, et voyant que deux de ses plus sérieux portraits étoient devenus deux portraits burlesques, et qu'au lieu des deux grands d'Espagne, il ne trouvoit plus que des joueurs de tambour et de flûte, il demeura quelque temps en suspens, sans pouvoir comprendre d'où venoit une si grande révolution, et quel hasard avoit fait ce changement de condition. Comme il étoit tout occupé à représenter des miracles, il crut qu'il s'en étoit passé un actuellement, et que le diable, pour se moquer du saint, avoit fait cette sotte raillerie en la personne de deux de ses parents. Il fit plusieurs signes de croix sur la peinture, mais elle n'en étoit pas moins éclatante ; et quelque exorcisme qu'il fît, les couleurs n'en disparoissoient point. Ce jeune plaisant, qui s'étoit caché et qui voyoit toutes ces grimaces, ne put point s'empêcher d'éclater de rire : ce qui mit ce bon religieux dans un si grand emportement de zèle, que, pour venger l'affront qu'on avoit fait à la maison de son patriarche, il le poursuivit deux ou trois tours de cloître pour le punir de son effronterie ; mais Dieu le sauva de ses mains, et l'affaire ne fut que ridicule. Voilà comme finit notre conversation et notre promenade tout ensemble.

L'affaire de M. le prieur de Saint-Germain fut jugée : c'est un honnête ecclésiastique qui est de qualité, de la maison d'Apchon, mais qui n'a pour tout bien que le revenu de son bénéfice. Quoiqu'il s'acquitte assez bien de son devoir dans son église, par ses soins et par l'exactitude du service, il retient pourtant toujours quelque chose de sa naissance. L'on connoît, par ses humeurs promptes et impatientes, qu'il est gentilhomme ; et le caractère du sacerdoce n'a pas tout à fait emporté certaines inclinations violentes qui sont le caractère de la noblesse de ce pays. Il étoit accusé d'avoir eu quelque chose à démêler avec une personne, touchant quelques intérêts de ses fermes ; de l'avoir fait venir un jour dans la sacristie, et lui avoir donné les étrivières avec toute la cruauté imaginable. Tout le monde sait que les Grands-Jours sont particulièrement la justice des opprimés contre les tyrans ; aussi fut-il bientôt déféré et arrêté par l'ordonnance de M. le président. Ce qui rendoit son procédé moins criminel, étoit la certitude qu'on avoit que sa partie l'avoit irrité par diverses façons désobligeantes. On faisoit voir que ce mot de sacristie étoit équivoque, et qu'on s'en servoit malicieusement pour marquer un lieu sacré, bien que ce ne fût qu'une maison particulière du sacristain ; et l'on faisoit entendre qu'après plusieurs discours insolents que son délateur avoit tenus contre lui, il s'étoit échappé à lui donner quelques coups d'une houssine qu'il trouva par hasard sous sa main. Mais lorsqu'il fut sur la sellette, il avoua qu'il s'étoit servi de verges, et fit connoître aux juges qu'il étoit coupable. On le condamna donc à 800 livres d'amende, au bannissement de trois ans, et à quelques réparations à sa partie. Il fut encore assez heureux que son bénéfice lui fût conservé. Ses moines sollicitoient instamment pour lui, et je tenois à bon augure qu'ils fussent ainsi d'intelligence ; mais on en jugea autrement, et la plupart furent d'avis que l'amitié étant fondée sur la ressemblance, bien loin de justifier le prieur par ses moines, il falloit soupçonner les moines par leur prieur.

Comme il se trouve partout de bons ecclésiastiques, on jugea presque en même temps un bon curé de village qui, par un zèle extraordinaire, s'étoit emporté dans ses prônes contre le roi et ses ministres. Il avoit dit fort sérieusement à ses paroissiens que la France étoit mal gouvernée ; que c'étoit un royaume tyrannique ; qu'il avoit lu de si belles choses dans un vieux livre qui parloit de la république romaine, qu'il trouveroit à propos de vivre sans dépendance et sans souffrir aucune imposition de tailles ; que le peuple n'avoit jamais été plus tourmenté, et plusieurs autres choses de fort grande édification, qui lui sembloient, aussi bien qu'à ses auditeurs grossiers, plus agréables que l'Évangile. Ce petit peuple trouva le prône fort bien raisonné ce jour-là, et que c'étoit une grande vérité que la pensée de vivre sans payer la taille, et furent tous d'avis que le curé avoit si bien prêché ce jour-là, qu'il s'étoit surmonté lui-même. Ils croyoient qu'après ce raisonnement, le roi devoit vivre en repos de son revenu, et qu'il n'y auroit plus de collecteurs[1] au monde. Le plus prude de la paroisse eut quelque

---

1. Percepteurs des impôts.

scrupule d'avoir ouï de tels sermons, et résolut d'en faire sa plainte ; et comme il étoit homme de bon sens, il fit la correction fraternelle à son pasteur, lequel, non content d'avoir parlé du roi, voulut aussi parler de Dieu, et, après avoir commencé par des sottises, crut qu'il falloit finir par des impiétés et des blasphèmes, attaquant le ciel et la terre. Il fut arrêté et condamné à un an de bannissement et à quelques réparations.

La dernière audience qu'on tint devant les fêtes de Noël fut assez plaisante, et finit fort agréablement le travail assidu de Messieurs des Grands-Jours. On y plaida fort sérieusement la cause ridicule d'un homme qui l'étoit aussi. C'étoit un bonhomme visionnaire qui s'étoit imaginé plusieurs crimes, et qui les poursuivoit comme véritables. Il accusoit sa belle-mère et ses frères du second lit d'avoir empoisonné son père, sans autre preuve que l'apparence qu'il y avoit qu'une belle-mère et les enfants qui viennent d'elle n'aiment jamais les enfants du premier mariage, à cause qu'ils ont des intérêts différents, et que le partage du sang est toujours une source de division des cœurs. Cette première vision étoit si fort imprimée dans son esprit, qu'il croyoit qu'on ne pouvoit mourir que du poison quand on avoit de tels parents : aussi les accusoit-il encore de la mort de sa femme, et demandoit justice à la Chambre des Grands-Jours. L'avocat, qui n'avoit point encore plaidé et qui faisoit attendre une belle cause à toutes les demoiselles de la ville, fit un exorde fort emphatique à l'honneur de la compagnie, rechercha tout ce qu'il y avoit de déclamatoire contre le poison et les belles-mères, et l'on peut dire qu'il épuisa toute la matière, disant beaucoup de choses qui ne disoient rien. L'affaire fut entendue comme elle méritoit, et M. Talon, se levant ensuite et se radoucissant un peu, contre sa coutume, pour montrer l'importance de la cause, rapporta deux chefs des informations : le premier étoit que cet homme ayant toujours eu soupçon de l'empoisonnement de sa femme, avoit fait ouvrir son tombeau six ou sept ans après sa mort, pour voir s'il n'y trouveroit point encore quelques marques du poison sur son corps. Le deuxième étoit encore plus imaginaire : il racontoit qu'étant un jour allé pour voir ses vignes, et voulant couper avec une coignée quelques branches avancées qui incommodoient les passants, le fer s'étant échappé du manche, et étant tombé inopinément sur son pied, n'avoit percé que le soulier, sur lequel il avoit formé un Y. Cette lettre à double corne lui parut une triste figure, et considérant que ce hasard marquoit peut-être quelque vérité, et que l'impression du pied pouvoit être une figure pour la tête, quelque bonne opinion qu'il eût de sa femme, il entra en des soupçons qui le tourmentèrent durant longtemps. Sur l'exposition de ces folies, M. Talon conclut à ce qu'il fût traité et qu'on lui fît prendre de bons bouillons. La cour, faisant droit, suivit ses conclusions et finit les audiences jusqu'après les fêtes. L'avocat qui plaida cette cause est fils d'un secrétaire du roi, nommé Bardon, qui, durant longtemps, avoit fait du bruit à Clermont par sa galanterie et par ses belles apparences. Il se faisoit suivre par deux grands laquais vêtus de belles livrées à galons verts, et marchant d'un pas grave et d'un air de magistrat, faisoit douter partout s'il n'étoit point un des Messieurs des Grands-Jours. Dès que nous fûmes arrivés à Riom, il rendit visite à M. le président et à M. Talon, et leur persuada qu'il venoit plaider une cause devant eux, afin d'aller se faire recevoir conseiller du grand conseil, dès qu'il auroit eu l'honneur de faire son apprentissage sous eux. Il leur donna de si belles apparences, qu'il fut considéré comme un avocat de qualité qui venoit se faire initier à la judicature et faire honneur aux Grands-Jours. Sur ce titre de conseiller qu'il devoit recevoir fort subitement après son premier plaidoyer, les plus considérables personnes de Clermont eussent bien fait gloire d'être ses hôtes, sous l'espérance de pouvoir obtenir un jour sa protection. Après qu'il se fut établi, il se mit à fréquenter les ruelles beaucoup plus souvent que les audiences, et à voir plus de demoiselles que de conseillers. Il fit le galant d'importance; et pour complaire à ses maîtresses, tantôt il donnoit un écu aux pauvres qu'il rencontroit, et faisoit les plus galantes charités du monde. Tantôt il jouoit et se laissoit perdre pour gagner les cœurs et pour attraper quelque bon parti. Il faisoit bruit de son grand revenu, portoit ses habits les plus magnifiques, et surtout se mouchoit souvent pour avoir le plaisir d'étaler un mouchoir à glands et à dentelles. Il éblouit d'abord toutes les filles de la ville, qui sont d'ailleurs assez libres à appeler chez elles des galants et à les entretenir elles-mêmes, sans que personne en murmure. Quelque temps après il s'éclipsa tout à coup, et l'on ne le vit plus paroître dans la ville. Quelques-uns s'imaginèrent qu'il avoit eu de l'impatience de la longueur des Grands-Jours, et qu'il étoit allé droit au grand conseil; d'autres crurent que ne pouvant plus soutenir sa belle dépense, et voyant qu'on étoit déjà un peu désabusé de lui, il avoit fait une honorable retraite, plutôt que de souffrir le mépris; et que le désespoir de pouvoir trouver quelque occasion favorable à sa fortune l'avoit fait retourner chez lui. Mais on le vit revenir quelques jours après, chargé de quelque argent qu'il venoit d'emprunter sous de fort légères cautions, et l'on fut sur le point de se plaindre à la Chambre de ses artifices, et de le déférer, comme il avoit été autrefois *soupçonné* d'avoir fait des affaires assez importantes sous le nom de commis de M. Fouquet, bien qu'il lui fût inconnu. Enfin il plaida cette cause avec beaucoup de gravité, et il s'en fût assez bien acquitté, si elle eût été plus raisonnable, et s'il l'eût traitée moins emphatiquement.

Outre les correspondances qu'avoit à Paris M. de Caumartin pour des affaires sérieuses, il en avoit aussi pour entretenir la civilité et pour relâcher un peu son esprit par des lettres et des nouvelles divertissantes. Marigny[1] étoit un de ces derniers correspondants, qui l'avertissoit que la cour différoit de donner la charge de lieutenant criminel de Paris jusqu'après la tenue des Grands-Jours, pour la donner au plus grand pendeur de la compagnie, comme on réservoit les évêchés et les abbayes jusqu'après l'assemblée du clergé, et lui disoit cent choses burlesques sur les affaires les plus sérieuses. On lui répondoit aussi avec beaucoup de gaieté ; enfin, il écrivit cette lettre :

« Je ne reçus qu'avant hier au soir la lettre que vous m'avez écrite du 20 de novembre ; je ne m'en étonnai pas lorsque j'aperçus que celui qui m'apportoit votre paquet n'avoit qu'une jambe. Je vous avoue que d'abord je crus que c'étoit quelque messager à qui l'on avoit fait couper la jambe aux Grands-Jours, pour le châtier d'avoir été plus vite qu'il ne falloit, et qu'outre cela vous lui aviez ordonné d'apporter, à l'ouverture du parlement, à Messieurs de la Tournelle[2], son pied, comme on présente le pied du cerf, que l'on a pris, au grand veneur, pour faire voir à ces Messieurs qui, pour le bien public, font ici pendre et rouer les voleurs, que votre Tournelle de campagne vaut bien celle de Paris. Il n'est bruit ici que de l'effroi qu'elle donne à toutes les provinces voisines, et vous y avez fait faire plus d'examens de conscience depuis que vous êtes à Clermont, qu'il ne s'y en étoit fait pour dix jubilés. Ceux que l'on a taxés ici depuis peu n'ont pas de moindres alarmes, et nous connoissons de ces sangsues du peuple qui ne chantent plus d'autre chanson que : *Quand je vins au monde je n'avais rien*, *Quand je m'en irai je n'emporterai rien*, etc.

---

1. Jacques Carpentier de Marigny, né au village de Marigny, près de Nevers, s'attacha au cardinal de Retz pendant la Fronde, le servit de sa plume et l'amusa de son esprit.

2. La Tournelle était une chambre criminelle du parlement de Paris, ainsi nommée parce que les membres qui la composaient étaient fournis à tour de rôle par les autres chambres du parlement.

Ceux-là, à vous dire le vrai, ne sont guère à plaindre ; et si la race et le nom en pouvoient être éteints pour jamais, un *Te Deum* seroit, à mon avis, aussi bien employé que pour une bataille gagnée. Mais, à propos de bataille, ma rue est tellement pleine d'officiers qui demandent des emplois, et l'on donne tous les jours tant de commissions pour faire de la cavalerie et de l'infanterie, qu'il semble que les choses se disposent à la guerre. Quand l'on a comme nous force millions, un nombre infini d'officiers, de bons généraux et un roi jeune et vigoureux, puissant et fortuné, ma foi, la guerre est une chose fort agréable, et nous sommes en état de dire à tous nos voisins : *Chi la pace no vuol, s' habbia la guerra.* Je vous écrirois plus au long ; mais quand on a à répondre à une lettre de M. de Boissy[1], l'on n'a pas de temps à perdre, bien m'en prend de me souvenir encore de quelques mots allemands et grecs, car ; sans cela, j'étois résolu de lui dire, au pis aller : Κύριε ἐλεῖσον, Κύριε, *ia mein her*, hebraice autem *Golgotha*, *salamalek* en turc, et *parilus*, *pariluel* en arménien, afin de bigarrer ma lettre comme la sienne. Grâce à Dieu, je sens que l'on n'a qu'à m'exciter, et que je ne suis pas encore si rosse que je ne puisse franchir une carrière quand l'occasion s'en présente. Je vous laisse donc là pour aller entretenir mon jeune ami, et vous me manderez si je m'en suis bien acquitté. Puisque vous avez les sceaux et que vous scellez toutes les grâces que l'on vous demande, chose à quoi vous ne devez pas être apprenti, *gentilitium quippe Caumartinorumm unus est*, je vous prie de m'en accorder deux : la première, de m'aimer toujours ; et la deuxième, de faire agréer à MM. vos confrères des Grands-Jours mes très-humbles respects. »

Tous les procès qu'on jugeoit ici n'étoient pas plaisants, et s'il s'en trouvoit qui divertissoient les juges, il y en avoit qui les irritoient et qui attiroient leur sévérité. L'affaire de

---

[1]. Louis-François Lefèvre de Caumartin, élève de Fléchier, et fils du maître des requêtes qui tenait le sceau aux Grands-Jours.

M. de Veyrac fut une de celles qui méritoit plus de punition. C'étoit un gentilhomme de ces provinces qui tenoit fort bien son rang, et qui se faisoit craindre dans son voisinage. Il n'y eut qu'un notaire qui se sentant fort propre à verbaliser, et croyant que la témérité de la noblesse n'iroit pas jusques à s'en prendre à sa profession, tant à cause du besoin qu'on en a qu'à cause de la crainte qu'on en doit avoir, se déclara contre lui dans quelque occasion qui se présenta, et eut le courage de faire informer, quelques menaces qu'on lui fît, et de témoigner même quelque mépris. Cela parut si étrange à cet honnête homme qui n'étoit pas accoutumé à souffrir de ces procédures, et qui ne vouloit avoir affaire ni à la justice ni à ses officiers, qu'il résolut de s'en venger et de faire une action d'éclat. Il assembla donc quelques-uns de ses amis et quelques traîneurs d'épée des villages voisins, et alla assiéger la maison de ce pauvre homme, qui, se voyant réduit à l'extrémité, résista de toutes ses forces, et se fortifia du mieux qu'il put, résolu de vendre chèrement sa vie. On s'étonnera de savoir qu'un homme de cette profession ait eu la hardiesse de soutenir les premières violences d'un gentilhomme, et que n'ayant aucune défense que celle qu'il tiroit ordinairement de sa plume et de ses procédures, il ait pris les armes pour repousser ses ennemis. Mais lorsqu'il s'agit d'éviter la mort, tout homme, soit-il notaire, devient soldat, et ces âmes ordinairement paisibles et qui ne savent que la guerre du procès, deviennent terribles lorsque le désespoir les enflamme. Ils sont toujours propres à chicaner, et tournent presque tous les artifices dont ils se servent contre les parties, contre ceux qui les attaquent par violence. Il se retrancha donc contre les assauts de l'assiégeant, et se défendit jusqu'à ce qu'on eût forcé la première porte. Il se réfugia dans une chambre, et résolut de faire briser toutes les portes de sa maison avant que de se rendre. Enfin il menaça d'ouvrir et de tuer le premier qui se présenteroit; mais le gentilhomme, qui ne vouloit point hasarder ses gens, ou qui craignoit que sa violence faisant trop d'éclat, n'excitât quelque émotion, crut qu'il étoit plus à propos de lui offrir composition ; de sorte que, traitant avec lui et lui promettant de lui sauver la vie, il l'obligea d'ouvrir la porte et de se remettre entre ses mains. Mais il reconnut bientôt la faute qu'il venoit de faire, et son ennemi, aussi perfide qu'il étoit violent, ne se crut pas obligé de tenir la parole qu'il lui avoit donnée, et lui tira un coup de pistolet, donna ensuite sa maison au pillage. Cette action parut à la cour tout à fait punissable, et l'auteur fut condamné à des amendes considérables, à la démolition de sa maison, et à la perte de sa tête.

Ce n'est pas assez de punir les crimes commis, il faut que la justice empêche les désordres qui peuvent arriver ; il faut qu'elle soit sévère pour le passé, et prévoyante pour l'avenir, et qu'elle donne des arrêts et fasse des règlements selon les rencontres. C'est ce que faisoit la cour des Grands-Jours, qui, étant établie pour réprimer les oppressions et pour corriger les déréglements des provinces, n'avoit rien de plus pressant que de remettre l'ordre dans l'étendue de son ressort ; et comme un des premiers abus dans la distribution de la justice est l'ignorance ou la lâcheté des juges, M. Talon représenta qu'il falloit leur donner quelques règles pour les conduire, et quelques dépendances pour les tenir dans la retenue. Sa requête fut mise entre les mains de M. Nau, qui est un excellent homme pour faire et pour rapporter ces sortes de règlements, et qui a été d'un grand usage pendant tout le cours des affaires de ces provinces ; et sur ses mémoires, la cour ordonna [1] : 1° que les seigneurs hauts justiciers seroient tenus de nommer pour leurs juges des personnes de probité et de capacité, et qu'ils auroient soin qu'ils fussent exacts en l'exercice de leurs charges, à peine d'amende arbitraire pour la première fois, et d'être

1. Le *Journal de Dongois*, à la date du 10 décembre 1665, donne textuellement le règlement relatif aux hautes justices.

responsables civilement de leurs fautes, en cas de récidive ; 2° que les juges seroient obligés d'informer de tous crimes et faire les procès de leur compétence, soit qu'il y ait partie civile ou non ; 3° qu'ils instruiroient les procès où il n'y aura partie civile, gratuitement et sans épices ; ce qui s'observera aussi en cas que la partie soit pauvre et ne puisse fournir aux frais ; ce qui se doit encore observer dans les affaires civiles, en cas de pauvreté des parties ; enfin, que les seigneurs seront obligés de faire punir les crimes commis dans leur territoire, à peine de privation de leur justice pour eux, et de privation d'office pour les juges ; qu'il seroit informé de toutes les compositions faites par les juges ou seigneurs avec les accusés, et le procès fait et parfait selon les ordonnances ; 4° que les juges seroient tenus de prononcer contre les accusés, suivant la rigueur des ordonnances, sans prétendre de modérer la peine pour obliger les accusés d'acquiescer à leurs jugements, à peine d'interdiction contre les juges ; 5° défenses leur sont faites de recevoir l'acquiescement des condamnés à mort et aux galères, et leur est enjoint de les envoyer incessamment sous bonne et sûre garde dans la conciergerie du palais, et leur procès au greffe de la cour ; 6° que tous les seigneurs hauts justiciers seroient tenus d'avoir des prisons fortes et en bon état, un geôlier pour leur garde, et un registre chiffré au commencement et à la fin ; 7° que les seigneurs fourniront le pain aux accusés de crimes, auront un auditoire certain pour rendre la justice, et un lieu sûr pour être le dépôt des greffes ; 8° que toutes les minutes des greffes seront aussi mises dans un dépôt public, qui sera établi aux frais des propriétaires des greffes, dans le lieu où se rend la justice.

Il seroit trop long de mettre ici tous les articles du règlement. Il suffit de savoir qu'ils sont tous faits pour régler l'ordre, la sûreté et l'usage des minutes des procédures des greffes, et pour empêcher les seigneurs et les juges subalternes d'en disposer à leurs volontés, et d'abuser des droits de leur justice[1].

Ces règlements se faisoient à loisir et sans interrompre le cours des affaires, et c'étoient les moindres occupations de la justice, quoiqu'elles ne soient pas peut-être les moins importantes. Le grand emploi de ces Messieurs étoit d'examiner les informations contre la noblesse, et de purger les montagnes d'une infinité de désordres que l'impunité et l'ignorance y ont introduits. Le crime, qui est toujours accompagné de honte et qui cherche naturellement les ténèbres, n'a point trouvé de retraite ni plus sûre ni plus secrète que ces rochers escarpés que la nature semble n'avoir pas faits pour des personnes raisonnables, et n'avoir désignés que pour l'habitation des animaux. Il s'y trouve des hommes qui le sont si peu, qu'on n'y connoît aucune marque de raison, ou parce que vivant sans instruction, ils sont abandonnés au désordre de la nature déréglée, ou parce qu'étant séparés de toute sorte de société et de politesse, ils ont des exemples de malice ou de grossièreté, et n'en ont aucun de douceur et de modération dans la vie. Ainsi, quoiqu'il s'y passe des choses qui font horreur, on peut dire qu'ils sont simples et ignorants par malheur, et qu'ils sont méchants par simplicité; il est vrai qu'il s'y trouve des simplicités toutes pures.

Celle d'un curé de village que nous avons vu ici est de cette dernière espèce. Il avoit fait une action qui fit du bruit dans sa paroisse, qui lui donna de grands remords, et qui faillit à lui faire perdre son bénéfice. C'étoit un homme fort attaché à ses fonctions et à l'administration des sacrements, et qui aimoit particulièrement à marier et à enterrer dans son église, faisant grand cas et des mariages et des convois, parce que, par les uns, il contribuoit au dessein de

---

1. Voy. le *Recueil des arrêts, déclarations, etc., de la cour des Grands-Jours.* Clermont, Jacquard, 1666, in-4. Le règlement dont parle Fléchier y a été imprimé p. 147 et suiv.

Dieu de peupler le monde, et par les autres, il suivoit l'usage de l'Église : il prioit pour le repos des fidèles ; mais il trouvoit encore une raison assez touchante dans ces deux emplois, c'est que c'est une coutume louable dans ces provinces de prier le curé à la noce, après qu'il a fait les cérémonies de l'administration du sacrement et donné la bénédiction aux mariés, et de l'arrêter à un festin, qui n'est pas quelquefois trop funèbre, après qu'il a chanté les prières des morts. Ce repas des noces ou des funérailles le rendoit fort assidu en ces occasions. Un jour qu'il étoit à la noce assis au bout de la table, un chien qui vouloit avoir sa part du divertissement et profiter de la fête, s'approcha de lui et lui enleva tout ce qu'on lui avoit servi sur son assiette. L'action ne parut pas honnête, et il témoigna à ses paroissiens que c'étoit contre les bonnes mœurs d'entretenir des animaux si mal appris, et se contenta pour cette fois de faire la leçon au maître. Après cette petite émotion, il se remit à manger, et l'on lui servit de ce qu'il y avoit de plus délicat sur la table ; mais à peine étoit-il consolé du premier affront, qu'il lui en arriva un second par une seconde insolence du même chien. Après, ne pouvant pas modérer son premier mouvement, il le poursuivit quelques pas et lui donna un coup de pied, et croyant l'avoir chassé bien loin de lui, ne pensoit plus qu'à se réparer des distractions qu'il avoit eues. Mais ni ses menaces ni ses coups ne rendirent point son ennemi plus sage ; il revint plus délibéré qu'auparavant, et lui fit une troisième insulte. Cela sembla trop offensant et trop obstiné à ce bonhomme ; et n'ayant pas assez de patience pour souffrir ce dernier malheur, il prit son couteau et le darda si à propos contre ce ravisseur, qu'il lui perça le flanc et le laissa mort. Ce fut un désordre fort grand : toute la joie du festin fut changée en étonnement et en tristesse. Le maître pleuroit la perte de son chien, et le curé pleuroit le meurtre qu'il venoit de faire. Les autres le jugeoient indigne, après cette action, de faire aucune fonction ecclésiastique, et l'estimoient aussi irrégulier et aussi punissable que s'il avoit tué la mariée. Sur cela, on jeta un dévolu sur son bénéfice, et le pauvre homme se voyant pressé vint demander des lettres de grâce, et donna bien du divertissement aux juges. Comme je trouvois étrange qu'on ne sût pas distinguer les meurtres et qu'on connût les dévolus, on me répondit que la simplicité n'alloit pas jusqu'à détruire la cupidité, et que l'intérêt et le désir d'avoir leur enseignoit ce que personne ne pouvoit leur avoir appris; et ils habitent dans des villages séparés du reste de la province par des rochers presque inaccessibles, et par des remparts de neiges qu'on ne sauroit franchir que dans les chaleurs de l'été, et qui les tiennent assiégés dans leurs maisons la plus grande partie de l'année. Cette historiette et quelques autres de peu d'importance ont diverti la dernière séance des Grands-Jours avant les fêtes de Noël, et tous ces Messieurs qui souhaitoient du repos se disposèrent à passer le lendemain dans les exercices de piété, et ne songèrent plus qu'à s'accuser eux-mêmes et à se punir par la pénitence[1].

Ce même jour, M. le président reçut bien de la joie de l'heureuse couche de Mme Ribeyre, sa fille. Les soins et les bontés particulières qu'il a pour ses enfants et l'attachement qu'il témoigne pour sa famille, lui rendent toutes les choses qui regardent ou sa prospérité ou leur divertissement bien plus sensibles qu'aux autres pères. L'inquiétude qu'il avoit pour elle, la joie qu'il eut lorsqu'il apprit qu'elle étoit délivrée, et particulièrement le soin qu'il avoit eu de faire venir de Paris le renommé Boucher, étoient des marques de sa tendresse. Il eût volontiers ouvert toutes les prisons des Grands-Jours et accordé toutes les grâces qu'on accorde à la naissance des dauphins de France. Mais, parce que la justice ne souffroit pas qu'on brisât les fers des prisonniers et

---

[1]. Dongois donne les lettres de rémission où cette ridicule affaire se trouve relatée. Voy. *Appendice*, n° XXI.

qu'on ouvrît les portes des cachots à tant de coupables, il se contenta de donner la liberté à M. le comte d'Apchon, qui est un des principaux seigneurs de la province, qu'on accusoit de quelques concussions, et qu'on avoit depuis quelques jours fait conduire dans les prisons. M. Le Peletier, qui avoit eu commission de visiter la haute Auvergne, et qui fouilloit les greffes de toutes les montagnes avec plus d'exactitude qu'on ne sauroit s'imaginer, sur quelques plaintes qu'on lui avoit faites de sa conduite, l'envoya à Clermont sous la conduite d'un exempt, où il eut d'abord la ville pour prison, et protesta partout qu'il n'étoit pas en peine de justifier ses actions; qu'il n'avoit point excédé ses droits, et qu'il avoit ses titres tout prêts pour rendre compte de sa manière d'agir dans ses terres. La liberté qu'il avoit de voir le monde et de se divertir lui faisoit trouver son séjour en cette ville assez agréable. Mais M. Le Peletier ayant écrit qu'il n'étoit pas si innocent qu'il paroissoit, et ayant informé la cour de quelques nouvelles plaintes qu'il avoit reçues contre lui, on le fit arrêter tout à fait, et lui ôtant le peu de liberté qu'il avoit dans la ville, on le mit au nombre des criminels déclarés dans la prison, où, rappelant dans son esprit les idées fâcheuses de quelques années qu'il avoit passées dans la Bastille, il souffroit toutes les peines que son malheur présent et le souvenir du passé lui faisoient sentir, et étoit tourmenté de deux prisons à la fois. Il auroit été jusqu'à la fin des Grands-Jours en cet état, si la sollicitation de Mme de Châteaugay et l'heureuse rencontre des couches de Mme Ribeyre, ne l'eussent fait remettre dans sa première liberté, en attendant qu'il se justifie[1]. Toutes les dames faisoient leur cour en ces occasions et à M. le président et à l'accouchée, et même à M. Boucher, qui reçut ici des honneurs extraordinaires. La ville le visita et lui fit des présents, comme on fait aux personnes qu'une grande di-

---

1. Voy. *Appendice*, n° XX, un extrait de l'arrêt de condamnation prononcé contre le comte d'Apchon.

gnité ou quelque grand emploi rendent considérables aux provinces. Tout le monde le regardoit comme une personne vénérable, et la pauvre petite faculté de médecine et de chirurgie de Clermont lui rendoit ses très-humbles hommages. On l'appela par honneur à plusieurs consultations, et M. de Novion le traita toujours avec toute la civilité qu'il croyoit devoir à un homme qui venoit de Paris pour son service, et qui quittoit des pratiques qui pouvoient lui être fort importantes. Il fut défrayé de ses voyages, il eut 1800 francs; il remporta plusieurs présents, et tout cela n'empêcha pas qu'il ne se plaignît un peu de son voyage. Mme de Fleury, sœur de M. Talon, qui étoit accouchée depuis un mois, n'eut aucun regret de n'avoir employé qu'une bonne femme qui passe pour très-habile en son métier, et qui n'est point du tout difficile à contenter.

La fête se passa en dévotion, depuis le matin jusqu'au soir. Toute l'assemblée fut dans l'église des pères de l'Oratoire, où l'on fit ce jour-là une solennité particulière à cause de la dévotion de l'enfant Jésus qu'ils ont établie dans toutes leurs maisons. J'avois été prié d'y prêcher, et je puis dire que l'auditoire y fut aussi plein et aussi choisi qu'un auditoire de Paris. Tous les Messieurs des Grands-Jours, toutes les dames de la ville, et tout le monde poli de la province que la douceur de la compagnie et des divertissements de Clermont ou la nécessité de leurs affaires avoit attiré, s'y trouvèrent. Il fallut haranguer devant les premiers orateurs du parlement, et prêcher la justice à ceux qui la rendent; il fallut leur prononcer les maximes de l'Évangile avec autant de gravité qu'ils prononcent eux-mêmes leurs arrêts; faire le juge des juges mêmes; et leur parler de la chaire avec autant d'autorité qu'ils parlent de leur tribunal. Les fêtes se passèrent assez tristement à cause des neiges et de la rigueur de la saison. Tout ce qu'on put faire pour ne s'ennuyer pas ces trois ou quatre jours, fut de jouer chez les principaux et de se tenir en conversation auprès d'un bon feu.

Aux premières audiences[1], on jugea le procès de Mlle de Beauvesé, qui est, comme j'ai déjà dit, une fille bien faite, et qui seroit fort agréable si elle n'affectoit pas tant de l'être. Je crois pourtant que ce n'est pas tant par affectation que par habitude. Son esprit est assez médiocre, et pour peu que les douceurs qu'on lui dit fussent enveloppées, ce n'étoit plus douceurs pour elle. Je vis un homme qui lui faisoit des déclarations d'amour dont elle ne s'apercevoit pas, et qui trouvoit, après avoir bien parlé de sa passion naissante, qu'on étoit malheureux de l'aimer, et d'avoir de l'esprit. Je me souviens qu'un soir, après souper, elle nous dit cent ingénuités qu'elle appeloit des malices, et qu'elle donna bien du divertissement à deux ou trois dames qui avoient de l'esprit et qui l'engageoient à montrer qu'elle n'en avoit pas beaucoup. Ce n'est pas qu'elle ne fût assez agréable en conversation ordinaire, particulièrement lorsqu'elle débitoit son discours sur la maison de Savoie et sur Mme la Comtesse. Elle étoit fille d'un gentilhomme de Provence, qui, s'étant allié avec une personne qui n'étoit pas de sa qualité, et ayant fort mal conduit ses affaires, avoit réduit sa maison à un état assez misérable. Il s'agissoit de rentrer dans un bien engagé, et de soutenir quelques arrêts contre lesquels on s'étoit pourvu en vertu de requête civile. Les avocats tinrent plusieurs audiences, et leurs plaidoyers étoient si embarrassés dans des formalités de droit, et chargés d'un si grand nombre de procédures, qu'après avoir ouï leurs discours, je ne fus pas plus instruit qu'auparavant du droit des parties, ni du fait même de la cause. Comme je me plaignois de mon peu d'intelligence devant quelques-uns des juges, ils me consolèrent en m'assurant qu'ils n'y avoient rien compris eux-mêmes. Aussi l'affaire fut appointée au grand regret de tout le monde, qui étoit persuadé ou qui vouloit l'être du bon droit de la demoiselle. Elle avoit prié

---

1. De l'année 1666.

toutes les dames et tous ses amis d'assister au jugement de
son procès, et se confiant en la civilité que lui faisoient paroître ses juges, elle prenoit leur bonté pour leur justice,
et croyoit que l'amitié qu'ils lui témoignoient dans leurs
maisons les suivoit jusque dans l'audience; et ne faisant en
eux aucune différence des juges et des amis, elle tenoit le
gain de sa cause très-assuré. Cette confiance qu'elle avoit
faisoit qu'elle se récrioit à tous moments dans l'audience
contre l'avocat de sa partie, à qui elle donna même un démenti sur quelque chose qu'il avançoit. Mais elle en fut bien
payée, parce que l'avocat insistant sur les droits de curateur qu'elle donnoit à quelqu'un dans la cause, il redit malicieusement deux ou trois fois qu'on imposoit à la cour et
qu'on lui représentoit un curateur; mais qu'après avoir bien
cherché, il n'avoit point trouvé de mineur dans la cause,
faisant souvenir Mlle de Beauvesé qu'elle étoit plus âgée
qu'elle ne pensoit; ce qui fit rire toute l'assemblée. Tous les
juges avoient fait si bon accueil à cette fille qu'elle n'avoit
pas cru qu'on dût hésiter aux opinions. Cependant l'affaire
fut appointée, parce que les juges n'avoient pas assez compris tout l'embarras de ce procès. Quelques personnes de
la ville attribuoient cela à quelque raison politique; quoi
qu'il en soit, elle eut sujet d'être satisfaite de M. Talon,
qui conclut pour elle après plusieurs détours. Il est vrai
qu'elle lui avoit fait la cour assez régulièrement; ce qui
avoit donné occasion de faire cette chanson :

> Or, nous dites la Bauve[1],
> Êtes-vous sans amour ?
> Est-ce que l'on se sauve
> De Messieurs des Grands-Jours ?
>
> R. Mon cœur, je vous le jure,
> N'aime rien dans Clermon,
> Et c'est une imposture
> De parler de Talon.

[1]. C'est ainsi que l'appeloit Mme la Comtesse. (*Note de Fléchier.*)

Quoi! de la maréchale¹,
Avez-vous tant de peur?
Et sans cette rivale
Auroit-il votre cœur?

R. Je n'ai fait la coquette
Qu'à cause du procès;
Et mon affaire faite,
Adieu pour tout jamais.

Après ces petites affaires, on examina les informations faites contre M. le baron de Sénégas², dont le procès embarrassa fort Messieurs des Grands-Jours, tant à cause du grand nombre des accusations que de l'adresse de l'accusé, qui se défendoit avec beaucoup d'esprit et de fermeté. On l'accusoit d'avoir fait élire des échevins, en quelques endroits, de son autorité privée, et d'avoir fait en leur nom plusieurs levées et plusieurs exactions à main armée, levant des gens de pied et de cheval, et faisant payer ses concussions préférablement aux deniers royaux; d'avoir empêché la levée des tailles par ses violences, et troublé l'ordre des payements dans des lieux où il avoit du pouvoir; d'avoir fait plusieurs exactions et impositions particulières sur des communautés; d'avoir imposé des redevances, soit en argent, soit en autres présents dans quelques villages; établi un poids pour en tirer un denier pour livre, et fait plusieurs autres choses qui ne peuvent point l'excuser d'oppression et de tyrannie. La seconde partie de ses accusations regardoit la religion, et on le chargeoit d'avoir enlevé une bannière, d'avoir démoli une chapelle consacrée à la Vierge, et d'en avoir employé les matériaux aux fortifications d'une de ses maisons. On le recherchoit encore sur ce qu'il avoit fait lever les dîmes d'un prieur dans une de ses terres, et d'avoir fait défense à ses sujets de les prendre à ferme, afin de s'en rendre le maître. La troisième partie contenoit les

---

1. Nouvelle allusion aux amours de Talon et de la maréchale de L'Hôpital.
2. Audience du 7 janvier 1666. On trouvera à l'*Appendice*, n° XXII, l'extrait du *Journal de Dongois* relatif à cette affaire.

accusations de deux ou trois assassinats, de quelques emprisonnements injustes, et de plusieurs rançons tirées par une violence extraordinaire, de beaucoup d'usurpations, de plusieurs corvées exigées sans justice, exécutées par contrainte. Ce qui faisoit le plus d'horreur, étoit une espèce d'inhumanité qui méritoit une punition exemplaire, et qui marquoit une âme bien cruelle et bien tyrannique. Il avoit eu quelque sujet de plainte contre un homme qui étoit son justiciable, et comme il étoit de son naturel incapable de souffrir et fort emporté dans sa vengeance, il le fit prendre et lui voulut choisir lui-même sa prison, et le renferma dans une armoire fort humide où il ne pouvoit se tenir debout ni assis, et où il recevoit un peu de nourriture pour rendre son tourment plus long ; de sorte qu'ayant passé quelques mois dans un si terrible cachot, et ne respirant qu'un peu d'air corrompu, il fut réduit à l'extrémité ; ce qui fit qu'on le retira demi-mort et tout à fait méconnoissable. Son visage n'avoit presque aucune forme, et ses habits étoient couverts d'une mousse que l'humidité et la corruption du lieu avoient attachée. C'étoit là l'information qui paroissoit la mieux prouvée, et sur laquelle on pouvoit établir plus de créance pour toutes les autres.

L'accusé se défendoit en habile homme, et bien qu'il parût très-méchant et très-artificieux, il embarrassoit pourtant tous les juges. Sa première défense consistoit en reproches contre tous les témoins, qu'il montroit avoir été prévenus de crimes et condamnés par justice, ou intéressés avec ses parties. Pour toutes les conclusions, il trouvoit des biais fort adroits pour s'en décharger, et faisoit voir que toutes ces exactions qu'on lui imputoit étoient des droits et des redevances dont il avoit des titres fort anciens, et fondés sur des possessions immémoriales ; pour les sacriléges, il se défendoit par plusieurs actes des habitants des lieux, et par le silence de M. l'évêque de Vabres et du prieur de Plaisance, qui auroient sans doute dressé leurs plaintes, s'il eût démoli des chapelles, persécuté des prêtres, et usurpé les biens de l'Église ; pour les assassinats, il produisoit des pièces de justification qui paroissoient assez précises, et se défendoit de ses cruautés sur la nécessité qu'il y avoit de se servir d'un premier droit de sa maison pour emprisonner les criminels ; que le cachot dont on parloit n'étoit ni si étroit ni si horrible qu'on le dépeint ; qu'il avoit puni un criminel et qu'il y avoit observé toutes les formalités de justice. Quelques raisons qu'il alléguât, tout le monde croyoit qu'il seroit condamné à mort. Mais les juges furent partagés. De treize qu'ils étoient, il y en eut sept qui opinèrent à lui faire couper le col, et six qui le condamnèrent à une grosse amende, au rasement des fortifications de ses maisons, à la confiscation de tous ses biens, et au bannissement perpétuel. Ainsi il passa à fleur de corde, et fut sauvé par je ne sais quel hasard qui domine dans les jugements. M. le président, qui croyoit qu'il falloit soutenir la réputation des Grands-Jours par l'abattement de quelques têtes orgueilleuses, avoit de sévères intentions pour ce criminel que la Chambre de justice avoit renvoyé à Clermont ; mais certaines considérations de justice mêlées de politique portèrent les autres à le laisser vivre malheureux ; ils jugèrent que les preuves n'étoient pas tout à fait convaincantes, et qu'il ne falloit point donner tant de sujets aux bruits qui couroient à Paris de leur sévérité cruelle, dont on faisoit des contes fort extravagants. Bien des gens qui s'étoient préparés au spectacle, furent obligés de mortifier leur curiosité, et la plupart des messieurs de ce pays blâmèrent la douceur de la cour d'avoir épargné un gentilhomme étranger qui avoit fait assez de crimes pour justifier ceux de leur province.

M. de La Mothe-Tintry[1], qui fut jugé le lendemain, fit

---

1. Gilbert de Tintry, écuyer, sieur de La Mothe, fut condamné aux galères pour trois ans. (*Journal de Dongois*, à la date du 8 janvier 1666.) « Il est assez extraordinaire, ajoute Dongois, qu'un gentilhomme fût condamné

encore connoître que la cour ne vouloit plus la mort du pécheur, et que la justice étoit apaisée par la première victime qu'elle avoit immolée à son arrivée. Ce n'est pas que son arrêt ne fût bien sanglant, mais il ne fut point mortel. C'est un gentilhomme qui ne manque pas de cœur, mais qui n'a point du tout de bien et à qui rien ne pouvoit donner de la vanité. L'honneur qu'il avoit de porter l'épée, le titre de noble qui a été depuis longtemps un titre d'impunité pour les criminels, sembla lui donner droit de faire quelques violences comme les autres, et n'ayant pas grand éclat de sa fortune, il crut ne pouvoir prouver sa noblesse que par quelque crime. Il en trouva plusieurs occasions qu'il ne laissa point échapper; mais il se signala par une action très-violente qui fit qu'on l'arrêta des premiers, et qui peut-être auroit été punie exemplairement, s'il eût été en état de faire un exemple éclatant. Il avoit voulu obliger un paysan d'aller faucher son pré et de lui donner quelques journées, et l'avoit menacé, s'il refusoit, de le maltraiter. Cet homme, ou indigné des menaces ou de la hauteur avec laquelle on exigeoit son travail, ou désespérant de pouvoir tirer le prix de sa peine, s'obstina à ne le point servir, et peut-être même répondit-il à ses paroles menaçantes. Quoi qu'il en soit, La Mothe l'ayant un jour trouvé endormi sous un arbre, lui tira un coup de pistolet, et voyant qu'il ne l'avoit point tué, lui donna plusieurs coups d'épée et le réduisit à l'extrémité. Il crut bien qu'on ne laisseroit pas son crime impuni, et il avoit déjà pris la fuite; mais le prévôt lui fit prendre le chemin de Clermont et le conduisit en lieu de sûreté. Il fut condamné à une amende qu'on sait bien qu'il ne sauroit payer, et à trois ans de galères. Je ne sais si la mort ne lui auroit pas été plus douce que cette vie

aux galères; mais celui-ci avoit fait des actions fort indignes d'un gentilhomme; car il avoit donné un coup de fusil à un paysan qui étoit endormi en un pré; il avoit abattu la main à un autre et tué les poulets d'Inde d'un autre. »

de forçat qu'il doit mener, et s'il n'auroit pas mieux aimé mourir à Clermont que d'aller ramer à Toulon ou à Marseille, tant il est fâcheux à un homme noble d'être exposé aux injures et aux traitements qu'on fait aux plus malheureux d'entre les hommes, et d'être enchaîné comme un esclave. En effet, on trouva que la douceur dont on usoit envers lui étoit bien cruelle. Aussi plusieurs personnes de qualité s'employèrent pour lui, et l'on avoit trois moyens de le délivrer : le premier étoit de prier M. l'archevêque de Lyon de demander son élargissement, et de se servir en sa faveur du droit qu'il a de donner la liberté à un forçat, toutes les fois que la chaîne passe[1]; le second étoit de le faire demander à son capitaine par le vice-amiral, qui en devoit être sollicité par ses amis et par ses parents; et si ces deux moyens étoient inutiles, on avoit résolu de lui fournir par charité cinq ou six cents livres de pension pour mettre quelque misérable à sa place. Mais sa plus grande peine étoit d'être traîné jusqu'en Provence, et il ne pouvoit, sans un déplaisir mortel, passer par des villages qui étoient dans la route où il avoit des ennemis tout prêts à insulter à son malheur, et à lui rendre peut-être tous les affronts qu'il leur avoit faits autrefois. Pour éviter ce mépris qui lui étoit plus sensible que ses liens, il fit présenter requête pour faire changer son arrêt, sur ce qu'en plusieurs années de service, il avoit été blessé plusieurs fois et réduit heureusement à ne pouvoir plus servir dans les galères ; il re-

---

1. Le clergé avait dans plusieurs villes des droits analogues : l'évêque d'Orléans délivrait un prisonnier le jour de son entrée dans cette ville. L'abbé de Saint-Claude pouvait accorder des lettres de rémission pour crime capital, comme le prouve une charte de Philippe le Bon, duc de Bourgogne, en date du 9 mars 1436. Enfin le chapitre de Rouen avait le privilége de délivrer le jour de l'Ascension un condamné à mort. C'était ce qu'on appelait *privilége de la fierte*, parce que le meurtrier devait lever et porter sur ses épaules la *fierte* (*feretrum*) ou châsse de Saint-Romain, archevêque de Rouen, auquel on prétendait que Dagobert avait accordé pour la première fois le droit de délivrer un prisonnier. Voy. l'*Histoire du privilége de Saint-Romain*, par A. Floquet. Rouen, 1833, 2 vol. in-8.

présenta qu'il ne lui restoit que peu de forces, qu'il emploieroit pourtant le reste de ses jours au service du roi; qu'il étoit bien aise que ses blessures passées lui donnassent occasion de mieux servir et d'en recevoir de nouvelles. La décision de son sort dépend de quelques médecins qui ont commission de le visiter. Il est vrai qu'il a bien expié ses fautes, ayant passé trois mois dans le cachot, réduit à prendre le pain du roi et à souffrir toutes les incommodités de la prison.

- Il y eut au même temps quelques misérables qui furent aussi condamnés à la même peine et qui n'attendoient que la chaîne pour être conduits au port de Toulon, selon les ordres qu'on avoit reçus de considérer que le roi avoit besoin de rameurs, dans le dessein qu'il avoit de faire une flotte considérable. Parmi ces malheureux, il s'en trouva un qui s'étoit imaginé que si quelque fille le demandoit pour l'épouser, il seroit sauvé, croyant de bonne foi que c'étoit un ordre inviolable dans la justice, et que toute la rigueur des lois n'alloit pas jusqu'à frustrer le dessein de deux personnes qui se recherchoient; qu'un homme qui pouvoit être aimé ne devoit point être puni, et qu'une chaîne valoit bien l'autre; il en parla à quelques dames charitables qui prenoient le soin de visiter les prisons; leur proposa que sa rançon était entre leurs mains, qu'il ne falloit que lui chercher une fille, eût-elle commis quelque faute en sa vie; qu'ils se pardonneroient tous deux et feroient un fort agréable ménage; qu'elles feroient deux charités, l'une de lui donner une femme, et l'autre de le tirer de sa misère; qu'enfin elles délivreroient peut-être quelque pauvre abandonnée, auroient la consolation d'avoir secouru deux misérables et d'avoir beaucoup mérité devant Dieu. Il leur persuada si bien ce qu'il disoit, et leur parla si affirmativement, qu'elles eurent la bonté de lui chercher ce qu'il demandoit. Il ne fut pas difficile de lui trouver, en ce pays, une fille qui fût tombée en quelque faute, et l'on n'eut point de peine à la faire consentir d'épouser un homme quelque criminel qu'il fût. Les paroles furent données de part et d'autre ; on leur fit même la charité de leur donner du linge blanc et de les rendre un peu propres pour les obliger à s'aimer et à se secourir l'un l'autre. On mena la fille au prisonnier, qui la trouva fort à son gré, et témoigna qu'il s'estimoit heureux de cette rencontre qui lui donnoit occasion de sortir de ses fers, et d'entrer dans les siens ; qu'il étoit plus son prisonnier qu'il n'étoit prisonnier des Grands-Jours ; et que si le destin vouloit qu'on rompît sa chaîne, il ne pouvoit le faire par une main plus agréable ; qu'il l'aimeroit toujours non-seulement comme son épouse, mais encore comme sa bienfaitrice, et que rien ne seroit capable de troubler un amour soutenu par tant d'inclination naturelle et par tant de reconnoissance. Ce pauvre homme perdit ainsi sa liberté, voulant la sauver, et devint esclave de celle qu'il regardoit comme sa libératrice. La fille ne manqua point de civilité, et répondit fort honnêtement qu'elle étoit ravie de contribuer à son élargissement et à sa satisfaction ; qu'elle lui avoit de l'obligation de la souhaiter comme son épouse ; que bien qu'elle eût sujet de se défier des hommes et de les prendre pour des imposteurs, elle vouloit bien l'estimer sincère ; qu'elle espéroit qu'ils vivroient fort bien et qu'ils ne s'amuseroient point à se reprocher leur vie passée ; que pour elle, elle ne prétendoit rien à titre de libératrice ; qu'elle ne vouloit le mériter que par sa fidélité et sa déférence, et qu'enfin la fortune la consoloit assez de tous ses malheurs passés par le bonheur qu'elle avoit de lui plaire. On pourra trouver étrange que deux personnes qui n'avoient pas été sans doute trop élevées, dussent dire de ces douceurs ; mais on ne trouvera rien qui ne soit vrai et vraisemblable, si l'on considère que la passion que l'un avoit d'être délivré, et le désir que l'autre avoit de se marier, leur faisoit dire des choses au delà peut-être de leur état et de leur éducation. L'affaire étoit déjà bien avancée, lorsque les dames qui la traitoient, la proposèrent à Mme. Talon, qui étoit le conseil de toutes les personnes charitables, et qui donnoit ses ordres souverainement. Elle répondit qu'elle craignoit bien que la chose ne manquât dans son principe et que la loi ne fût point écrite. En effet, elle s'en informa, et M. son fils lui ayant répondu qu'il n'avoit jamais ouï parler de cette permutation de peine, et que le roi avoit besoin de cet homme-là, toute la négociation fut rompue, et cet amant soupira très-amèrement, et pour avoir perdu sa maîtresse, et beaucoup plus pour avoir perdu l'espérance de sa liberté[1].

Un gentilhomme du Lyonnois ayant ouï faire cette historiette par une des dames qui avoient été les entremetteuses de cette action de piété qu'elles avoient eu intention de faire, nous raconta qu'il étoit arrivé, depuis trois ou quatre mois, à Lyon, une chose assez singulière. Une fille qui avoit de l'esprit, du cœur et de la beauté, avoit été ou assez malheureuse ou assez méchante pour faire une action indigne

---

1. L'usage dont il est ici question avait existé dans plusieurs provinces. On en trouve la preuve dans la chronique intitulée *Journal d'un bourgeois de Paris sous Charles VI et Charles VII*. On y lit à la date du 10 mai 1430, « qu'on mena onze hommes ès halles de Paris pour y être décapités, et qu'on coupa la tête à dix. Le onzième étoit un très-bel jeune fils d'environ vingt-quatre ans; il fut dépouillé et prêt pour bander les yeux, quand une jeune fille, née des halles, le vint hardiment demander, et tant fit par son bon pourchas, qu'il fut ramené au Châtelet, et depuis furent épousés ensemble. » En Auvergne, l'usage était confirmé par la loi. On lit, en effet, dans *Le Masuer en françoys selon la coutume du hault et bas pays d'Auvergne*, imprimé à Lyon par Claude Davost, l'an 1505, fol. lxix : « En plusieurs lieux et pays est de coustume que, si une femme à marier, et mesmement si elle est pucel, et requiert ung homme à mary qui est condempné à morir et est mené au gibet, len le deslivre à la dicte femme; elle lui sauvera sa vie. Mais cella est contre le droit commun. — Dans le Mazuer latin, titre *de pœnis*, n° 17, on lit également : « Item in aliquibus partibus servatur quod si puella illum qui condemnatus ducitur ad patibulum requirat ut cum eo matrimonialiter copuletur quod traditur ei : et isto modo ille evadit mortem, quod est contra l. commissum. » c. *de adulte. l. si ex causa* § *Papinianus*. ff. *de mino.* l. j. § *finali de questi.* fol. cxiij, v°, de l'édition de Lyon, 1536; p. 349 de l'édition de 1577.

de toutes ses bonnes qualités. La Justice, qui a un bandeau sur les yeux, ne se laisse point éblouir à tout cet éclat extérieur, et la condamna à mort. Celui qui devoit être l'exécuteur du supplice devint l'adorateur de sa beauté, et oubliant cette cruauté que l'exercice de punir et l'habitude au sang et à la mort inspire à ces sortes de gens, résolut de lui déclarer qu'il avoit de la tendresse pour elle, et se persuada qu'il seroit aimé pour le moins par intérêt; et qu'une personne ne pouvoit pas refuser son cœur à celui qui lui conservoit la vie, car il avoit le droit de la sauver, s'il l'eût épousée. Il ne manqua pas de lui faire connoître sa passion, de la conjurer de vouloir vivre, et de lui représenter qu'il avoit un moyen de la délivrer, et que si elle se sentoit capable de pouvoir l'aimer, il étoit tout résolu de la demander aux juges, et de lui donner son cœur et sa foi; qu'il ne falloit point qu'une honte imaginaire la retînt, qu'il étoit doux de se racheter de la mort, à quelque prix que ce fût, et qu'il étoit un moindre déshonneur d'épouser celui qui fait mourir les criminels que de mourir comme criminelle. Elle écouta sa déclaration avec bien de la confusion, et prenant la parole à son tour : « Je serois morte assez heureuse, lui dit-elle, si tu ne m'eusses proposé un si lâche moyen pour ne mourir pas, et je ne trouve point de plus grand malheur en mon supplice que le malheur de t'avoir fait pitié, et de m'être attiré une déclaration qui me doit être si fâcheuse. La mort que je vais recevoir de toi me paroît mille fois plus douce que la vie que je mènerois avec toi. Que si tu sens encore quelque bon mouvement pour moi, exécute promptement les ordres de la justice, et ne me laisse pas vivre plus longtemps malheureuse de t'avoir plu. » Elle tendit la main pour être liée selon l'usage, et mourut avec une fermeté qu'on ne sauroit exprimer. Les uns approuvèrent la générosité de cette fille, les autres trouvèrent qu'il y avoit trop d'affectation de fierté dans son procédé, et qu'elle devoit en conscience avoir accepté cette condition; qu'elle s'étoit rendue coupable de sa mort, qu'il y avoit de l'orgueil, et non pas de la générosité, dans cette action, et qu'elle eût été bien plus généreuse et plus chrétienne en se réduisant à faire une alliance et à mener une vie un peu méprisable devant les hommes, qu'en souffrant constamment une mort ignominieuse, et qu'elle avoit eu tort de refuser le temps d'expier ses fautes par la pénitence. Mais on répondit à cela que, l'honneur étant aussi considérable que la vie, elle avoit droit de choisir ou la mort ou le déshonneur; que sa vie n'étoit plus à elle depuis qu'on lui avoit prononcé son arrêt; qu'elle étoit entre les mains de la justice, et qu'il dépendoit d'elle de ne recevoir aucune grâce, et de vouloir expier par sa mort ses fautes passées.

Le jugement de M. de Beaufort de Canillac occupa la Chambre quelques jours après [1], et partagea les voix de ses juges sur une partie de son arrêt. Ce gentilhomme est de la maison des Canillac, ce qui donne bonne opinion de sa noblesse, mais non pas beaucoup de sa conduite, y ayant un déréglement universel dans toute cette famille. Il étoit accusé de quelques exactions violentes et d'une action qui tenoit un peu de l'assassinat. Il étoit allé dans un village où se faisoit quelque assemblée ou de fête ou de marché, et se promenant par les rues, peut-être au sortir de quelque débauche, et voyant un gentilhomme à une fenêtre, il dit quelques paroles de raillerie qui le piquèrent, et l'obligèrent de répondre aussi de son côté assez désobligeamment. Comme il est aisé de s'engager en ces sortes de contestations, ils en vinrent aux injures et bientôt à l'emportement. Beaufort, transporté de colère, entra dans la maison accompagné de quelques-uns de ses amis et de ses compagnons de débauche, et attaqua l'autre, qui se défendit fort vigoureusement et parut fort homme de cœur. Mais il fut accablé par le nombre et tué sur la place. Quoique l'action

---

1. Jacques de Beaufort-Canillac fut condamné à avoir la tête tranchée, le 12 janvier 1666. (*Journal de Dongois*, fol. 199.)

fût fort noire, il ne laissa pas de se trouver à l'entrée de Messieurs des Grands-Jours avec MM. de La Mothe de Canillac et de Pont-du-Château, et l'on dit même qu'il étoit couché dans la même maison, lorsque le premier fut arrêté, d'où l'on peut croire qu'il se retira avec beaucoup de précipitation. Il a été condamné par contumace à une amende de 25 000 livres, qui excède presque tout son bien, et à avoir le col coupé. Les voix furent partagées pour le rasement de ses maisons. De quinze juges, il y en eut huit qui furent d'avis qu'on procédât à la démolition sans attendre le temps de l'ordonnance; il y en eut sept qui opinèrent à lui donner les cinq ans de la contumace. Ce fut la seconde fois que ce partage arriva; ce qui paroissoit fâcheux et faisoit soupçonner de la division dans la compagnie, et montroit au moins quelque relâchement dans la justice.

Il en parut bien davantage dans le jugement de l'affaire de M. le comte de Canillac de Pont-du-Château[1], qui, dans l'esprit de tout le monde, passoit pour le plus criminel de la province, et que la plupart de ceux qui savoient les choses eussent voulu voir à la place de M. le vicomte de La Mothe. La vanité que lui donne sa maison, étant des plus considérables d'Auvergne, le mauvais exemple qu'il a reçu de ses parents, ayant eu un père fort emporté, l'autorité qu'il tire de sa charge de sénéchal de Clermont, et la confiance qu'il avoit à cause de ses alliances avec M. le président de Novion et les Ribeyre, qui sont assez puissants par leurs richesses, lui avoient fait tout oser et tout entreprendre avec espérance d'impunité. Il épousa la fille la plus agréable et la plus belle de ce pays, à qui la nature avoit donné beaucoup de grâce extérieure, soutenue d'un beau feu et d'un enjouement réglé, qui la faisoient passer pour

---

1: Le 15 janvier 1666, messire Guillaume de Beaufort-Canillac, marquis du Pont-du-Château, sénéchal de Clermont, fut admonesté et condamné en huit cents livres parisis d'aumône applicables à l'hôpital général de Clermont, etc. (*Journal de Dongois.*) Voy. *Appendice*, n° XXIII.

la merveille de la province[1]. Tout ce qu'il y avoit de galanterie s'adressoit à elle, et elle ne laissoit aux autres dames de Clermont que des cœurs qui n'osoient pas prétendre à lui pouvoir plaire. M. de Chandenier[2] lui fit longtemps la cour à grands frais, et n'épargna rien pour la divertir et pour satisfaire sa gaieté. Les principaux de la province venoient lui rendre leurs hommages et soupirer pour elle cinq ou six mois de l'année; et cette beauté si vive et si animée charmoit tout le monde et par ses yeux et par son esprit. Entre tous ceux qui la recherchèrent, M. de Pont-du-Château fut le plus heureux, et s'il ne contenta pas tout à fait sa raison, il flatta son ambition, et la fit résoudre à être moins heureuse femme pour être comtesse. Les parents l'avantagèrent par-dessus ses autres sœurs, en faveur de la qualité du mari, qui, croyant leur faire grâce de les allier à sa famille, la leur faisoit de temps en temps payer assez chèrement. Lorsqu'il avoit besoin d'argent, il menaçoit de tuer son beau-père, et maltraitoit si fort Mme sa femme, qu'il falloit, pour apaiser le courroux de l'un et pour soulager la misère de l'autre, lui accorder ce qu'il demandoit. Le chagrin continuel et l'embarras de son domestique ont tellement changé cette belle, qu'on n'y reconnoît plus aucun resté ni de cet agrément extérieur, ni de cette agréable vivacité qui la faisoient aimer de tout le monde. Comme le comte étoit adonné à toute sorte de débauche et n'avoit pas pour elle toute l'estime qu'elle eût souhaitée, elle tomba dans un abattement qui changea tous les traits de son visage et supprima toute sa belle humeur. La solitude qu'elle affecta et la vie rustique qu'elle alla mener dans une de ses terres, achevèrent de la rendre méconnoissable, et un accident qu'elle s'imagina, peut-être avec quelque raison, lui être arrivé

---

1. Michelle Ribeyre, fille d'Antoine Ribeyre et de Marguerite Fayet. Voy. *Appendice*, n° IX.

2. François de Rochechouart, marquis de Chandenier, nommé capitaine des gardes du corps en 1642, disgracié en 1651, mort en 1696.

par les infidélités de son mari, faillit à la faire mourir. Le mal et les remèdes violents qu'il lui avoit donnés l'ont réduite à de grandes foiblesses de corps et d'esprit, et celle qui donnoit de l'amour à tous les hommes raisonnables et de la jalousie à toutes les dames, ne donne plus que de la pitié aux uns et aux autres. Elle se plaint de je ne sais quels vents renfermés dans son estomac, qui sortent à tous moments avec élans, et qui, entrecoupant ses discours, font croire à ceux qui ne savent pas son incommodité, qu'elle est sur le point d'entrer en convulsion; ce qui fait une assez triste figure dans la conversation. Ceux qui savent l'ambition qu'elle avoit de plaire à tout le monde et d'être cajolée, disent qu'elle mettoit tout son bonheur à voir une foule d'amants auprès d'elle; qu'elle comptoit avec plaisir tous les cœurs qu'elle avoit enflammés, et s'étudioit à faire remarquer avec adresse le nombre de ses conquêtes, et que, pour flatter sa vanité, elle ne savoit pas trop la bienséance, recevant avec beaucoup de douceur et ceux qui lui pouvoient toucher le cœur, et ceux qui ne faisoient que grossir sa cour. Ce n'est pas que la médisance ait eu sujet de décrier sa conduite, et qu'on l'ait jamais accusée que d'ambition et d'amour-propre. Cette bonne opinion qu'elle avoit d'elle-même et de ceux qui l'aimoient lui a fait trouver la retraite de ses adorateurs et la perte de sa beauté si insupportables, qu'elle en est inconsolable, toutes les fois qu'elle y pense; elle cherche la conversation des personnes âgées, parce qu'elle croit que les jeunes gens ne l'estiment plus, et tient des discours fort tendres à son petit chien sur ce qu'il est le seul qui la flatte et qui la caresse. On l'a vue quelquefois devant son miroir se plaindre, et dire en pleurant : Qu'est devenue cette Michon qui gagnoit les cœurs et qui attiroit tous les villages par où elle passoit, et faisoit dire aux personnes qui ne savent flatter, et qui sont plus sincères que celles qui vivent dans les villes, qu'elle emportoit le prix sur toutes les autres? Ainsi, ne trouvant en elle aucun sujet de vanité présente, elle se flatte sur le passé, et, pleurant ce qu'elle est, elle se console sur ce qu'elle étoit il y a quelques années. Il est vrai qu'elle avoit eu cette passion de paroître belle dès son enfance, et que sa mère, qui étoit fort sage et fort modeste, et qui vouloit corriger cette humeur altière, choisissoit quelquefois son temps, et disoit en bonne compagnie, que toutes ses filles étoient assez belles, et que la seule Michon ne l'étoit pas ; qu'il est vrai qu'elle avoit quelque apparence assez agréable et le teint du visage assez blanc, mais que la couleur du reste du corps étoit bien différente. Il n'y avoit que ce moyen d'arrêter cette fille orgueilleuse, qui méprisoit jusqu'à sa mère. Il y a quelque temps qu'elle se rend justice et qu'elle est désabusée de cette foible passion, et lorsqu'on lui dit, pour la consoler, qu'elle n'a pas perdu ses agréments, elle répond que, si cela étoit, M. de Chandenier seroit encore en Auvergne, et que plusieurs autres n'auroient pas quitté la province. Mais elle a assez expié ses fautes passées depuis qu'elle a épousé ce gentilhomme, qui, dans la prison même, l'a maltraitée, lorsqu'elle le visitoit, et a écrit des lettres fort injurieuses, lorsqu'elle étoit empressée à solliciter ses juges pour lui. Elle avoit accoutumé de dire que le ciel avoit fait leur mariage, et que c'étoit la Providence qui avoit voulu les rendre heureux, qui les avoit faits tous deux agréables, puisque M. le comte n'eût su aimer une femme qui n'eût été belle, comme elle n'eût su aimer un homme qui n'eût été beau. Elle eût beaucoup mieux fait de le souhaiter bon.

Pour revenir donc à son histoire, il faut remarquer que le rang qu'il tient en qualité de sénéchal, l'obligea de porter la parole à Messieurs des Grands-Jours à la tête de la noblesse de la province, dont il s'acquitta cavalièrement, mêlant pourtant le soleil et la lune et tous les astres dans sa harangue. Il eut beaucoup de hardiesse ou beaucoup de confiance, et voulut malheureusement en donner aux autres, car il avoit prié plusieurs gentilshommes de l'accompagner, et les avoit attirés à Clermont, pour assister à la cérémonie de l'entrée de la justice, entre lesquels furent M. le vicomte de La Mothe, qui eut le col coupé, et MM. du Palais et Beaufort-Canillac, qui se sauvèrent heureusement, et qui ont depuis été effigiés[1], si bien qu'il peut dire qu'il est la cause de la mort de l'un, et qu'il a bien exposé les autres. Pour lui, il fit quelques jours semblant de se retirer, et revint après à Clermont, où l'on dit qu'on résolut d'abord qu'il se remettroit de lui-même dans les prisons, et qu'après on trouva plus à propos de le faire arrêter dans les formes. Ce qui fut fait. Il étoit accusé de plusieurs crimes, dont tout le monde est persuadé qu'il est coupable, et dont personne n'a voulu le convaincre. Une infinité de témoins qu'on a ouïs semblent n'être venus que pour le justifier. On l'accusoit d'avoir tué le baron d'Anglar en duel, et la chose est constante dans le pays, mais on n'a su en trouver des preuves; d'avoir fait de terribles vexations dans ses terres, mais tous ses justiciables se louoient de lui, dès qu'ils étoient devant les juges; on lui imputoit d'avoir exigé des corvées, mais ses sujets disoient qu'il avoit été trop modeste sur ce point, et qu'ils lui en devoient bien davantage, pour reconnoître les bons offices qu'il leur rendoit continuellement. Enfin, on étoit obligé de conclure, sur les dépositions, ou qu'il étoit bien servi ou qu'il étoit bien innocent. Il se trouvoit pourtant des parties contre lui. Celui qui le poursuivoit avec plus de chaleur étoit un conseiller de la cour des aides de Clermont, nommé Chardon[2], qui s'étoit obstiné à pousser son ressentiment, et qui s'étant jeté plusieurs fois aux pieds du roi et lui ayant présenté divers placets, sans se rebuter des longueurs ni des mépris que certaines personnes faisoient de lui, avoit été la principale cause de la tenue des Grands-Jours. La cause de cette poursuite opiniâtre étoit

---

1. Exécutés en effigie.
2. Jean Chardon, seigneur de Saint-Bonnet, né vers 1642, devint conseiller à la cour des aides de Clermont, en 1663. Voy. *Appendice*, n° XXIII.

assez raisonnable. Chardon le fils, ayant épousé une fille qui étoit des sujettes de M. le comte de Canillac, sous espérance d'en tirer beaucoup de bien, et, n'ayant pas trouvé tout ce qu'il espéroit, fit plusieurs petites persécutions à son beau-père, lequel se trouvant pressé céda 2000 livres au comte de Canillac le père, à condition qu'il le protégeroit contre son gendre. Il le fit pendant sa vie, et laissa en mourant un mémoire à son fils pour la décharge de sa conscience. Celui-ci, pour ne manquer point à un devoir si légitime, et pour accomplir abondamment la recommandation qui lui avoit été laissée par testament, non-seulement il protégea le beau-père, mais encore il persécuta le gendre et toute sa famille, et leur fit des affronts si sanglants qu'il les réduisit au désespoir, et les obligea de s'en aller plaindre à la cour, ne pouvant avoir aucune protection d'ailleurs. Lorsque le roi eut résolu d'arrêter les oppressions de cette province, et qu'il eut choisi M. de Novion pour présider à la Chambre, ce suppliant présenta requête, remontra l'alliance du président avec sa partie, ne cessa point de se plaindre jusqu'à ce que le roi lui eût promis qu'aucune alliance n'empêcheroit qu'on ne lui rendît toute sorte de justice. Sur cela, il espéroit le faire périr et lui suscitoit tous les témoignages qu'il pouvoit. Il a été trois mois dans la conciergerie, où, dans les moments d'impatience qui lui arrivent assez souvent, il écrivoit des lettres injurieuses, non-seulement à Mme sa femme, mais encore à tous ses alliés dont le secours lui étoit si nécessaire, et au président même de qui dépendoit toute sa fortune. Enfin il fut jugé à peu près comme on l'avoit cru. M. le président l'interrogea, et lui fit une très-belle réprimande, lui reprochant tous les déréglements de sa vie passée, en des termes assez forts; il l'exhorta à s'amender, lui fit connoître que toute la cour étoit persuadée qu'il étoit coupable de toutes les accusations dont on le chargeoit; que toutes les apparences étoient que les preuves avoient été écartées et les témoins corrompus;

qu'ainsi il devoit prendre garde pour l'avenir. Son arrêt porta qu'il payeroit 500 livres d'amende et qu'il seroit mis hors de procès. Il sortit fièrement de prison, s'attirant contre lui et contre les juges l'indignation de toute la province, qui étoit persuadée qu'il est un des plus criminels. Il y eut un des juges qui opina à une réparation considérable pour sa partie, à une plus ample information, et à lui donner cependant pour prison les chemins de Clermont à Paris. Mais il ne fut pas suivi. M. Talon avoit conclu au bannissement, à une grosse amende, et l'obligation de se défaire de sa charge. Mais on jugea bien, quand on vit M. de Novion président, qui est son allié, et M. de Vaurouy, rapporteur, qui est l'amant de sa belle-sœur, que cela lui vaudroit des lettres de grâce et d'abolition de tous ses crimes. Il est vrai qu'on n'a rien à imputer aux juges, qui ne fondent leurs arrêts que sur les preuves, et qui ne sont pas obligés de condamner sur la mauvaise réputation et sur la notoriété publique. Ceux qui croient savoir le secret, disent qu'il en a coûté beaucoup pour détourner les témoins, qui pouvoient être en assez grand nombre. Cette douceur n'a pas laissé de décrier un peu les Grands-Jours. Les amis de M. du Palais prétendent qu'il avoit été dans la même action que lui[1], outre les autres qu'il avoit commises; et se plaignant de leur malheur et de la partialité des juges, et plusieurs autres qui craignent ses violences, étant d'avis qu'il falloit pour le moins avoir suivi les conclusions. Chardon menaçoit d'aller demander encore une fois justice au roi; mais il est trop tard de se plaindre après un jugement sur lequel on a pris toutes les précautions nécessaires, et où il paroît qu'on a fait des informations même plus exactes que dans les autres procès qu'on a jugés.

Environ ce temps[2], M. Le Peletier revenant de la haute

---

1. Voy. ci-dessus, page 138.
2. « Le conseiller Le Peletier revint de sa mission le 13 janvier 1666; il était parti pour la haute Auvergne le 3 novembre 1665. »(*Journal de Dongois.*)

Auvergne, et rapportant des informations infinies contre la noblesse qui réside dans les montagnes, demandoit instamment la continuation des Grands-Jours, et craignoit que toutes les recherches qu'il avoit faites avec tant de péril, dans une saison si incommode, fussent inutiles. Il est vrai qu'il avoit fait des actions qui marquent bien l'autorité absolue du roi dans son royaume et la terreur que la justice avoit imprimée dans l'esprit des peuples. On l'a vu lui seul troubler toute la contrée des montagnes ; faire reconnoître le droit *où* il n'avoit jamais été, et porter la crainte dans des lieux qui avoient toujours été inaccessibles à la justice. On l'a vu faire des violences innocentes où l'on en faisoit tant de criminelles ; entrer dans les châteaux les plus fortifiés ; faire ouvrir les cabinets les plus secrets, et envoyer les plus fiers et les plus puissants de la province, sous la garde d'un exempt, à Clermont, pour rendre raison de leur conduite. Il envoya même les sieurs officiers du présidial de Saint-Flour, sous la conduite d'un prévôt, pour être examinés sur quelques affaires où ils ne s'étoient pas comportés assez généreusement. Les prisonniers arrivèrent, le prévôt vint rendre le paquet des lettres que M. Le Peletier écrivoit à M. Talon, lequel ayant *lu* la lettre où il y avoit des plaintes contre le prévôt même, le fit attendre quelque temps, et lui ordonna d'aller conduire ses prisonniers dans la conciergerie ; il les conduisit, les logea, et comme il fut à la porte pour sortir, le geôlier lui demanda son nom, et lui dit qu'il n'étoit pas nécessaire *qu'il s'en allât;* qu'il y avoit une place pour lui dans les prisons, et l'arrêta de la part du roi avec les autres[1]. Cette adresse ne parut pas assez géné-

---

1. Le *Procès-verbal des conférences tenues pour l'examen des articles proposés pour la composition de l'ordonnance criminelle* de 1670, sur l'article 12, édit. de L'Isle, 1697, in-4, p. 25-29, prouve que l'on était frappé à cette époque des abus commis par les prévôts des maréchaux. Ces juges d'épée, qui dataient du règne de François Ier, étaient spécialement chargés de faire le procès à tous les vagabonds et gens sans aveu et sans domicile. Le passage suivant du *procès-verbal*, que l'on vient de citer, atteste à quelles

reuse, et quelques-uns qui la blâmoient, disoient que la justice ne devoit point agir avec ces détours ; qu'il ne falloit point donner du dégoût à ces personnes qui servent le roi très-utilement en ces occasions, et qui courent la campagne avec beaucoup d'incommodité; et la plupart des conseillers mêmes furent d'avis de le tirer de prison le lendemain; et dans le dessein qu'ils avoient de partir bientôt, résolurent de ne plus s'arrêter qu'aux grandes affaires. Mais M. Talon ne voulut point présenter sa requête pour son élargissement, ou pour ne démentir point sa sévérité ordinaire, ou pour ne donner point cette mortification à M. Le Peletier.

M. de Lévy [1], lieutenant de roi dans la province de Bourbonnois, fut jugé, quelques jours après, avec assez de sévérité. Il y avoit deux chefs d'accusation contre lui, qui étoient assez importants, mais qui n'étoient pas tout à fait bien prouvés. Le premier étoit une violence exercée contre un prévôt qui étoit homme accoutumé à mille crimes, fort décrié dans la province, et qui, pendant les guerres civiles, avoit été fort redouté dans le pays. Il y eut contre lui plusieurs poursuites qui obligèrent le parlement à donner un

---

violences ils se livraient : « M. le premier président (Guillaume de Lamoignon) a dit que l'intention qu'on avoit, lorsqu'on a institué les prévôts des maréchaux, étoit bonne; mais que...... la plupart de ces officiers sont plus à craindre que les voleurs mêmes, et qu'on a reconnu aux Grands-Jours de Clermont, que toutes les affaires criminelles les plus atroces avoient été éludées et couvertes par les mauvaises procédures des prévôts des maréchaux.... M. Talon a dit que.... comme ces officiers, ni leurs archers, n'ont point de gages pour subsister, il n'y a pas de malversations auxquelles ils ne se soient abandonnés. Ils ne font aucune fonction, s'ils n'espèrent en retirer de l'émolument; et toutes les oppressions que peuvent commettre ou les voleurs ou les personnes puissantes qui s'engagent à mal faire, n'approchent point des concussions des prévôts des maréchaux et de leurs officiers subalternes. Cette vérité a été reconnue aux Grands-Jours de Clermont, où l'on a fait le procès à plusieurs officiers de la maréchaussée; mais l'on a été persuadé d'ailleurs qu'il n'y en avoit pas un seul dont la conduite fût innocente et exempte de reproche.... »

1. 21 janvier 1666, d'après le *Journal de Dongois*.

arrêt contre lui, et à faire raser les fortifications d'une de ses maisons. M. de Lévy, par le droit de sa charge, eut ordre de veiller à l'exécution de l'arrêt, et trouvant l'occasion favorable pour se venger de quelques insultes que ce malheureux lui avoit faites pendant que la France étoit en désordre, à cause de la diversité des partis, il fut bien aise d'excéder un peu sa commission, et fit non-seulement raser les fortifications, mais il donna encore la maison au pillage, et en punissant le crime, se rendit criminel lui-même, et se rendit responsable à la justice en la soutenant. Il assuroit qu'il avait des ordres du roi pour justifier son action; mais il falloit venir les présenter, et il y eût eu du hasard pour lui. La seconde accusation étoit plus évidente que la première, et il y avoit toutes les apparences qu'il étoit criminel, et pouvoit être convaincu de fausse monnoie. On vérifioit qu'un marchand avoit reçu de lui deux fois un assez grand nombre de doubles pistoles, qui étoient encore en dépôt dans les greffes; mais les juges les avoient écartées adroitement, et il y avoit même quelques procédures contre eux; ce qui fit qu'on le condamna à une grande réparation pour le prévôt, à une amende considérable, au bannissement de neuf ans, et à se défaire de sa charge. Quelques-uns furent d'avis de sauver la charge, mais cela passa. Il auroit bien fait de se présenter dans l'état où étoient les affaires, et dans les circonstances du radoucissement de la cour. Les conclusions de M. Talon alloient à la mort, et l'on a cru qu'il avoit affecté cette rigueur, afin qu'on ne crût pas que la considération de la maréchale de L'Hospital [1], qui est alliée au marquis, eût relâché quelque chose de sa sévérité ordinaire, et qu'on ne dît pas que l'amour avoit désarmé la justice. Mme de Charlus, mère de l'accusé, qui étoit dans la dernière désolation, trouva de quoi se consoler sur l'espérance de remettre ses affaires.

---

1. On a déjà vu plus haut, pages 88 et 210, des allusions à la passion de Denis Talon pour la maréchale de L'Hôpital.

Les criminels fugitifs étoient en si grand nombre, qu'à peine étoit-on sorti d'un procès qu'on entroit dans l'autre, sans intermission et sans relâche. Après le jugement de M. de Lévy, on examina l'affaire de M. le marquis de Salers[1], qui étoit une des plus noires qu'on ait vues pendant les Grands-Jours. C'est un homme de qualité, d'esprit, quelques-uns disent même de probité, lorsqu'il agit par son inclination et par ses conseils, et non pas par ceux de sa femme. Il avoit un ennemi dont il pouvoit se plaindre avec justice, s'il n'eût mieux aimé se venger par violence. Sa passion, enflammée par des sollicitations puissantes sur son esprit, et peut-être par son esprit même, le poussa d'assembler quelques-uns de ses amis et quelques personnes d'expédition, et à faire voir qu'il ne souffroit pas une injure. Il attaqua celui qu'il cherchoit[2], qui s'étoit réfugié dans sa maison où il étoit retiré, et trouvant trop de résistance et trop de difficulté à forcer les portes, il fit monter ses gens au plus haut de la maison, fit découvrir le toit, et entrer dans la chambre où, ayant trouvé ce misérable, il l'avertit qu'il falloit se disposer à mourir. Quelques-uns disent qu'il fit appeler un prêtre et qu'il lui donna le temps de se confesser; les autres assurent qu'il n'eût pas la patience d'attendre. Quoi qu'il en soit, ils le percèrent de cent coups, lui crevèrent les yeux, etc., et se retirèrent avec un peu de satisfaction de s'être vengés, et avec beaucoup de remords d'avoir fait un crime. Au premier bruit des Grands-Jours, ce gentilhomme se retira comme tous les autres coupables, et il a été condamné sur la fin, par contumace, à avoir le col coupé, à une forte amende et au rasement de sa maison.

Il falloit bien que les femmes eussent quelque part à la justice, et que l'on jugeât quelques violences et quelque action cruelle de ce sexe. On diroit que toute leur cruauté

---

1. Cette affaire fut jugée le 21 janvier 1666.
2. La victime se nommait Antoine de Serviens, d'après Dongois.

ne s'étend qu'à refuser les vœux d'un amant, et à punir par le mépris la témérité qu'on a eue de les aimer; et lorsqu'on parle des rigueurs des dames, l'on ne s'imagine que quelques dédains qui affligent un cœur, et qui ne le font mourir que par métaphore, et qui tirent tout au plus quelques larmes des yeux, et ne font jamais répandre du sang. On a trouvé quelque chose de plus farouche et de plus sanglant dans le procès d'une femme qu'on a jugée. On n'avoit aucune preuve évidente, mais les conjectures rendoient la chose si manifeste, qu'on ne peut point douter qu'elle n'eût commis un homicide. On avoit trouvé un homme mort dans sa maison; on l'avoit vue sortir avec une épée sanglante, et sa jupe teinte de sang; son visage même portoit des marques de son crime, et tout donnoit à connoître qu'elle étoit coupable. Sur ces apparences décisives, elle fut arrêtée; elle nioit son crime; et soit qu'elle eût assez de fierté ou assez de résolution à mourir, elle ne voulut point se servir de toutes les adresses qu'on lui donna pour éviter le supplice, estimant qu'il étoit honteux de craindre de mourir, après n'avoir pas craint d'en faire mourir d'autres. On lui conseilla d'avouer le meurtre, et de protester que ce n'étoit qu'une défense légitime contre un homme qui avoit entrepris contre son honneur. Mais elle ne voulut point se sauver par cet artifice, ni être soupçonnée d'avoir été sollicitée par un homme. Elle ne fut point condamnée à la mort, et l'on se contenta de la bannir et de lui imprimer une marque de déshonneur pour le reste de sa vie.

L'affaire du grand prévôt de Bourbonnois fut une des plus examinées des Grands-Jours, à cause de la multiplicité des dépositions auxquelles les fonctions de leur charge les exposent ordinairement; parce que leurs emplois différents, dans lesquels le service du roi, la rigueur des ordonnances, l'intérêt du public, le déréglement des peuples auquel il faut s'opposer, la punition des crimes, l'accélération de la levée des deniers du roi et plusieurs autres fonctions sont

enfermées, leur donnent sujet de se faire beaucoup d'ennemis
et de faire même plusieurs fautes dans leur conduite. Ainsi
il est malaisé de ne point manquer ou à l'exactitude de sa
charge, ou à la douceur que diverses personnes se promet-
tent d'eux. Cet homme qui étoit réduit, depuis deux ans,
dans un lit avec des douleurs continuelles, et à qui la goutte
étoit une chaîne assez importune, fut déféré et conduit à
Clermont pour rendre raison de sa conduite. Il étoit accusé
de plusieurs vexations et violences, et d'avoir excédé son
pouvoir et étendu les droits de sa charge au delà de ses
fonctions légitimes. Il répondoit à cela que ses infirmités
l'ayant obligé, depuis un an, à se défaire de sa charge, on
pouvoit bien s'être aperçu qu'il y avoit consommé la meilleure partie de son bien, et que le prix de sa charge n'avoit
pas été suffisant pour acquitter toutes ses dettes. Mais il avoit
peine de se tirer d'une action très-criminelle. Comme il
alloit un jour à la tête de sa compagnie, et qu'il conduisoit
ses archers, il arriva quelque démêlé entre un de ses
archers et son exempt, qui passa à sa connoissance et fut
presque remis à son jugement. Lui qui vouloit se donner un
spectacle et se divertir de leur querelle, comme ces sortes
de gens ne sont pas ordinairement fort tendres, il eut la dureté de les animer et de les obliger à faire un combat singulier,
où l'archer ayant eu l'avantage sur l'exempt, il s'en détacha
quelques autres de la compagnie qui l'assassinèrent. Les informations et la déposition des chirurgiens font entendre
qu'il fut étranglé. Le prévôt ne voulut point s'être diverti à
ses dépens, et comme il étoit homme instruit aux procédures, il prit toutes les précautions possibles, il donna
même la charge gratuitement au frère du mort, bien qu'il
eût pu en tirer plus de quatre mille livres d'un autre. Mais les
crimes se découvrent lorsqu'on les croit ensevelis, et l'on est
bien souvent surpris, quelques adresses qu'on ait trouvées et
quelque temps qu'on ait passé. L'occasion qu'on avoit de se
plaindre fit qu'on le déféra, et, malheureux d'avoir trop

vécu, il faillit à mourir pour un crime commis depuis dix-neuf ans et sept à huit mois, qui n'avoit que fort peu de temps à faire une prescription et à être exempt de justice. L'âge et les infirmités l'avoient réduit à une foiblesse et à une caducité qui ne lui laissoient que fort peu de vie. Aussi la cour lui avoit fait la grâce de ne le mettre point dans les prisons, parce qu'il ne lui restoit plus aucune liberté, et qu'il étoit sa prison lui-même. Dans le jugement de son affaire, il y eut des juges qui concluoient à la dernière rigueur; mais M. Le Coq, avec un passage de Tacite rapporté fort à propos, inspira des sujets de pitié et d'adoucissement à la compagnie; il représenta que c'étoit un criminel puni par lui-même, qu'il étoit plus tourmenté de sa goutte qu'il ne seroit de son supplice; que les douleurs qu'il souffroit étoient assez justes pour les laisser continuer le reste de ses jours; que c'étoit une grâce bien rigoureuse qu'on lui feroit de ne le juger pas à mort, et qu'on ne pouvoit mieux faire que de le condamner à vivre; qu'une longue maladie valoit bien une courte, et que la goutte exécutoit en lui leur arrêt avec plus de sévérité que le bourreau n'auroit su faire. La plupart furent de cet avis, et soit qu'ils eussent dessein de le mieux punir en l'épargnant, soit qu'ils dédaignassent de rompre le cours d'une vie qui ne doit plus durer longtemps, ou qui doit être très-misérable, ils le condamnèrent à neuf ans de bannissement qu'il n'accomplira pas, selon toutes les apparences, à une amende honorable, qu'il fit publiquement, et à une réparation d'intérêt fort ample. Il parut fort content de son arrêt, et ne dissimuloit pas qu'il ne méritât pas davantage, si les accusations eussent été véritables.

Il auroit été bien fâcheux de n'entendre parler que de condamnations et d'arrêts, et de n'entendre que les succès des jugements et ne lire que des factums de parties. Nous étions assez heureux pour savoir quelques nouvelles du Parnasse et pour entendre parler des Muses. On nous offrit d'abord quelques sonnets de province, qui finissoient tous par des allusions froides et réitérées sur les Grands-Jours. M. Talon ou M. de Novion étoient des soleils; ils venoient dans cette province, comme cet astre va dans une de ses maisons, pour dispenser la lumière du droit et exciter le zèle de la justice; et cent autres figures hardies et allégoriques faisoient le sujet de toutes les poésies de ce Parnasse barbare. On nous fit voir des vers burlesques sur les Grands-Jours, dont j'avois d'abord fort bonne opinion, sur les belles ouvertures que je croyois qu'on pouvoit avoir pour les tourner en ridicule, tant parce que les actions les plus graves et les plus sérieuses sont plus plaisantes, lorsqu'on les tire de leur ordre naturel, et qu'on leur donne un tour et sens contraires, que parce que plusieurs choses s'y passoient, qui n'étoient pas fort éloignées de ce caractère. Mais cet ouvrage me fit pitié, bien loin de me divertir, et je ne lus jamais rien de plus froid ni de moins ingénieux. Tantôt l'auteur passoit au delà des règles du burlesque même et faisoit cent allusions basses, qui étoient assez impertinentes : comme lorsque, parlant de M. Talon, il pointilloit sur un talon de soulier, l'arrondissoit et l'élevoit par son courage, et lui chaussoit l'éperon de son éloquence; tantôt il tomboit non-seulement dans le sérieux, mais encore dans le pieux et le touchant, et faisoit une longue comparaison des Grands-Jours et du jour du jugement universel, avec des réflexions qui n'étoient ni de son sujet ni de son caractère. Un religieux augustin, qui s'intituloit lecteur en théologie à Moulins, fit imprimer quelques vers à l'honneur de M. Talon. Je ne saurois dire si c'étoient de grands vers ou des stances; s'ils étoient françois ou auvergnats; s'ils étoient même vers ou prose; ils tenoient de l'un et de l'autre; et l'on n'y comprenoit autre chose, sinon que c'étoit un moine qui avoit cru faire des vers, et qui avoit eu dessein de s'attirer la protection du procureur du roi pour quelque affaire. De sorte qu'après avoir bien considéré tout ce que les Muses de ce pays avoient produit, voici ce que j'ai trouvé de plus raisonnable ; c'est un sonnet à M. de Novion :

> Pour couronner ton front de ce pouvoir sublime,
> Dont le sacré dépôt t'élève au rang des dieux,
> L'invincible Louis, tournant sur toi les yeux,
> Potier, te rend l'objet d'une éclatante estime.
>
> Il te fait le secours d'un peuple qu'on opprime ;
> Il oppose ta force aux esprits factieux,
> Et de ta vertu seule il forme dans ces lieux
> L'appui de l'innocence et la terreur du crime.
>
> Mais quoi qu'ait fait pour toi le plus juste des rois,
> Tu n'as point d'autre éclat de cet auguste choix,
> Que celui dont ta gloire étoit déjà suivie.
>
> Tu fais encore ici ce que tu fis toujours,
>   Et de tous les jours de ta vie
> Tes grandes actions en ont fait des grands jours.

On avoit offert des étrennes en vers à quelques-uns de ces Messieurs, où l'on disoit en rimes qu'ils étoient l'*appui du monarque, des gens de remarque*, et que chacun d'eux étoit *une sagesse*[1], *un Plutarque*, et mille belles choses de cette force, dont il est impossible de se souvenir. Enfin le collége fit un effort, et les Muses latines voulurent témoigner à leur tour leur respect pour la justice. Ils avoient entrepris d'abord une tragédie qui devoit représenter le retour d'Astrée ; mais soit qu'ils n'eussent point eu assez de temps, soit que les maîtres de danse auxquels ils ont grande confiance, eussent manqué, comme ils disoient, ce grand dessein n'eut point de succès. Ils trouvoient qu'il n'y avoit rien de plus divertissant que les ballets, et que les meilleurs acteurs et les plus nécessaires dans le dramatique, étoient des danseurs. Cette résolution fut donc réduite à faire un poëme latin de cinq ou six cents vers, intitulé le *Temple de Thémis* ou *de la Justice rétablie*. D'abord, il bâtissoit ce temple des

---

1. Il faudrait ici un mot rimant en *arque*, comme *Parque*. Le manuscrit de Clermont donne évidemment une mauvaise leçon.

débris et des ruines de ceux des huguenots, et après avoir
dit quelques mots de controverse, il invoquoit Apollon et
les neuf sœurs avec beaucoup de piété, et entrant dans la
fable ou dans l'invention de son sujet, il feignoit que tous
les saints rois qui avoient gouverné la France tinrent conseil
dans une grande place qui se trouve au milieu de l'air, et
firent chacun un raisonnement pour le rétablissement de la
justice en France; où je trouvai deux choses assez plaisantes : la première que, faisant assembler *beatos Galliæ procc-
res*, les rois saints et bienheureux de la France, il commence
par Pharamond et finit par Henri IV, dont l'un n'étoit pas
chrétien et l'autre n'étoit point encore canonisé ; la deuxième
étoit qu'il logeoit Thémis bannie au milieu des Alpes, où elle
mouroit de froid, et trembloit incessamment dans ces pays
de frimas et de neiges. Après ce grand conseil tenu en l'air,
le feu roi Louis XIII alla trouver Louis XIV dans son lit
comme il dormoit, et lui conseilla d'envoyer les Grands-
Jours à Clermont, qui est le pays de l'auteur, et lui en donne
ces raisons fort convaincantes : parce que la Limagne est la
plus belle et la plus fertile contrée du monde ; parce qu'il y
a un présidial et une cour des aides à Clermont ; parce qu'il
y a un intendant qui est doux et d'un accès facile ; parce qu'il
y a un évêque qui, avec sa crosse vengeresse, chasse les
loups de son bercail qui se couvrent d'une peau de brebis,
et pour quelques autres raisons de la même force. Cela fait
que le roi appelle Thémis, et l'ayant introduite dans son
conseil, écoute une harangue qu'elle y fait, et approuve
le choix qu'elle lui propose des plus équitables et savants
juges du royaume; qui sont *Noviades*, *Caumartiniades* et
Talonides, et les autres qu'il cite en marge. On s'étonnoit
pourquoi il avoit donné cette terminaison à ces noms. Quelques-uns croyoient que c'étoit une façon de nommer grec-
que, qui marquoit le nom du père dont on étoit né, et
jugeoient sur cela que l'auteur entendoit fort bien les poëtes
grecs ; et un des principaux gentilshommes de la province,

voulant l'excuser charitablement, disoit que c'étoit une grande contrainte que la rime, tant dans les vers latins que dans les vers françois, croyant qu'ils étoient de même mesure et de même forme. L'éloge de M. de Novion consistoit en une application allégorique de ses habits de palais : son mortier marquoit la grandeur de son âme; son hermine, la blancheur de sa conscience; son cordon bleu représentoit son esprit céleste; le pigeon pendant étoit le symbole de sa douceur. Enfin, il n'y avoit point du tout de conduite. Voilà ce que disoient les critiques; pour moi, j'y trouvois d'assez bons vers, et toute la pièce en gros ne me paroissoit pas si ridicule. Je n'aimois point une épître dédicatoire à M. le président, qui étoit pleine de flatteries, et qui protestoit que les païens eussent été excusables pour leur religion, s'ils eussent adoré, au lieu de leurs dieux, les vertus de M. le président. Voilà ce que l'esprit d'Auvergne a pu produire [1].

Mais laissons là les occupations des Muses, et revenons aux jugements qu'on a rendus sur les affaires de la noblesse, entre lesquels un des plus remarquables fut le renvoi de M. Deshéraux au parlement [2]. L'état où il se trouvoit étoit assez extraordinaire et sembloit bien digne de pitié. Deux tribunaux, qui n'en doivent composer qu'un, sembloient se diviser pour contribuer à sa perte. L'un étoit saisi de son procès, et ne vouloit point le rendre; l'autre de sa personne, et se mettoit en état de le juger. Ainsi ce gentilhomme, pour se servir de l'embarras de son affaire et pour ne choquer ni le parlement ni Messieurs des Grands-Jours, délibéra de ne point répondre, et garda fort exactement le silence. Son procès néanmoins lui fut instruit comme à un muet, à la requête de M. le procureur-général. Voici les crimes dont il étoit chargé.

---

1. Voy. *Appendice*, n° XXIV.
2. Ce personnage, que Dongois appelle Guy de Léans, seigneur de Zereaux, fut renvoyé au parlement le 27 janvier 1666. Voy. *Appendice*, n° XXV.

Lorsque les guerres civiles divisèrent la France en divers partis, et que la plupart des gentilshommes de province se rangèrent sous des chefs différents, selon les intérêts différents qu'ils avoient, M. Deshéraux s'attacha particulièrement à la personne de M. le Prince, tant parce qu'il étoit officier de sa maison, que parce que tout ce qu'il possédoit de biens étoit situé aux environs de Mouron. Étant entré par ces considérations dans son parti, il y commanda un régiment, et eut plusieurs aventures pendant les troubles, pour lesquelles il est recherché. L'acquisition qu'il a faite d'une terre qui étoit fort enviée, lui a fait des ennemis, qui l'ont persécuté pendant treize ans, et l'auroient déjà perdu plusieurs fois, si la protection de M. le procureur général et la foi de l'amnistie n'eussent mis sa personne et ses biens à couvert. Les chefs d'accusation dont on s'est servi contre lui se réduisent à quatre : le premier contient plusieurs désordres causés par sa compagnie, pendant les partis, comme sont des enlèvements de grains, démolitions de bâtiments, et d'autres dégâts qui sont des sujets de guerre civile ; le second contient des violences qu'il a faites pour raison de la jouissance d'une terre dont on l'accuse de s'être emparé à main armée ; le troisième est un enlèvement d'un homme, que deux sergents menoient prisonnier ; le quatrième est la mort d'un soldat qu'on lui impute. Il prétendoit que tous ces crimes ayant été commis pendant les guerres civiles, ils avoient été abolis par l'amnistie, et que les plaintes qu'on en faisoit n'étoient plus recevables. Il nioit l'enlèvement du prisonnier, il tâchoit de prouver la jouissance légitime de sa terre ; il couvroit toutes ses violences de la foi publique du pardon ; il ne lui restoit qu'à se purger de l'homicide, que les circonstances rendoient, ce semble, assez pardonnable. Il y avoit un soldat dans sa garnison qui passoit pour un homme hardi et capable de bien des crimes ; il se licencia si fort, qu'il osa ou haïr son capitaine, ou entreprendre d'aimer sa femme, qui est une dame d'une vertu fort éprouvée. Comme ses desseins furent reconnus, il déserta et chercha les moyens de se venger de quelques affronts qu'il prétendoit avoir reçus dans la garnison. Il crut, en s'étant rangé au parti du roi, que toute sorte d'hostilité lui pouvoit être permise. Il se jeta donc dans la forêt de Tronces, qui n'étoit pas fort éloignée de la maison de son ancien commandant, et trouvant un jour l'occasion que Mme sa femme passoit dans le bois, pour revenir chez elle, il la vola et lui prit tout son équipage. Son insolence passa encore bien plus avant; car après l'avoir dépouillée, il attenta même sur sa personne, lui fit le dernier outrage, quelque résistance qu'elle pût faire, et ajoutant encore la violence à l'injure, et les coups au déshonneur, il est presque de notoriété publique qu'il la traita cruellement et lui enfonça même une côte. L'atrocité du crime jeta la dame dans le désespoir, et le désespoir ayant troublé toutes les puissances de son âme, ne lui permit point de cacher l'injure qu'elle venoit de recevoir. Elle ne voulut plus vivre après une si funeste aventure, et sentant en même temps toutes les rigueurs de la honte et de la douleur, elle avoit encore le regret de n'en mourir pas. Le sensible déplaisir qu'en reçut M. son mari, lui fut encore un nouveau tourment, et tout le monde avoit tant d'horreur pour le criminel et tant de pitié pour la misérable, qu'on jugeoit bien que l'un ne s'en pouvoit jamais purger, et que l'autre devoit être à jamais inconsolable. Pendant que la dame versoit des torrents de larmes, le mari songeoit à la vengeance, et montant à cheval accompagné de quelques-uns de ses gens, alloit courir après cet insolent déserteur. Il le pressa si fort qu'il le saisit, et l'ayant conduit dans sa maison avec tout le ressentiment imaginable, il le traita avec toute sorte de rigueur. Ce qui s'appelleroit inhumanité et barbarie, en une autre rencontre, ne se doit appeler en celle-ci que simple sévérité et justice, et quelques tourments qu'il lui fit souffrir, ils semblent être encore bien éloignés de la grandeur de l'offense. Après avoir satisfait son ressentiment en partie, il voulut avoir pleine vengeance, et faisant assembler quelques-uns de ses amis, il fut son juge et sa partie, et quelques-uns même disent qu'il fut son bourreau. Il le condamna à la mort, lui fit donner un confesseur; et sans beaucoup de formalités, le fit pendre au premier arbre, ou le pendit lui-même, s'il en faut croire le bruit commun. Quoi qu'il en soit, ce fut de son autorité. Ceux qui raisonnent sainement sur cette action, trouvent d'un côté son ressentiment très-légitime, et ne trouvent pas mauvais qu'un cavalier qui a de l'honneur, et à qui le désordre des guerres donne l'occasion de se venger, ayant reçu le plus sensible affront qu'on puisse recevoir par un homme qui avoit été sous lui, se soit emporté jusqu'à le faire mourir. Ils voudroient même qu'il eût été plus violent, et que son premier mouvement l'eût emporté à le tuer sur-le-champ. Cette promptitude auroit passé pour un coup de désespoir légitime, et l'action auroit été pardonnable, tant à cause de l'injure reçue, que du ressentiment qu'on ne sauroit contenir en ces occasions. Puisqu'il avoit été modéré dans sa première chaleur, on trouvoit qu'il pouvoit bien l'être dans la suite, et qu'il avoit tort de ne s'être point fait venger par la justice, et que s'étant satisfait par sa propre main, il avoit fait un crime pour en punir un autre, et qu'il avoit changé l'ordre des lois, et qu'enfin la mort étoit juste, mais la manière criminelle. Sur ces raisons, l'intendant l'ayant fait arrêter en un temps où je crois qu'il alloit se mettre en fuite, il fut conduit aux prisons de Bourges. Le prévôt de Berry, dont la procédure avoit été autrefois cassée, se présente pour lui faire son procès. Lui, décline sa juridiction, et demande son renvoi au parlement. Le prévôt, sur un arrêt des Grands-Jours, persiste à vouloir demeurer juge, et se met en devoir de lui faire son procès comme à un muet. Il l'instruit et le fait conduire à Clermont, où, M. Talon faisant partie, il a été interrogé, sans vouloir répondre, demandant toujours son renvoi au parlement, parce que l'affaire y étoit pendante; parce que toutes ses pièces justificatives y étoient, et parce qu'il s'agissoit de plusieurs faits qui étoient contenus dans l'amnistie. Il fut donc jugé dans la Chambre des Grands-Jours, où il y eut partage de voix, huit étant à la mort et sept au renvoi de son affaire au parlement. Ainsi, il fut sauvé, au grand regret des opinants sans pitié, et particulièrement de ceux qui en étoient chefs. Mme sa femme étoit auprès de lui à l'assister, et quelque âgée et incommodée qu'elle soit, on nous disoit que, dans ces difficultés de renvoi et dans la nécessité où l'on avoit été de faire venir quelques papiers qui pouvoient servir à la justification de M. son mari, elle avoit été trois fois en poste de Clermont à Paris, pendant les temps les plus incommodes de la saison, voulant sans doute lui témoigner la part qu'elle prenoit à un danger où elle l'avoit engagé, quoique innocemment.

Cependant on ne laissoit point de trouver des heures de divertissement. On donnoit le bal en plusieurs endroits, et M. de Novion, ou pour se délasser un peu de ses grandes occupations, ou pour complaire à Mmes ses filles, desquelles il fait tantôt le père et tantôt l'amant, alloit lui-même aux assemblées et donnoit lui-même le bouquet, ainsi qu'un jeune galant. Toutes les dames de qualité de la province s'étoient rendues à Clermont, et les gentilshommes qui s'étoient rassurés, ou qui avoient pu mettre ordre à leurs affaires, venoient faire leur cour fort humblement. Les Messieurs des Grands-Jours se trouvoient même disposés à se divertir depuis que le roi, ayant cessé de les tourmenter sur la présidence, avoit témoigné qu'il vouloit terminer le différend entre le parlement et le conseil, et régler le droit de présider entre les conseillers et les maîtres des requêtes par un arrêt décisif et général. L'espérance même qu'ils avoient de retourner bientôt à Paris, les rendoit plus gais et plus enjoués, et faisoit qu'ils se trouvoient aux assemblées où M. leur président devoit aller. Mais il y arrivoit toujours du désordre. Une fois on fut obligé d'enlever tous les flambeaux, et de venir danser dans une chambre, parce qu'il ne restoit aucune place dans la salle pour les conseillers, ce qui causa un grand désordre, toute la foule se trouvant un moment dans les ténèbres, et toute la joie se changeant, dans cette confusion, en des divertissements fort indécents. L'autre fois les dames se querellèrent, et se menaçant provincialement du petit crédit qu'elles pouvoient avoir, furent sur le point de se prendre aux cheveux et de se battre à coups de manchons, et troublèrent la compagnie. On les apaisa du mieux qu'on put, et on ne laissa pas de danser encore quelques bourrées et quelques goignades [1]. Ce sont deux danses qui sont d'une même cadence, et qui ne sont différentes qu'en figures. La bourrée d'Auvergne est une danse gaie, figurée, agréable, où les départs, les rencontres et les mouvements font un très-bel effet et divertissent fort les spectateurs. Mais la goignade, sur le fond de gaieté de la bourrée, ajoute une broderie d'impudence, et l'on peut dire que c'est la danse du monde la plus dissolue. Elle se soutient par des pas qui paroissent fort déréglés et qui ne laissent pas d'être mesurés et justes, et par des figures qui sont très-hardies et qui font une agitation universelle de tout le corps. Vous voyez partir la dame et le cavalier avec un mouvement de tête qui accompagne celui des pieds, et qui est suivi de celui des épaules et de toutes les autres parties du corps, qui se démontrent d'une manière très-indécente. Ils tournent sur un pied, sur les genoux, fort agilement; ils s'approchent, se rencontrent, se joignent l'un

---

1. « Il y a ici (à Vichy) des femmes fort jolies. Elles dansèrent hier des bourrées du pays, qui sont en vérité les plus jolies du monde. Il y a beaucoup de mouvement, et l'on se *dégogne* extrêmement. Mais si on avoit à Versailles de ces sortes de danseuses en mascarades, on en seroit ravi par la nouveauté, car cela passe encore les bohémiennes.... Tout mon déplaisir, c'est que vous ne voyiez point danser les bourrées de ce pays, c'est la plus surprenante chose du monde : des paysans, des paysannes, une oreille aussi juste que vous, une légèreté, une disposition; enfin j'en suis folle.... » *Mme de Sévigné*, lettres des 26 mai et 8 juin 1676.

l'autre si immodestement, que je ne doute point que ce ne soit une imitation des bacchantes dont on parle tant dans les livres des anciens. M. l'évêque d'Aleth[1] excommunie dans son diocèse ceux qui dansent de cette façon. L'usage en est pourtant si commun en Auvergne, qu'on le sait dès qu'on sait marcher, et l'on peut dire qu'ils naissent avec la science infuse de leurs bourrées. Il est vrai que les villes s'étant réglées dans leurs divertissements, et les dames s'étant, depuis quelques années, retranchées dans le soin de leur domestique et de la dévotion, ou par piété ou par la nécessité de leurs affaires, il n'en reste que deux ou trois qui, pour soutenir l'honneur de leur pays et pour n'être pas blâmées de laisser perdre leurs bonnes coutumes, pratiquent encore ces anciennes leçons, avec quelque espèce de retenue pourtant devant les étrangers; mais lorsqu'elles sont ou masquées ou avec du monde de connoissance, il les fait beau voir perdre toute sorte de honte et se moquer des bienséances et de l'honnêteté. Dès que le printemps est arrivé, tout le petit peuple passe tous les soirs dans cet exercice, et l'on ne voit pas une rue ni une place publique qui ne soit pleine de danseurs; ce qui fait que les petits enfants en savent tant sans aucune étude. Dans les bals, on danse ordinairement ces bourrées, soit parce qu'elles conviennent fort au pays, soit parce qu'il est permis de saluer la dame et de baiser, ce qui ne se fait point ni pour les courantes ni pour les autres espèces de danse. On a bien voulu donner ce privilége, qui est d'une grande conduite pour les cavaliers, qui demandent aux violons ou la bourrée ou la courante, selon qu'ils aiment ou n'aiment pas. Lorsque M. de Choisy fut intendant en Auvergne, pendant qu'il avoit soin des affaires du roi, M. de Baleroi avoit soin des affaires des

---

1. Le manuscrit porte Alez; mais, comme il n'y a eu d'évêché établi à Alais qu'en 1694, il est évident qu'il faut lire Aleth. L'évêque d'Aleth était alors Nicolas Pavillon, célèbre par sa résistance aux ordres de Louis XIV. Il a occupé le siége épiscopal d'Aleth de 1637 à 1677.

dames, et laissant la justice à régler à son frère, il se mêloit de régler les bals et de mettre l'ordre dans les assemblées. Mais il avoit pris tant d'autorité et faisoit les choses si cavalièrement, que sa mémoire n'est point en bénédiction dans la province. Sans respect d'âge ni de qualité, il donnoit le premier rang aux plus belles, et faisoit descendre les plus considérables pour donner leurs places à celles qui lui paroissoient plus agréables, leur disant qu'on n'étoit là que pour se faire voir, et qu'il falloit mettre au plus beau jour celles dont la vue pouvoit plaire, et quand on avoit le malheur d'être laide, on devoit tenir à faveur d'être cachée. Quand quelque dame alloit le prendre pour danser, il commandoit aux violons de jouer des courantes, lorsqu'il ne la jugeoit pas digne d'être baisée; ainsi il en désobligea plusieurs à qui il ne put pas persuader qu'elles ne fussent belles, et qui croyoient et vouloient mériter un baiser. Tous ces divertissements eussent duré plus longtemps; mais la mauvaise humeur des dames, bientôt après la nouvelle de la mort de la reine, et l'empressement qu'avoient Messieurs des Grands-Jours à sortir d'une infinité d'affaires qui leur restoient, obligèrent à finir ces fêtes publiques. Les uns songèrent à prendre le deuil, les autres à payer leurs taxes, et les autres à juger des procès.

La condamnation de M. d'Espinchal[1] étoit la plus assurée et la plus étendue, parce qu'il étoit le plus décrié et le plus criminel de la province, s'il en faut croire la voix publique. Il avoit déjà été condamné au présidial de Riom, et il ne s'agissoit que de confirmer la sentence; ce qui fut fait avec quelques additions de peines, parce qu'il avoit depuis ce temps augmenté ses crimes. Comme ce fut lui qui fut en partie la cause de la tenue des Grands-Jours, il est à propos de décrire son histoire avec un peu de soin, et de représen-

---

1. Gaspard d'Espinchal, seigneur de Massiac, fut condamné le 23 janvier 1666. Voy. *Appendice*, n° XXVI.

ter un homme qui a toutes les bonnes qualités naturelles et qui n'en a pas une morale.

L'Espinchal est un gentilhomme de la province d'Auvergne qui fut d'abord fort estimé pour sa qualité, pour ses biens et pour son esprit, et qui eût été l'homme le plus accompli du pays, s'il eût pu joindre les bonnes mœurs à ses perfections extérieures, et s'il eût eu une aussi belle et bonne âme qu'il avoit le corps beau et l'esprit bon. Il étoit si bien fait et disoit des choses si agréables et de si bonne grâce, que sa présence et sa conversation charmoient tout le monde. Il avoit fait plusieurs combats et passoit pour brave; ce qui n'est pas quelquefois inutile pour se faire aimer, principalement lorsque la valeur ne rend point farouche, et que la bravoure ne détruit point la douceur naturelle. Enfin il avoit tout ce qu'il faut pour se faire craindre des cavaliers et pour se faire aimer des dames. Il se conduisoit si sagement dans ses conversations ordinaires, qu'on l'eût pris pour l'esprit le plus doux et le plus modéré. Cependant il n'étoit rien de plus déréglé, lorsqu'il étoit à lui, et l'on le trouvoit toujours très-disposé, après avoir fait des galanteries fort ingénieuses et fort honnêtes, de faire des crimes et des injustices. On savoit déjà partout ses désordres; mais, dès qu'il paroissoit, il dissipoit toute la mauvaise opinion qu'on avoit conçue, et on vouloit bien se persuader qu'il étoit aussi honnête homme qu'il paroissoit. Il fut marié avec une fille de M. le marquis de Châteaumorand, qui étoit un fort bon parti pour ses biens, pour sa vertu et pour sa beauté, et qui s'estima heureuse d'épouser le plus galant homme de la province. Après que les premières douceurs que le sacrement et la nouveauté inspirent furent passées, il ne se contenta pas d'avoir une femme; il voulut avoir des maîtresses, il s'amusa à faire des intrigues. Il ne lui fut pas difficile d'en faire, étant, comme il étoit, en fort grande réputation auprès du sexe. J'ai ouï dire que, lorsqu'il étoit à Clermont, toutes les filles prenoient son parti contre tous ceux qui vouloient en parler désavantageusement, et qu'elles démentoient jusques à leurs mères. Une demoiselle qu'il avoit charmée, avoit accoutumé de dire que cet homme, quand il seroit bien méchant, étoit d'ailleurs si aimable, qu'on devoit pardonner et le mal qu'il faisoit et le mal qu'on pouvoit faire avec lui. Les plus prudes se scandalisoient d'abord de ces discours hardis et libres ; mais elle, ne se justifioit qu'en les menant à quelque compagnie où il étoit ; et comme si ces yeux eussent perverti les esprits, elles se trouvoient presque immobiles, et ne faisoient qu'approuver le sentiment de leur compagne. Je me souviens d'avoir lu dans le Talmud ou dans l'Alcoran, qui sont également deux bons livres, qu'après que la maîtresse de Joseph, dont il est si fort parlé dans l'Écriture, eut sollicité ce jeune homme de consentir à ses passions, et qu'elle l'eut trouvé plus sage qu'elle ne pensoit, elle eut un dépit extraordinaire d'avoir fait éclater son amour et de s'être attiré les reproches de toutes les dames qui la connoissoient, et qui s'estimoient plus modestes qu'elle ; et pour les confondre par elles-mêmes, elle les prioit à dîner, et faisoit tenir ce beau garçon au bout de la table, qui les ravissoit si fort par sa bonne grâce, qu'elles ne mangeoient point, et crioient en sortant qu'une dame ne pouvoit point être blâmée d'aimer un homme fait comme lui[1]. Ainsi, pour se justifier d'aimer l'Espinchal, on n'avoit point de meilleure raison que de le montrer. Pour lui, il jouissoit de la joie d'être aimé, il avoit le plaisir d'aimer lui-même, et de choisir entre plusieurs. Quoiqu'il reçût les bonnes fortunes qu'on lui offroit, et qu'il en offrît de sa part à d'autres, il étoit pourtant en bonne intelligence avec sa femme, qui avoit pour lui toute la passion et toute la tendresse imaginables, qu'elle conserve encore à présent après tous les déplaisirs qu'elle en a reçus ; et ses divertissements du dehors n'avoient pas encore rompu la paix dans son domestique, jusqu'à ce qu'une dame qu'il

---

1. Ce trait est emprunté au Coran.

voyoit souvent, et dont on tient qu'il étoit jaloux, étant importunée de ses reproches, résolut de l'amuser dans sa famille et de faire une diversion de jalousie. Pour cela, elle prit son temps, et le trouvant un jour fort disposé à recevoir de mauvaises impressions, après lui avoir témoigné de l'amitié, de la sincérité et de la confiance, elle lui tint ce discours : « Si je n'avois pour vous, monsieur, que cette amitié commune que personne ne vous refuse, quand il vous a vu, ou cette amitié particulière qu'on ne peut se dispenser d'avoir pour vous, quand on a le bonheur de vous connoître, je vous honorerois infiniment, sans m'intéresser dans le particulier de vos affaires, et je ne vous découvrirois point un secret qu'il est peut-être bon pour votre repos que vous ayez ignoré, et qu'il est important pour votre honneur que vous sachiez. Mais ayant pour vous les sentiments particuliers d'estime et de tendresse que vous savez que j'ai, et prenant la part que je prends à ce qui vous touche, je me hasarde à vous donner un avis qui vous surprendra, mais qui n'est que trop véritable : c'est qu'on vous fait des infidélités chez vous, et qu'étant honoré partout comme vous êtes, on vous déshonore dans votre famille. Si vous aviez fait quelque application sur ce qui se passe, vous auriez sans doute aperçu de vous-même ce qu'on est obligé de vous faire voir; mais la préoccupation qu'on a pour la vertu des personnes, fait qu'on n'ose rien soupçonner; outre ce, que le sort des plus habiles d'être fort éclairés dans les affaires des autres est d'être aveuglés dans celles qui les touchent; je sais bien que je vous ouvre les yeux mal à propos; mais tout le monde les a déjà ouverts, et j'aime mieux vous exposer à quelques petites inquiétudes, que de vous voir exposé à la honte et à la raillerie publiques. Vous avez une femme qui a de l'esprit et de la sagesse, et qui vous aimera uniquement, si vous lui ôtez un attachement qu'elle a chez vous, et qui nuiroit de plus en plus à sa réputation et à la vôtre, si vous n'y donniez ordre promptement.... » Elle lui dit ensuite ouvertement que sa femme étoit amoureuse d'un page qu'elle avoit, et que certainement il étoit le maître dans sa maison en son absence. Elle ajouta des particularités ou qu'elle avoit feintes, ou qu'elle avoit apprises par des médisances. Un homme qui a de l'esprit et de l'honneur se trouve bien embarrassé sur ces avertissements; aussi M. d'Espinchal en fut touché sensiblement, remercia la dame charitable, et s'étant retiré chez lui, fit tout ce qu'il put pour découvrir le mystère. La confiance que Madame avoit en ce page et les soins innocents qu'elle témoignoit pour lui, augmentèrent bientôt ses soupçons; et la répugnance qu'elle fait paroître à le congédier, le confirma dans la mauvaise opinion qu'on lui avoit donnée. Ce qui n'étoit qu'un premier mouvement incertain, devint une passion formée, et il tomba dans toutes les fureurs que la jalousie peut inspirer. Elle lui demanda souvent la cause du trouble qu'elle remarquoit; mais toutes les amitiés qu'elle lui faisoit, le rendoient encore plus chagrin. Enfin, dans la résolution de punir ces infidélités prétendues, il entra dans la chambre de sa femme, qui étoit au lit, et d'un air de colère et d'indignation : « Vous savez vos crimes, madame, lui dit-il, choisissez vous-même la punition que vous méritez. » En disant cela, il lui présenta un pistolet d'un côté et une coupe pleine de poison de l'autre. Elle, qui s'étoit un peu relevée, retomba sur son lit, et n'eut plus la force de se soutenir, tant elle fut surprise; puis, recueillant un peu ses esprits et s'appuyant sur son chevet, elle voulut s'éclaircir des raisons qu'il avoit de la traiter si cruellement; mais il ne voulut point d'éclaircissement. Alors : « Si je me sentois coupable de quelque crime, et si j'avois manqué à ce que je vous dois, dit-elle, j'accepterois aveuglément toute sorte de supplices, et je ne voudrois pas même me servir de la liberté du choix que vous me donnez; mais parce que vous voulez que je meure, souffrez que je vous dise que je meurs innocente, et que je choisisse le supplice le plus lent, afin que je puisse songer à Dieu et vous aimer encore plus longtemps. » A ces mots, elle prit la coupe qu'il lui présentoit, et ayant levé les yeux au ciel et fait une courte prière, elle avala le poison et se résolut à toute sorte d'événements. Cependant Monsieur se retira, et elle sentit bientôt l'effet de ce breuvage, qui lui donna un soulèvement de cœur et une émotion si violente, qu'elle croyoit d'abord en mourir; mais la nature ayant fait un effort, elle rejeta avec beaucoup de peine une partie de ce qu'elle avoit bu. Comme elle étoit dans ces convulsions, un petit laquais crut qu'il falloit secourir sa maîtresse malade, et s'en alla de son propre mouvement appeler le médecin de la maison, lequel ayant su l'étrange état où se trouvoit cette bonne dame, en homme prudent, se munit de contre-poison à tout hasard, et courut à son secours. M. d'Espinchal ayant appris que le médecin entroit et demandoit des nouvelles de la malade, se trouva fort embarrassé, et fut sur le point de le renvoyer; mais, changeant de résolution tout à coup, il alla au-devant de lui, lui témoigna l'affliction qu'il avoit de voir en quelle extrémité sa femme étoit réduite, le pria d'employer tout son art pour la sauver, s'approcha d'elle, et fit le bon mari; en sorte que le médecin le plaignoit presque autant qu'elle. Il lui donna d'abord du contre-poison, soit qu'il le fît par hasard, soit qu'il eût remarqué qu'elle en avoit besoin, et, par ce moyen, rejetant tout ce qu'il y avoit de poison dans son estomac, elle fut enfin délivrée. Cet homme furieux, n'ayant pas pu l'empêcher de vivre, voulut au moins l'empêcher d'aimer; et ayant fait venir le page dans sa chambre, il le fit prendre, et, pour commencer à le punir par où il croyoit qu'il avoit péché, il fit sur lui une opération des plus hardies, et le fit mourir civilement au monde avec beaucoup d'inhumanité. Il fut d'abord content de l'avoir ainsi défiguré; mais considérant qu'il pouvoit encore avoir le plaisir d'aimer, il le fit lier, et l'ayant suspendu au plancher par de longues courroies, le laissa mourir dans le désespoir. Quelques-uns disent qu'il lui fit écrire et signer des lettres datées d'Italie de deux ou trois ans après, pour s'en servir au besoin et pour faire croire qu'il n'étoit pas mort de sa main, puisqu'il avoit voyagé depuis dans les pays étrangers.

Ces actions d'une jalousie brutale firent si grand bruit dans la province, que les parents de la dame la redemandèrent, voulurent poursuivre sa séparation d'avec son mari, et menacèrent de faire procéder contre lui par voie de justice. Mais elle s'y opposa, et on eut toutes les peines du monde à la faire consentir à se retirer chez son père, tant elle aimoit tendrement ce cruel mari, qui voulut encore une fois entreprendre sur sa vie, et fut sur le point de l'étrangler. Enfin ces mauvaises humeurs un peu trop fréquentes et ces redoublements de jalousie, qui lui reprenoient fort souvent, l'obligèrent à se retirer dans une religion, où elle pût attirer sur lui par ses prières l'esprit de douceur, et l'aimer avec plus de repos et de sûreté. Il parut surpris de cette retraite, et témoignant quelquefois du repentir de l'avoir soupçonnée mal à propos, et revenant souvent dans ces fâcheux intervalles de jalousie, il alla la voir un jour dans sa solitude à Clermont, et l'ayant fait venir à la grille, lui tint encore des discours fort injurieux, auxquels elle tâchoit de répondre avec toute la fermeté que son innocence lui donnoit et toute la retenue que l'amour lui inspiroit. Une religieuse qui l'avoit accompagnée à la grille, et qui fut témoin de tout leur entretien, m'a dit que la conversation s'étant un peu échauffée de part et d'autre, la conclusion en fut assez bizarre; car le jour étant déjà fort avancé, et M. d'Espinchal ayant quelque rendez-vous peut-être chez quelque maîtresse, et voulant tirer sa montre de sa poche pour régler son temps, la dame crut qu'il alloit tirer un pistolet pour la tuer, et tomba de son siége évanouie. Elle avoit fait une si grande habitude de crainte, étant avec lui, qu'elle ne passoit pas un moment sans défiance. S'il parloit, elle en attendoit quelque reproche; s'il touchoit son épée, elle croyoit que c'étoit pour achever ses mauvais desseins; chaque morceau qu'elle mangeoit avec lui, lui sembloit être un morceau fatal, et toute l'eau qu'elle buvoit lui faisoit souvenir du breuvage qu'elle avoit pris. Ainsi il ne faut pas s'étonner si la crainte la suivit encore, lorsqu'elle se fut réfugiée dans ce lieu sacré. Leur entrevue finit ainsi : on fit revenir la dame avec peine, et la mari se retira avec joie, et en alla faire fort plaisamment le conte à ses maîtresses.

Quelque temps après, s'étant brouillé avec M. de Candale[1], qui étoit gouverneur de la province, il fut obligé de se retirer et de se tenir sur ses gardes. Mais il revint et en parloit si mal dans toutes les compagnies, pendant que son emploi l'occupoit ailleurs, que M. le marquis de Saillans, qui étoit à lui, fut obligé de prendre le parti de son maître, et de faire appeler en duel celui qui déchiroit sa réputation. Il fut longtemps sans le pouvoir joindre, non pas qu'il refusât lâchement le combat, mais il éludoit avec esprit les rencontres; ce qui donnant encore plus de courage à son ennemi, fut cause qu'il lui ôta un jour toute sorte de prétexte, et que s'étant rendu avec quelques-uns de ses amis proche de sa terre où il étoit, il lui envoya dire qu'il avoit résolu de se battre avec lui, qu'il l'attendoit avec deux de ses amis, et qu'il ne lui donnoit qu'une heure. L'assignation étoit bien précise et le temps bien court. Il répondit pourtant qu'il craignoit si peu de le satisfaire, qu'il préviendroit sans doute le terme qu'il lui donnoit, si l'embarras où il étoit de trouver des seconds ne lui en ôtoit les moyens. Il prit donc avec lui son valet de chambre et un chirurgien qui étoit assez brave garçon, leur donna des chevaux, et alla trouver le gentilhomme qui l'attendoit en meilleur équipage et en meilleure compagnie que lui. Aussi fut-il le plus fort parti. L'Espinchal y perdit un de ses gens, et y fut désarmé lui-même; mais il témoigna tant de générosité et de courage, et rendit

---

1. Voy. page 164.

ce combat de si bonne grâce et avec une gaieté si noble et si fière, que Saillans remporta tout l'avantage, et lui tout l'honneur du combat.

Toute sa vie étoit pourtant si déréglée et tous ses vassaux étoient si opprimés par ses exactions et par ses violences, qu'on ne pouvoit plus le souffrir. Le présidial de Riom, qui est la plus sévère justice d'Auvergne, entreprit de lui faire son procès, et ne pouvant point se saisir de sa personne, le condamna par contumace à avoir le col coupé et à des amendes et à des réparations assez grandes. Il ne s'étonna point de cet arrêt, et vint à Paris, où parce qu'il croyoit y être plus en sûreté, ou parce qu'il espéroit pouvoir obtenir des lettres de grâce. Il se logea dans une maison qui avoit une entrée dans l'hôtel de Guise, afin d'avoir toutes ses précautions. Mais au lieu de ménager ses affaires, il les empira par une action qu'il fit très-hardie, et qui le fit passer auprès du roi pour un des plus violents et des plus dangereux hommes de son royaume. Il avoit eu dans la province quelque amourette avec une fille d'une condition médiocre, mais d'un esprit au-dessus de sa condition, et d'une beauté qui étoit aussi rare que son esprit. Elle n'avoit pourtant pas pu tenir contre sa bonne mine et ses belles paroles, et s'étoit rendue, après quelques légers combats. Il avoit un talent admirable à conquérir un cœur; mais il avoit des défauts qui l'empêchoient de conserver ses conquêtes. Il avoit une douceur qui charmoit dans la recherche; mais dans la possession, il avoit une jalousie qui rebutoit. C'étoit enfin l'amant le plus doux, lorsqu'il servoit une maîtresse, et le plus cruel tyran du monde, lorsqu'il étoit devenu le maître. Ce qui faisoit que celles qui l'aimoient au commencement, ne faisoient que le craindre à la fin, et ne se piquoient plus de lui être fort fidèles. Cette dernière en usa ainsi, et se voyant réduite à vivre dans une contrainte fâcheuse sous les lois sévères de cet amant, reçut les hommages d'un autre qui la laissoit en pleine liberté, et qui lui juroit de ne l'incommoder jamais. Elle se partagea donc, et conservant de la crainte pour l'un, et donnant secrètement son amour à l'autre, elle en favorisoit l'un par nécessité, et l'autre par inclination. Quelque mesure qu'elle gardât, elle ne put pas tromper un homme d'esprit, et qui plus est, un homme jaloux. Il pénétra dans ce secret, et comme il étoit aussi violent que jaloux, il traita fort indignement son rival, et lui fit tous les affronts dont il put s'aviser. Quelque plainte qu'il en eût faite aux juges des lieux, il n'en put tirer aucune raison, et fut contraint de le faire poursuivre à Paris par son frère, qui tenta toutes les voies de la justice pour le faire arrêter, et voyant toutes ses poursuites vaines, trouva moyen de s'aller jeter aux pieds du roi, et de lui demander justice contre toutes les violences de M. d'Espinchal. Le roi qui reçoit agréablement les plaintes qu'on lui fait, et qui n'entend point que ses sujets deviennent tyrans dans son royaume, l'écouta avec beaucoup de patience, et recevant son placet, lui fit espérer qu'il lui feroit rendre justice. Il sortit du Louvre fort satisfait; mais il fut bien surpris, lorsqu'il se sentit arrêté, presque à la porte, par des sergents inconnus, qui le conduisoient dans une chaise qu'on avoit fait préparer pour ce sujet, et le portèrent avec beaucoup de précipitation par les grandes rues de Paris, sans qu'il sût ni qui l'avoit arrêté, ni le lieu où l'on le conduisoit. Il remarqua pourtant un homme de ceux qui l'enlevoient, qui étoit à M. d'Espinchal, ce qui lui fit croire qu'il étoit perdu, si quelqu'un ne le secouroit. Il crioit donc de toute sa force qu'on alloit l'assassiner, il imploroit l'assistance des bourgeois, et faisoit tout ce qu'il pouvoit pour toucher de pitié quelque bonne âme. Plusieurs en étoient émus, mais ceux qui escortoient la chaise faisoient entendre partout que c'étoit un grand criminel que le roi avoit fait arrêter, et qui méritoit toute sorte de supplices. Ces paroles apaisoient l'émotion; et bien loin de le délivrer, on souhaitoit déjà qu'il fût puni. Il étoit arrivé dans les faubourgs, et s'imaginant avec raison qu'il n'y avoit bientôt plus de secours à espérer, il redoubloit ses cris, et excitoit tout le monde à pitié, sans qu'aucun osât pourtant l'assister, de peur d'aller contre les ordres du roi et de se rendre rebelle à la justice. Quelques soldats des gardes qui entendirent ce bruit, eurent quelque curiosité de s'informer par quel ordre on traînoit ainsi ce misérable; mais ayant appris que c'étoit par l'ordre du roi et en vertu de plusieurs arrêts de la cour, ils furent aussi crédules que les autres, et laissèrent passer les porteurs, sans prendre intérêt à l'affaire. Comme ils furent déjà bien éloignés, un des soldats qui avoit du cœur, et qui se sentoit touché de quelque compassion pour ce malheureux, se ravisa, et fit entendre à ses compagnons qu'un criminel n'a pas assez de confiance pour prétendre qu'on le délivre; que ces cris si violents marquent la crainte de quelque grande violence; qu'il est de leur honneur de sauver la vie à un misérable, qu'on va peut-être assassiner. Il ne falloit point perdre de temps; aussi, ils coururent après les porteurs, qui se trouvant en pleine campagne et se croyant hors de tout danger, reprenoient haleine et se reposoient; les autres entouroient la chaise et commençoient à prendre la bourse de celui qu'ils menoient, et alloient peut-être passer plus avant, lorsque les soldats animés qui les aperçurent, coururent après, les épées nues, et les pressèrent si fort, qu'ils lâchèrent prise et se mirent en fuite, laissant même l'argent qu'ils venoient de lui voler, crainte d'être poursuivis. On peut s'imaginer la joie de cet homme qu'on venoit de secourir si à propos, et celle de ces soldats d'avoir eu assez de discernement pour connoître que c'étoit une violence. Ils apprirent l'histoire, ils furent récompensés de leur secours, et chacun se retira chez soi. Le roi fut informé de ce procédé très-injuste, et sachant qu'on étoit accoutumé à ces sortes d'oppressions dans l'Auvergne, prit la résolution d'y faire tenir les Grands-Jours; mais il n'en parla que longtemps après.

Environ ce temps-là, M. de Guise étant mort, et son hôtel n'étant pas un refuge si sûr, ni un asile si sacré, d'Espinchal jugea à propos de se retirer dans sa province, où il trouvoit plus de sûreté par l'éloignement de la cour et par la commodité de se jeter dans les montagnes, si la nécessité de la retraite l'y contraignoit. Tous ses amis lui faisoient appréhender ce présidial de Riom, qui est le présidial coupe-tête, qui fait bonne et briève justice, qui s'est voulu rendre célèbre par deux ou trois exécutions qui ont étonné toute la province; on lui représentoit le pouvoir d'un intendant, le peu d'assurance qu'il devoit prendre sur ses sujets, la fermeté d'un lieutenant criminel qui le poursuivroit, et plusieurs autres dangers qui le menaçoient; mais on ne put jamais l'épouvanter. Il crut que ce n'étoit pas assez d'avoir méprisé la justice, il voulut encore se moquer des juges, et se divertir de ses propres dangers. Il passa donc par Riom où l'on ne se défioit point de le voir que pour exécuter son arrêt; il alla trouver le lieutenant criminel, et après, tous les autres juges séparément, et tenant une petite boîte de fer-blanc vide, leur dit que le roi ayant eu la bonté de lui donner des lettres d'abolition de toute sa vie passée, il venoit les présenter pour les faire entériner, et qu'il espéroit que, comme ils avoient eu la justice de le condamner, ils auroient la bonté de l'absoudre et de recevoir la grâce que la clémence du roi lui avoit accordée, et qu'il auroit l'honneur de leur remettre entre les mains le lendemain matin. Après qu'il leur eut fait ce compliment, il monta à cheval et leur envoya la boîte vide, dont ils furent surpris extrêmement. Quelques-uns disent, et il est probable, que c'étoit une gageure qu'il avoit faite, qui lui valut un cheval de prix, et le plaisir de railler ces pauvres officiers de justice. On raconte du comte de Serin [1], qu'il se présenta quelquefois au Bassa,

---

[1]. Nicolas Edrin, comte de Serin, hongrois célèbre pour ses exploits contre les Turcs. Au xviie siècle on disait *bassa* au lieu de *pacha*, nom des gouverneurs turcs.

pour lui donner de ses propres nouvelles, et qu'il lui renvoyoit après par écrit toute leur conversation et son véritable nom, avec des railleries fort piquantes. Enfin, le roi ayant écouté les plaintes des peuples, et voulant arrêter l'insolence de la noblesse, nomma des commissaires pour aller tenir les Grands-Jours à Clermont. La nouvelle s'en étant répandue, tous les gentilshommes qui se défioient de leur innocence, et qui sentoient leur conscience chargée de crimes, tâchèrent de pourvoir à leur sûreté par l'éloignement, et prirent le parti de la fuite. L'Espinchal seul ne voulut point sortir ni du royaume ni de la province, il se retrancha du commerce de tout le reste du monde, et se jeta avec un seul homme dans les montagnes de la haute Auvergne, où changeant tous les jours de demeure, et s'étant assuré de quelque retraite chez ses amis, il trompa la vigilance de tous les prévôts. Il les rencontra, il leur parla même si bien déguisé, et faisant si bien l'honnête homme, qu'ils ne le reconnurent pas. Le prévôt de Chartres découvrit une fois sa route et le suivit longtemps à la piste, sur des avis certains qu'il n'étoit pas loin; mais il avoit affaire à un homme qui savoit mieux que lui la carte du pays, et qui prenoit des détours inconnus; en sorte qu'il suivoit souvent les prévôts, lorsque les prévôts pensoient le poursuivre. Quelquefois, lorsqu'il se trouvoit pressé, il leur faisoit donner adroitement des avis et les attiroit dans des lieux dont il étoit fort éloigné. Sur une pareille fourbe, on investit un château et l'on fit marcher toute la nuit toutes les troupes qui se trouvèrent dans la province. Mais ceux qui croyoient l'avoir surpris, furent bien surpris eux-mêmes, lorsqu'ils surent qu'il n'avoit fait que passer, et qu'il devoit être bien loin de là. On écrivit de fort bonne part que ce qui paroissoit de lui en Auvergne, n'étoit que son ombre; qu'on ne couroit qu'après un fantôme, et qu'on avoit assuré le roi dans le conseil qu'il avoit été arrêté en personne du côté de Bordeaux. Il avoit lui-même donné sujet à ce bruit par une lettre qu'il écrivit à M. le chancelier, par laquelle il le supplioit de vouloir lui expédier une grâce, et d'avoir quelque pitié d'un gentilhomme malheureux qu'on traînoit de Bordeaux à Clermont, pour l'immoler à la sévérité des Grands-Jours. Ainsi, il se jouoit de la justice et de la puissance des hommes, et l'Espinchal de Guyenne n'étoit que l'ombre de celui d'Auvergne. Comme on fut arrivé sur la fin de la commission, qu'on ne vit plus d'apparence de pouvoir le punir effectivement, on confirma l'arrêt donné contre lui, on exposa son effigie, et l'on fit raser une tour qui lui appartenoit. On fit de même à plusieurs autres, et je me souviens que le marquis de Saint-Floret, qui est une personne de qualité, le plus savant et le plus paisible gentilhomme d'Auvergne, et qui n'en est pas pour cela plus grand prophète en son pays, voulut présenter requête à la cour contre la démolition d'une tour d'un de ses voisins, où il avoit droit d'envoyer tous les ans un trompette qui alloit au plus haut entonner quelque air joyeux, pour marquer la dépendance du château. Il demandoit qu'on lui accordât quelque autre droit en échange; mais je crois qu'on ne se mit guère en peine de le satisfaire. Pour revenir à M. d'Espinchal, il est probable que Dieu, après avoir différé sa vengeance, ne laissera pas tant de crimes impunis, et que quelque intendant ou quelque lieutenant criminel en fera raison aux Grands-Jours, lorsqu'il sera moins dans la défiance. Il a un fils qui, tout jeune qu'il est, ne laisse pas d'être déjà coupable d'un meurtre. Il est vrai que ce fut pour défendre son père qu'on vouloit tuer; l'action a paru fort excusable pour le sujet qu'il en avoit; il s'est défait d'un ennemi pour sauver un père; il a fait un acte de piété par sa cruauté même; et soit en tuant l'un, soit en défendant l'autre, il a montré par l'un et par l'autre qu'il étoit fils de l'Espinchal. Aussi la cause du crime a étouffé le crime même, et la mauvaise réputation où est le père a fait qu'on ne s'est pas souvenu du fils. Dieu veuille qu'il soit résolu de dégénérer, et qu'il ne soutienne sa naissance par ses actions noires, et qu'enfin les mauvaises leçons et les mauvais exemples ne pervertissent le peu qu'il a de bon naturel. Une jeune sœur qu'il a, qui a de l'esprit infiniment, savoit à peine parler, qu'elle disoit que son frère ressembloit fort à leur père; qu'il étoit beau comme un ange, et méchant comme un diable. Voilà l'histoire de cet homme qui fait tant de bruit, qu'on accuse encore de mille concussions, et d'une indigne cruauté envers un de ses fils qu'il a traité comme son page[1].

Il seroit difficile de raconter toutes les affaires criminelles qu'on a jugées sur la fin des Grands-Jours. Ces Messieurs qui avoient passé le temps de la première déclaration, sans expédier beaucoup d'affaires, ou parce que les procès criminels n'étoient pas encore bien instruits, ou parce que le président étant assez souvent incommodé, et la présidence fort contestée, on ne s'assembloit qu'une fois le jour, et l'on donnoit des audiences fort fréquentes; et craignant que leur commission ne fût encore une fois continuée, s'appliquèrent sans relâche aux grandes affaires, et en achevèrent un si grand nombre qu'on ne nous donnoit pas le temps de les développer et d'en savoir précisément les circonstances. Il suffit de savoir que les assassinats, les meurtres, les enlèvements et les oppressions étoient les matières communes des jugements, et qu'il y avoit un si grand nombre de criminels qu'on en fit effigier un jour près de trente à la fois. Il faisoit beau voir dans la place des exécutions tant de tableaux exposés, dans chacun desquels un bourreau coupoit une tête. Ces exécutions non sanglantes, et ces honnêtes représentations qui n'ont qu'un peu d'infamie, étoient un spectacle d'autant plus agréable, qu'il y avoit de la justice sans qu'il y eût du sang répandu. Ces tableaux restèrent un jour, et tout le

---

1. Voy. *Appendice*, n° XXVI.

peuple par curiosité vint voir cette foule de criminels en peinture, qui mouroient sans cesse et ne mouroient point ; qui étoient prêts à recevoir le coup sans le craindre, et qui ne cesseront point d'être méchants en effet, tant qu'ils ne seront malheureux qu'en figure. C'est une invention que la justice a trouvée pour diffamer ceux qu'elle ne peut pas punir, et pour châtier le crime quand elle ne tient pas le criminel. C'eût été une tapisserie fort propre dans la maison d'un lieutenant criminel, et quelques-uns disoient que ces effigies eussent fort bien orné la salle de M. Talon.

Entre ceux qui furent jugés dignes du dernier supplice, M. le marquis de Canillac tient le premier rang[1], qui passe pour le plus grand et le plus vieux pécheur de la province. Il y a plus de soixante ans qu'il a commencé d'être méchant, et n'a jamais cessé de l'être depuis ce temps-là. Aussi il tient à gloire de s'être toujours soutenu sans se démentir. C'est le propre de ceux qui mènent une vie déréglée, d'être chagrins, parce qu'ils méditent toujours quelque injustice, ou parce que le crime est toujours accompagné de honte et de remords, qui est le supplice intérieur des coupables ; mais le caractère de celui-ci étoit d'être méchant sans remords et de faire du mal en riant. Il avoit toujours quelque prétexte d'être tyran, et ne répondoit aux plaintes qu'on lui faisoit, que par des railleries qui divertissoient assez ceux qu'il ne rendoit pas malheureux. Il est chef d'une maison illustre qui se glorifie d'avoir donné deux papes à Rome[2], et plusieurs capitaines à la France. Aussi a-t-il droit de pré-

---

1. Jacques-Timoléon de Beaufort, marquis de Canillac, fut condamné à mort le 25 janvier 1666, d'après le *Journal de Dongois*, fol. 205 v°.

2. Les deux papes de la maison de Canillac sont Clément VI (Pierre-Roger de Beaufort-Canillac) et Grégoire XI, qui se nommait aussi Pierre-Roger de Beaufort-Canillac ; il était neveu du précédent. Clément VI régna de 1342 à 1352, et résida à Avignon. Son neveu, Grégoire XI, fut souverain pontife de 1370 à 1378. Il mourut à Rome où l'avaient rappelé les sollicitations des Italiens.

tendre une pension toutes les fois que le malheur de ses affaires l'obligera de chercher une retraite en Italie. On croyoit d'abord qu'il auroit pris ce parti, mais on a su depuis qu'il n'avoit pas pu souffrir les fatigues d'un si long voyage, et qu'il s'étoit réfugié à Barcelone. Aux premières nouvelles qu'il eut des Grands-Jours, il fit son petit équipage de fuite, et, sans perdre un moment, il quitta l'Auvergne, et traversa le Languedoc. Le grand prévôt ayant rencontré sa litière voulut savoir qui étoit dedans. On lui dit que c'étoit une dame malade, qui revenoit d'une de ses maisons de campagne. Cet homme qui avoit des ordres particuliers contre quelques gentilshommes de sa province, ne s'en fia pas d'abord à la réponse qu'on lui avoit faite, et comme c'est une vertu de prévôt de n'être pas trop crédule, il eut la curiosité de voir si ce n'étoit point quelque fugitif déguisé, et ayant tiré le rideau, il aperçut une terrible dame dont la figure lui auroit fait peur, si elle n'eût été de sa connoissance. Le marquis la salua fort humblement, comme il convenoit; et après l'avoir fait souvenir de l'amitié qu'ils avoient eue autrefois ensemble, lui voulut dire le compliment de congé, ne trouvant pas qu'il fût à propos, dans la conjoncture des affaires, de converser longtemps avec un homme de sa profession. Mais il fut prié d'arrêter un moment, jusqu'à ce qu'on eût parcouru le nom des coupables qu'on avoit ordre d'arrêter. Le sien par bonheur ne s'y trouva pas; ainsi le prévôt lui donna congé, quoiqu'il fût bien assuré qu'il ne seroit point désavoué s'il eût fait cette belle capture, et lui pardonna, soit parce qu'il n'osa point excéder sa commission, soit parce qu'il ne voulut point perdre un vieux gentilhomme qu'il avoit autrefois connu particulièrement, et qui n'avoit que fort peu de temps à vivre. Il est croyable qu'il pressa depuis son voyage et qu'il fit faire à ses mulets de grandes journées, de peur d'être incommodé par la rencontre de quelque nouveau prévôt qui n'auroit peut-être pas eu toute la complaisance de l'autre. Lorsqu'il apprit qu'on faisoit le procès à M. de La Mothe, il écrivit que les opinions des hommes étoient bien injustes, et qu'ils se trompoient bien souvent dans leurs pensées; mais qu'enfin ils étoient obligés d'avouer leurs erreurs : qu'on appeloit par toute l'Auvergne La Mothe le sage, Canillac le fou, et que cependant on alloit bien voir que Canillac étoit le sage et que La Mothe avoit été le fou.

Je ne m'arrêterai point à raconter tous les déréglements dont il est accusé. Il suffit de dire qu'il a pratiqué tout ce que la tyrannie peut inventer en matière d'imposition. On levoit dans ses terres la taille de Monsieur, celle de Madame, et celle de tous les enfants de la maison, que ses sujets étoient obligés de payer outre celle du roi. Il est vrai qu'il y a des droits justifiés par des titres fort anciens, qui permettent à quelques seigneurs de faire quelques impositions en certains cas, comme lorsqu'eux-mêmes ou leurs fils aînés se marient; mais le marquis savoit l'art d'étendre les droits, et faisoit tous les ans ce que les autres ne font qu'une fois en leur vie. Pour exécuter ses desseins plus facilement et pour empêcher les murmures, il entretenoit dans des tours douze scélérats dévoués à toute sorte de crimes, qu'il appeloit ses douze apôtres, qui catéchisoient avec l'épée ou avec le bâton ceux qui étoient rebelles à sa loi, et faisoient de terribles violences, lorsqu'ils avoient reçu la cruelle mission de leur maître. Il leur avoit donné des noms fort apostoliques, appelant l'un Sans-Fiance, l'autre Brise-Tout, et ainsi du reste.... Sur la terreur que donnoient ces noms effroyables, il imposoit des sommes assez considérables sur les viandes qu'on mange ordinairement, et comme on pratiquoit un peu trop d'abstinence, il tournoit l'imposition sur ceux qui n'en mangeoient pas. Le plus grand revenu qu'il avoit étoit celui de la justice : il faisoit pour la moindre chose emprisonner et juger des misérables, et les obligeoit de racheter leurs peines par argent. Il eût voulu que tous ses justiciables eussent été de son humeur, et les engageoit souvent à de méchantes actions, pour les tous faire payer après, avec beaucoup de rigueur. Enfin, personne n'a jamais tant fait et n'a jamais tant souhaité, et n'a jamais tant profité des crimes que lui. Non-seulement il faisoit payer les mauvaises actions qu'on avoit faites, il falloit encore acheter la liberté d'en faire, et lorsqu'on avoit de l'argent à lui donner, on pouvoit être criminel ou le devenir. Il avoit accoutumé de dire qu'il avoit un barbe qui nourrissoit tous ses chevaux. Ce barbe étoit une servante de ce nom, qu'il permettoit à un curé de garder chez lui, à condition de payer un certain tribut qui entretenoit son écurie. Enfin, il étoit permis de contenter toutes ses passions, pourvu qu'on satisfît son avarice. Il avoit beaucoup dépensé, et s'étoit incommodé pendant *ses* longues années de service, et il n'avoit point d'autre voie pour remettre ses affaires que la tyrannie. Il se sentoit du penchant à ces sortes de vexations ; il étoit éloigné de la cour et presque assuré de l'impunité. Ainsi, il agissoit sans crainte, et suivoit aveuglément toutes ses passions, les couvrant la plupart sous des apparences de justice. Toutes ces concussions et plusieurs autres violences, dont on eut peine à trouver des preuves, à cause de la terreur qu'avoient encore laissée dans l'esprit des peuples le marquis et ses émissaires, obligèrent Messieurs des Grands-Jours à le juger à mort. Il fut effigié au grand contentement de tout le monde ; il l'avoit été autrefois par arrêt du parlement de Toulouse ; il avoit vu lui-même d'une fenêtre voisine son exécution, et il avoit trouvé fort plaisant d'être fort en repos dans une maison, pendant qu'on le décapitoit dans une place, et de se voir mourir dans la rue, pendant qu'il se portoit bien chez soi. Il n'eut pas le moindre mal de tête de ce coup, et je crois qu'il fut bien fâché de n'avoir pas eu encore une fois ce divertissement. Mais il avoit jugé expédient pour sa santé de se retirer, ayant perdu beaucoup de sa belle humeur passée par le chagrin et par la pesanteur que l'âge apporte.

Il fut condamné à une grosse amende et à la confiscation de ses biens, et l'on fit raser deux ou trois tours qui avoient été longtemps la retraite de ses apôtres[1].

On avoit mis garnison chez lui dès qu'on fut arrivé à Clermont, et l'on avoit ordonné que Mme sa femme se présenteroit soit pour répondre sur divers chefs dont on accusoit son mari, soit pour répondre en son propre nom de plusieurs choses dont on croyoit qu'elle avoit eu la participation. Nous la vîmes dans une grande désolation. Il leur reste deux enfants, un fils et une fille, qui se sont ressentis des déréglements de la famille. La fille, qui est assez bien faite et qui étoit considérée comme une occasion de faire quelque illustre alliance, fut mariée avec un homme de qualité nommé Laroque-Massebeau. On diroit d'abord que c'est un de ces noms apostoliques que le marquis donnoit à ses gens pour épouvanter le peuple. C'est pourtant un nom fort noble et fort estimé. On fit tous les préparatifs nécessaires. On donna peu de bien à la fille; mais en récompense on leva la taille; les sujets livrèrent l'argent et les parents livrèrent la fille. Elle fut bien aise, durant quelque temps, d'être maîtresse; mais, je ne sais par quelle raison secrète, elle n'en fut pas satisfaite dans la suite. Elle s'en plaignit fort souvent, et pour des raisons qu'elle seule pouvoit savoir. Elle protesta qu'il l'avoit trompée, qu'il ne lui tenoit pas tout ce qu'elle en avoit espéré, et qu'enfin ce n'étoit pas un aussi bon mari qu'elle se l'étoit promis. Elle eut pourtant la modé-

---

1. Le *Procès-verbal des conférences tenues pour l'examen des articles proposés pour la composition de l'ordonnance criminelle du mois d'août 1670* (édit. de l'Isle, 1697, in-4°), montre par quels moyens les grands coupables parvenaient souvent à échapper à la justice. On y lit (page 32) « qu'aux Grands-Jours de Clermont, le marquis de Canillac, qui fut condamné à mort, s'étoit jusque-là soustrait à la justice, parce que, se voyant poursuivi par les juges ordinaires, il se pourvut par-devant un simple exempt de prévôt de maréchaux. Ces différentes procédures ayant fait naître un conflit de juridiction, le grand conseil donna des défenses qui arrêtèrent la procédure, laquelle demeura sursise pendant quatorze années, jusqu'aux Grands-Jours. »

ration de souffrir, durant cinq ans, toutes les foiblesses de son mari; mais enfin elle perdit patience et poursuivit fortement sa séparation. La première raison qu'elle allégua contre lui, qui est le prélude ordinaire des dames mécontentes, fut qu'il dissipoit tout son bien et qu'il étoit capable de ruiner la famille la plus opulente. Après cela, elle avança la grande raison des divorces, et déclara ingénument le grand défaut de son mari, qui ne voulut point avouer le crime d'infirmité qu'on lui reprochoit. Ainsi il en fallut venir à des épreuves publiques qui eurent un très-mauvais succès pour lui, ou par mérite, ou par malheur, comme il arrive ordinairement en ces sortes d'expériences ridicules [1]. Quoi qu'il en soit, la plainte de la dame fut reçue et le mariage fut déclaré nul. Le gentilhomme eut cinq ans à manger la taille qu'on avoit levée, et n'eut peut-être pas beaucoup de regret d'être séparé. Mme Laroque-Massebeau est enfin redevenue Mlle de Canillac, et le sera longtemps, selon toutes les apparences, tous les gentilshommes craignant de ne pouvoir être assez bons maris pour elle. J'ai vu des dames bien embarrassées si elles devoient l'appeler madame ou mademoiselle.

M. le marquis de Canillac le fils [2], pendant ce temps-là, étoit amoureux de Mlle Ribeyre, et vouloit l'épouser contre l'inclination de ses parents qui ne la trouvoient pas assez bon parti ni pour le bien ni pour la qualité. Quoiqu'il y eût de grands obstacles, sa beauté l'avoit tellement charmé, qu'il avoit juré d'en faire une marquise. Mais le ciel où se font les mariages l'avoit destinée à un autre amant; aussi l'ardeur du premier étoit fort ralentie, soit par la fragilité des hommes qui sont naturellement inconstants, ou par la difficulté que faisoit le père d'y consentir, ou par la nécessité

---

1. L'épreuve du *congrès* n'a été abolie qu'en 1677. Voy. *Anc. lois franç.*, t. XIX, p. 174.

2. Charles de Beaufort, marquis de Canillac, fils de Jacques Timoléon, marquis de Canillac, fut condamné à mort le 30 janvier 1666. Voy. *Appendice*, n° XXVIII.

d'une longue absence qui détruit les passions les plus fortes.
Il passe pour un jeune homme fort accompli, et qui mériteroit d'être fils d'un père plus homme de bien que le sien. On loue partout son honnêteté, sa générosité, et sa douceur même. Il y a pourtant une tache à sa vie dont il n'a pas su se laver. Il est vrai que c'est être bien innocent en Auvergne que de n'avoir commis qu'un crime, et qu'un fils qui n'a été criminel qu'une fois paroît bien juste, à comparaison d'un père qui l'est toujours. Mais il a fait une action qui suffiroit bien toute seule pour rendre infâme un fils d'un autre père et un gentilhomme d'une autre province. C'est qu'un prêtre s'étant voulu mêler, peut-être indiscrètement, de quelque intrigue qu'il avoit avec une femme, il le fit observer, et l'ayant un jour rencontré, lui donna le temps de faire sa prière et de se confesser succinctement, et l'envoya cruellement en l'autre monde. Les anciens aussi croyoient que l'âme étoit dans le sang, étant d'avis qu'il se faisoit comme une communication d'âme du père au fils, qui leur rendoit ordinairement les vertus et les passions communes. Cette ressemblance de mœurs et d'inclinations n'a point paru en ces messieurs, et l'on sait bien que c'est plutôt un malheureux engagement ou une surprise de jeunesse, qu'une cruauté de naturel et une malice déterminée. Depuis cet assassinat, il avoit fait agir tous ses amis, et avoit obtenu des lettres de grâce qu'il avoit présentées au parlement de Provence. Mais M. Talon s'étant rendu appelant de toutes les lettres obtenues dans le ressort des Grands-Jours, envoya querir le procès si à propos qu'il arriva presque le dernier jour de la commission; et les juges, qui eussent bien voulu qu'il eût encore échappé ces deux mauvais jours, ne purent se dispenser de le juger et de le condamner à la mort, à la confiscation des biens et à l'amende, de sorte qu'on en fit le portrait comme du père. Mme de Canillac, qui s'étoit toujours consolée des arrêts contre son mari, sur l'espérance de sauver son fils, et avec lui presque tous les biens de la

maison, en fut au désespoir, et s'évanouit à la première nouvelle du procès apporté et du jugement rendu. Il est vrai que quelques personnes intelligentes lui témoignèrent qu'il lui seroit aisé d'en revenir ; que l'arrêt même des Grands-Jours auroit peine à subsister, puisque la grâce avoit été bien obtenue et qu'elle avoit été reçue par un parlement. Nous avons appris que le roi ayant ouï parler de lui fort avantageusement, l'en faisoit quitte pour l'équipement d'un vaisseau qui n'alloit pas à dix mille écus de dépense. Quelques-uns trouvèrent étrange qu'on lui eût donné pour rapporteur M. de Vaurouy qui alloit épouser Mlle Ribeyre ; que son principal juge fût son rival, et qu'un homme qui venoit lui enlever sa maîtresse, opinât encore à lui faire perdre la vie. Néanmoins tout se passa sans animosité, puisqu'ils n'étoient amants que par succession, et qu'ils n'avoient pas à même temps leur intérêt d'amour à ménager, puisque le juge ne connoissoit point le rival et que l'accusé lui quittoit volontiers sa maîtresse ; il eût voulu épargner son bien et sa vie.

Pendant qu'on ne parloit que de condamnations et de morts, pour le moins en effigie, et que les juges, pressés par le temps de leur commission qui alloit expirer, n'étoient pas assemblés un moment qu'il n'en coûtât la vie à quelque criminel [1], et ne disoient pas un mot qui ne fût un arrêt contre quelque fugitif, il y eut une affaire civile qui fit grand bruit, et qui fut soutenue de part et d'autre avec autant de chaleur que s'il *se fût agi de* quelque coup d'État ou de la tête de quelque personne considérable. Cependant il ne s'agissoit que du pont d'une petite rue dans la ville de Montferrand. Le procès étoit entre les religieuses de Sainte-Ursule et celles de Sainte-Marie, de la même ville, sollicité par deux dames qui avoient beaucoup de piété et beaucoup de crédit, et qui étoient animées par les supplications de près de cent filles,

---

1. Vingt et un contumaces furent condamnés dans l'audience du 22 janvier 1666, et cinquante-trois dans celle du 30.

et par l'espérance de participer à toutes les prières et à toutes les bonnes œuvres de l'ordre. Les Sainte-Marie et les Ursule ont leur monastère assez voisin, et le voisinage, qui, selon Térence, est un commencement d'amitié parmi les hommes, est souvent un sujet de division et d'inimitié entre les communautés religieuses, parce qu'il s'y glisse une certaine émulation, non-seulement de piété, mais encore de réparations, d'éclat extérieur, et d'intérêt qui les excite à se loger, à paroître et à se multiplier à l'envi les unes des autres. Sur ce fondement, les filles de Sainte-Ursule, appuyées de l'autorité de Mme Talon, étant lassées de passer de leur monastère dans leur jardin, qui en étoit séparé par une route sous terre, demandèrent au conseil de ville qu'on leur donnât la rue qui étoit entre eux, afin de pouvoir jouir du plaisir de se promener dans leur enclos, sans avoir l'incommodité de ce passage obscur et souterrain, et obligèrent quelques-uns, par des menaces et par des promesses, de leur passer sans aucune formalité un contrat de donation de la place qu'elles demandoient. Il se rencontra, par malheur pour ces dames, que celles de la Visitation avoient un moulin au bout de la rue, qui n'étoit qu'à cinquante pas du marché, et qui en auroit été éloigné de plus de cent, si l'on eût fermé ce passage. Elles eurent horreur de cette prétention, et croyant qu'il n'y avoit point d'autorité humaine qui pût les protéger contre Mme Talon, elles se mirent en oraison, prièrent Dieu, qui est le refuge des personnes opprimées, de leur susciter quelque dame pieuse et puissante qui prît leur protection, et qui balançât l'autorité de la dame ennemie. Leurs bons encens[1] leur indiquèrent Mme de Caumartin[2], la douairière, dont la charité et les dispositions à soutenir ceux qu'elle voit dans l'oppression,

---

1. Il faut probablement lire *anges*.
2. Madeleine de Choisy, mère de M. de Caumartin, vécut jusqu'en 1672. Mme de Caumartin, sa belle-fille, était Catherine-Françoise de Verthamon.

jointes avec le crédit que lui donnent sa qualité et sa vertu, la firent reconnoître pour la protectrice qu'il falloit choisir. Une inspiration particulière, des lettres de compliment de Mme de Montmorency, supérieure à Moulins, et de quelques autres religieuses de Paris et de Chaillot, et particulièrement le zèle de la justice obligèrent cette dame à se déclarer pour elles. Un carme-déchaussé, qui s'étoit transporté sur les lieux, lui rapporta que la prétention des Ursulines n'avoit aucun fondement. Une tourière venoit se jeter à ses pieds tous les jours, et lui disoit les choses du monde les plus touchantes. Les lettres qu'elle recevoit arrêtoient les larmes d'une communauté de quatre-vingts filles. Tout cela l'obligeoit de prendre leur parti, comme le plus foible et le plus juste. L'autre monastère, de son côté, se fioit sur les bonnes intentions et sur la foi de Mme Talon; lui faisoit toutes ses provisions, et tâchoit de mériter par des services effectifs, autant que par ses prières, la continuation de ses bonnes grâces, et pour cette raison ne vouloit point entendre aucune proposition d'accommodement. Pour juger l'affaire, il fut jugé à propos de faire une descente sur les lieux. Mme de Caumartin obtint pour commissaire M. de Vaurouy, qui, outre les recommandations qu'il avoit eues de M. le duc d'Arpajon, avoit encore une inclination particulière à n'être point partisan de Mme Talon, laquelle demanda qu'on en élût un autre, ou pour le moins qu'on lui donnât un compagnon qui eût plus d'âge et plus d'expérience que lui. Il fallut nommer M. Hébert, pour lui complaire. La descente fut faite. Tout le peuple se mutina contre la demande des Ursule, quelque menace qu'on lui eût faite, et les juges furent d'avis qu'il étoit de l'intérêt public de conserver la rue, tant pour la commodité du passage, qu'à raison d'un ruisseau qui y passe, qui peut être de grand secours, lorsque le feu se prend aux maisons. Ils dressèrent leur procès verbal; l'affaire fut jugée en faveur des Sainte-Marie, et malgré tous les détours et toutes les intrigues de l'adverse partie, l'arrêt fut enfin expédié. Elles en ont une si grande reconnoissance, qu'elles écrivent tous les jours *à notre incomparable mère et très-pieuse dame*, et à M. de Boissy, *à notre très-incomparable et tout aimable petit seigneur*. Elles leur députèrent leurs quatre-vingts anges gardiens pour les accompagner, quand ils furent sur le point de partir, et communient depuis une fois le mois à leur intention.

Ce procès occupoit plutôt les parties que les juges, qui ne s'amusoient plus à examiner des causes civiles, ni à donner des audiences. Ils jugèrent à mort le baron de Cusse, qui, ayant eu quelque démêlé en justice avec M. de Champestières, avoit été l'assassiner dans sa maison. Ils condamnèrent le comte d'Apchier [1], qui passe pour un des principaux criminels de la province, pour les impositions et les violences qu'il a exercées dans ses terres. On l'accuse d'avoir fait des levées de taille, d'avoir assiégé des maisons, et donné les étrivières à des bourgeois; d'avoir même traité indignement les dames. C'est un homme qui paroît fort doux et fort humble, et qui fait mille révérences lorsqu'il est à Paris, et qu'il dépend de quelqu'un en quelque chose; mais qui se reprend et revient à sa première fierté, lorsqu'il retourne dans son centre. On a su mauvais gré à l'intendant de l'avoir eu en son pouvoir, depuis qu'on avoit publié la déclaration du roi pour la tenue des Grands-Jours, et de l'avoir laissé échapper, ou parce qu'il avoit des défenses du parlement, ou parce qu'il ne vouloit pas fournir de matière à ces Messieurs, pour rendre leur commission illustre, puisqu'on ne l'avoit point nommé pour un des commissaires, quoiqu'il fût déjà sur les lieux. M. de La Tour, qui n'étoit pas plus innocent que les autres, qui avoit de son chef fait de très-méchantes affaires, et qui avoit suivi le comte d'Apchier

---

1. Christophe, comte d'Apchier ou d'Apcher, fut condamné à avoir la tête tranchée le 29 janvier 1666. Voy. à l'*Appendice*, n° XXX, l'extrait du *Journal de Dongois* concernant ce personnage.

dans ses expéditions criminelles, eut aussi le même sort que lui, et fut effigié de compagnie. Dans l'empressement où étoit la cour, elle examinoit les crimes et n'avoit presque pas loisir de songer à la qualité des personnes, ce qui fit que ce dernier fut d'abord condamné à être pendu ; mais lorsqu'on eut appris qu'il étoit de la première qualité, on lui rendit l'honneur qu'il méritoit, et on le condamna à avoir noblement la tête coupée.

Le jugement qu'on rendit sur le meurtre dont on chargeoit M. de Beauverger, fut un des derniers et des plus attendus. C'est un jeune homme des principales maisons de Clermont, qui, s'étant allé divertir un jour à Montferrand avec quelque jeunesse de sa connoissance, et ayant eu, dans la chaleur du vin, quelque querelle avec un de ses plus intimes amis, lui avoit tiré un coup de pistolet dans le corps et l'avoit tué sur la place. Tous les parents du mort avoient fait de grandes poursuites, qu'ils eussent volontiers relâchées si les parents du meurtrier eussent voulu s'accommoder civilement ; mais ceux-ci ayant trop d'avarice, ceux-là aussi eurent trop d'attachement et d'ardeur à faire punir le coupable. Mais comme ils ne pouvoient poursuivre l'affaire qu'avec beaucoup de dépenses, ils furent contraints de s'en désister par leur pauvreté, outre que le criminel avoit obtenu des lettres de grâce. Mais la justice étant à leur porte, et trouvant la commodité de se plaindre sans qu'il leur en coûtât beaucoup, ils renouvelèrent leurs poursuites, ou pour tirer quelque vengeance, ou pour tirer quelque profit de leur malheur. L'action paroissoit fort cruelle, les circonstances l'adoucissoient un peu ; les informations étoient pressantes ; mais la grâce pouvoit servir. Le meilleur conseil porta qu'il falloit se retirer et éviter la rencontre d'une justice sévère, qui ne venoit que pour punir. Il se retira et abandonna tous ses intérêts à une sœur qu'il a, qui est très-bonne solliciteuse, qui voyant que la première sévérité de la Chambre des Grands-Jours étoit passée, et qu'on avoit assez bonne composition avec ces Messieurs, qu'elle avoit sondés adroitement, lui donna avis de revenir et de se représenter sans rien craindre. Tout le monde trouva ces résolutions du frère et celles de la sœur bien hardies. Le succès a fait voir qu'elle avoit agi prudemment, car il en est quitte pour sept ou huit mille livres d'amende ou de réparation et dommages. Il y eut des opinions à l'obliger de servir le roi à ses dépens ; mais il étoit fâcheux de déterminer à la guerre un homme qui avoit de l'inclination naturelle à la paix, et de faire un cavalier malgré lui. Il y eut quelques voix à la mort; mais on étoit bien assuré qu'elles n'emporteroient pas. Cet arrêt qui donna bien de la joie à sa parente, irrita le père qui aimoit mieux voir son fils errant que de donner une somme d'argent assez considérable; et, quelque riche qu'il soit, il sut mauvais gré au fils d'être échappé, et à la fille de l'avoir sauvé. Cette demoiselle, dont nous avons déjà parlé ailleurs, avec son air libre et sans façon, n'oublia rien de ce qui pouvoit justifier son frère, sollicitant les juges avec beaucoup de soin, et fit sa cour à M. Talon qui la recevoit de son côté fort civilement, et se radoucissant un peu avec elle, l'entretenoit et lui subrioit même quelquefois, peut-être sans y penser. C'étoit une faveur bien considérable de voir sourire un homme qui grondoit toujours, et de tirer quelques demi-douceurs de la bouche d'un procureur général, qui ne faisoit que demander justice à la cour, et donner des conclusions sanglantes contre la noblesse. Il est vrai que sa galanterie n'alloit pas plus avant, qu'avoir un peu moins de gravité, et qu'être doux pour lui n'étoit qu'être un peu moins austère. Mais pourtant elle avoit sujet d'être glorieuse de l'avoir réduit à ce point. Aussi elle en parloit, comme si elle eût été extrêmement touchée : elle le trouvoit le plus agréable et le plus bel homme d'entre Messieurs des Grands-Jours, et dans la dernière sollicitation qu'elle lui fit, s'étant jetée à ses pieds, et lui la relevant civilement, elle se jeta à son cou, et comme transportée de la joie du bon accueil qu'il lui faisoit, elle le baisa fort innocemment en lui faisant un compliment d'excuse, qui fut reçu aussi honnêtement que le baiser avoit été pris.

La dernière exécution qu'on fit, comme pour rendre la clôture des Grands-Jours célèbre, fut celle des deux frères Combaliboeuf, qu'on accusoit d'avoir assisté au meurtre de M. Dufour, père de la première présidente de la cour des aides de Clermont. C'étoient deux jeunes hommes qui avoient du cœur, qui passoient pour braves dans la province, et qui furent pour cette raison employés par un de leurs amis dont la violence et l'emportement les perdirent. Ceux qui sont instruits de l'affaire disent que ce gentilhomme, dont ils suivoient les passions, jouissoit injustement et par usurpation d'un bénéfice, comme il arrive assez souvent dans ces lieux écartés de l'autorité et de la justice, où l'on ne considère ni les droits divins ni les humains, et où l'on dépouille les autels après avoir pillé les peuples. Les lois n'étant point appuyées des Puissances, et le crime étant bien souvent plus fort que l'équité, il se trouve peu de personnes qui osent entreprendre de retirer les biens sacrés de ces mains profanes. M. Dufour, qui étoit homme de cœur, et qui cherchoit à gratifier un de ses amis, à qui il avoit de l'obligation, de quelque honnête établissement ecclésiastique, n'en pouvant trouver aucune occasion paisible, s'avisa de prendre un droit sur celui-ci, et de déposséder par justice un homme qui le retenoit par violence. Cela parut fort dur et fort téméraire à l'usurpateur, qui n'avoit pas accoutumé d'être recherché sur sa conduite, et qui ne vouloit rien perdre de son revenu. Il en fit des plaintes, il menaça; et l'un et l'autre s'étant engagés par honneur à poursuivre ce différend, ils conçurent entre eux une haine immortelle. Il y avoit pourtant cette différence que l'un avoit acquis un titre par les voies de droit, et que l'autre vouloit soutenir le sien par les voies de fait. En effet, il avoit souvent attendu son ennemi, et s'étoit promis de se venger de l'injure qu'on lui avoit faite; il en chercha si bien l'occasion qu'il la trouva un jour. Ayant appris que Dufour devoit passer par un chemin un peu retiré, il résolut de l'attaquer, accompagné de quatre cavaliers dont les deux frères dont nous parlons étoient les principaux. L'affaire ne fut pas si secrète que la femme Dufour n'en eût quelque avis ou quelque pressentiment, et dans l'inquiétude où elle étoit, elle expédia un courrier à son mari pour l'avertir du mauvais dessein de sa partie, et l'exhorter de bien pourvoir à sa sûreté. Il reçut cet avis comme une inquiétude assez mal fondée, et ne se persuada point qu'on osât l'attaquer, ou parce qu'il se fioit à son cœur, ou parce qu'il doutoit de la hardiesse des autres, ou parce qu'il n'alloit qu'en des lieux où il se tenoit fort assuré. Mais ayant fait un peu de réflexion sur les accidents qui pouvoient arriver d'une rencontre, et ne voulant pas se commettre imprudemment avec un homme qu'il avoit jeté dans un désespoir, il prit une escorte assez nombreuse de quelques bonnes gens que le village lui fournit, qui l'accompagnèrent armés, ou pour le défendre s'il étoit attaqué, ou pour épouvanter ses ennemis par leur nombre, et les obliger à la retraite. A peine furent-ils bien avancés dans leur chemin qu'ils aperçurent cinq cavaliers qui s'adressèrent à lui, et firent connoître que l'avantage du nombre ne les étonnoit pas, et qu'ils ne mettoient leur espérance que dans leur valeur. Dufour les reçut en homme généreux et intrépide; et leur auroit disputé la victoire, si tous ces villageois qui le suivoient l'eussent au moins soutenu par quelque apparence de défense; mais ils n'avoient promis que d'escorter, et n'étoient pas venus se battre. Ils se retirèrent donc fort promptement, et laissèrent leur chef exposé à tout le feu de ses ennemis. Il se défendit avec beaucoup de résolution; mais enfin il fut blessé à mort d'un coup de pistolet, et de peur que le coup ne fût pas mortel, il fut percé de sept ou huit coups d'épée fort indignement. Cette action fit grand bruit dans l'Auvergne, et les uns et les autres avoient leurs partisans. Il y en avoit qui trouvoient le meurtre fort lâche d'un homme abandonné des siens; les autres l'excusoient, sur ce qu'il avoit attaqué une troupe plus nombreuse que la sienne, et il s'en trouvoit même qui croyoient que ce n'étoit pas un crime, que ce n'étoit qu'un malheur d'avoir été obligé de tuer en se défendant. En effet, la chose auroit paru assez supportable, si la suite n'eût été plus cruelle, et si, après avoir tué celui-ci en cette rencontre, ils n'eussent encore assassiné son frère avec beaucoup de lâcheté. Cela fut de si mauvais exemple, que l'on fit toutes les diligences pour faire punir ce scélérat. Les prévôts se mirent en campagne; M. de Choisy, pour lors intendant de la justice de la province, l'assiégea dans un château, d'où il sortit à l'extrémité, à la faveur d'un brouillard épais, et laissa aux assiégeants un regret sensible de l'avoir laissé échapper. Enfin les Grands-Jours se tenant à Clermont, et les crimes n'étant pas en état d'impunité, tous les gentilshommes coupables se retirèrent et cherchèrent leur salut dans leur fuite. L'Avena, qui étoit le meurtrier, et les deux frères ses amis, se jetèrent dans les bois et dans les montagnes, et résolurent de se tenir dans les lieux les plus retirés de la province, où, changeant tous les jours de gîte, ils pouvoient éviter la surprise des archers. M. Combalibœuf le père, considérant le danger où étoient ses deux fils, n'étoit pas moins inquiété qu'eux, lorsqu'il crut avoir trouvé une occasion favorable pour avoir leur grâce.

Comme le dessein de la Chambre des Grands-Jours étoit de punir les principaux coupables et d'épouvanter les autres, son plus grand soin fut de faire chercher les premiers, afin de laisser quelques grands exemples et de rendre leur justice plus célèbre par la punition de quelques-uns, dont la vie décriée et les noms connus eussent pu faire plus de bruit. Celui dont le supplice pouvoit faire plus d'éclat, étoit sans doute M. d'Espinchal, qui, tout criminel qu'il étoit, restoit encore dans la province, faisant des railleries des

Grands-Jours, et éludant par son adresse tous les artifices des prévôts. Après qu'on l'eut poursuivi longtemps inutilement, un des plus sages de la Chambre donna avis à M. Talon qu'il n'y avoit point de meilleur moyen pour le prendre que de promettre la grâce à quelque criminel qui l'indiqueroit ; qu'il y avoit de la correspondance entre les méchants; et que, quelque bonne intelligence qu'il y eût entre eux, chacun seroit bien aise de se délivrer de la crainte et de la peine, et de se substituer un autre coupable, en se sauvant par la perte d'un autre. On proposa M. le marquis du Palais; qu'on eût bien voulu tirer de la sévérité de son arrêt; mais, outre qu'on doutoit qu'il acceptât cette condition, on trouva qu'il ne falloit point se servir d'une personne aussi considérable qu'étoit le marquis; et M. Talon ne voulut point laisser supprimer un arrêt qui devoit faire beaucoup de bruit. Il conféra avec M. le président de ce dessein, et le sort tomba sur ce Combaliboeuf, dont la naissance ne le faisoit pas trop remarquer, et dont les enfants, qui n'avoient pas commis de crimes en chef, pouvoient recevoir leur grâce sans mauvais exemple. Le président traita secrètement avec lui, lui promit grâce pour ses fils, s'il pouvoit faire prendre l'Espinchal ou l'Avena; et la veuve de Dufour, qui vouloit faire exécuter le meurtrier de son mari, lui fit une obligation de deux mille écus, s'il le pouvoit exposer à sa vengeance et le remettre entre les mains des juges. Il tira donc un billet de M. de Novion, signé de lui, et s'appliqua tout entier à l'affaire qu'il avoit entreprise. Il ne découvrit point le secret à ses fils, parce qu'il les connoissoit trop généreux pour commettre cette espèce de trahison; mais il voulut se servir d'eux pour en venir à bout, voulant leur sauver la honte d'avoir fait surprendre leur ami, et les faisant pourtant contribuer innocemment à la tromperie. Il rappela donc son fils aîné chez lui assez secrètement, mais pourtant avec beaucoup de confiance sur le passe-port de M. le président. Quelque précaution qu'il eût prise, il ne put le faire si sûrement que M. Le Peletier, qui étoit envoyé dans la haute Auvergne pour informer des crimes commis dans l'obscurité de ces rochers presque inaccessibles, n'en fût averti, et que le prévôt, qui étoit fort vigilant, n'en eût des nouvelles par un paysan qui, ayant été maltraité du père, vint découvrir la retraite du fils. Ils ne savoient point le traité secret de ces messieurs, et tout joyeux de faire une capture assez remarquable, ils investirent la maison et se saisirent de celui qui s'y étoit réfugié. Comme ils partoient pour le conduire, la sœur du prisonnier tira le prévôt à part, lui montra le billet et l'ordre de sûreté qu'ils avoient obtenu pour leurs frères. Mais cet officier qui savoit fort bien son métier, ne s'en fia pas tout à fait à cet écrit, et retenant toujours son criminel, en donna avis à M. Le Peletier, lequel lui ordonna de le conduire incessamment, et écrivit une lettre au président, par laquelle il lui mandoit qu'on avoit voulu, sous un de ses ordres, faire relâcher un homme arrêté pour ses déréglements passés; mais qu'il n'avoit point cru que lui qui étoit le chef de la justice des Grands-Jours, en voulût interrompre le cours, et qu'il avoit jugé cet écrit supposé. Sur cela, le prisonnier fut conduit aux prisons de Clermont, dont M. de Novion ne fut pas fort satisfait, et eût bien voulu le témoigner. Le père malheureux, qui vit son fils aîné en la puissance des juges et dans un danger évident de mort, fut encore plus excité qu'auparavant à livrer la tête qu'on lui demandoit. Il exhorta le fils qui restoit en liberté à pourvoir à ses sûretés, à se tenir retiré dans les plus sombres rochers de la contrée, de donner avis à son ami l'Avena du malheur de son frère, et de conférer avec lui des moyens d'éviter la sévérité des lois. « Fuyez, mon fils, lui disoit-il, s'il vous reste encore quelque soin pour vous et quelque pitié pour moi; ne m'exposez point à voir un double spectacle qui me feroit mourir doublement, et songez que, dans le désespoir où je suis de la prison de votre frère, je ne puis recevoir aucune consolation que par l'assurance que j'aurai de votre liberté. Je ne me considère plus comme père qu'à votre égard, et je vois en vous tout ce qui me doit rester de ma famille. Sauvez, je vous prie, cette partie de moi-même qui est encore libre ; et vivez pour vous et pour moi…. » Il lui disoit ces choses d'une manière si touchante, qu'il lui fit prendre résolution de s'éloigner ; et comme il falloit prendre diverses mesures pour ne tomber point dans les piéges, il lui conseilla d'attirer son ami à un rendez-vous, et en donna au même temps avis au prévôt. Le jeu étoit assez bien conduit ; mais il avoit affaire à un homme adroit qui savoit les ruses, et qui se défioit de tout. Il avoit échappé des piéges et des poursuites les plus dangereuses, et il échappa encore à ces embûches. Quelques-uns disent qu'il envoya un homme de ses amis, à qui l'on ne pouvoit rien reprocher que son amitié, et que s'étant posté sur une éminence et ayant vu une troupe de gens armés qui avoient investi la maison où il étoit entré, il avoit bien jugé que rien ne lui étoit plus nécessaire qu'une prompte et soudaine retraite. Quelques autres rapportent qu'il y alla lui-même, et qu'étant tous deux poursuivis, ils se réfugièrent dans un village voisin, où les archers menacèrent de mettre tout au pillage, si on ne leur montroit ces deux fugitifs. Ils y furent conduits par ces villageois, que le nom de la taille ou des gens de guerre fait trembler. Ils se saisirent d'abord de Combalibœuf ; mais l'Avena s'étant jeté d'une muraille en bas, et ayant gagné le bois qui n'étoit pas loin, se sauva à la faveur des ombres et des détours. Ainsi les deux frères se trouvèrent sans y penser dans une même prison. Le président crut que sa parole étoit dégagée par la retraite du coupable qu'il vouloit faire condamner, et la veuve qui les auroit même récompensés, s'ils eussent livré l'assassin de son mari, les poursuivit avec beaucoup de chaleur, lorsqu'elle vit que c'étoit le seul moyen qui lui restoit de satisfaire sa vengeance. On instruisit leur procès avec beaucoup de diligence. Ils furent mis sur la sellette, et répondirent comme des gens qui ne sont nullement formés aux affaires, et qui savent mieux soutenir une querelle par les armes que justifier un procédé par leurs réponses. Ils avoient un moyen sûr pour tirer leur affaire des Grands-Jours, s'ils eussent pu être avertis de ne point répondre, parce qu'on n'eût point eu le temps de leur faire leur procès comme à des muets, à cause de la longueur des procédures. Ils furent donc jugés à mort, et condamnés à avoir le col coupé, bien qu'ils ne fussent pas gentilshommes, soit qu'on voulût leur rendre la mort plus douce, soit qu'on eût dessein de les traiter comme s'ils eussent été de qualité, pour rendre leur justice plus éclatante et pour finir avec plus de bruit. Ils furent menés à la place de l'exécution; le plus jeune fut décapité le premier, suivant la coutume, parce qu'on suppose que le plus âgé doit avoir plus de résolution et de constance. L'aîné monta ensuite sur l'échafaud avec beaucoup de fermeté, et passant sur le corps de son frère même, que cet exécuteur de province n'avoit pas eu l'esprit de couvrir, il reçut le coup, et la tragédie fut achevée. On a parlé diversement de la conduite du président en cette affaire. Quelques-uns ont loué sa prudence d'avoir intéressé un père, pour sauver ses enfants, à faire prendre un des plus grands criminels de toute l'Auvergne; les autres ont approuvé son intention, sans vouloir louer sa conduite en cette rencontre, et se sont imaginé qu'il falloit laisser faire ces sortes de traités à M. Talon, qui n'est pas des juges, et qu'il n'étoit pas de la dignité d'un chef de la justice de commettre son autorité et de faire ces négociations secrètes, sans avoir donné ses ordres pour l'exécution, et d'être enfin obligé de condamner ceux à qui il avoit fait espérer grâce.

Ce même jour, on jugea par contumace M. le marquis de Malause, neveu de M. de Turenne, qui est un des principaux seigneurs de la haute Auvergne[1]. M. Le Peletier avoit

---

[1]. Louis de Bourbon, marquis de Malause, et vicomte de Lavedan,

informé contre lui sur ce qu'il jouissoit d'une cure depuis plusieurs années, et qu'il employoit impunément les biens de l'église à ses usages particuliers [1]. Quoiqu'il n'y eût aucun danger de se représenter, et que c'eût été un moyen fort aisé pour faire modérer ses restitutions, il prit le parti de la retraite, peut-être pour éviter le déshonneur d'être prisonnier, peut-être aussi pour des raisons plus considérables qu'on ne sait pas. Ce bénéfice, qui étoit de mille écus de revenu, lui étoit d'une grande commodité et d'un grand secours pour ses affaires, et les charges en étoient si petites qu'à peine donnoit-il deux cents livres pour celui qui l'administroit. Quelques considérations que ces Messieurs eussent pour M. de Turenne, ils condamnèrent son parent à une aumône fort ample [2] et à une restitution de dix-huit mille francs. C'étoit la maxime des gentilshommes qui dominoient dans ces quartiers reculés, de se servir indifféremment de tout ce qui leur étoit propre. Le peu d'égard qu'ils avoient pour la religion, la grande avidité d'avoir du bien, l'autorité qu'ils ont parmi ces habitants des montagnes, et l'éloignement de toute sorte de justice, leur fait prendre impunément toute sorte de libertés. Ils oppriment l'Église après avoir opprimé les pauvres, et n'étant pas encore contents des héritages de leurs voisins, qu'ils trouvent à leur bienséance, ils usurpent encore l'héritage de l'épouse de Jésus-Christ, et tyrannisent les prêtres après avoir tyrannisé les peuples.

Enfin, il fallut finir les Grands-Jours agréablement, et après les avoir commencés par une mort illustre, les finir par un célèbre mariage, et achever ainsi la tragi-comédie. Ce fut sur M. de Vaurouy que le sort tomba. Et quoiqu'il y

était neveu de Turenne par alliance. Il avait épousé en secondes noces Henriette de Durfort, fille aînée de Gui de Durfort et d'Élisabeth de La Tour, sœur de Turenne.

1. « Il avoit joui de la cure de Malause, bien qu'il fût huguenot, sous le nom de Ferval. » *Journal de Dongois*, fol., 207, verso.

2. Cinq mille livres.

eût des garçons fort bien faits et fort enjoués dans la compagnie, que l'amour pouvoit attaquer, cette divinité aveugle aima mieux s'en prendre à un homme veuf qui pleuroit encore la mort de sa femme. Les yeux de Mlle Ribeyre le surprirent, et cette jeune beauté lui fit bientôt perdre cet air sérieux que donne l'exercice de la justice. L'habitude qu'il avoit chez M. de Novion, où demeuroit cette belle, lui donna des occasions de la voir, de l'admirer et de l'entretenir plus souvent. L'admiration fut le premier degré à l'amour; elle produisit l'inclination ; le désir suivit, et il ne fut pas longtemps à en venir à la recherche. Ainsi cet homme, qui étoit venu pour réprimer les passions de la noblesse et pour remettre les peuples dans leur liberté, se laissa vaincre lui-même à sa passion, et perdit sa liberté, sans vouloir même la défendre. Comme c'est un esprit fort agissant et naturellement gai, il expédioit ses affaires si promptement, que, sans manquer au devoir de juge, il avoit temps de s'acquitter de celui d'amant. Après avoir ouï les parties, il venoit parler à sa maîtresse, et se partageoit fort adroitement entre les procès et les conversations, le tribunal et la ruelle. Il est vrai qu'il avoit bien placé son affection, et que s'il étoit bien amoureux, il avoit rencontré une personne bien aimable. C'étoit la grande et l'unique beauté de Clermont. Elle avoit la taille avantageuse, les yeux beaux, le teint fort uni, quelque chose de doux dans son visage, et les traits fort délicats. Il lui manquoit pourtant je ne sais quel agrément, qui vient ordinairement de l'esprit. Elle avoit de l'éclat, sans avoir du feu, et c'étoit une de ces beautés qui ont de la douceur, mais qui ne sont pas assez animées. Elle fut belle, non-seulement à Clermont, mais encore à Paris; et, pendant qu'elle y a été, bien des gens alloient par curiosité dans les assemblées ou les compagnies où elle devoit être, et venoient la regarder de fort près et presque sous son masque, sans qu'elle le trouvât mauvais, excusant fort aisément les transports qu'on avoit pour elle, et trouvant l'admiration très-légitime en son endroit. Comme elle fut aimable, dès qu'elle fut dans un âge raisonnable, elle fut aimée, et pour n'être pas ingrate, elle aima. Ce fut le jeune marquis de Canillac qui voulut être son premier adorateur. Il fit de la dépense, et soupira si bien auprès d'elle, qu'il la fit soupirer à son tour. Les bonnes qualités de sa personne et la considération de la noblesse de son amant, lui firent souhaiter qu'il fût heureux, et son ambition se joignant à l'estime qu'elle avoit pour lui, elle devint si fière, qu'elle vouloit précéder toutes les autres dames, sous l'espérance d'être marquise dans peu temps. Et comme ses flatteurs trouvoient un jour une jupe qu'elle avoit mise extrêmement belle : « Elle le sera bien davantage, répondit-elle, lorsqu'un page la portera par derrière. » L'affaire sembloit être bien avancée, lorsque le marquis de Canillac, le père, ayant su les engagements de son fils, et ne trouvant pas assez de proportion de la qualité de l'un à l'autre, s'opposa à tous leurs desseins, et fit en cette qualité la plus grande violence qu'il ait jamais faite. Comme il avoit tourmenté ses sujets, il voulut tourmenter son fils, et après avoir exercé mille cruautés contre l'innocence, il en exerça contre l'amour. Il défendit donc à ce pauvre amant de voir sa maîtresse, qui lui pardonnoit tous ses crimes, pourvu qu'il lui eût permis d'aimer. Un père si cruel et si décrié méritoit de n'avoir pas un fils si obéissant. Il le fut pourtant, et commença de ne la plus voir, ou par des dispositions à ne la plus aimer, ou par des considérations d'intérêt et de bienséance. La demoiselle en eut un si grand dépit, qu'elle se retira subitement dans un cloître, ou pour pleurer la perte qu'elle avoit faite, ou pour obliger le ciel par ses vœux et ses larmes à lui rendre son amant. Mais ses vœux furent inutiles, et le ciel fut inexorable. Enfin, elle voulut sonder le cœur qu'elle avoit possédé si absolument, et croyant qu'un feu éteint avec violence se rallumeroit fort aisément, elle faisoit courir des bruits qu'elle alloit prendre le voile, et divulguoit partout qu'il y avoit jour arrêté pour sa vêture. Mais comme elle vit que ces menaces étoient sans effet, s'ennuyant d'une retraite de dix mois, elle revint dans la maison de son père. Elle évita tous les divertissements de la saison, et après avoir passé le carnaval en tristesse, elle fut très-gaie et très-galante dans le carême. Le vieux marquis qui lui avoit fait une grande injustice, lui fit un jour une réparation à sa manière. Car ayant su qu'elle devoit passer par une de ses terres, il attendit son carrosse au passage, et l'ayant aperçu, il vint à la portière, et ayant dit au cocher d'arrêter, il considéra quelque temps cette belle, sans parler. Elle qui connaissoit son extravagance, et qui savoit qu'elle étoit aussi haïe du père qu'elle avoit été aimée du fils, attendoit en tremblant quelque funeste aventure. Mais ce vieux pêcheur l'ayant assez longtemps regardée, se retira follement en battant sa poitrine, et demandant à Dieu pardon d'avoir dit que la Ribeyre n'étoit pas belle. Quelques-uns ont cru que le marquis n'avoit pas cessé de l'aimer; mais elle est à celui à qui le sort l'avoit destinée; et il est arrivé que M. de Vaurouy est venu lui faire son procès, et lui enlever sa maîtresse. Pour sa personne, il est d'une taille fort petite, il a le visage un peu trop vermeil et les yeux un peu trop ardents. Du reste, il est assez agréable, il a de l'enjouement; il chante assez bien, et ce n'est pas sans raison qu'il porte le nom de Boyvin. Il fait paroître qu'il a été fort bon mari, lorsqu'il parle de son premier mariage, et lors même qu'il recherchoit sa seconde femme, il pleuroit encore la première. Je ne sais si ces premières amours sont un bon présage pour les dernières, et si ces restes de tendresse pour celle-là n'occuperont pas une partie d'un cœur que celle-ci prend tout entier. Quoi qu'il en soit, la fille est heureuse d'avoir épousé un conseiller de la cour, d'être sortie de la province et de s'être établie à Paris. Elle n'avoit pas beaucoup de bien. Cette cruelle maladie qui ruine les beautés et qui fait de si grands désordres sur les visages, avoit un peu grossi ses traits ; et bien qu'elle eût, ce semble, respecté le sien, on doutoit encore si sa beauté en pourroit revenir tout entière. Pour le mari, il n'est pas moins heureux d'avoir rencontré une belle personne, lui qui a trois ou quatre enfants d'un premier lit, et qui, ayant presque tout son bien en Normandie, ne peut qu'en avantager ceux qui viendront. Ce fut une chose plaisante que M. de Novion, ayant engagé une dame de ses amies à le régaler avec sa famille, ce qu'elle fit avec beaucoup de magnificence, il voulut que ce régal servît de noces. Il y eut des dames qui s'y divertirent fort, et qui crurent que, pour honorer la fête d'un conseiller des Grands-Jours et d'une belle de leur pays, elles pouvoient perdre un peu de leur modestie, pour témoigner la joie qu'elles avoient de ce mariage.

Le lendemain, nous fûmes fort étonnés d'entendre battre dès le matin tous les tambours de la province, dont le son confus, renfermé dans les rues étroites de la ville, faisoit un bruit épouvantable, qui n'étoit diversifié que par le son de plusieurs flûtes ensemble. Une troupe de jeunes gens suivoit, dont les livrées, mêlées de jaune et de vert, paroissoient un peu extravagantes. M. l'intendant et M. Talon trouvèrent cette réjouissance publique bien insolente, dans un temps où la mort récente de la reine devoit supprimer tous les divertissements, et envoyèrent ordre aux tambours de se retirer ; mais ils répondirent fièrement qu'ils ne reconnoissoient point d'autorité que celle du plus grand prince du monde, dont ils étoient fidèles sujets, et battirent plus fort qu'auparavant. Cette réponse obligea l'intendant de faire venir les principaux de leur troupe, pour rendre compte de cette action si hardie et si contraire au deuil et à la tristesse publique. Deux ou trois de ces messieurs s'étant détachés du gros, montèrent dans la salle de l'intendant, et le saluant d'une manière tout à fait folle : « Sache, lui dirent-ils, que nous sommes les officiers du prince de Haute-Folie, qui allons imposer le tribut ordinaire à un seigneur étranger qui vient enlever la plus belle nymphe de son royaume. Nous avons nos voix. » A peine eut-il achevé ces mots, que tous les tambours, entrant dans la cour, firent un si grand bruit, qu'on ne pouvoit plus s'entendre dans la maison. Le plus court fut de rire avec eux, et de se retirer pour n'être point étourdi. Comme on nous racontoit cette folie, un homme de qualité de la ville, qui est déjà fort âgé, et qui étoit autrefois fort zélé pour ces principautés, poussa deux ou trois soupirs, et nous regardant d'un air triste : « Hélas! nous dit-il, les princes de la Folie de notre temps faisoient bien d'autres magnificences; et ce qui nous réjouit aujourd'hui, nous auroit fait pitié dans nos jeunes ans, et ne nous divertit présentement que par le souvenir des choses passées. » Nous entrâmes dans ce sentiment, et lui dîmes, pour le consoler, qu'il étoit fâcheux de voir que le règne de la folie n'étoit plus si florissant qu'il avoit été; que c'étoit le destin des bonnes coutumes de se perdre insensiblement, et que nous n'arriverions jamais à la perfection de nos anciens. Mais que toutes choses avoient leur retour; que le divertissement seroit plus grand, lorsque les temps seroient meilleurs, et qu'on pouvoit espérer que toute la folie ancienne reviendroit. Nous le pressâmes ensuite de nous dire quelque chose de ces jeux anciens, dont il étoit encore si charmé, et de contenter notre curiosité sur les fêtes de sa jeunesse. Alors le souvenir de sa jeunesse et l'inclination naturelle qu'ont tous les vieillards de soutenir l'honneur de leur temps l'ayant animé, il nous parla ainsi :

« Ne croyez pas que le penchant que nous avons ordinairement à louer les choses passées et à mépriser les présentes, et qu'une vaine complaisance pour les divertissements de notre jeunesse, me fassent trouver les coutumes bien changées, et les jeux et les assemblées publiques bien moins magnifiques qu'autrefois. Je ne suis pas si grand admirateur du temps passé que je veuille décrier le nôtre; mais il faut avouer que nous avons vu notre ville bien plus florissante qu'elle n'est, et que nous avons été bien plus galants que ne sont tous les jeunes gens que je vois, qui se piquent d'être braves et d'avoir le bel air du monde. Toute leur occupation est de se mettre en réputation auprès des dames, de faire une partie de promenade, et de donner un cadeau[1] à peu de frais dans quelque maison de campagne, ou quelque bal dans la saison, avec quelque éclat et quelque apparence. Outre que nos divertissements étoient plus innocents, ils étoient aussi bien plus pompeux et plus agréables, et l'invention et la dépense en étoient bien plus remarquables. Comme la ville est divisée en trois quartiers, aussi avions-nous accoutumé d'élire trois princes, qui étoient les intendants des divertissements publics, et qui avoient soin de tenir la jeunesse en belle humeur. On leur avoit donné des noms et des principautés plaisantes : l'un s'appeloit le prince de Haute-Folie, l'autre du Bon-Temps, et le dernier prince de la Lune. Chacun avoit ses officiers et sa cour complète, et marchoit avec beaucoup de train et grande quantité de livrées. Lorsque la saison étoit belle et que la noblesse étoit assemblée, ils envoyoient des ambassadeurs en bel équipage pour renouveler leurs alliances, et faisoient des parties de récréation les plus divertissantes et même les plus éclatantes du monde. Il s'y faisoit des cérémonies, des harangues, des festins et des courses de cheval qui étoient de très-beaux spectacles. Lorsqu'un de ces rois étoit amoureux et qu'il vouloit divertir sa maîtresse, il assembloit ses courtisans, et envoyant faire des défis aux princes voisins, il se mettoit en campagne avec une belle cavalerie, pour soutenir qu'il n'y avoit point de dames dans les autres États qui fût plus belle ni plus charmante que la sienne ; et sur ces innocentes querelles, ils se donnoient les cartels les plus ingénieux du monde, et faisoient de petits tournois qui ressembloient à ceux des anciens paladins des Gaules. C'étoient là des exercices nobles qui pouvoient non-

---

1. Ce mot désigne ici un grand repas.

seulement divertir, mais encore aguerrir nos jeunes gens, et rendre notre ville aussi forte que galante. Aussi l'on ne croyoit point de dépense mieux employée, et jusqu'à M. Fayet, que vous connoissez, qui est un des hommes les plus libéraux et les plus honorables de la province, toutes choses se sont passées avec une somptuosité et une pompe extraordinaires. Les hommes même étoient mieux faits, et quoiqu'ils fussent plus propres à se faire aimer des dames, ils étoient toujours avec beaucoup de respect et de retenue auprès d'elles; et quelques folies qu'ils fissent, c'étoient des folies honnêtes qu'on ne faisoit pas sans beaucoup d'esprit. Mais enfin toute cette politesse est passée, et je ne connois plus Clermont. On s'est piqué d'avoir des présidiaux et des cours des aides; on s'est jeté dans la robe par des considérations d'intérêt, et l'on a peine aujourd'hui à trouver un bon roi de Haute-Folie. Tout ce qui reste de ces jeux anciens, est un droit d'exaction et une imposition de tribut en certaines rencontres. Lorsqu'un étranger épouse une demoiselle de la ville, le prince la taxe à un certain nombre de millions, qui valent autant de pistoles, pour leur faire payer la sortie de la nymphe qu'il enlève. Lorsqu'un homme veuf épouse une fille, ou une veuve un garçon, ils sont taxés selon leur condition, pour avoir enlevé la nymphe ou le seigneur qui devoit appartenir à quelque autre. Voilà les seules taxes dont on parloit en ce temps-là. Chacun y jouissoit en repos de son bien et ne devoit rien jusqu'à son mariage. L'imposition étoit fort modique, on donnoit un temps raisonnable à payer, et plût à Dieu que toutes les taxes fussent de même! Il est vrai qu'après le temps préfix, on alloit lever la somme, et que si l'on différoit un peu trop, l'usage étoit que les officiers du prince entroient dans la maison du débiteur avec beaucoup de folie, suivant leur institut, détendoient les tapisseries, confondoient tous les meubles, et c'étoit l'ordre de jeter tout par la fenêtre. Cela se faisoit de si bonne grâce, que c'étoit un divertissement et non pas une violence; et ces sortes de plaisants désordres passoient pour des fêtes d'État parmi tout le peuple. Cette levée de deniers servoit à deux ou trois choses : à honorer par quelques pompes extérieures le mariage des taxés, à faire un festin où se trouvoit toute la cour, et à fournir aux réparations de la ville. L'établissement reste encore, mais le luxe et la belle joie n'en sont plus, et la peine qu'on a à payer des taxes rigoureuses éteint le plaisir qu'on avoit de lever celles qui nous étoient si agréables. »

L'intérêt que ce bonhomme avoit dans les affaires du temps par l'engagement que son gendre avoit eu dans quelque affaire de parti avec le roi, et quelques menaces de l'intendant qui l'avoient affligé sensiblement, lui renouvelèrent sa douleur, et l'empêchèrent de nous dire encore quelques particularités de ces compagnies de réjouissances. Nous apprîmes pourtant que, dans leurs festins, ils buvoient dans une coupe où les pistoles étoient, et qu'un jour, dans la gaieté de la fête, un des officiers de la couronne de folie en avala sept en buvant un peu trop avidement. On nous montra encore un fort beau bassin, qu'on fait dans une grande place aux dépens de ces princes, où il y aura un jet d'eau aussi beau qu'il y en puisse avoir, et l'on compte que l'ouvrage leur reviendra à quatre ou cinq mille francs[1]. Lorsqu'ils furent chez M. de Vaurouy, ils lui offrirent par honneur des tablettes pour se taxer lui-même, en lui témoignant pourtant qu'il ne sauroit assez payer la douceur qu'il auroit avec la plus belle de leurs nymphes qu'il leur enlevoit.

Cependant la lettre de congé étoit arrivée[2], et Messieurs des Grands-Jours, qui n'étoient plus que des conseillers du parlement sans autorité, ne songèrent qu'à déménager, et à s'en retourner à Paris. Quoiqu'ils fussent extrêmement em-

---

1. Ce bassin, qui existait sur la place de Jaude, a été détruit vers la fin du XVIIIe siècle.
2. Voy. cette lettre à l'*Appendice*, n° XXXI.

pressés, ils ne se hâtoient pas assez au gré de la noblesse, et l'on peut dire qu'après tant d'affaires fâcheuses pour les uns et pour les autres, le calme parut grand et la joie générale. Ceux dont la commission avoit cessé étoient bien aises de s'en retourner à Paris. Ceux qui se sentoient peut-être encore criminels étoient ravis de les voir partir. Les uns alloient revoir leurs parents et leurs amis; les autres alloient perdre de vue leurs juges. Ils concertoient déjà les réjouissances qu'on devoit faire, et je m'assure que quelques sujets qu'ils aient d'être modestes, leur carnaval sera sans doute fort réjoui. Ils ont des raisons qui semblent les y obliger. La première est qu'ils ont été durant cinq ou six mois dans une terreur et dans une contrainte continuelles; ce qui les obligera de jouir des plaisirs de la liberté, et de chanter des cantiques de leur délivrance. La seconde est qu'ils prétendent réparer par leur débauche de cette année les pénitences qu'ils firent l'autre; tous les divertissements ayant été interdits, et le carême avancé de plusieurs jours dans tout le diocèse par l'ordonnance de l'évêque. L'occasion de cette pénitence publique fut une profanation qui avoit jeté tout le monde dans une consternation étrange. Il y avoit un fou dans la ville qui paroissoit assez paisible, et dont la folie n'alloit pas jusqu'à la fureur; aussi lui laissoit-on la liberté, d'autant plus qu'on le voyoit fort souvent auprès des autels, et que la piété qu'on remarquoit en lui faisoit croire qu'il étoit à plaindre et qu'il n'étoit pas à redouter. Mais on ne considéroit pas que tout est à craindre lorsqu'un esprit est déjà blessé. Sa piété lui troubla l'esprit, et s'étant imaginé que tous les prêtres qu'il voyoit célébrer étoient indignes de leur ministère, et que lui seul pouvoit s'en acquitter dignement, il n'assistoit à aucune messe qu'il n'en sortît avec un zèle amer, et avec une passion ardente ou de sacrifier à la place du prêtre, ou d'immoler le prêtre même aux pieds des autels. Enfin étant un jour dans l'église où l'aumônier de M. l'évêque disoit la messe et avoit déjà consacré, sa folie le pressa si fort que, franchissant fort agilement le balustre qui entouroit l'autel, il se saisit du calice inopinément; et se croyant lui seul en état d'achever le sacrifice, il profana le plus sacré de nos mystères. Ce fut un scandale si grand, que toute la ville en fut consternée durant plusieurs jours. M. l'évêque ordonna des prières publiques : on exposa le saint sacrement dans les églises, pour donner moyen aux bonnes âmes de satisfaire par leurs adorations à l'injure qu'il avoit reçue. On fit des sermons sur cet accident pour animer le peuple à la ferveur, et tous les catholiques en furent aussi touchés, que les Israélites le furent autrefois lorsque l'arche étoit tombée entre les mains des Philistins. Et comme le malheur arriva dans le temps de carnaval, on jugea à propos de supprimer toutes les libertés que donnent la coutume et l'exemple dans cette saison, et chacun consentit à s'interdire tous les divertissements publics. Il y en eut qui pleurèrent la folie de ce misérable, d'autres regrettèrent de ne pouvoir pas être fous à leur façon, et furent pour le moins aussi surpris de la réparation qu'ils l'avoient été de la profanation passée. Ils représentèrent que c'étoit assez de faire pénitence dans la ville où l'on avoit commis le sacrilége; que cette action ne pouvoit jamais être assez punie; mais qu'après tout c'étoit un coup de folie et non pas de malice ou d'impiété; que le carême étoit assez long sans en faire un nouveau du carnaval, et qu'il falloit laisser ces austérités à la dévotion de ceux qui sont retirés du monde. Par ces raisons, ils se réservèrent le droit d'aller aux assemblées de Riom, et s'exilèrent volontairement de leur pays autant de temps que la licence en fut exilée. Cette année, ils se disposent à se débaucher, et parce qu'il n'est point arrivé de scandale, ils sont tout prêts à en faire eux-mêmes.

Nous laissâmes ces messieurs dans leurs belles résolutions, et nous partîmes de Clermont le quatrième jour de février, pour nous rendre à Paris au plus tôt. Rien ne fut nouveau pour nous dans toute cette route, que le canal de Briare, que nous n'avions vu qu'en passant, et qui méritoit pourtant d'être bien considéré comme un ouvrage de grand travail et de grande commodité pour le commerce. Il conduit environ dix lieues des eaux ramassées, qui, par la rivière de Loing, joignent la Loire avec la Seine, et donnent aux bateaux la communication de l'une et de l'autre rivière. Il étoit difficile de surmonter deux difficultés qui se rencontroient dans l'exécution de ce dessein : il falloit recueillir toutes les sources voisines, et ménager si bien tous les moindres filets d'eau, qu'il y eût de quoi fournir un large canal, et faire un cours de six à sept lieues. Il falloit encore faire monter les bateaux chargés de la Loire, dont le lit est fort bas, à la rivière de Loing, qui est fort élevée. Il fut aisé de vaincre la première, en ramassant des montagnes d'alentour des eaux inutiles, qui se perdoient dans la campagne. Pour la deuxième, il a été nécessaire de faire des écluses qu'on ouvre et qu'on ferme, et où l'on baisse ou l'on grossit les eaux pour faire que les bateaux en montent ou descendent. Elles sont au nombre de quarante-trois, comme autant de degrés pour les élever insensiblement, et les faire passer jusque dans la Seine. C'est une chose admirable de voir comme le travail et l'art forcent la nature, et comme l'adresse des hommes se joue des éléments, faisant des rivières où il n'y en a point, pour en joindre deux fort éloignées. La plupart de Messieurs des Grands-Jours, qui s'y trouvèrent en même temps, et plusieurs dames qui étoient de leur compagnie et qui avoient la même curiosité, s'étoient rendus au bord du canal, pour voir descendre et monter les bateaux, et pour considérer toutes les machines qu'on faisoit jouer pour les divertir. Pendant qu'on étoit occupé à donner ce divertissement aux dames, et qu'on réitéroit souvent les mêmes choses, je me promenois sur le bord de l'eau, détaché de toute la conversation et en m'entretenant avec moi-même, lorsqu'un homme, avec qui j'avois lié à

Clermont quelques commencements d'amitié, et que j'estimois beaucoup pour sa vertu et pour la connoissance qu'il a des belles-lettres, me fit signe qu'il vouloit être de ma promenade. Je crus qu'une conversation grave et utile comme la sienne vaudroit toujours mieux que mes rêveries; je l'attendis, et m'avançai même quelques pas vers lui, pour lui témoigner l'impatience que j'avois de le joindre. A peine fut-il arrivé à moi, que radoucissant un peu son air sérieux : « Je crains bien, me dit-il, que votre solitude ne soit pas sans dessein, et que je n'interrompe par ma satisfaction présente des pensées que vous pourrez un jour peut-être rendre publiques; mais, dussé-je vous ôter quelques-uns de vos précieux moments et troubler votre entretien secret avec vos muses, souffrez que je jouisse de la consolation d'être une demi-heure avec vous, après en avoir été longtemps empêché par le grand nombre d'affaires, et que je me répare de mes pertes passées à vos dépens. » Je répondis à son compliment avec toute la civilité qui me fut possible, et je lui témoignai qu'on ne pouvoit que gagner avec lui, et qu'il n'avoit qu'à perdre avec moi; que je ne pouvois espérer d'avoir de belles pensées que celles que son entretien m'inspireroit, et que je ne trouvois rien de si obligeant que la bonne opinion qu'il avoit de moi, et l'honneur qu'il me faisoit de vouloir être de ma promenade. Après ces premières civilités qu'on se rend lorsqu'on a de l'estime l'un pour l'autre, et qu'on n'en est pas encore à cette familiarité que la tendre amitié donne, nous parlâmes d'abord de plusieurs nouvelles indifférentes, et comme je sais qu'il est homme à juger des choses et à en parler sans déguisement, et qu'il joint avec beaucoup de sagesse beaucoup de sincérité et un peu même de critique, je le jetai sur le discours des Grands-Jours, et lui demandai son sentiment sur le général et sur le particulier de la justice qu'on y avoit rendue. « Il est vrai, me dit-il, et vous le savez aussi bien que moi, que l'Auvergne étoit une province bien déréglée, et que l'éloignement de la justice souveraine, la foiblesse des justices subalternes, la commodité de la retraite dans les montagnes, et peut-être l'exemple ou le mauvais naturel de quelques-uns, avoient donné courage à la plupart des gentilshommes de faire les tyrans et d'opprimer les peuples. Ce qui nous a paru par plus de douze mille plaintes qu'on a rendues, et par la fuite presque générale de toute la noblesse du pays. Ce n'est pas que les paysans ne soient fort méchants et fort portés à décrier leurs seigneurs, lorsqu'on les appuie, et qu'ils ne se soient plaints bien souvent légèrement et quelquefois même avec injustice. On en peut juger par l'action de quelques-uns du Forez, qui, après avoir fait la débauche, conspirèrent de faire couper la tête à quelqu'un de leurs meilleurs gentilshommes, et ayant tiré au sort M. de Marlay, qui étoit un homme irréprochable, allèrent tenter sa patience par des insolences extraordinaires, pour l'obliger à leur donner quelque fondement de plainte. Mais s'il y en avoit quelques insolents, il y en avoit bien de misérables; et l'on ne sauroit assez louer la prudence et la piété du roi de s'être rendu le protecteur des opprimés, d'avoir rétabli l'ordre et l'autorité de la justice, et d'avoir fait des gens de bien dans une province où l'on faisoit gloire d'être coupable. Il ne faut pas douter qu'il n'en revienne de grands profits. Les restitutions que la crainte a fait faire sont déjà considérables. La terreur et la sévérité qu'on a exercées contre quelques-uns arrêteront au moins pour quelque temps les violences et les injustices manifestes. Les juges des lieux auront repris un peu de courage, et ceux qui souffriront quelque oppression seront plus hardis à se plaindre, depuis qu'ils voient qu'on les a déjà écoutés; et ce que je trouve de plus important, c'est que les gens de bien ne seront plus si ridicules aux yeux des autres. On leur reprochoit continuellement qu'ils ne savoient point se faire [craindre] et qu'ils n'avoient point l'adresse de devenir riches. Leur bonté passoit pour foiblesse, et c'étoit être esclaves à leur avis que de n'être pas tyrans comme eux. Ces reproches pervertissoient plusieurs esprits qui n'étoient pas assez fermes, et les crimes s'étoient si fort établis qu'on avoit honte d'être homme de bien. On sera désabusé de ces maximes, que l'impunité avoit introduites, et l'expérience qu'on aura du plaisir d'avoir bien vécu, fortifiera ceux qui sont en état de bien vivre. Ce qui est à craindre, c'est que les règlements d'une justice passagère ne soient pas fort bien observés; que l'espérance qu'on a de ne voir qu'une fois en sa vie les Grands-Jours ne les rejette dans leur première confiance; que le ressentiment qu'ils auront contre ceux qui les auront déférés ne les porte à leurs violences ordinaires, et que la crainte qu'ils auront à l'avenir d'être punis ne leur fasse pas éviter les crimes, mais leur fasse chercher des précautions et des sûretés. Je leur ai ouï dire qu'ils ne s'amuseroient plus à des accommodements civils, et qu'ils feroient un peu plus de cas des informations et des greffes; que M. de La Mothe ne seroit pas mort, s'il avoit eu l'adresse de se justifier, et qu'ils vouloient faire apprendre les lois à leurs enfants, et les faire instruire sur les matières criminelles, afin qu'ils fussent en état de répondre à des juges, et de défendre leur vie aux premiers Grands-Jours. Il ne s'en est jamais tenu qui aient été si autorisés que ceux-ci. Ils ont été assemblés dans une province où le nombre des criminels étoit grand; ils n'ont point eu besoin de troupes pour leur sûreté, ni pour l'exécution de leurs arrêts. Leur pouvoir a été très-étendu, et leur commission très-ample; il s'y est même pratiqué deux ou trois choses assez extraordinaires, qui n'auroient pas peut-être été pratiquées pendant un règne moins absolu. La première est le rasement des maisons dans quinze jours pour les causes de contumace, au lieu que l'ordonnance donne cinq ans, et que toutes les règles de la jurisprudence accordent un terme assez long pour donner lieu aux accusés de se justifier, et pour donner quelques bornes à la puissance des ministres et des favoris, qui, pour des passions particulières, pourroient ruiner dans quinze jours les plus grandes familles du royaume. Ce fut la raison qu'en apporta autrefois au parlement un président qui étoit en grande réputation, et qui fut exilé pour avoir parlé trop librement des ministres, dans un temps où le ministère étoit très-puissant et très-affermi. La deuxième est la révocation de toutes les lettres d'abolition ou de grâce dans vingt ans, et la représentation qu'il en a fallu faire au procureur général, ce qui n'eût pas passé si doucement sous un chancelier un peu rigoureux; et la troisième est la révision des jugements par contumace avec augmentation des amendes, et autres formes qui ne sont pas usitées dans le palais....... » Il s'arrêta un peu en cet endroit, et après m'avoir donné le temps de raisonner sur les réflexions qu'il venoit de faire, et d'approuver ses sentiments, il continua ainsi : « Pour ce qui regarde la personne et la conduite de ceux qui composoient ce petit sénat, il faut avouer que le choix que le roi en avoit fait marque bien son discernement et sa prudence, et qu'ils ont bien soutenu ce choix par l'assiduité et la fidélité qu'ils ont témoignées dans leur emploi. Quelques-uns ont voulu dire qu'ils s'étoient un peu trop endormis au commencement, et qu'ils avoient laissé languir leur commission, soit en s'amusant à des audiences et à des affaires très-légères, soit en différant d'envoyer des commissaires, soit en refusant de s'assembler deux fois le jour; d'où il est arrivé que quelque peine qu'ils aient prise sur la fin, ils ont laissé beaucoup d'affaires imparfaites. Mais ils ne considèrent pas que les esprits ne s'échauffent pas d'abord, et que les causes ne sont en état d'être jugées qu'après les procédures et les instructions; que M. Talon, ne voyant point de grandes affaires, et craignant de manquer de matière, recevoit toutes sortes de plaintes civiles; que la santé de M. de Novion ne lui permettoit pas de présider deux fois le jour, et qu'il n'étoit pas expédient que l'assemblée se tînt sans lui, à cause de diverses prétentions sur la présidence, et qu'enfin il étoit difficile de courir dans cette région de montagnes, dans la plus triste et la plus incommode saison de l'année. Je ne saurois non plus souffrir ceux qui les blâment d'avoir été au commencement trop sévères, et trop relâchés à la fin, et qui disent qu'ils n'ont fait que condamner un homme qui, dans une autre justice, auroit passé pour innocent, et en sauver plusieurs qui auroient été coupables et dignes de mort à la Tournelle. Mais ils ne prennent pas garde qu'il falloit faire un exemple d'éclat, et que M. de La Mothe étoit assez criminel pour être cette première victime de rigueur, après laquelle il falloit travailler avec un peu plus de douceur à remettre la discipline. La première intention de la justice n'est pas de punir; c'est de corriger. Elle voudroit pouvoir être utile sans être cruelle, et réduire l'esprit sans détruire le corps des coupables; elle porte une épée pour menacer, et ne frappe qu'avec répugnance; elle seroit bien aise de réprimer les passions, sans être obligée de les retrancher avec violence, et, ne prétendant que la conversion et non pas la mort des criminels, elle épargne le sang autant qu'elle peut, et tâche d'introduire les bonnes mœurs, plutôt par une autorité de raison que par un pouvoir violent. Aussi ne doit-on point imputer aux juges d'être trop doux, après qu'ils ont fait quelque grand coup de sévérité, puisqu'ils sont les dépositaires de la clémence du prince, aussi bien que de son autorité et de sa justice. Voilà pour ce qui concerne la conduite de ces Messieurs en général. On a dit qu'ils n'avoient pas tous les mêmes intentions; que les uns n'étoient que pour la cour, les autres pour la justice, et les troisièmes pour l'une et pour l'autre, ménageant et leur honneur et leurs intérêts; mais c'étoit un bon mot de quelque politique de province, dont je n'ai pu faire l'application pour la conduite de quelques particuliers. Je vous avouerai que je l'ai souvent observé, et je vous dirai confidemment ce que j'en ai remarqué.

« M. de Novion, qui tenoit le premier rang dans cette

compagnie, s'est acquitté de son emploi avec beaucoup de soin et d'attachement, négligeant même sa santé pour ne manquer point aux exercices de sa charge. On s'étonna d'abord que le roi l'eût choisi pour chef de cette commission, lui qui avoit des intérêts à ménager dans ce pays-là, et qui pouvoit y trouver des gentilshommes et des gens d'affaires qui étoient entrés dans son alliance; et l'on crut bien qu'il avoit des droits secrets d'acceptation, et que la justice n'auroit pas un bandeau si fort qu'elle ne pût distinguer au travers ses parents et ses alliés. Le premier ordre qu'il donna fut celui d'arrêter La Mothe de Canillac, voulant faire tomber l'exemple sur ce misérable, et laissant échapper, à ce qu'on croit, Beaufort-Canillac, qui étoit plus criminel et moins aimé, parce qu'il craignoit que le comte de Canillac, qui est dans l'alliance des Ribeyre, ne fût compris dans les mêmes accusations, et que l'autre étant condamné ne le déférât comme son complice. Il fit paroître au commencement toute cette fierté qui lui est naturelle, répondant aux sollicitations que lui faisoient les dames de la première qualité de la province avec une sévérité qui paroissoit une dureté affectée, y mêlant quelquefois des termes d'un certain style enjoué, qui sont des façons de parler qu'il a, et qui semblent être des railleries piquantes. Il en avoit usé ainsi avec Mme la comtesse d'Apchier, qui avoit autrefois traité de petites bourgeoises les sœurs de M. son gendre, Dieu punissant une fierté par une autre. Mme la marquise de Canillac n'en fut pas quitte à meilleur marché, et toutes les conversations qu'elles eurent avec lui ne furent pas de grande consolation pour elles. On sait bien qu'il y a une gravité qui sied bien à un juge; mais il faut qu'elle ne soit point farouche, et qu'elle laisse voir un rayon de pitié pour les affligés, en montrant du zèle et de la justice contre les coupables. Il sembla sur la fin vouloir gagner l'amitié de la noblesse, et se radoucit extrêmement avec ceux qui s'étoient rassurés et qui lui faisoient la cour. Ne vous souvenez-vous point de ce théâtre, dressé dans la salle où il tenoit la comédie à Mmes ses filles, qui avoit toute la mine d'un échafaud, et dont l'aspect faisoit trembler tous ceux qui venoient le solliciter ? Ne l'avez-vous pas vu donner le bal et des fêtes à grand bruit, en un temps où tout le peuple regrettoit la mort de M. de Canillac, et où il venoit presque lui-même de le condamner? Trouviez-vous qu'il fût fort séant à un homme grave d'être presque toujours habillé de court hors du palais, peut-être pour faire mieux paroître son saint-esprit; de courir les bals avec Mmes de Ribeyre et Tubœuf ses filles, de les caresser continuellement, leur baisant la bouche et les dents, ou *devant* tout le monde leur disant des fleurettes que les grandes passions font dire, et qui seroient plus propres pour un amant ou pour un mari que pour un père ? N'avez-vous pas ri de ce repas où l'on chantoit des chansons à boire, et où les dieux de province crioient à table : Novion ! lui qu'on appeloit Monseigneur [1] ? Que dites-vous du billet des Combalibœuf? des noces de M. de Vaurouy, du troc de ses chevaux contre ceux de M. de Saillans? Que n'a-t-on pas dit de lui sur le sujet du comte de Canillac, son allié, un des plus coupables de la noblesse, qui est sorti de toutes ces méchantes affaires, pour quelque temps de prison et une amende très-légère ? Que pensez-vous de cette remontrance affectée qu'il lui fit lorsqu'il se présenta pour répondre à ses juges? Falloit-il, à votre avis, qu'il employât son autorité pour faire décharger de la taille de la ville M. de Vinzelles, son allié [2] ? Et n'avez-vous pas admiré sa froideur avec le premier président de la cour des aides, sur le sujet de Mme Tubœuf? » Il alloit me raconter là-dessus toutes les histoires qu'il en savoit, mais je lui témoignai que j'étois informé de tout ce qu'on avoit dit, et pour adoucir

---

1. Par Mme de Châteaugay. (*Note de Fléchier.*)
2. Étienne Cisternes, seigneur de Vinzelles, président à la cour des aides, avait épousé Françoise Ribeyre, et était ainsi allié au président de Novion. Voy. *Appendice*, n⁰ˢ IX et XXIX.

son humeur critique, je lui dis qu'on étoit exposé dans ces sortes d'emplois à la censure de bien du monde; qu'on avoit accoutumé de donner de mauvais noms à de bonnes choses; que M. le président avoit de grandes qualités, et que, s'il avoit témoigné quelque foiblesse, j'étois assuré de ses bonnes intentions.

« Il est vrai, reprit-il, les grands hommes ont quelque foible; on n'en a point pourtant remarqué en M. de Caumartin qui avoit la commission des sceaux. Il a su si bien mêler la civilité d'un galant homme avec la gravité d'un juge, les divertissements avec la bienséance, et la dépense avec la modestie, que ceux qu'il condamnoit même se louoient de lui, et que tout le monde trouvoit à faire bonne chère et se divertir chez lui, d'une manière que les heureux trouvoient fort agréable ce que les malheureux ne pouvoient pas désapprouver. Il vit comme trois scènes différentes dans sa maison : au commencement, tous les conseillers des Grands-Jours y étoient fort assidus, et il se piquoit d'y tenir une table qui étoit fort propre, et qui pouvoit même quelquefois s'appeler magnifique. La contestation de la présidence étant survenue, et ces Messieurs, à la persuasion de quelques-uns des plus zélés, s'étant interdit la fréquentation et la familiarité qu'ils avoient avec lui, les principaux de la ville prirent leurs places et témoignèrent une amitié fort tendre et fort sincère; la troisième fut celle de la noblesse qui s'étant venue rendre à Clermont, après avoir vu qu'on ne vouloit point dépeupler l'Auvergne et qu'on faisoit quartier à bien des gens, ne trouvoit point de maison plus commode que la sienne, et où l'on reçût le monde avec plus d'accueil. La politique du président à ne lui donner aucune part du secret des affaires lui donnoit occasion de servir avec plus de hardiesse ceux qu'il pouvoit assister honnêtement. Enfin, il se ménagea si bien et avec tant de modération dans le différend de la présidence, qu'il fit toujours connoître que c'étoit un différend de charge qui ne devoit point passer jusqu'aux personnes, et s'acquit l'estime de toute l'Auvergne. » Je fus entièrement de son avis, je lui dis même quelques particularités qu'il ne savoit pas; et nous passâmes à M. Talon qui avoit tenu un rang très-considérable dans l'assemblée.

« Il faut avouer, me dit-il, que M. Talon n'a jamais paru avec plus d'éclat que dans cet emploi. On y a découvert toute l'activité et toute l'étendue de son esprit; et comme on disoit autrefois que Caton étoit un sénat abrégé, capable de décider lui seul toutes choses, on peut dire aussi que M. Talon lui seul étoit les Grands-Jours; c'étoit lui qui régloit tout, qui donnoit le tour aux affaires et qui étoit l'âme de la justice, dont il faisoit agir tous les ressorts. On s'étonna d'abord que sur les chemins il eût exigé des honneurs; qu'il se fût fait traiter de Monseigneur comme le président, et l'on disoit qu'à Riom il avoit été si en colère de ce qu'on n'avoit pas été assez ponctuel à lui rendre quelque respect, qu'une jeune demoiselle qui l'entendit gronder s'enfuit de la maison, croyant qu'il alloit faire pendre toute la ville. Mais on ne considéroit pas que son nom étoit si redouté qu'on lui rendoit plus d'honneur qu'aux autres, parce qu'on croyoit qu'on pourroit en avoir plutôt besoin, et qu'un homme dans sa fonction ne pouvoit jamais trop se donner d'autorité pour le service du roi. Vous savez avec quelle assiduité il a travaillé, étant depuis le matin jusqu'au soir dans le travail, et ne prenant aucun de ces divertissements que les autres recherchoient, allant toujours son train, et ne se démentant jamais, si bien que les gentilshommes qu'il poursuivoit à outrance ne lui ont pas su si mauvais gré depuis qu'ils ont vu qu'il avoit partout le même esprit de sévérité, et qu'il avoit conclu avec la même rigueur contre un neveu de la maréchale de L'Hospital[1] que contre les plus inconnus; et par cette égalité que tous les autres n'ont pas observée, il

---

1. Voy. page 229.

s'est fait craindre sans se faire haïr. Toute la haine de ce règlement qu'on a fait pour les affaires ecclésiastiques dont le clergé a fait des plaintes si publiques et si amères, est tombée sur lui; mais il y a apparence qu'il s'en démêlera bien, et qu'après que ces messieurs les prélats auront donné au roi trois ou quatre millions qu'il leur demande, on aura assez bonne composition pour cet arrêt. Quoi qu'il en soit, il a fait de très-belles actions pendant les Grands-Jours, et c'est un excellent génie. »

Cependant le temps de la retraite approchoit, et tout le monde s'étoit rendu chez soi. Nous reprîmes le chemin du canal en parlant des galanteries de M. de Barillon, des expéditions de M. Le Peletier et des actions mémorables de M. Nau. C'étoit lui qui chantoit avec plus d'emphase les chansons bachiques, qui dansoit la bourrée avec plus d'impétuosité, et qui portoit plus haut l'autorité de la justice. Il interrogea M. de Montvallat, et faillit à lui faire tourner la cervelle, et à le jeter dans le désespoir; il interrogea le vicomte de Beaune sur une chose très-légère, et le menaça d'abord de la question. Il l'épouvanta si fort qu'il n'en est revenu que bien longtemps après. Dans une querelle entre les laquais et les soldats, il voulut mettre en prison le lieutenant criminel qui étoit venu mettre le holà de la part de M. de Novion; il menaça l'intendant qui voulut se mêler de l'affaire, protestant qu'il n'avoit plus d'autorité devant les Grands-Jours, et faisant entendre à M. de Novion même, qui n'approuvoit pas toutes ces promptitudes, qu'il n'avoit pas plus de pouvoir que lui dans la Chambre. Enfin, on faisoit peur de M. Nau aux petits enfants; il avoit eu le soin de régler la police et il avoit *eu* l'industrie de manger beaucoup de perdrix à très-bon marché. Il dressa tous les grands arrêts; il réforma les poids et les mesures, sous l'autorité de Mme Talon, et fit tout ce que le plus fier lieutenant criminel eût su faire. Il ne parla doucement qu'à son maître à danser; il grondoit tous les solliciteurs, et, lorsqu'il étoit en conversation, il tournoit tout en termes de chicane, et parloit en procureur, non pas en conseiller. Le souvenir de toutes ces discussions nous fit rire jusqu'à ce que nous nous séparâmes, après nous être promis de l'amitié l'un à l'autre. Nous partîmes le lendemain, et nous arrivâmes enfin à Paris avec beaucoup de joie, sans qu'il nous arrivât par le chemin aucune aventure considérable [1].

1. Les commissaires partirent de Clermont le 4 février 1666, et arrivèrent à Paris le 12.

FIN DES MÉMOIRES DE FLÉCHIER.

APPENDICE.

La plupart des pièces publiées dans cet appendice sont tirées du journal manuscrit de Dongois, conservé aux archives de l'Empire (section judiciaire U, 130). Il porte pour titre : *Journal des Grands-Jours tenus à Clermont en Auvergne, depuis le 26 septembre 1665 jusques au dernier janvier 1666.* C'est une copie du temps ; mais en tête du manuscrit, on lit ces mots écrits de la main de Dongois : *J'ay fait ce recueil en 1666, au retour des Grands-Jours.* M. Taillandier, conseiller à la cour de cassation, a signalé l'importance de ce manuscrit dans un article de l'*Athenæum français*, sur l'authenticité des mémoires de Fléchier. Je profite de l'occasion pour remercier ce savant de la complaisance avec laquelle il a mis à ma disposition les notes et documents qu'il avait recueillis sur les Grands-Jours de Clermont.

I

NOTICE SUR LES GRANDS-JOURS.

(Voy. p. 1, 51 et 71.)

Les Grands-Jours étaient des assises extraordinaires que des commissaires désignés par le roi allaient tenir dans les contrées où la justice ordinaire était impuissante. Ces commissaires, choisis parmi les membres des parlements et les maîtres des requêtes, étaient armés d'une autorité redoutable. Ils avaient le droit de juger sans appel, de faire des règlements pour le prix des denrées, les poids et mesures, la discipline ecclésiastique, en un mot pour toutes les parties de l'administration. Délégués immédiats de la puissance royale, ils la rendaient présente dans les provinces éloignées, et prouvaient que ses longs bras, comme dit Bossuet, pouvaient saisir les criminels les plus redoutés jusqu'aux extrémités du royaume. Salutaire aux faibles, terrible aux méchants, l'institution des Grands-Jours a exercé une utile et puissante influence. Il importe donc d'en retracer sommairement l'histoire.

Lorsque la royauté, victorieuse avec Philippe Auguste, saint Louis et Philippe le Bel, eut abattu la grande féodalité et consolidé son autorité dans la France septentrionale, elle établit le parlement de Paris au centre même de sa domination, le chargea d'exercer ses droits de juridiction souveraine, et lui donna, en même temps, la mission de tenir des assises régulières dans les provinces septentrionales, principalement en Normandie et en Champagne. En Normandie, l'ancien échiquier féodal fut transformé; il ne se composa plus exclusivement de barons et de prélats, comme par le passé. Deux fois par an, des commissaires, nommés par le roi, vinrent juger les appels rendus par les baillis et les vicomtes. Les barons et les prélats continuèrent d'assister à l'échiquier, mais plutôt *pour le parer*, comme dit un procès-verbal du xv⁰ siècle, que pour juger les affaires. En réalité, les commissaires royaux tenaient les Grands-Jours en Normandie et en dirigeaient les débats. Le nom seul d'échiquier et la présence des hauts barons et prélats du duché rappelaient l'ancienne cour féodale.

Il en fut de même en Champagne : les comtes de cette province tenaient chaque année des assises où siégeaient les plus puissants de leurs vassaux; mais lorsque le mariage de Philippe le Bel avec Jeanne de Navarre eut réuni la Champagne aux domaines de la couronne, des commissaires royaux allèrent deux fois par an y tenir les Grands-Jours, où l'on jugeait les appels des sentences rendues par les baillis, prévôts ou vicomtes. Les évêques de Châlons-sur-Marne et plusieurs autres grands feudataires, laïques ou ecclésiastiques, siégeaient dans ces assises à côté des commissaires royaux, mais sans pouvoir réel. Cette institution des Grands-Jours de Champagne et de Normandie rendit plus facile l'établissement du pouvoir royal dans ces provinces nouvellement réunies à la couronne, et en même temps elle respecta les coutumes locales, qui y étaient toujours la règle des jugements ; elle ménagea la transition entre l'indépendance provinciale et la domination complète du pouvoir monarchique.

Aussi les rois eurent-ils soin d'étendre aux autres provinces l'institution des Grands-Jours. Après l'expulsion des Anglais, en 1453, et lorsque Louis XI eut triomphé des ducs de Bourgogne, des commissaires furent chargés d'aller tenir les Grands-Jours à Poitiers (1454), à Thouars (1455), à Bordeaux (1456 et 1459), à Montferrand (1481). Le ressort de ces tribunaux embrassait tout le centre de la France, et principalement les provinces de Bourbonnais, d'Auvergne, du Berry, de la Marche, de l'Angoumois. Ils y combattirent la tyrannie féodale qui s'était relevée pendant la guerre de Cent ans, et rétablirent partout l'ordre et l'autorité monarchique[1].

Aucun roi n'eut recours aussi souvent que François Ier aux assises extraordinaires des Grands-Jours. On en trouve douze de 1519 à 1547. Du 12 septembre au 10 novembre 1519, des membres du parlement de Paris siégèrent à Poitiers pour juger en dernier ressort tous les procès des provinces de Poitou, Anjou, Maine, Touraine, Angoumois, Marche et gouvernement de la Rochelle. L'année suivante, des commissaires tinrent les Grands-Jours à Montferrand et étendirent leur juridiction sur la haute et basse Auvergne, le Bourbonnais, le Nivernais, le Forez, le Beaujolais, les bailliages de Saint-Pierre le Moutier, de Montferrand, du Lyonnais, de la Marche, etc. Il nous suffira, pour donner une idée de la nécessité de ces assises et de leur influence, de citer un passage d'un historien contemporain, qui parle des Grands-Jours tenus à Poitiers en 1531.

« Depuis six ou sept ans, dit du Bouchet dans ses *Annales d'Aquitaine*[2], aucuns gentilshommes se vouloient faire croire exemptés de l'autorité du roi ; plusieurs, sans titre, s'emparoient de bénéfices, les tenant par force et violence, contre ceux qui en avoient joui par plus de quinze et vingt ans à bon titre, de sorte que les juges royaux n'avoient plus d'autorité, et n'y

---

1. Je ne puis qu'indiquer les résultats dans cette notice rapide. Les matériaux de l'histoire des Grands-Jours existent dans les registres conservés aux archives de l'Empire. C'est là surtout qu'on pourra étudier la lutte longue et acharnée de la royauté contre les résistances féodales, et se faire une idée exacte de la situation des provinces.

2. Partie II, fol. 263 verso.

avoit sergent (huissier) qui osât mettre à exécution leurs mandements, pour les grands et énormes excès qu'on leur faisoit, et à leurs records et témoins. Le roi ordonna, au mois de juillet 1531, que les Grands-Jours de Poitou seroient tenus, en la ville de Poitiers, par aucuns de Messieurs du parlement de Paris, èsquels Grands-Jours sont compris les pays d'Anjou, Touraine, le Maine, Aunis, Angoumois et la Marche. Pour punir lesdits crimes et délits, et aussi pour vider les appellations verbales de quatre ou cinq années qui étoient encore indécises, il fut ordonné qu'ils commenceroient le premier jour de septembre ensuivant et finiroient le dernier jour d'octobre. Pour mettre à exécution leurs arrêts contre les criminels, le roi envoya avec eux le seigneur de Chandieu, grand prévôt des maréchaux, accompagné de trois ou quatre cents hommes. Pendant ces deux mois, ils vidèrent plus de cinq cents appellations verbales et firent de grandes punitions de criminels, dont aucuns étoient gentilhommes, atteints et convaincus de port d'armes, sacriléges, ravissements de bien et rébellion à justice; dont furent décapités à Poitiers environ douze ou treize, et un pauvre malheureux hérétique de Loudun brûlé. Aussi furent aucunes maisons de gentilhommes ruinées pour avoir été rebelles à justice. »

Deux ans après (10 septembre-10 novembre 1533), les Grands-Jours se tinrent à Tours pour les provinces de Poitou, Maine, Angoumois, Berry, haute et basse Marche, la Rochelle, etc. « Il y eut beaucoup de gentilhommes décapités, dit un extrait du procès-verbal[1], pour avoir tué des sergents (huissiers), et leurs maisons furent rasées et démolies. Il y en eut aussi plusieurs de condamnés à mort par contumace, et leurs maisons furent également rasées. » On trancha la tête au prévôt des maréchaux de Thouars pour avoir fait mettre à mort un de ses justiciables sans preuves suffisantes. Un gentilhomme fut condamné à faire amende honorable et à payer quatre cents livres de réparation envers deux de ses tenanciers pour leur avoir fait donner les étrivières. Il fut privé de tout droit de justice et les tenanciers dégagés des obligations féodales et des rentes foncières qu'ils lui devoient[2].

---

1. Archiv. de l'Empire, sect. jud., reg. U, n° 130, fol. 42 verso.
2. *Ibidem.*

En 1534, nouvelles assises à Moulins, capitale du Bourbonnais. Cette province, l'Auvergne, la Marche et d'autres contrées voisines, avaient été réunies depuis peu de temps au domaine de la couronne, et la révolte du connétable de Bourbon, qui en avait été le dernier seigneur féodal, y avait semé des germes de discorde qu'il fallait étouffer. Aussi les commissaires des Grands-Jours se montrèrent-ils sévères à l'égard des seigneurs coupables d'actes de rébellion envers l'autorité royale. « Un gentilhomme, nommé Du Pont, fut condamné à faire amende honorable, eut le poing coupé et fut banni à perpétuité pour avoir frappé un sergent, qui avoit donné un exploit à son père et à son frère[1]. »

Les Grands-Jours de Troyes (1535), d'Angers (1539), de Moulins (1540), de Poitiers (1541), et de Riom (1547), montrèrent la même sévérité. Les commissaires siégeant à Riom sévirent contre l'hérésie qui commençait à se propager en France. « Il intervint plusieurs condamnations, dit le journal que j'ai déjà cité[2], contre des personnes accusées de propos scandaleux et erronés, entre autres une fille de Moulins fut condamnée d'assister à une messe paroissiale, durant laquelle il fut dit qu'elle seroit à genoux tenant entre ses mains un cierge qu'elle porteroit à l'offrande; qu'à l'issue de la messe elle seroit menée devant la principale porte de l'église, et y feroit amende honorable à deux genoux, une torche ardente à la main, et déclareroit à haute voix que témérairement et indiscrètement elle avoit proféré les paroles mentionnées au procès contre l'honneur de Dieu, les saints et son église, et ensuite seroit enfermée en une tour des murailles de la ville pendant cinq ans. »

La fréquente tenue des Grands-Jours sous François Ier ne s'explique pas seulement par la nécessité de réprimer les actes criminels de quelques seigneurs et par les désordres des provinces. Le roi qui, sous l'influence de plusieurs des jurisconsultes éminents de cette époque, venait de réformer le droit civil et criminel, voulait faire passer dans la pratique et appliquer dans toute la France les principes des grandes ordonnances de Crémieu et de Villers-Coterets. Son successeur

---

1. Archiv. de l'Empire, sect. jud., reg. U, n° 130, fol. 43 et 44.
2. *Ibidem*, fol. 49 verso.

Henri II, et plus tard Catherine de Médicis et le chancelier de L'Hôpital, eurent souvent recours dans le même but à cette juridiction extraordinaire. Sous Henri II, les Grands-Jours furent tenus à Tours (1547) et à Moulins (1550); sous Charles IX, à Poitiers (1567), lorsque l'ordonnance de Moulins eut réformé toutes les lois du royaume; sous Henri III, à Poitiers (1579) et à Clermont-Ferrand (1582). A la suite des guerres de religion, Henri II envoya des commissaires des Grands-Jours à Lyon, en 1596. On remarque, entre autres détails, dans le procès-verbal de cette dernière assemblée, la défense faite à tous les gentilshommes de haute et basse Auvergne d'exiger de leurs vassaux plus que ne portaient les papiers-terriers rédigés avant le 1er janvier 1429 [1].

A mesure que l'ordre et l'autorité monarchique s'affermirent en France, l'exécution des lois devint plus facile et on recourut de moins en moins aux Grands-Jours. On n'en trouve que peu d'exemples au XVIIe siècle. Ils furent tenus à Poitiers, en 1634, après les troubles religieux et politiques qui avaient agité plusieurs provinces du centre et du midi de la France. Ils y siégèrent pendant quatre mois, sous la présidence du chancelier Pierre Séguier; le greffier, Gilles Boileau, père de Despréaux, en a rédigé le procès-verbal, qui est conservé aux archives de l'Empire. La Fronde, dernière tentative des grands pour ressaisir l'indépendance anarchique que lui avait enlevée le cardinal de Richelieu, rendit encore nécessaire la tenue des Grands-Jours. La royauté, après avoir remporté une victoire définitive sur l'anarchie féodale, la poursuivit dans les lointains asiles où elle s'abritait, et alla saisir jusqu'au fond de l'Auvergne les petits tyrans qui opprimaient les campagnes.

L'état de cette province appelait surtout une énergique répression. « Les désordres sont si fréquents en Auvergne, écrivait-on à Colbert en 1661 [2], et se commettent si ouvertement par toutes sortes de gens, que j'ai cru être de mon devoir de vous avertir que tout le monde et particulièrement les officiers, chacun en son ressort, couvrent les coupables au lieu de les punir. » Viennent ensuite des faits en grand nombre à l'appui de cette assertion, duels, meurtres, violences

---

1. Archiv. de l'Empire, sect. jud., reg. U, n° 130, fol. 60 recto.
2. *Correspondance administrative sous Louis XIV*, t. II, p. 9, 10.

d'un seigneur qui exige que le juge d'un de ses domaines brûle les procédures qu'il avait entamées contre des coupables. La terreur inspirée par les grands criminels était telle, qu'on n'aurait osé les dénoncer ouvertement. « Beaucoup d'honnêtes gens, ajoute le correspondant de Colbert[1], vous auront obligation, s'il vous plaît d'informer le roi de cette affaire, et de faire en sorte que cette lettre ne soit pas connue à cause du seigneur qui est à craindre. »

Le gouverneur d'Auvergne, duc de Bouillon, protégeait les coupables signalés par les attentats les plus odieux. « Je vois, écrivait l'intendant Pomereuil à Colbert[2], je vois que depuis quelque temps M. le duc de Bouillon, gouverneur de cette province, s'intéresse fort pour le sieur de Massiac d'Espinchal, que tout le monde sait être noirci de crimes[3]. Tous les gentilshommes du pays publient que le duc de Bouillon intercède auprès du roi pour obtenir sa grâce, et je sais même que les agents de mondit sieur de Bouillon ont, depuis six semaines à peu près, accompagné d'Espinchal jusqu'auprès de sa terre de Massiac pour vérifier de certains faits qu'il avoit avancés pour sa justification. Il étoit lors à la tête de quarante chevaux et je fus scandalisé de cette fanfaronnerie; mais ce qui m'a le plus surpris est que, depuis quinze jours, il est arrivé en Auvergne un exempt[4] de la prévôté de l'hôtel[5] avec cinq ou six gardes qui m'ont montré un arrêt du conseil pour saisir et enlever tous les revenus de d'Espinchal dans toutes ses terres, en exécution des sentences de mort contre lui rendues, et outre cela un ordre du roi pour le prendre, si faire se peut, et le constituer prisonnier. Dans ce même temps, M. de Bouillon a écrit une lettre aux habitants de Massiac et leur mande de garder les revenus de leur seigneur; qu'il les en rend responsables, et qu'à son arrivée il leur en fera rendre compte.

« Cette contrariété des ordres du roi, d'une part, et de ce qu'écrit d'une autre le gouverneur de la province, m'a fait ré-

---

1. *Correspondance administrative sous Louis XIV*, t. II, p. 10.
2. *Ibidem*, p. 18 et 19.
3. Voy. sur d'Espinchal les *Mémoires de Fléchier*, p. 244 et suiv.
4. On donnait ce nom à des officiers chargés de mettre à exécution les décrets des tribunaux et d'arrêter les coupables.
5. On appelait ainsi le tribunal du grand prévôt ou prévôt de l'hôtel du roi.

soudre à vous supplier, comme je fais présentement, ou que l'on me fasse savoir si l'intention du roi est qu'on pousse vertement ce M. d'Espinchal sans la participation de M. de Bouillon, ou qu'on l'avertisse lui-même de ce que le roi a commandé, afin que, dans la province, on ne voie plus qu'il donne une protection ouverte à un homme contre lequel Sa Majesté donne des ordres si rudes et si sévères. Vous jugez bien du mauvais effet que cela produit, et comme un criminel de la conséquence de celui-là se relève dans l'esprit de ceux qui le croyoient poussé. Toute la noblesse le retire[1] ; les troupes mêmes, à ce qu'on dit, lorsqu'elles ont été commandées pour le prendre, lui ont donné des avis ; il ne couche jamais deux jours dans un endroit, ne va que par des chemins inaccessibles et avec vingt ou vingt-cinq hommes tous dans le crime, comme lui, en sorte que je ne m'étonne si mes confrères qui m'ont précédé l'ont si souvent manqué... Je fais ici[2] une revue exacte et n'ai rien trouvé de si fort désordonné. Il n'y a pas seulement un rôle de paroisse au greffe des élus ; je trouve des impositions sans rôle, sans ordres du conseil, des gentilshommes tyrans en quantité, en sorte que j'ai de quoi exercer mon autorité et ma sévérité en ces pays-ci. »

Louis XIV n'était pas de caractère à supporter de pareils désordres, et son attention se fixa tout d'abord sur les provinces livrées à l'anarchie. Quelques mois à peine après la mort de Mazarin, la ferme volonté du roi se manifestait dans une lettre adressée à l'intendant d'Auvergne[3] : « Je suis fort satisfait du zèle avec lequel vous avez exécuté mes ordres en faisant arrêter Saint-Étienne. Je suis très-aise aussi de savoir que vous tiendrez la main à ce qu'on lui fasse son procès, me promettant que cet exemple sera de très-grand fruit dans la province. Pour ce qui est de la grâce, l'on ne doit pas craindre que j'en accorde facilement de cette nature. Je sais trop bien que ce seroit fomenter les violences, *et je n'ai rien plus à cœur que d'empêcher qu'à l'avenir il ne s'en commette aucune impunément dans mon royaume.* »

1. Lui donne asile.
2. La lettre est datée d'Aurillac ; Pomereuil était intendant d'Auvergne.
3. Cette lettre ne se trouve pas dans le recueil des *OEuvres de Louis XIV*, publié par le général Grimoard. Je l'ai tirée d'un manuscrit de la bibliothèque de l'Arsenal, in-4°, n° 199, fol. 75 et 76.

A la fermeté du langage, Louis XIV joignit la fermeté des actions. Des lettres patentes, signées le dernier jour d'août 1665, ordonnèrent que les Grands-Jours seraient tenus à Clermont et fixèrent l'étendue de leur ressort et les pouvoirs des juges[1]. Une commission royale, en date du 3 septembre, désigna Henri Potier, sieur de Novion, président à mortier au parlement de Paris, pour aller présider le tribunal. M. de Caumartin, maître des requêtes, devait y tenir le sceau. Les autres commissaires étaient le Coq de Corbeville, Noël le Boultz, Guillaume Hébert, Charles Malo, Charles Tronson, Henri de Boyvin de Vaurouy, Claude Guillard, Destrappes de Pressy, Charles de Vassan, Barillon-Barentin, Bochart, Le Pelletier, Le Fèvre de La Faluère, Nau et Joly de Fleury, tous conseillers au parlement[2]. L'avocat général Talon devait remplir près de ce tribunal les fonctions du ministère public. Enfin, les greffiers Dongois et Drouet étaient chargés de rédiger les procès-verbaux. Cette session excita vivement l'attention des contemporains. On voit par le journal inédit d'un magistrat de cette époque, Olivier Lefèvre d'Ormesson, combien on était occupé à Paris de tout ce qui se passait aux Grands-Jours de Clermont[3]. Il y parle de la nomination des commissaires, des bruits qui coururent à ce sujet, des poursuites dirigées contre les Canillac, des rivalités entre les commissaires. Voici quelques-uns de ces passages :

« Jeudi, 27 août (1665)[4], l'on envoie une chambre de Grands-Jours en Auvergne. M. de Novion est le président ; M. Talon, avocat général, avec seize conseillers. On m'a nommé M. du Tillet, Leboultz, Lecoq et Hervé de la Grand'Chambre. Je ne sais pas les autres. Ce choix a été fait sans la participation de M. le premier président[5], quoique le roy lui eût dit qu'il n'y feroit rien que par son avis.

« Le samedi, 5 septembre[6], fut vérifiée au parlement la déclaration pour les Grands-Jours, dont les commissaires étoient M. de Novion, président, M. de Caumartin, maître des

---

1. Voy. les lettres patentes au n° II de l'*Appendice*.
2. Voy. la commiss. royale, à l'*Appendice*, n° III.
3. On peut aussi consulter sur ce point la *Correspondance administrative sous le règne de Louis XIV*, dans le recueil des *Documents inédits*.
4. *Journal d'Olivier d'Ormesson*, partie II, fol. 113 recto.
5. Guillaume de Lamoignon.
6. *Ibidem*, fol. 113 verso.

requêtes, pour tenir le sceau, Hébert, conseiller d'église, Le Coq de Corbeville, Le Boultz, Malo, Tronson, Boyvin-Vaurouy, Guillard, Destrappes, de Vassan, Barillon, Barentin, Bauchard, Pelletier, La Falluère, Nau et Joly de Fleury; M. Talon, avocat général, Dongois et Drouet, greffiers civil et criminel.

« Le procureur général y commet deux substituts.

« Le roi paye neuf cents livres par mois aux conseillers.

« J'oubliois que M. de Novion ayant donné un mémoire de ceux qu'il croyoit devoir être nommés pour les Grands-Jours, tous avoient été rebutés devant le roi, et M. Colbert avoit lu au roi un mémoire qui lui avoit été adressé, par lequel on blâmoit le choix de M. de Novion à cause de ses deux gendres Tubeuf[1] et Ribeyre[2], la plus puissante famille d'Auvergne[3], parce qu'on n'oseroit se plaindre d'eux, quoiqu'ils eussent pillé la province, et encore celui de M. Talon, parent de M. Tubeuf, et à cause de sa conduite dans la Chambre de justice[4]; que le roi avoit dit que cet avis venoit trop tard.

« Le lundy 26 octobre[5], j'appris que M. de Caumartin avoit ordre de faire registrer l'arrêt du conseil qui ordonnoit qu'en cas d'absence de M. de Novion, il présideroit aux Grands-Jours; qu'il avoit scellé des lettres de rémission du petit sceau au sieur La Mothe-Canillac, dont il y avoit eu du bruit aux Grands-Jours[6]; que ce misérable avoit eu la tête tranchée quoique l'on ne le tînt pas beaucoup criminel[7]; que l'on avoit pris prisonnier, dans Clermont, Canillac-Pont-du-Château, beau-frère de M. Ribeyre, gendre de M. de Novion, et que l'on croyoit que c'étoit un mystère, parce qu'il avoit pu être averti du décret et de se sauver, étant d'ailleurs fort criminel.

« L'on disoit que Spinehal[8] avoit été pris et découvert dans

---

1. Marguerite Potier, fille du président de Novion, avait épousé Charles Tubeuf, baron de Blansac et de Vert, maître des requêtes.
2. Antoine Ribeyre, marié à Catherine Potier, autre fille du président de Novion.
3. Il s'agit de la famille Ribeyre, dont on trouvera ci-après un tableau généalogique. Voy. n° IX de l'*Appendice*.
4. Chambre établie pour juger Fouquet et ses complices. Talon y remplit quelque temps les fonctions de procureur général.
5. *Journal d'Olivier d'Ormesson*, fol. 117 verso.
6. Voy. *Mémoires de Fléchier*, p. 55 et 56.
7. *Ibidem*, p. 67 et suiv.
8. D'Espinchal. voy. *Mémoires de Fléchier*, p. 244 et suiv.

Bordeaux par son valet. C'est le plus scélérat des hommes ayant voulu étrangler sa femme, ayant châtré son propre enfant qu'il s'imaginoit n'être pas à lui, et commis mille autres crimes. Mais ce bruit ne s'est pas trouvé véritable.

« Le samedi, 12 décembre [1], j'ai su que M. de Caumartin, pressé par les ordres de cour avoit présenté son arrêt pour présider aux Grands-Jours en l'absence de M. de Novion, que cela avoit fort irrité ces Messieurs contre lui[2], en sorte que personne ne l'alloit plus voir, quoiqu'il fasse très-grande dépense, et que ces Messieurs avoient délibéré qu'en rapportant par lui une vérification du parlement, ils le recevroient; que M. Colbert avoit écrit de son chef pour faire vérifier cet arrêt, et qu'étant étonné qu'on n'eût pas déféré à ses lettres, écrivant par ordre du roi, il avoit envoyé des lettres de cachet, et que depuis plusieurs jours il avoit dit sur cela qu'il étoit question de savoir s'il étoit roi et s'il se feroit obéir[3], et qu'il falloit y pourvoir, et qu'il avoit proposé de faire dire à M. le premier président de donner leurs mémoires sur cette affaire, et que le roi décideroit par un arrêt qu'il feroit registrer en sa présence, allant tenir son lit de justice pour la déclaration des hypothèques[4]. »

Si l'on en croit le journal d'Olivier d'Ormesson, Colbert aurait voulu donner aux commissaires des Grands-Jours droit de juridiction, même dans des provinces qui ne ressortissaient pas au parlement de Paris[5] : « On m'a dit que l'on avoit donné une déclaration à la Chambre des Grands-Jours pour connoître des affaires du pays de Velay, du ressort de Toulouse, et du Limousin et du Périgord, du ressort du parlement de Bordeaux; que le premier étant sans exemple, les députés du Languedoc furent en parler à M. Colbert, qui leur dit que le roi

---

1. *Journal d'Oliv. d'Ormesson*, fol. 123 recto.
2. Voy. *Mémoires de Fléchier*, p. 153 et 183.
3. Il ne faut pas oublier qu'Olivier d'Ormesson, disgracié pour sa conduite honorable dans le procès de Fouquet, n'était pas favorablement disposé pour Colbert. Toutefois, la *Correspondance administrative sous Louis XIV* prouve que Colbert s'occupait directement des Grands-Jours, et correspondait à ce sujet avec le président de Novion.
4. Ce lit de justice fut tenu par le roi, le 22 décembre 1665. Il s'agissait des hypothèques qui grevaient les biens des financiers jugés par la Chambre de l'Arsenal.
5. *Journal d'Oliv. d'Ormesson*, partie II.

pouvoit faire rendre la justice dans son royaume par qui il lui plaisoit, sans s'arrêter au ressort des parlements; que ces mêmes députés en ayant parlé au roi et dit que le parlement de Toulouse, qui avoit résisté à celui de Paris durant les désordres et fait défense d'exécuter l'arrêt de la requête pour M. le duc d'Orléans, seroit fort affligé de voir le parlement de Paris rendre la justice dans son ressort, le roi avoit dit qu'il y songeroit et qu'on lui avoit fait plaisir de lui dire cela; et, en effet, qu'il avoit révoqué cette déclaration par une lettre de cachet seulement. »

Ce fut, en effet, dans le parlement de Toulouse que le roi choisit les commissaires pour aller tenir les Grands-Jours au Puy, capitale du Velay. Colbert écrivit à cette occasion au chancelier Séguier, le 25 août 1666[1] : « Le roi m'ordonne de dire à monseigneur le chancelier qu'ayant reçu perpétuellement des plaintes des violences et assassinats qui se commettent dans les provinces de Vivarais, Velay, Gévaudan, haut et bas Languedoc, Quercy et Rouergue, et autres du ressort du parlement de Toulouse, Sa Majesté a estimé nécessaire de faire tenir une chambre des Grands-Jours par les officiers dudit parlement dans la ville du Puy-en-Velay. Pour cet effet, Sa Majesté desire que mondit seigneur prenne, s'il lui plaît, la peine de sceller toutes les expéditions qui lui seront présentées pour cet effet. »

Ces assises du Puy sont fort peu connues; les historiens ne les ont pas même mentionnées, à ma connaissance. On voit par quelques documents inédits qu'elles eurent pour résultat, comme les Grands-Jours de Clermont, de réprimer l'audace des grands et d'assurer l'exécution des lois. M. de Fieubet, premier président du parlement de Toulouse, écrivait du Puy au chancelier, le 26 octobre 1666[2], « qu'ils n'omettoient rien pour faire reconnoître l'autorité des lois dans des pays où elles étoient entièrement affoiblies. » Un mémoire annexé à cette lettre prouve que plus de quatre-vingts prisonniers avaient déjà été conduits dans la ville du Puy. M. Tubeuf, maître des requêtes, rendait compte également au chancelier des mesures adoptées par les commissaires qui tenaient les Grands-Jours au

---

[1] Lettre autographe de Colbert, dans les papiers du chancelier Séguier, t. XLI, Bibl. imp., ms. Saint-Germain fr.
[2] Papiers du chancelier Séguier, *ibidem*, fol. 92.

Puy[1]. On trouve, dans son mémoire, l'indication de quelques-uns des principaux abus réprimés par les commissaires, tels que l'usage des seigneurs de faire payer en argent les corvées dues par leurs vassaux, l'établissement de péages illicites et d'autres droits injustement perçus par les nobles. Une autre commission du parlement de Toulouse tint, dans le même temps, les Grands-Jours à Narbonne[2].

L'institution des Grands-Jours tomba en désuétude avec les causes qui l'avaient rendue nécessaire. Le calme régnant dans toute la France et les intendants faisant exécuter avec rapidité les ordres du roi, il était inutile d'envoyer à grands frais, dans les provinces, des commissaires pour y assurer la répression des crimes. Aussi est-il rarement question de Grands-Jours sous Louis XIV. Cependant, en 1688, le roi nomma MM. de Fieubet, Bignon, Marillac et l'abbé Pelletier, conseillers d'État, et les maîtres des requêtes de Marle, Mélian, Caumartin, Meaupou, d'Herbigny, Larcher[3], etc., pour aller tenir les Grands-Jours en Poitou, Aunis, Saintonge, Angoumois, Périgord et Limousin. La Briffe remplissait près de cette cour les fonctions de procureur général, et Bignon fils celles de substitut. M. de Fieubet en avait la présidence. Le journal inédit de Foucault, alors intendant de Poitiers, atteste que les commissaires étaient encore à Poitiers au mois de décembre 1688[4] : « Le lundi, 13 décembre, tous les commissaires se sont rendus au palais, dans la chambre du conseil que j'avois fait préparer, sur les dix heures, et M. de Saillant, évêque de Poitiers, ayant fait avertir qu'il étoit en état de célébrer la messe, nos Messieurs les commissaires sont sortis de la Chambre en bonnet carré et en ordre, et ont passé entre deux haies de peuple retenu par les archers du prévôt de l'Ile[5] et ceux du prévôt provincial de Poitiers pour se rendre à la chapelle qui étoit tapissée et dans laquelle il avoit été mis un tapis de fleurs de lis depuis le sanctuaire jusqu'à la porte. Il y avoit à la droite, en entrant, un grand pupitre, sur lequel étoit M. de Fieubet, ayant un

---

1. Papiers du chancelier Séguier; t. XLI, Bibl. imp., ms. Saint-Germain fr., fol. 93.
2. *Journal d'Oliv. d'Ormesson*, à la date du 10 septembre 1666.
3. *Journal de Dangeau*, à la date du 8 août 1688.
4. Bibl. imp., ms., suppl. fr., n° 150, fol. 63.
5. Prévôt de l'Ile-de-France.

carreau de velours noir avec un galon d'or derrière lui, et sur la même ligne étoient les trois autres conseillers d'État. »

Foucault n'insiste que sur l'appareil dont s'entourent les commissaires des Grands-Jours et sur les cérémonies extérieures. Il semble que ces assises extraordinaires ne soient plus que des pompes royales. Un autre caractère de ces Grands-Jours, c'est que les commissaires ne sont plus pris dans le parlement, mais uniquement parmi les conseillers d'Etat et les maîtres des requêtes que l'on regardait comme des instruments plus dociles de la volonté royale.

Cette rapide esquisse de l'histoire des Grands-Jours suffit pour prouver que peu d'institutions ont plus contribué à faire pénétrer dans les provinces l'autorité monarchique et à préparer l'unité nationale. Il n'est donc pas sans intérêt pour la connaissance générale de nos institutions d'étudier dans un récit agréable, comme celui de Fléchier, l'histoire d'une de ces assises extraordinaires. Les incidents romanesques qu'il y a mêlés, pour plaire sans doute à Mmes de Caumartin et à une société de précieuses, ne diminuent en rien l'autorité de son témoignage. Il est d'ailleurs confirmé par le *Journal du greffier Dongois*, dont on trouvera de nombreux extraits dans la suite de l'*Appendice*.

II

LETTRES PATENTES POUR L'ÉTABLISSEMENT DES GRANDS-JOURS[1].

(Voy. p. 41 et 311.)

LOUIS, par la grâce de Dieu, roi de France et de Navarre, à tous ceux qui ces présentes lettres verront, salut : la licence des guerres étrangères et civiles, qui, depuis trente ans, désoloient notre royaume, ayant non-seulement affoibli la force des lois et la rigueur des ordonnances, mais encore introduit un grand nombre d'abus, tant en l'administration de nos finances qu'en la distribution de la justice, le premier et principal objet que nous nous sommes proposé et celui auquel, après l'af-

---

1. *Journal de Dongois*, fol. 73 verso et suiv.

fermissement de nos conquêtes, après la sûreté du repos public, après la réparation de nos finances et le rétablissement du commerce, nous avons destiné tous nos soins, a été de faire régner la justice et de régner par elle dans notre État, persuadé qu'il n'y a rien dont nous soyons plus redevable à nos sujets ni plus comptable à Dieu, de qui seul relève notre couronne; mais comme nous sommes averti que le mal est plus grand dans les provinces éloignées de notre cour de parlement; que les lois y sont méprisées, les peuples exposés à toute sorte de violences et d'oppressions; que les personnes foibles et misérables ne trouvent aucun secours dans l'autorité de la justice; que les gentilshommes abusent souvent de leur crédit pour commettre des actions indignes de leur naissance, et que, d'ailleurs, la foiblesse des officiers est si grande, que, ne pouvant résister à leurs vexations, les crimes demeurent impunis; pour remédier à tous ces désordres, dont le progrès pourroit, par succession de temps, diminuer notre puissance royale, affoiblir la juridiction de nos cours souveraines, et éteindre celle de nos officiers subalternes, nous avons résolu d'établir une juridiction, ou une cour, vulgairement appelée les Grands-Jours, et de la faire tenir et exercer cette présente année en notre ville de Clermont, pour les provinces du bas et haut Auvergne, Bourbonnois, Nivernois, Forez, Beaujolois, Lyonnois, Saint-Pierre le Moutier[1], Montferrand, Montagnes d'Auvergne, Combrailles[2], la haute et basse Marche, Berry et tous leurs ressorts, puis, selon le besoin et la nécessité, dans les autres villes principales des provinces que nous voulons comprendre sous la juridiction de cette cour, et ce durant quelques mois de la présente année.

A CES CAUSES, savoir faisons qu'après avoir mis cette affaire en délibération en notre conseil, où assistoient la reine notre très-honorée dame et mère, le duc d'Orléans notre très-cher et très-aimé frère unique, autres princes de notre sang et plusieurs grands et notables de notre royaume,

Nous avons ordonné et ordonnons, voulons et nous plaît, premièrement que ladite cour et juridiction, vulgairement appelée les Grands-Jours, soit tenue et exercée l'année présente en notre ville de Clermont par un des présidents de notre cour

---

1. Département de la Nièvre.
2. Partie du département de la Creuse.

de parlement, un maître des requêtes ordinaire de notre hôtel, seize conseillers en notredite cour, un de nos avocats généraux, un substitut de notre procureur général et autres officiers à ce nécessaires, et qu'ils tiendront lesdits Grands-Jours, commençant le quinzième jour de novembre prochain, finissant le dernier novembre en suivant[1], pendant lequel temps, après avoir commencé ladite séance en notredite ville de Clermont, elle pourra être continuée, selon l'exigence des cas, ès autres capitales villes desdites provinces comprises en ladite juridiction.

I

Pour, par ledit président et maître des requêtes et conseillers, connoître, expédier, juger et terminer toutes causes et matières civiles et criminelles desdites provinces, même celles concernant nos sujets de la religion prétendue réformée et dont la connoissance peut appartenir à nos chambres de l'édit, et décider de toutes appellations verbales, interjetées des sentences définitives et interlocutoires[2], données tant par les baillis, sénéchaux et autres juges des pays susdits et ressort d'iceux, que de nos amés et féaux les gens tenant les requêtes de notre palais à Paris, prévôt de ladite ville et conservateur des priviléges royaux audit lieu, pourvu que les choses litigieuses ou les parties collitigeantes, quelle que soit celle qui sera défenderesse, soient du ressort desdits Grands-Jours.

II

Ensemble connoître, juger et terminer toutes les appellations comme d'abus, instances de compulsoire, oppositions, subrogations, sommations et requêtes formelles, adjudications et profits de tous exploits donnés en jugement èsdits Grands-Jours, réparations civiles, reprises de procès, réceptions d'enquêtes, création de curateurs ès causes, *pareatis*[3], décrets

---

1. Les Grands-Jours furent prorogés jusqu'à la fin de janvier 1666.
2. Les sentences interlocutoires ne décidaient point la question. Les juges se bornaient à ordonner une plus ample information pour arriver à la connaissance complète des faits avant de prononcer un jugement définitif.
3. Les lettres de *pareatis* étaient celles par lesquelles le roi mandait au premier sergent ou huissier d'exécuter l'arrêt ou la sentence de quelques

d'*iterato*, en ce que lesdites matières concernent lesdites appellations verbales.

III

Et outre voulons qu'ils connoissent, jugent et décident des entretenemens et exécutions de contrats, des séquestres, réintégrandes[1], possessions, provisions, garnisons, reconnoissances de cédules, consignations et autres matières qui se pourront vider sur-le-champ avec icelles appellations verbales et non autrement.

IV

Et encore procèdent et fassent procéder aux exécutions des arrêts, à la taxation des dépens acquis et adjugés, reçoivent toutes conclusions et acquiescemens en quelque manière que ce soit.

V

Pareillement pourront procéder aux jugemens des congés, défauts en toutes matières par faute de présentation des parties ajournées, tant à notredite cour de parlement séant qu'èsdits Grands-Jours.

VI

Voulons aussi lesdits président, maître des requêtes et conseillers, connoître et décider de tous abus, fautes, malversations et négligences, dont nos officiers desdits pays et ressorts se trouveront chargés au fait de leurs états et offices ou autrement, et qu'ils les châtient, corrigent et punissent, selon l'exigence des cas et qu'ils verront être à faire.

VII

Aussi pourront corriger et réformer tous les abus et mauvais usages, qui se trouveront contraires à nos ordonnances, au bien et expédition de la justice, tant dans le style de procéder

juges dans une province où ces juges n'avaient pas droit de juridiction. Le *pareatis* muni du grand sceau était exécutoire dans toute la France.
1. On appelait *réintégrande* une action possessoire, par laquelle un homme violemment spolié demandait à rentrer dans sa propriété dans le délai d'un an et un jour. La réintégrande pouvait être poursuivie civilement ou criminellement.

que dans l'instruction et expédition des procès ès siéges et auditoires desdits pays et ressorts.

VIII

Pareillement voulons qu'ils connoissent, jugent et décident de toutes matières criminelles, de quelque importance et qualité qu'elles soient, tant en première instance que par appel, ainsi que les matières se présenteront et offriront.

IX

La connoissance, jugement et décision de toutes lesquelles causes criminelles et desdites appellations civiles, dont les assignations sont échues ès trois parlements derniers, aussi celles des trois parlements précédents, èsquelles l'une des parties sera présente et poursuivante, ou aura renouvelé procuration pour la poursuite, et non autrement, le tout jusqu'à la somme de six cents livres de rente et dix mille livres pour une fois payer, nous avons commis et attribué, commettons et attribuons à nosdits président, maître des requêtes et conseillers, selon la commission qui leur sera ci-après dressée.

X

Voulons et nous plaît les jugements, arrêts et ordonnances, qui auront été donnés par les président, maître des requêtes et conseillers èsdites matières, être de tel effet, vertu et exécutoire, et comme les jugements donnés et prononcés en notredite cour de parlement, icelle séant, sans qu'aucun soit reçu à en appeler et réclamer, déclarant toutefois que notre vouloir est que tous les procès criminels soient vidés avant tous autres, et que les plaidoiries et l'expédition des causes civiles cessent, pendant qu'il y aura des procès criminels en état d'être jugés ; et, afin d'accélérer l'instruction desdites matières criminelles, enjoignons à tous baillis, sénéchaux, leurs lieutenants généraux et particuliers, et à tous autres juges étant du ressort de la cour des Grands-Jours, d'informer incessamment des meurtres, rapts, violements, levées de deniers, concussions commises, tant par nos officiers qu'autres personnes, des excès faits aux ministres de justice, et généralement de tous crimes ; permettons à notre procureur général d'obtenir et faire publier monitoires des archevêques, évêques et prélats de la cour des Grands-Jours, afin de contraindre toutes personnes de venir à révélation contre lesdits malfaiteurs, lesquels monitoires seront publiés sans autre intermission par les curés, vicaires et autres ayant pouvoir de ce faire, qui seront tenus d'envoyer incontinent les révélations qui leur auront été faites aux substituts de notredit procureur général au plus prochain siége royal, à peine de saisie de leur temporel et d'amende arbitraire.

Si donnons en mandement à nos amés et féaux conseillers les gens tenant notre cour de parlement à Paris, que ces présentes et la juridiction desdits Grands-Jours, ils fassent lire, publier et registrer en notredite cour de parlement et ès pays, bailliages et sénéchaussées dessus déclarés, de manière que nul n'en puisse prétendre cause d'ignorance, et que nos sujets desdits pays se disposent et préparent [à traiter] de leurs causes et affaires pour lesdits Grands-Jours. Mandons par ces présentes à nos baillis, sénéchaux et autres nos officiers, que les arrêts et jugements qui seront donnés esdits Grands-Jours, ils fassent, souffrent et laissent observer, entretenir, garder et obéir par tous ceux qu'il appartiendra, comme s'ils avoient été donnés et prononcés en notredite cour de parlement ; car tel est notre bon plaisir. En témoin de quoi nous avons fait mettre notre scel à cesdites présentes, données à Paris le dernier jour d'août, l'an de grâce 1665, et de notre règne le vingt-troisième. *Signé* LOUIS ; et plus bas, Par le roi, de Guénégaud. »

III

NOMINATION DES COMMISSAIRES CHARGÉS DE TENIR LES GRANDS-JOURS[1].

(Voy. p. 1, 37, 71 et 311.)

LOUIS, par la grâce de Dieu, roi de France et de Navarre, à notre amé et féal conseiller en nos conseils, et président en

---

1. *Journal de Dongois*, fol. 77 verso, 78 et 79.

notre cour de parlement de Paris, le sieur de Novion [1], et notre amé et féal conseiller en nos conseils, maître des requêtes ordinaire de notre hôtel, le sieur Lefèvre de Caumartin, et à nos amés et féaux conseillers en notredite cour de parlement les sieurs Jean Lecoq de Corbeville [2], Noël Le Boultz [3], et Guillaume Hébert [4], Charles Malo [5], Charles Tronson [6], Henri de Boyvin du Vaurouy [7], Claude Guillard [8], Destrappes de Pressy, Charles de Vassan [9], Antoine Barillon [10], Achille Barentin [11],

1. Dans les *notes secrètes sur les membres du parlement de Paris* (*Corresp. administ. sous Louis XIV*, t. II, p. 34), Novion est ainsi caractérisé : « est homme de grande présomption et de peu de sûreté, intéressé et timide lorsqu'il est poussé, assez habile dans le Palais, y ayant sa cabale composée de ses parents et amis, s'appliquant tous les jours à y faire de nouvelles habitudes. » Ces notes paraissent avoir été rédigées, vers 1655, pour le cardinal Mazarin. Tous les commissaires ne sont pas compris dans ce *Tableau du parlement*, qui fut dressé à peu près dix ans avant la tenue des Grands-Jours à Clermont.

2. « Dévot et scrupuleux, d'esprit assez dur, capable néanmoins, bon juge, mais long à toutes choses, parleur et ayant quelque opinion de lui-même et obstiné en ses opinions. » (*Notes secrètes sur le parlement de Paris*, ibidem, p. 46.)

3. « Homme d'esprit vif, éclairé, ardent, actif, qui sait et ne s'éloigne jamais des grandes maximes; d'un travail infatigable, homme d'honneur et d'intégrité, qui pour toutes les bonnes qualités qui sont en lui a été et seroit aujourd'hui arbitre des plus grandes affaires, si l'on vouloit l'accepter. Est civil, obligeant, quelquefois prompt, prenant feu, mais revient facilement. » (*Ibidem*, p. 61.)

4. « Est d'esprit fort doux et paisible, de beaucoup de probité et de capacité raisonnable. » (*Ibidem*, p. 40.)

5. « A bon sens et fait bien justice, est ferme et sûr, démêle bien une affaire, a de l'honneur et de la probité. » (*Ibidem*, p. 61.)

6. « Bel esprit et de beaucoup de capacité, obligeant, doux envers tous et aimé de tous, vrai homme d'honneur, sans intérêt, ferme en ses opinions. » (*Ibidem*, p. 52.)

7. « A beaucoup d'esprit et d'amis; fort appliqué à sa charge où il acquiert de la capacité; songe à ses intérêts légitimes; est détrompé de la Fronde où il s'étoit engagé. » (*Ibidem*, p. 57.)

8. « Fort homme d'honneur, mais n'aimant nullement son métier ni la peine; est dans les divertissements; d'un naturel assez doux. » (*Ibidem*, p. 48.)

9. « Bon homme, commode, obligeant, mais foible, sans suite, n'aimant point sa charge; chasseur et ayant une charge de chasse; n'est point intéressé. » (*Ibidem*, p. 57.)

10. « Ne manque pas d'esprit; peu appliqué au Palais; sans intérêt; donnant tout à la cour; précieux ami des comtesses; ne visitant que les grands; a médiocre crédit pour un peu de fumée et de vanité. » (*Ibidem*, p. 57, 58.)

11. « Homme rude, revêche et de mauvaise humeur, glorieux, opiniâtre,

Jean Bochart, Hiérôme Le Pelletier [1], René Le Fèvre de La Faluère [2], Jean Nau et Jean-François Joly sieur de Fleury, salut : Par nos lettres patentes, en forme de déclaration du dernier jour d'août et par les causes y contenues, nous avons ordonné les Grands-Jours être tenus cette présente année en notre ville de Clermont en Auvergne pour l'expédition de tous procès civils et criminels mentionnés en nosdites lettres, pour l'exécution desquelles étant nécessaire de commettre des personnes affectionnées au bien de la justice et zélées pour celui du public, nous avons estimé que nous ne pouvions faire un meilleur choix que de vos personnes, par la connoissance entière que nous avons de votre capacité, suffisance, probité, intégrité, sage conduite, et de votre fidélité et affection singulière à notre service par les témoignages que vous en avez rendus et que vous rendez chaque jour dans les fonctions de vosdites charges.

A CES CAUSES, et de notre propre mouvement, pleine puissance et autorité royale, nous vous avons commis, ordonné et députés, et, par ces présentes signées de notre main, commettons, ordonnons et députons pour vous transporter incessamment en notredite ville de Clermont et y vaquer à l'exécution du contenu en notredite déclaration, circonstances et dépendances d'icelle ; et à cet effet avons pareillement commis notre amé et féal conseiller en nos conseils notre premier avocat audit parlement le sieur Talon pour porter èsdits Grands-Jours la parole pour nous, et y faire telles réquisitions pour nous et le public qu'il appartiendra ; et avons aussi commis nos chers et bien amés Jean Dongois [3] et Jean Drouet, greffiers civil et criminel, pour en faire la fonction èsdits Grands-Jours, et d'autant qu'il pourroit se présenter quantité d'affaires tant civiles que criminelles, concernant nos sujets de la reli-

---

grand ménager, a peu de crédit et d'amis dans sa chambre ; a de grands biens. » (*Notes secrètes sur le parlement de Paris*, p. 52.)

1. « Honnête homme, a de l'esprit, appliqué à sa profession, affectant de la singularité et prenant quelquefois des opinions bizarres ; aime le monde ; est sans intérêt. » (*Ibidem*, p. 44.)

2. « Doux, gracieux, honnête homme, s'appliquant entièrement au métier. » (*Ibidem*, p. 49.)

3. Nicolas Dongois, auteur du journal dont on trouvera des extraits à l'*Appendice*, fut adjoint comme greffier des Grands-Jours à son père Jean Dongois.

gion prétendue réformée, qui sont domiciliés dans le ressort desdits Grands-Jours, lesquels pourroient être portées et distraites en notre chambre de l'édit[1], s'il n'y étoit par nous pourvu; Nous, pour la plus prompte et facile expédition desdits procès, vous avons commis et député, et par ces présentes commettons et députons, et vous attribuons la connoissance de tous lesdits procès tant civils que criminels, dans l'étendue de votre ressort, sans qu'ils puissent être portés en la Chambre de l'édit sous prétexte du privilége de leur religion prétendue réformée, ni ailleurs, que par devant vous.

SI DONNONS EN MANDEMENT à nos amés et féaux conseillers les gens tenant notre cour de parlement à Paris que ces présentes ils aient à registrer, et le contenu en icelles garder et observer, sans souffrir qu'il y soit contrevenu. Mandons en outre à notre cher et bien amé le prévôt général des maréchaux de Chartres, le sieur Dubois, qu'il ait à se transporter sur les lieux, et à tenir la main à l'exécution des arrêts et jugements qui seront rendus par ladite cour des Grands-Jours, et ordres qui lui seront par elle donnés à cet effet; car tel est notre plaisir. Donné à Paris le 3ᵉ jour de septembre 1665 et de notre règne le 23ᵉ, signé LOUIS, PAR LE ROI, DE GUÉNÉGAUD. »

IV

MONITOIRE PUBLIÉ A L'OCCASION DES GRANDS-JOURS.

(Voy. p. 321.)

Les monitoires étaient des ordonnances des juges ecclésiastiques pour contraindre ceux qui auraient eu connaissance d'un crime à le révéler. Le monitoire était adressé par l'official, ou juge ecclésiastique, à chaque curé qui devait en faire la lecture à ses paroissiens. Quiconque, après trois publications du monitoire, ne révélait pas les faits parvenus à sa connaissance était excommunié :

STEPHANUS CHARLES *Presbyter*, *sacræ facultatis parisiensis doctor theologus, ecclesiæ collegiatæ et principalis B. Mariæ Portûs*

---

1. Chambre instituée au parlement de Paris, en vertu de l'édit de Nantes, pour juger les procès où les protestants étaient intéressés.

canonicus et decanus, necnon Officialis claromontensis diœcesis, universis et singulis parochis, vicariis, presbyteris, notariis et aliis quibuscumque dictæ diœcesis, salutem in Domino. Nous vous mandons bien et diligemment admonêter par notre autorité, sous peine d'excommunication, par trois dimanches consécutifs, aux prônes de vos églises, comme à présent par la teneur des présentes, et à la requête de M. le procureur général du roi, suivant la déclaration du roi pour l'établissement des Grands-Jours à Clermont, du 3 septembre dernier, vérifiée en la cour de parlement le 6 ensuivant du même mois, Nous admonêtons tous ceux et celles qui connoissent des personnes qui ont commis assassinats, vols, pillages, rapts, forcement de femmes ou de filles, incendies, violences, voies de fait, et autres crimes et délits, dont la connoissance est attribuée auxdits Grands-Jours ;

S'ils savent et connoissent des lieux où ils se sont retirés; qui se sont absentés depuis les condamnations intervenues ou contumaces instruites contre les coupables et prévenus desdits crimes;

Savent les personnes qui leur donnent retraite, et leur administrent les choses nécessaires;

En quels lieux ils ont fait transporter leurs effets; ès mains de quelles personnes ils ont déposé leurs papiers, deniers comptants et effets;

Quels contrats, obligations, promesses et cessions ils ont passés; de quels noms ils se sont servis; quels notaires ont reçu, tant lesdits contrats que les reconnnoissances, et les contre-lettres qui leur ont été délivrées; et généralement quelles personnes ont contribué pour divertir, cacher et receler lesdits coupables et leurs effets;

Qui ont connoissance de ceux qui ont occupé et occupent les dîmes et autres biens appartenant aux ecclésiastiques, les ont empêchés et empêchent d'en jouir pleinement et paisiblement; détournent les personnes de les prendre à ferme, et les prennent eux-mêmes, ou les font prendre sous main;

Ceux qui ont usé de simonie et trafiqué les bénéfices, et les tiennent sous le nom d'autrui;

Qui ont connoissance des exécutions faites pour recouvrement des deniers royaux ou autres, en vertu de copies collationnées d'arrêts, dont il n'y avoit point d'originaux, ou qui n'étoient point conformes, et des abus, malversations et exactions commises en vertu desdites copies;

De ceux qui ont fabriqué lesdites copies, de ceux qui les ont exécutées, et au profit de qui les deniers qui en sont provenus ont été convertis;

Ceux qui ont empêché, en quelque façon que ce soit, l'assiette et le département libre des tailles;

Qui ont connoissance de ceux qui ont commis des usures et pris des intérêts illicites pour argent, ou autre chose qu'ils ont prêtée ou avancée, et ont tiré plus grand profit qu'à raison de l'ordonnance;

Ont connoissance des officiers qui ont commis des concussions, et se sont laissé corrompre par argent, présents ou autrement; et qui, par les mêmes voies, ont forcé les accusateurs ou parties civiles de s'accorder avec les accusés; et moyennant ce, ont promis aux accusés de rendre les informations et procédures;

Des juges qui ont détenu longtemps les accusés dans les prisons sans leur faire leur procès;

De ceux qui ont empêché l'exécution des arrêts, sentences et jugements; qui ont excédé ou intimidé les sergents et autres ministres de justice;

Qui savent et connoissent ceux qui se sont fait passer des reconnoissances par force et menaces, des cens, rentes, corvées ou autres droits non dus, et qui ont contraint les particuliers d'en passer des actes ou contrats;

Ceux qui ont converti les redevances qui sont en espèces, et les corvées, en argent et deniers, et ont évalué ou fait évaluer les grains à plus haut prix que celui des marchés, pancartes et mercuriales;

Ceux qui, pour faciliter lesdites conversions et exactions, ne font publier le payement desdites redevances par les curés;

Ceux qui se font payer, pour l'abonnement desdites corvées, plus grand prix que celui qui est porté par les coutumes générales et locales, tant pour les journées d'hommes que pour celles des bœufs ou autres;

Ceux qui de leur autorité privée imposent le prix aux grains ou autres marchandises, par-dessus celui des pancartes et mercuriales ordinaires, et contraignent les redevables de payer suivant ladite augmentation faite de leur puissance particulière;

Qui ont connoissance de ceux qui se servent de faux poids, de fausses et doubles mesures pour donner ou recevoir, vendre et débiter toute sorte de grains, et même de celles où il y a des cercles mobiles de bois qu'ils peuvent hausser et abaisser, pour augmenter ou diminuer la mesure du blé ou avoine qu'ils doivent recevoir ou délivrer;

De ceux qui, par les voies de force, impression et autorité, ont contraint les particuliers à faire et passer des actes et contrats à leur profit ou d'autres personnes interposées, même des contrats de mariage, des testaments et généralement de tous autres;

Des seigneurs hauts justiciers qui n'ont point de prisons sûres, ni aucun geôlier créé et juré résidant esdites prisons;

De ceux qui ont des prisons plus basses que le rez-de-chaussée, et détiennent dans des lieux souterrains les prisonniers;

De ceux qui, de leur autorité privée, enferment des personnes en chartres privées, dans leurs maisons ou châteaux, sans décret ni mandement de justice;

Qui connoissent ceux qui ont levé des deniers ou autres droits sur le peuple, ou en ont reçu gratuitement quelque chose pour les avoir sauvés des gens de guerre, ou pour quelque autre occasion que ce soit, même sous prétexte de présents ou gratifications;

De ceux qui ont entrepris sur l'autorité du roi et de la justice;

Qui ont fait toute sorte d'exactions de leur autorité, par force, intimidation, menaces et autres voies de fait;

De ceux qui lèvent et exigent, sans lettres ni titre légitime, des droits extraordinaires sur les rivières, ou sur les bords et avenues desdites rivières, pour la décharge et le placement du bois et de toute autre marchandise;

De ceux qui contraignent les particuliers de se servir de leurs chevaux, bœufs et charrois pour la conduite desdites marchandises, au préjudice de la liberté publique, et se font payer pour les charrois à discrétion;

Qui connoissent ceux qui, étant créanciers de rentes, en grains ou autres espèces, n'en demandent point à leurs débiteurs les arrérages pendant les années que lesdits grains ou autres espèces sont à vil prix, mais diffèrent de les exiger dans le temps qu'ils sont plus chers, et usent de toute sorte de contrainte et violence contre les redevables, se contentant de faire des diligences, afin d'interrompre la prescription;

Ceux qui excèdent et maltraitent leurs sujets, quand ils ne payent pas les droits qui leur sont demandés, soit qu'ils soient dus, ou non;

Qui maltraitent les officiers subalternes, qui reçoivent les plaintes faites pour raison desdites exactions et excès;

Qui contraignent lesdits officiers de remettre entre leurs mains les informations, les décrets, et autres poursuites faites pour lesdits mauvais traitements ou exactions;

Qui ont connoissance de ceux qui ont usurpé le domaine, les fiefs, justices et autres droits du roi, et qui les possèdent sans lettres, ni titre légitime, et qui en ont changé ou diminué les revenus;

De ceux qui ont fabriqué ou exposé la fausse monnoie, qui ont fait sortir et transporter hors le royaume, or, argent monnoyé ou non monnoyé; qui ont usé de commutation d'espèces et billonnement, et ceux qui ont prêté leur ministère ou leurs maisons pour cet effet;

Qui ont connoissance de ceux qui, de leur autorité, font les rôles des tailles, et la nomination des collecteurs en leur présence, ou par leurs agents, et sous prétexte de faire charger ou décharger les taillables, exigent d'eux tout ce que bon leur semble;

De ceux qui lèvent des péages sans titre, ou qui, ayant droit de les lever, exigent au delà de ce qui leur est dû;

Des seigneurs qui contraignent les habitants de leurs terres ou de leurs justices, et leurs tenanciers, de moudre à leurs moulins, quoiqu'ils ne soient pas banaux, et autorisent leurs fermiers pour cet effet;

Et qui confisquent le pain de ceux qui n'ont pas fait moudre leur bled à leur moulin, ou leur font payer telle amende qu'il leur plaît;

Desdits seigneurs qui, ayant quantité de vins et de grains à débiter, forcent lesdits habitants ou leurs tenanciers d'acheter lesdits vins et grains, quoique gâtés, à un prix excessif, et les empêchent d'en prendre d'autres qui sont à meilleur marché;

Et de ceux qui empêchent les susdits habitants et les communes, qui ont droit d'usage dans les forêts et de pacage, de se servir de cette faculté qui leur appartient;

Et généralement toutes les personnes, de quelque qualité et condition qu'elles soient, même religieux ou religieuses, qui, des faits susdits, circonstances et dépendances, en tout ou partie, savent aucune chose pour y avoir été présents, en avoir donné avis, prêté secours, faveur et aide, ou qui autrement en peuvent parler ou déposer en quelque sorte ou manière que ce puisse être, ils aient à venir à révélation. Et quant aux coupables, leurs complices ou adhérents, ils aient à venir à satisfaction par eux ou par autrui, dans trois jours après la publication des présentes; autrement nous userons contre eux des censures ecclésiastiques, et, selon la forme de droit, nous nous servirons de la peine d'excommunication.

Datum Claromonti, sub sigillo illustrissimi ac reverendissimi DD. Episcopi, anno Domini millesimo sexagesimo quinto, die XXIX *septembris.* STEPHANUS CHARLES., *offic.*

Par mondit sieur official :
CAILHOT.

Peu de temps après l'official, sur la requête de l'avocat général Talon, ajouta la fulmination, ou excommunication *ipso facto*, contre tous ceux qui ne révéleraient pas les crimes parvenus à leur connaissance.

FULMINATION.

A tous prêtres, curés, vicaires et chapelains de ce diocèse sur ce requis, salut : comme ainsi soit que vous ayez publié les monitoires par nous octroyées, à la requête de M. le procureur du roi en la cour des Grands-Jours, séante à Clermont, et que par icelles vous ayez admonesté tous les fidèles de vos paroisses de déclarer et révéler par devant vous ce qu'ils savent, ont vu, ouï dire, sur le contenu desdites monitoires, à peine d'excommunication, mondit sieur le procureur général a néanmoins appris que plusieurs personnes n'ont tenu compte d'obéir à vos admonitions faites par notre autorité, et nous a requis de prononcer sentence d'excommunication, aggravation et réaggravation, contre lesdites personnes; pour ce est-il que nous vous mandons de publier ces présentes, et pour la quatrième fois, nosdites monitoires ; après laquelle publication, si lesdites personnes, dans six jours, ne viennent à due et entière révélation, nous les avons excommuniées et excommunions par ces présentes, et vous enjoignons de les dénoncer ès prônes de vos messes paroissiales pour excommuniées; en laquelle sentence d'excommunication, si elles croupissent l'espace de six autres jours, par les mêmes présentes, nous les aggravons[1]; et au cas que, par six autres jours immédiatement suivants, elles demeurent d'un cœur endurci et obstiné (ce que à Dieu ne plaise) en cette sentence d'excommunication et aggravation, nous les réaggravons, et vous mandons que vous les dénonciez ès prônes de vos grandes messes paroissiales, pour excommuniées, aggravées et réaggravées, privées de la communion, des saintes prières et suffrages de l'Église, comme membres séparés d'icelle; de ce faire vous donnons pouvoir.

Donné, etc.

V

NOËL DES GRANDS-JOURS.

Les *Noëls* étaient des chants de joie, dont le nom venait des cantiques dans lesquels on célébrait la naissance du Christ. « En ma jeunesse, dit Pasquier[2], c'étoit une coutume, que l'on avoit tournée en cérémonie, de chanter tous les soirs, presque en chaque famille, des *Noëls*, qui étoient des chansons spirituelles faites en l'honneur de N. S. » Le Noël des Grands-Jours, en idiome auvergnat, fut composé par un habitant de Clermont, nommé Laborieux, et publié dans cette ville avec d'autres chants populaires[3].

---

1. *L'aggrave*, outre la privation des biens spirituels, interdisait l'usage des choses publiques, et la *réaggrave* ajoutait la privation de la société même dans le boire et le manger.
2. *Recherches de la France*, liv. IV, chap. XVI.
3. *Noëls nouveaux*, à Clermont, chez G. Jacquard, s. d. (v. 1670), petit in-12, p. 100 et suiv.

I

Aughâ, gens, aughâ :
Le ceo vous reprocha
Qu'aquou ei trop pleghâ;
Et, sens gro boughâ,
Vous leissâ raughâ.
Laus Grands-Jours
Ne sont pas toujours.
Embey Noé le temps s'aprocha
Par fondre la cliocha :
Laus fourneaux sont tout chauds,
Nous z'avens ce que chaut.
Courraz, curas de la parrocha,
Courraz, parrouchaus.

I.

Écoutez, peuple, écoutez :
Le ciel vous reproche
Que c'est trop plier;
Et, sans vous bouger,
Vous vous laissez ronger.
Les Grands-Jours
Ne sont pas toujours.
Avec Noël le temps s'approche
Pour fondre les cloches :
Les fourneaux sont tout chauds;
Nous avons ce qu'il faut.
Accourez, curés des paroisses,
Accourez, paroissiens.

II

Noé cez deiscen,
Quou ei par tout refouére :
Aquou ei son decein,
De tant que nous sents
D'en fouére daus sens
Quou ei quemen,
Ce qu'au parlamen
Le Rey douna poudey de fouére.
Et, par tout parfouére
Vô que laus endechats,
Et laus engronio-chats,
Peuchont a quéy cô se deifouére
De tous liours pechats.

II

Noël ici descend,
C'est pour tout refaire :
C'est son dessein,
De tous tant que nous sommes
D'en faire des saints.
C'est presque
Ce qu'au parlement
Le Roi donne pouvoir de faire.
Et, pour tout terminer,
Veut que les gens tarés
Et les méchants
Puissent cette fois se défaire
De tous leurs péchés.

III

Vez Cliarmou ou l'y o
Quauquas gens de roba,
  Que font, dins qué lio,
  Moué qu'on ne soulio :
  Quou ei ce que fallio.
    Aux pleintis
  Tant siont-ils cheitis,
Pas un d'ys ne liau foué la boba.
Qu'a be foué, z'au troba :
  Segur dins son lugis,
  L'eynoucen ne crent gîs;
Mas le meichant que tua, que roba,
  Foué be de fugir.

III

A Clermont il y a
Quelques gens de robe,
  Qui font, dans ce lieu,
  Mieux qu'on n'avoit coutume :
  C'est ce qu'il falloit.
  A ceux qui se plaignent,
  Tant soient-ils chétifs,
  Pas un d'eux ne leur fait la moue,
  Qui a bien fait, le trouve :
  Sûr dans son logis,
  L'innocent né craint rien,
Mais le méchant qui tue, qui vole,
  Fait bien de fuir.

IV

Sens le grand Novion,
Que chacun flatouéra,
Et tous tant qu'i sont
D'Estrappes, Tronson,
Le Boultz, Barillon,
Sens Le Coq,
Guillard, Nau, Malo,
Bochart, Peletier, que redouéra,
Vassan, la Falluéra,
Sens Boyvin, Caumartin
Hébert et Barentin,
Joli, Talou, le paï z'éra
Tout ple de lutins.

IV

Sans le grand Novion,
Que chacun cajole,
Et tous tant qu'ils sont,
D'Estrappes, Tronson,
Le Boultz, Barillon,
Sans Le Coq,
Guillard, Nau, Malo,
Bochart, Le Peletier, qui va rôdant,
Vassan, La Falluère,
Sans Boyvin, Caumartin,
Hébert et Barentin,
Joli, Talon, le pays étoit
Rempli de lutins.

V

Ou l'y o ne scé quant
D'avoucats sens causa,
Venguts d'end'aquant,
Qu'ont foué quant et quant
Grand brut, grand cancan :
Et Diau sa,
Au fond de liour sa,
Ou ne s'ei pas trouba grand chosa ;
Liour caquet se pausa ;
Mas, de vré, ou n'y a be
Quaucun que janlha be,
Que n'a pas leissa, tant yo causa,
Sa lhingua au chabe.

V

Il y a je ne sais combien
D'avocats sans cause,
Venus je ne sais d'où,
Qui ont fait souvent
Grand bruit, grand cancan ;
Et Dieu sait,
Au fond de leur sac,
Il ne s'est trouvé grand'chose ;
Leur caquet se repose ;
Mais, vraiment, il y en a bien
Quelqu'un qui crie bien fort,
Qui n'a pas laissé, tant il cause,
Sa langue au chevet.

VI

Le procureur pré
A farrà la miaula
Dau gourri que cret
Veni, par retrait,
Contre un vieux decret,
Par le be
Dau rére-bele;
Le baumian ly suça la miaula,
L'un l'autre embabiaula,
Sio que qu'a be viaucu,
Sio larron, sio coucu,
Et peu liour douna la batiaula,
Quand té liours eicus.

VI

Le procureur est prêt
A ferrer la mule
Du badaud qui croit
Venir, par retrait,
Contre un vieux décret,
Dans le bien
De son arrière-grand-père;
Le bohémien lui suce la moelle,
Il embabouine les uns et les autres,
Soit celui qui a bien vécu,
Soit le larron, soit le cocu,
Et puis *il* leur donne la pêle au c....
Quand il tient leurs écus.

VII

Duran laus Grands-Jours
On vé d'hour'en houra
 Arribâ daus mours
 De toutas couloùrs,
 Be foués, moué be lourds.
 Lhun ei blond,
 Et l'autre a le front
Et le naz pus nei qu'una moura;
 Tau chez se laboura
 Qu'eicy se meicouni;
 Narma ne se couni;
Par un biau mour, l'on en vé houra
 Viengt mours de mouni.

VII

Pendant les Grands-Jours
On voit d'heure en heure
Arriver des visages
De toutes couleurs,
De bien faits, et de bien lourds.
L'un est blond,
Et l'autre a le front
Et le nez plus noirs qu'une mûre.
Tel chez soi laboure
Qui ici se méconnoît;
Nul ne se connoît;
Pour un beau visage on en voit à cette heure
Vingt visages de singes.

VIII

Tous laus jours on vè
Dins la capitala
Quauque mour nouvé
Que davoueida vê
Un vieux eichavê.
De Mâcon,
De Fourez, de Lyon,
De Berry le monde s'en dâla :
Dins quey tems que jala,
Y cez font força eicos,
Amoué, biauco de côs,
Laus lugis sont pleis, dins la viala,
Couma daus cacôs.

VIII

Tous les jours on voit
Dans la capitale
Quelques visages nouveaux
Qui dévident (débrouillent)
Un vieux écheveau.
De Mâcon,
Du Forez, de Lyon,
Du Berry, le monde ici descend :
Dans ce temps où il gèle,
Ils font ici force écots,
Aussi, bien des fois,
Les logis sont pleins, dans la ville,
Comme des œufs.

IX

A la nobla, en rua,
A la rotureira,
L'on porta la quoua ;
Diriaz qu'eilha joua
A vira-ta-quoua.
Ne foué pas,
Sens meneur, un pas ;
Et nous n'avens gis de charreira
Que sio sens chadeira ;
Que le gagna-denei,
Qu'ei pus lourd qu'un panei,
Porta dreit coum'una leiteira :
Font dous bous miauleis.

IX

A la noble dame, dans la rue,
A la roturière
L'on porte la queue ;
Vous diriez qu'elle joue
A vire-ta-queue ;
Elle ne va pas,
Sans meneur, un pas ;
Et nous n'avons pas de rue
Qui soit sans chaise (à porteurs),
Que le gagne-denier,
Qui est plus maussade qu'un panier,
Porte, droit comme une laitière :
Ils font deux bons mulets.

X

Le laquès tout gourd
Que seq le carrossa
La neu et le jour ;
De cez, de lez court,
Et foué milla tours.
Quaus champi
Font tout par deipi,
I ne charchont mas playa et bossa ;
Queite, l'autre passa ;
I font laus entendus,
Et quaus pobreis pardus
Courront et vont, coum'à la noça,
Veire laus pendus.

X

Le laquais tout alerte
Qui suit le carrosse,
La nuit et le jour,
D'ici, de là court,
Et fait mille tours.
Ces bâtards
Font tout par dépit ;
Ils ne cherchent que plaie et bosse ;
Celui-ci, celui-là passe ;
Ils font les entendus,
Et ces pauvres perdus
Courent et vont comme à la noce,
Voir les pendus.

XI

Dins tout le ressort,
D'archez on vê força :
Sarghans et recors,
De partout n'en sort,
Que nous fâchont fort.
Nous cez sens
Pus sents que daus sents :
De bien viaoure chacun s'eiforça.
Si quauqu'un se çorça,
Jura ou douna un souffle,
De taus gens tout ei ple,
Que, sens piatat, prenont par força
Un home au coule.

XI

Dans tout le ressort,
D'archers on voit force :
Sergents et recors,
De toutes parts il en sort,
Qui nous fâchent fort.
Ici nous sommes
Plus saints que des saints :
De bien vivre chacun s'efforce.
Si quelqu'un se querelle,
Jure ou donne un soufflet,
De tels gens tout est plein,
Qui, sans pitié, prennent par force
Un homme au collet.

XII

Quaus diantreis d'archez
Ne sont pas d'attendre;
Quaus vouida-pichez,
Pus durs que rouchez,
Sont de vrés bouchez;
Liours douâs mâs
N'amon pas chaumâ;
Liour meitey ei de toujours prendre;
Quaus mours sont à craindre :
Mas qu'io trobe bien fous
Et bien lourds tout aquous
Que venont par se fouére pendre
Ou coupâ le cou!

XII

Ces diables d'archers,
Il n'est pas bon de les attendre;
Ces vide-brocs,
Plus durs que rochers,
Sont de vrais bouchers;
Leurs deux mains
N'aiment pas à chômer;
Leur métier est de toujours prendre;
Ces visages sont à craindre :
Mais que je trouve bien fous
Et bien nigauds tous ceux
Qui viennent pour se faire pendre
Ou couper le cou!

XIII

Quau dans dous mei foué,
Ou be qué que garda
Sa pâta et sa moué,
Ou qué que s'en voué?
Quau dau dous mei foué?
Par tous dous
Quou ei bien hazardoux;
Mas qué que sa pé contregarda,
Qu'au be ne regarda,
A d'eime son plen cor;
Et l'autre z'a be tort
De peyta chez se la camarda
Et l'eiregha mort.

XIII

Lequel des deux fait mieux,
Ou bien celui qui garde
Sa pâte et sa huche,
Ou celui qui s'en va?
Lequel des deux fait mieux?
Pour tous les deux
C'est bien hasardeux;
Mais celui qui préserve sa peau,
Qui au bien ne regarde,
A d'esprit plein son corps;
Et l'autre a bien tort
D'attendre chez lui la camarde
Et la méchante mort.

XIV

Tant sio sauvaghou
Le veitit de seda,
Loen de son donjhou,
Io l'o méma jou
Que le boulonghou.
Au couquy
Au grand, au marquy,
Un vale tê la brida reda;
Jura, pesta, creda;
Et laus tê, qué liaunar,
Siont-is chez Lachanard,
Ou dins la tour de la mouneda
Couma daus renards.

XIV

Quelque intraitable que soit
L'habillé de soie,
Loin de son donjon,
Il a le même joug (sort)
Que l'habillé de bure.
Au coquin,
Au grand, au marquis,
Un valet tient la bride roide;
Il jure, peste et crie;
Il les tient, ce goujat,
Qu'ils soient chez Lachanard,
Ou dans la tour de la monnoie,
Comme des renards.

XV.

Daus châtiaux sens pô,
Sens migha, ni crauta,
Vi, pichez, ni pot,
Pus nuds qu'un tripot,
Châcun fut que pôt.
Laus prevots
Soubre liour chavaux
Dau paï font la vira-vauta;
Vont de cauta en cauta,
Mas font pau de proufi ;
Dins le nio d'au pus fi,
Ne trobon re, mas quauqu'eichauta
Dins quauque coufi.

XV

Des châteaux sans pain,
Sans mie, ni croûte,
Vin, bróc, ni pot,
Plus nus qu'un jeu de paume,
Chacun fuit, s'il peut.
Les prévôts
Sur leurs chevaux
Font du pays la ronde;
Ils vont de côte en côte,
Mais ils font peu de profit;
Dans le nid des plus fins
Ils ne trouvent rien, que quelque peloton
Dans quelque coin.

XVI

L'homme de chatè
Au grangeï arracha
Ce que lè sautè;
Et sens dreit retè
Son lard, son chantè.
Le couchou
Io pré, mouen l'auchou,
Le chabri, l'agné et la vacha :
Amoué, sio se fàcha,
Pren l'arére et le biaou,
Le jhau, la poula et l'yau,
Et peù ly douna par la pacha,
Et laus côs sont siaus.

XVI

L'homme de château.
Au métayer arrache
Ce qui le soutient;
Et sans droit retient
Son lard, son chanteau.
Le cochon
Il prend, avec l'oison,
Le cabri, l'agneau et la vache :
Encore, si l'autre se fâche,
Il prend la charrue et le bœuf,
Le coq, la poule et l'œuf,
Et puis il lui donne sur la joue,
Et les coups sont siens (lui restent).

XVII

Le noble que diaou,
Tout ce que sa raça
 A manghâ de biaou,
 Tout le vi qu'io biaou,
 Moué quauqu'habit niaou,
 Ni payâ
 Ne vô, ni pleidiâ ;
Mas le marchand de chez se chassa,
Son nio cadenassa,
Sens re paya dau tout,
Ni deney, ni jittou :
Nar tout payamen, le menaça
 De côs de bâtou.

XVII

Le noble qui doit
Tout ce que sa race (ses ancêtres)
A mangé de bœuf,
Tout le vin qu'il boit,
Et quelque habit neuf,
Payer
Ne veut, ni plaider (être assigné) ;
Mais de chez lui il chasse le marchand,
Il cadenasse son magot,
Sans rien payer du tout,
Ni denier, ni jeton :
Pour tout payement, il le menace
De coups de bâton.

XVIII

A parlâ francei,
Chaque gentilhome
Dau mati au sei
Foué creschi saus ceys,
Et d'un liard n'a seis.
Viaou sens fe,
Pren le pra, le fe,
Le champ et laus chaux dau bounhome;
Peu foué l'eyconome
De saus peis, de saus plez,
Bat qué que ly deiplé;
Et, coum'un rey dins son royaume,
Dit qu'aquou ly plé.

XVIII

A parler françois,
Chaque gentilhomme
Du matin au soir
Fait croître ses cens,
Et d'un liard en a six.
Il vit sans foi,
Prend le pré, le foin,
Le champ et les choux du bonhomme,
Puis fait l'économe
De ses pois, de son salé,
Bat celui qui lui déplaît;
Et, comme un roi dans son royaume,
Dit que cela lui plaît.

XIX

Que Diau ne crent gro,
Que mongha deifroqua,
Que quitta le fro,
Que jura et biaou trop,
Et que viaou d'eycroc;
Le vaure,
Le coupa-jarre,
Et que l'un et que l'autre toqua,
Que daus Rey se moqua,
Le murtrei, le filou,
Le treitre Ganelou,
Devont tous fort crendre la croqua
D'un cô de Talou.

XIX

Qui Dieu ne craint point,
Qui défroque des nonnes,
Qui jette le froc,
Qui jure et boit trop,
Et qui vit d'escroquerie,
Le vaurien,
Le coupe-jarret,
Celui qui heurte l'un, qui heurte l'autre,
Qui du Roi se moque;
Le meurtrier, le filou,
Le traître Ganelon,
Doivent tous craindre le choc
D'un coup de Talon.

XX

A tau la paou creî,
Le fond et le mina,
Que foué le laudrei,
Et se tê be drei,
Que n'a pas grand drei.
Qu'ou n'y a,
Par laus quaus lon nia,
Et que lon reicond liour varmina,
Que font bouna mina !
Mas l'home qu'ey fautey,
Gentilhome ou gatey,
Foué be d'avé paou de l'harmina
Amoué dau mourtey.

XX

Chez tel la peur croît,
Le fond et le mine,
Qui fait le vaillant,
Et se tient bien droit,
Qui n'en a guère le droit.
Combien il y en a,
Pour lesquels on nie,
Et dont on cache la vermine (les méfaits),
Qui font bonne mine !
Mais l'homme qui est fautif,
Gentilhomme ou coquin,
Fait bien d'avoir peur de l'hermine
Et du mortier (des juges).

XXI

Qu'aqué viaou conten,
Que, de bouna gracia,
Recè, moué attend
Ce que Diau prétend
De se, dins quei tems!
Tau qu'a paou
Vé, le cor en daou,
Preghà Nôtra-Dama de Gracia
Que, dins sa disgracia,
Ne sio pas deideignâ,
De larmas tout bagnâ;
Et l'autre vé, que la remarcia
D'un proucez gagnâ.

XXI

Qu'il vit content,
Celui qui, de bonne grâce,
Reçoit et puis attend
Ce que Dieu exige
De lui, dans ce temps!
Tel qui a peur
Va, le corps en deuil,
Prier Notre-Dame de Grâce
Que, dans sa disgrâce,
Il ne soit point dédaigné,
De larmes tout baigné;
Et l'autre vient, qui la remercie
D'un procès gagné.

XXII

Éve Adam paussè,
Et fuguet creguda;
L'home s'eynoussè.
Deipeu qué mourcè,
Châque mau nous seq.
Bon Nadáu,
Eicy tout nous dô.
Par payà votra be-venguda,
Qu'aven tant vauguda,
Bouta-nous par toujours
Dins votre beau sejour,
Aprés la darreira tenguda
De vôtreis Grands-Jours.

XXII

Ève Adam poussa,
Et fut crue;
L'homme s'énoussa (s'en donna trop).
Depuis ce morceau,
Tous les maux nous suivent.
Bon Noël,
Ici tout nous cuit (fait souffrir).
Pour payer votre bienvenue,
Que nous avons tant voulue,
Mettez-nous pour toujours
Dans votre beau séjour,
Après la dernière tenue
De vos Grands-Jours.

VI

LETTRE DE L'INTENDANT POMEREU AU CHANCELIER SÉGUIER [1].

(Voy. p. 63.)

Moulins, 23 septembre 1665.

Monseigneur,

Il est de mon debvoir de vous faire sçavoir qu'en exécution des ordres que j'ay receus, j'ay faict toutes les diligences possibles pour donner à MM. les commissaires des Grands-Jours les mémoires et esclaircissements des abus et désordres qu'il est important de corriger dans l'estendue de mon département. J'ay mis pour cet effect entre les mains de M. le président de Novion, à son passage, plusieurs papiers et instructions sur lesquelles il sera aisé de dresser ensuite des procédures régulières. J'en ay depuis aussy entretenu M. Talon et je me suis chargé envers luy de l'exécution des décrets et de tous les autres mandements de la commission dans mes généralités, lorsqu'il prendroict la peine de m'escrire ce qui seroit nécessaire pour le service du Roy et l'authorité de la justice. Je prétends encore en travaillant aux départements des tailles faire une revue générale de toute l'estendue de mon employ et donner advis des choses qui me paroistront dans le desreiglement. Ainsy, monseigneur, j'espère que vous serez très-satisfaict de mon application en ce rencontre, et que vous aurez sujet de continuer dans la bonne opinion que vous avez conceu de ma conduite. Je m'estimeray bien glorieux si vous voulez avoir tousjours des sentiments aussy advantageux pour moy, et si je puis jamais avoir le bonheur de vous plaire. Du moins j'ose bien vous asseurer que, de tous ceux qui sont attachés à vostre service par leurs charges, par leur debvoir et par leur incli-

---

1. Cette lettre autographe se trouve à la Bibliothèque impériale, mss. Saint-Germain fr., n° 709, t. XL, fol. 144. Elle prouve que les intendants, comme on le voit dans les *Mémoires de Fléchier*, p. 63, étaient chargés de fournir aux commissaires des Grands-Jours tous les renseignements pour la poursuite et la punition des crimes.

nation, il ny en a pas un qui ayt un plus profond respect pour vostre personne que moy, ny qui soit dans une plus parfaite sousmission.

Monseigneur,

Vostre très-humble et très-obeyssant serviteur,

De Pomereu.

VII

DISCOURS DE TALON.

(Voy. p. 41.)

Messieurs,

Pour si infinie que paroisse la multitude et la variété des choses capables d'occuper nos affections et nos connoissances, on les peut néanmoins toutes réduire à deux : à celles qui sont proches de nous et celles qui en sont éloignées, et rien n'est si admirable dans la nature, que les différentes impressions de tristesse ou de joie, d'inquiétude ou de repos, d'amour ou de haine que cette distance ou cette proximité produit dans nos esprits et dans nos cœurs.

Les sens, comme les plus matériels, n'agissent que sur des objets présents : il faut que les parties destinées aux fonctions de l'attouchement et du goût reçoivent l'impression des corps qui les approchent sans intervalle et sans milieu, autrement ils ne les connoîtroient point. L'odorat souffre un peu plus de distance; la vue et l'ouïe davantage, toujours néanmoins dans un espace encore modéré. Il n'en est pas ainsi des facultés intellectuelles : la mémoire porte son souvenir dans les temps les plus reculés; l'esprit et l'imagination n'ayant besoin que de la seule image des choses pour les comprendre, qu'elles soient présentes, qu'elles soient absentes, elles en sont connues également.

Le même effet que produit l'éloignement ou la proximité des objets à l'égard des lumières naturelles, se vérifie encore dans l'ordre du gouvernement politique; quelques-uns ont cru que plus les souverains se tenoient absents et se rendoient invisibles, plus le respect des peuples devenoit religieux et les idées que l'on en concevoit magnifiques.

C'est par cette maxime que l'on a vu, que l'on voit encore à présent tant de princes d'un accès si difficile; ils s'imaginent que leur cabinet est un voile mystérieux qui couvre tous leurs défauts, et que la rareté de leur présence augmente le prix de leur mérite. Telle étoit, au sentiment de Ruper, la pensée du superbe Assuérus, qui ne s'exposoit presque jamais aux yeux du public; *ne*, dit ce grand homme, *vilior fieret ex usu publicæ visionis*.

Dans cette retraite orgueilleuse, ils s'érigent en fausses divinités; leur seul nom imprime de la terreur; toutes leurs colères semblent des foudres, et, cachant tout ce qu'ils ont de foible et d'humain, l'on révère ce qu'on ne connoît point, et l'on ne conçoit pour eux que de l'admiration et de la crainte, parce que rien ne paroît d'eux qu'une autorité sévère et des mystères où l'on ne peut atteindre. Mais cette circonspection ne peut être utile qu'à l'égard des puissances barbares, dont la présence, découvrant les imperfections, diminueroit leur estime, et qui, ressemblant aux spectres de la nuit, perdroient une partie de leurs grandeurs, si l'on s'en pouvoit approcher de plus près. Il n'en est pas ainsi des princes parfaits et magnanimes : mieux ils sont connus, plus ils sont vénérables; plus ils se communiquent, plus ils paroissent adorables, soit que cette communication se fasse par la montre précieuse de leurs sacrées personnes, soit par de vivantes images sur lesquelles ils impriment le caractère de leur puissance, et auxquelles ils font part de quelques rayons de leur souveraine autorité, c'est-à-dire par des officiers qu'ils destinent comme leurs truchements et leurs organes, pour répandre sur la terre cette pluie féconde de la justice qui fait et la sûreté et la gloire des États, et la félicité des siècles heureux : *Bonitatem seculi non de tempestatibus, sed de magistratibus æstimandam*.

Le monarque est dans son empire comme le soleil dans le monde. Ce roi des planètes, bien qu'attaché à sa sphère, n'éclaire pas seulement les astres voisins; mais poussant sa vertu jusque dans le centre de la terre, là il produit les métaux, ici il fait croître et fructifier les plantes; d'un côté, il excite des tremblements, et de l'autre, il allume des feux capables de faire des embrasements effroyables : telle est l'étendue de la puissance du souverain, toujours présente en toutes les parties soumises à sa couronne.

Ce n'est pas dans les ténèbres que l'astre du jour étale sa splendeur et fait briller son plus grand éclat, c'est dans le milieu de sa carrière, et lorsque, étant parvenu à son midi, ses rayons tombent à plomb sur nos têtes. Il y a des temps où l'on diroit que sa force est perdue et sa lumière éclipsée ; mais quand, après un si long éloignement, il revient et semble renaître sur notre hémisphère, pour lors nous jouissons en liberté de son agréable présence ; pour lors il nous fait ces beaux jours, il nous donne ces longues chaleurs, sources inépuisables de richesse et de fécondité ; et cette ardeur qui achève la maturité des fruits, qui remplit nos greniers d'une moisson abondante, qui réjouit toute la nature, est encore la même qui fait tarir les petits ruisseaux et sécher les plantes inutiles.

Quel portrait plus naïf de la démarche de notre invincible héros et des progrès glorieux que cet astre bénin a faits dans sa course depuis qu'il s'est levé sur l'horizon de cette monarchie ! Quelle saison plus difficile et quel temps plus rigoureux que celui dans lequel sa lumière a commencé de paroître ! Jamais le ciel fut-il plus armé de foudres, ni l'air plus troublé de vapeurs et plus agité de tempêtes ? Quels jours plus ténébreux ? quelles nuits plus longues et plus fâcheuses ? Partout désordre, partout licence et impunité ; partout misère et désolation ; mais on l'a vu surmonter tous ces nuages qui s'élevoient du sein de la terre dans la moyenne région, et ramener partout le calme et la sérénité.

Après donc tant de villes forcées et tant de provinces réunies à sa couronne ; après avoir compté le nombre de ses victoires par celui de ses batailles ; après avoir porté l'éclat de ses actions immortelles et la terreur de son nom aux extrémités du monde ; après avoir donné la paix à toute l'Europe, et réparé toutes les ruines que ce long hiver avoit laissées ; après avoir par-dessus tout cela recherché les malversations commises dans l'administration des finances, racheté les nouvelles rentes qui rendoient toute la France tributaire du luxe de Paris, rétabli les manufactures et le commerce, délivré la mer de l'insolence des pirates, protégé l'Église, secouru ses alliés et dompté l'orgueil des troupes infidèles qui menaçoient l'Allemagne ; après enfin tant de prodiges et de miracles consacrés à la gloire et à la réformation de son État, que pouvoit-il concevoir de plus important et de plus illustre que de faire part de son irradiation aux provinces éloignées du siège de l'empire, d'en reconnoître les besoins soit par lui-même, soit par le ministère de personnes d'une fidélité éprouvée, commençant par celles où le mal est plus grand et le secours plus nécessaire; à l'exemple de ce grand vase de lumière, dont la chaleur, bien qu'également favorable à toutes les choses qui lui sont inférieures, redouble toutefois son activité quand il faut percer des nuages dont l'opiniâtreté et l'épaisseur ne pourroient être vaincues, ni dissipées par un effort ordinaire?

Que si, entre plusieurs provinces qui gémissent depuis longtemps dans l'oppression, celles-ci ont été plutôt choisies pour servir de théâtre aux premières représentations de l'innocence protégée et de la violence punie, ce n'est pas tant un effet de la nécessité qu'une marque de cette autorité bienfaisante qui, à l'imitation de la chaleur naturelle, ne fait jamais mieux éclater sa vigueur que lorsque, non contente de conserver les parties nobles, elle porte sa vertu salutaire à celles qui sont le plus éloignées des principes de la vie. Ainsi, au même temps que notre auguste prince donne un accès libre et facile à ceux qui implorent sa protection; au même temps qu'il écoute lui-même leurs plaintes, et soulage leur misère de ses propres mains; au même temps encore, il a voulu former un corps d'élite tiré de la même compagnie qui, par la sainteté et la droiture de ses jugements, peut être appelée l'oracle de la France, pour faire sentir les influences de son secours aux lieux qui ne peuvent être favorisés de sa présence, pour donner par préférence à cette province le privilége de recevoir la justice dans son propre sein, de la trouver sans fatigue, de la demander sans crainte et de l'obtenir sans délai; et tout cela avec une certitude infaillible de goûter tous les fruits que cette fille du ciel attire à sa suite, tels que sont le maintien des personnes foibles et abandonnées, contre la persécution de celles qui leur font injure; la défense des lois et des magistrats contre l'audace et la rébellion des hommes qui les méprisent; le rétablissement de la sûreté publique et particulière contre les assemblées illicites, la force et la violence.

Ce ne sont pas des mains étrangères ou suspectes que notre

monarque destiné à cet emploi ; ce sont les mêmes sur lesquelles repose continuellement sa puissance, et auxquelles il a confié la garde des lois et le précieux dépôt de la justice. Car quelques-uns ont cru que les Grands-Jours ont donné naissance aux parlements non sédentaires en leur origine, et que cette forme de terminer les procès est tirée de l'ancien usage des assemblées dont parle Jules César dans ses *Commentaires ;* d'autres veulent que l'institution en soit plus nouvelle, et que leur établissement n'ait commencé que depuis trois siècles. Mais, sans entrer dans cette dispute, ce corps de réserve possède et le nom et l'autorité tout entière du sénat. Fortifiée par un nouveau concours de la puissance souveraine, elle est d'autant plus digne de révérence qu'elle est présente et absente en même temps, et ceux qui méprisent avec plus d'orgueil les armes ordinaires de la justice, doivent d'autant plus trembler aux nouveaux bruits de ces foudres et aux premiers éclats de cette vengeance tant divine que royale, qui porte toujours la mort et la destruction sur tout ce qu'elle frappe.

Mais ce qui doit inspirer plus d'obéissance et de vénération pour ces lumières ardentes et ces feux animés, c'est leur rare mérite et leur incorruptible probité. Ces rayons vivants de la majesté souveraine, choisis dans le temple le plus auguste de la justice, abandonnent le repos que leur promettoit le sommeil des affaires publiques ; ils se privent de la douceur de la campagne pour venir, le flambeau à la main, éclairer ceux qui habitent dans une région de ténèbres, et leur donner une nouvelle vigueur par les douces influences d'une chaleur modérée, ou les consumer si, par l'excès des crimes, elle se trouve injustement irritée.

Nous avons un prélude de cette vérité dans le psaume XCVI, lequel, bien que sans titre, se trouve néanmoins avoir été composé par David au retour de ses victoires. Ce prince, après avoir fait sentir aux rebelles et aux étrangers la pesanteur de son bras, et donné la paix au peuple d'Israël, chanta ce beau cantique qui commence *Dominus regnavit.... moveatur terra ;* et dans ce saint enthousiasme, il publie les louanges du Seigneur, il rapporte à la gloire du ciel le succès de ses entreprises et de ses armes, et fait, en peu de mots, un fidèle récit du progrès de ses triomphes dont tous les degrés sont autant de crayons des voies par lesquelles notre Hercule gaulois s'est rendu paisible dans son État et formidable à ses ennemis; si bien que nous pouvons dire, usant des termes de ce prophète, que ses conseils ont été profonds, ses pensées impénétrables, ses desseins mûrement concertés et toujours heureux; que la justice est le premier fondement de son trône; qu'il est la terreur des méchants; que le feu, qui dévore tout, marche devant sa face; que les éclairs et les foudres l'environnent de tous côtés; que la terre s'en est émue; que les princes les plus fiers, que les montagnes les plus orgueilleuses ont fait joug à son autorité, et se sont humiliés pour éviter son indignation; que le ciel partout a pris ses intérêts, a combattu pour lui; que Sion, figure de l'Église et glorieuse de sa protection, par des hymnes d'allégresse, célèbre le triomphe de ses dernières victoires qui ont arrêté le progrès des légions barbares, et empêché la ruine et la désolation de l'empire.

Mais, après tant de trophées et d'acclamations publiques, une chose reste encore à desirer pour le dernier fruit de ses travaux; pour le couronnement et l'entière consommation de sa gloire, savoir : que *lux orta est justo*, qu'une lumière se lève, ou plutôt, comme parle la version littérale de la langue sainte : *lux sparsa est justo*, qu'une lumière se répande sur les hommes justes; qu'ils soient tous environnés et comme pénétrés d'une clarté nouvelle; qu'elle dirige leurs pas et donne une profonde paix à leurs consciences, afin de vérifier cet oracle du sage : *Via justorum sicut semita splendescens, et crescit usque in perfectum diem*, que le chemin des justes est un sentier tout brillant; que plus ils y marchent, plus ils acquièrent d'intelligence, et que leur perfection, croissant tous les jours par une application continuelle aux fonctions de la justice, ils deviennent eux-mêmes comme des astres luisants, capables d'éclairer et de conduire les autres.

Il n'en est pas ainsi du jour qui paroît sur la tête des impies : c'est un flambeau qui s'éteint aisément; c'est un feu toujours pernicieux et qui ne sert qu'à faire des incendies. S'il en sort quelque flamme, elle s'évanouit aussitôt; elle se convertit en une noire et épaisse fumée, capable d'obscurcir le soleil dans son midi et d'empester tout par l'infection de sa mauvaise odeur. Si donc ce rayon de l'esprit divin, cette étincelle de probité et de lumière que le plus sage des rois appelle une loi domestique gravée dans le fond de nos cœurs, vient à s'affoiblir peu à peu par le désordre de nos affections corrompues ; si l'intérêt particulier, unique source de toutes les contentions, menace notre raison d'une éclipse si funeste, de qui pouvons-nous attendre un secours plus puissant que de la lumière et de la force de la loi, confirmées par les illustres fonctions de la justice, qui seules peuvent servir de barrières entre les bons et les méchants, entre l'innocence et le crime?

C'est particulièrement pour être les dépositaires de ce précieux trésor, que les rois ont été établis sur la terre et élevés au-dessus des autres hommes; c'est pour en faire part à leurs principaux officiers par un épanchement ou plutôt par une réflexion de cette lumière souveraine, laquelle n'étant point séparée de son centre, conserve toujours la dignité et la vigueur de son origine. Il n'en est pas ainsi des magistrats subalternes et qui administrent la justice dans les provinces éloignées : bien que, descendant par une ligne droite, il ne puisse souffrir aucune altération, la force de ce rayon de la suprême autorité ne laisse pas de diminuer, lorsqu'une trop longue distance le dilate et l'oblige d'occuper un plus grand espace de lieux. Comme l'interposition d'un corps opaque suffit pour empêcher que nous ne recevions une libre effusion de la lumière; ainsi la violence et le crédit dont se servent les personnes de condition, pour opprimer les peuples et commettre toute sorte de crimes, joints à la foiblesse et à la connivence des magistrats, forment tant d'obstacles au passage de cette divine lumière, que la licence de mal faire est devenue générale, et les ténèbres de l'injustice ont couvert toute la face de la terre.

Nous ne doutons pas néanmoins que les maîtresses roues qui font jouer les principaux ressorts de cette importante machine, n'aient été fort régulières dans leurs mouvements; c'est aussi ce qui nous persuade qu'elles recevront avec plus de satisfaction et de fruit les instructions, les maximes et les exemples d'intégrité et de courage que cette auguste compagnie leur donnera; que le goût qui leur en demeurera leur sera continuellement délicieux; que la bonne odeur s'en conservera avec soin; que l'idée en persistera à jamais fidèlement gravée dans leur mémoire, et que les monuments qui en resteront se rendront éternels par le témoignage de ceux qui, en ayant été et les spectateurs, et les auditeurs, et les admirateurs tout ensemble, en transmettront de race en race le souvenir jusqu'à la dernière postérité; en sorte que l'on pourra dire à la gloire du roi, à l'honneur du parlement et au repos perpétuel de ces provinces, ce que chantoit autrefois David dans le psaume qu'il semble avoir consacré au panégyrique de la loi. Là, après avoir fait paroître l'éloquence du ciel pour l'instruction des hommes, après avoir regardé le firmament et ces sphères qui roulent sur nous, comme autant de chefs-d'œuvre qui annoncent la grandeur de leur ouvrier, et admiré le soleil comme un tabernacle, ou, pour mieux dire, comme un trône d'où, comme d'un abîme de lumière, s'épandent de toutes parts un nombre infini de rayons; enfin, pour toute conclusion, il décide que la loi est une beauté sans tache, qui, par la force de ses charmes, convertit les coupables et sanctifie les innocents; que ces préceptes sont fidèles et capables d'inspirer la sagesse aux enfants; que ses menaces engendrent une crainte toute pure et désintéressée, puisqu'elle n'est fondée que sur l'amour; que ses jugements se justifient par eux-mêmes, et que, bien loin de causer de l'amertume dans l'esprit de ceux qui les observent, elle leur donne de la tranquillité et de la joie, parce qu'ils lui consacrent leur cœur et toutes leurs affections, qu'ils trouvent ses enseignements et ses conseils plus doux que le miel, et en font plus d'estime que des plus riches trésors et des métaux les plus précieux.

Recevez donc avec respect ces grandes lumières qui vous visitent. Leur unique but est d'exécuter les ordres de celui qui les envoie, d'éclairer votre horizon, de purifier l'air qu'on y respire, d'en modérer l'intempérie, et d'en bannir la corruption. Rendez mille actions de grâces à ce soleil de justice qui vous donne des marques si visibles de sa protection; priez le ciel de verser mille bénédictions sur sa tête sacrée, de multiplier ses jours d'un grand nombre d'années, de combler cette longue course et ce règne glorieux de toutes sortes de félicités, et de faire que ces vœux que nous concevons en sa faveur, soient comme autant de vapeurs élevées dans l'air, qui retomberont sur lui en rosées de grâces et de prospérités. Quels souhaits pourroient être plus justes, puisqu'il est vrai que, par l'établissement de ce tribunal, il rend la voix à ceux dans la bouche de qui elle sembloit étouffée; qu'il redonne la liberté que les menaces et la crainte de l'oppression avoient tyranniquement enchaînée; qu'il rétablit l'ancienne splendeur dans les trois ordres de son royaume, d'où elle étoit depuis longtemps éclipsée, remettant ainsi tout le monde en état de pouvoir vivre paisible et heureux, chacun selon sa mesure et sa condition!

Après toutes ces espérances, saurions-nous plus glorieusement couronner ce discours que par cette illustre période d'un grand prophète, lequel parlant de la sévérité des jugements de Dieu sur ceux qui attirent son indignation et sa colère, et de l'abondance de ses grâces sur ceux qui observent les commandements de la loi, dit : *Omnes superbi, et omnes facientes impietatem, stipula : et inflammabit eos dies veniens.... et orietur vobis timentibus nomen meum sol justitiæ.* (Malach., IV, 1 et 2.)

Mais parce que tous ceux qui sont assis sur les fleurs de lis, et qui ont part au sacerdoce de la justice, doivent concourir à l'exécution de ce dessein, non pas par des vœux inutiles et en levant au ciel des mains oisives, mais par un mouvement régulier et un travail assidu; pour ce sujet nous exhortons les avocats d'user avec autant de probité que de chaleur de ces vives et pénétrantes lumières qui rendent leur condition si illustre et leur mérite si recommandable. Nous les conjurons de secourir indifféremment tous ceux qui demanderont leur conseil ou qui imploreront leur assistance; et comme l'importante fonction qu'ils exercent est une des principales de la justice, elle desire aussi des esprits perçants et faciles, un jugement solide et un zèle non moins religieux que brûlant. Pour cela, nous souhaiterions que le même ange qui, avec un charbon pris sur l'autel, toucha autrefois les lèvres d'un prophète pour le rendre capable de son ministère, purifiât, et en même temps embrasât les vôtres, pour vous donner autant de ferveur qu'en doivent avoir tous ceux dont le plus noble emploi consiste à défendre la foiblesse, à détruire la calomnie et à protéger l'innocence.

Quant à nous, messieurs, nous aurions à desirer, pour satisfaire au devoir de nos charges et à la dignité de cette auguste compagnie, d'être remplis de cette lumière de discipline que Tertullien appelle *censorium lumen ;* nous voudrions avoir l'activité, la vigueur de ces grands génies qui nous ont précédés, et qui, assis en des occasions pareilles dans la même place que nous avons l'honneur maintenant d'occuper, ont combattu le vice avec tant de sévérité, ont poursuivi avec une si noble ardeur la vengeance des crimes, qu'ils nous obligent, pour marcher sur leurs pas glorieux et suivre leurs illustres vestiges, de prendre aujourd'hui pour devise ces généreuses paroles qu'Eutiphron, dans son dialogue avec Socrate, croyoit être la juste définition de la véritable piété : Ἄπαν δ' ἀδικοῦντι ἐπεξιέναι, attaquer partout l'injustice, nous déclarer, sans acceptions, ennemis de toute violence, et exercer la censure publique à l'ombre de votre autorité.

VIII

FAMILLE DE LA ROCHEFOUCAULD.

(Voy. p. 4.)

Charles Ier de La Rochefoucauld avait eu de Fulvie Pic de La Mirandole quatre enfants :

1° Jean-Louis de La Rochefoucauld, qui a tenu, sous le nom de comte de Randan, le premier rang en Auvergne durant les guerres de la Ligue ;

2° François de La Rochefoucauld, qui fut abbé de Tournus à quinze ans, évêque de Clermont à vingt-six (de 1585 à 1609), puis cardinal, évêque de Senlis, etc., mort en 1645 ;

3° Alexandre de La Rochefoucauld, prieur de Saint-Martin-les-Vallées, abbé de Saint-Pourçain ;

4° Marie-Sylvie de La Rochefoucauld, qui épousa Louis de Rochechouart, seigneur de Chandenier.

Jean-Louis de La Rochefoucauld périt à la bataille de Cros-Rolland, près Issoire, le 14 mars 1590. Le corps de ce seigneur fut porté à Riom et déposé dans une chapelle de l'église des Cordeliers. Il y resta jusqu'au mois d'avril 1664, époque où la marquise de Senecey, sa fille, le fit porter à Randan et placer dans le tombeau de ses pères. (Voy. de Bastard, *Rech.*, p. 221, et Imberdis, p. 311.) On lit dans l'inscription placée sur son tombeau et conservée aujourd'hui dans l'église du Marturet à Riom : DUM MUNUS SUUM, HOC EST IMPERATORIS

BELLICI, STRENUE OBIT, NEFARIE PER FRAUDEM INTEREMPTI....
Fléchier, en disant qu'il est mort *martyr pour la défense de la religion catholique*, fait peut-être allusion à l'épitaphe suivante :

> RANDANUM periisse putas, pietate colenda
>   Spectatum, pro qua fortiter occubuit?
> Falleris : æternum vivit. Seu sidera spectes,
>   Seu terras, nusquam gloria vera perit.
> Gallia, si grata est, illi immortale trophæum
>   Ponet, et excelsa *rupe* super statuet.
> Extremaque basi (relegant quod postera secla)
>   Hoc solido incisum marmore carmen erit.
> Maxima RANDANI gestarum gloria rerum
>   Percurret vivax Solis utramque domum.
> Qui vitam æterna pro relligione profundunt,
>   Illos æternum gloria lata manet.
>   N. MORELETUS.

Cette épitaphe a été publiée à la suite d'un poëme français consacré à la mémoire de Jean-Louis de La Rochefoucauld, intitulé : *Le tombeav de havlt et pvissant seig. Jean-Louis de La Rochefoucault, comte de Randan*, etc., par N. Le Digne ; Paris, 1600 ; 84 pages, petit in-12.

IX

ALLIANCES DE LA MAISON RIBEYRE.

(Voy. p. 11, 53, 221 et 312.)

Antoine Ribeyre,
= Michelle Chambon.

Paul R.,
seigneur de Saint-Sandoux :
1º trésorier de France;
premier président de la cour des aides;
mort en 1660.
= *Jeanne Dubois de la Pause.*

Antoine R.,
seigneur d'Opme,
conseiller de la cour des aides;
puis conseiller d'État;
puis lieutenant général de la sénéchaussée de Clermont.
= *Marguerite*, fille de Jean Fayet.

François R.,
seigneur
de Fontenilles,
près Lezoux;
premier président
de la cour
des aides.
= *Marguerite
Dufour.*

Françoise R.,
= Charles de Combes,
président
au présidial
de Riom.

Antoine R.,
conseiller au parlement
de Paris,
puis intendant
à Limoges.
= *Catherine*,
fille de Nicolas Potier,
seigneur de Novion.

Michelle R.,
= Guillaume
Beaufort-Mont-
boissier-Canillac,
marquis
de Pont-du-Château,
sénéchal
de Clermont.

Françoise R.,
= Etienne
Cisternes,
seigneur
de Vinzelles,
président
à la cour des aides.

Charlotte R.,
= Henri Boyvin
de Vaurouy,
un des
commissaires
des
Grands-Jours.

X[1]

ARRIVÉE DES COMMISSAIRES A CLERMONT.

(Voy. p. 36.)

Le vendredi 25 septembre, sur les deux heures, M. le président et MM. les commissaires partirent en carrosse pour se rendre à Clermont. Ils étoient précédés seulement du chevalier du guet, qui s'étoit rendu à la porte du logis de M. de Fortia, avec cinquante ou soixante archers à cheval, couverts de leurs casaques rouges. M. le président ne voulut pas que le sieur Pannay, prévôt général des maréchaux, qui étoit prêt avec sa compagnie, les escortât.

Dans le carrosse de M. le président, M. Lefèvre de Caumartin, maître des requêtes, garde du sceau pour la chancellerie des Grands-Jours, étoit avec lui au fond. Sur le devant étoient M. Le Coq et M. Hébert, et, aux deux portières, M. Le Boultz et M. Malo. Le reste de MM. les commissaires marchoit en différents carrosses, et M. Talon le dernier dans le sien.

Les échevins de Clermont, qui deux jours auparavant avoient été jusques à Saint-Pourçain complimenter M. le président, se présentèrent encore les premiers à pied sur la route, à la portière de son carrosse, revêtus de leurs robes mi-parties et suivis de plusieurs personnes du conseil de ville. L'un des échevins harangua nu-tête. M. le président lui répondit en peu de paroles au nom de MM. les commissaires, ayant toujours son chapeau à la main. Deux cents pas après, les juges-consuls de Clermont vinrent aussi haranguer à la portière du carrosse. Presque à la même distance, M. le marquis de Canillac de Pont-du-Château, sénéchal de Clermont, suivi de quinze ou vingt gentilshommes à cheval, étant venu à la rencontre, lui et ceux de sa suite mirent tous pied à terre et s'approchèrent du carrosse. M. le président, et ceux qui y étoient avec lui, et dans le

---

1. Extrait du *Journal de Dongois*.

carrosse suivant, en descendirent. Le marquis de Canillac, au nom de la noblesse, félicita MM. les commissaires de leur arrivée, et leur protesta toute sorte de respect et d'obéissance par un discours dont ils parurent extrêmement satisfaits. M. le président l'assura aussi que sa compagnie avoit une considération particulière pour la noblesse du ressort, et ensuite ceux de MM. les commissaires qui étoient descendus de leurs carrosses y remontèrent et suivirent le grand chemin. Le marquis de Canillac et les gentilshommes qui l'accompagnoient prirent le chemin de détour par les prés de Montferrand.

Sur la route de MM. les commissaires, les consuls de Montferrand, les élus, les officiers du présidial de Clermont, le sieur président de Vinzelles, portant la parole pour les derniers, les officiers du bailliage de Montferrand, tous en corps différents, revêtus de leurs habits de magistrature, se présentèrent successivement à la portière du carrosse de M. le président, où chaque corps harangua par la bouche de l'un des premiers officiers. M. le président leur répondit à tous, ayant son chapeau à la main.

Sur les cinq heures du soir, MM. les commissaires arrivèrent à Clermont et descendirent en la maison du sieur Ribeyre d'Opme, ci-devant lieutenant général, destinée pour le logement de M. le président, où presque aussitôt M. Montorzier, second président de la cour des aides, arriva avec sept conseillers, et M. du Vernet avocat général, députés de cette compagnie. M. du Vernet, qui portoit la parole, dit à ces Messieurs que leur compagnie les avoit députés pour leur témoigner la joie extrême qu'elle avoit du choix que le roi avoit fait de leurs personnes pour effacer les restes des désordres que les guerres civiles avoient laissés dans les provinces qui leur étoient commises. Il les assura que la cour des aides auroit toujours une très-grande estime et un très-grand respect pour eux, et il les pria de sa part d'accepter le tribunal de la cour des aides, qui étoit plus commode que le présidial pour la séance et le palais des Grands-Jours. M. le président les remercia au nom de la compagnie de leur civilité, et accepta l'offre qu'ils avoient faite de leur tribunal, sans parler d'une lettre de cachet du roi que l'on avoit apportée pour cela[1]; et, après quelques compliments

---

1. Elle leur fut envoyée le soir par un huissier. (*Note de Dongois.*)

réciproques, MM. les députés de la cour des aides prirent congé. M. le président et la plupart de ces Messieurs, qui étoient avec lui dans sa chambre, les reconduisirent jusques à la porte de la rue.

Peu de temps après, ces Messieurs étant remontés, les échevins, les élus, les consuls et les officiers du présidial de Clermont les vinrent encore saluer. Les députés du chapitre de l'église cathédrale y vinrent aussi, le sieur abbé Champflour, portant la parole, et après eux les députés des autres chapitres et des communautés religieuses.

M. l'évêque y vint le dernier, suivi de son official[1] et de ses aumôniers. Après les premiers compliments, M. le président le pria de dire la messe le lendemain à l'ouverture, ce qu'il accepta avec civilité, et il témoigna qu'il auroit beaucoup de joie de contribuer de son ministère à une œuvre si sainte et si utile pour le repos et le soulagement de la province. Il fut arrêté que la cérémonie se feroit dans la nef de la grande église, à cause que la salle des procureurs et les chapelles du présidial et de la cour des aides étoient trop petites, et, après quelques autres discours, M. l'évêque prit congé. M. le président et quelques-uns de MM. les commissaires le reconduisirent, comme ils avoient fait les députés de la cour des aides.

Il y avoit eu des logements marqués pour MM. les commissaires et pour les autres officiers chez les plus considérables habitants de la ville, par les soins du sieur Bardin, conseiller du présidial[2]. Messieurs allèrent visiter les leurs et revinrent souper chez M. le président.

---

1. Juge d'église qui prononçait dans les questions déférées au tribunal de l'évêque.
2. En vertu d'une lettre de cachet. (*Note de Dongois.*)

XI[1]

PROCÈS DU VICOMTE DE LA MOTHE-CANILLAC.

(Voy. p. 52.)

Le vicomte de La Mothe-Canillac, riche de trente mille livres de rente, et de l'une des premières maisons d'Auvergne, fut arrêté le vendredi 25 septembre, à cinq heures du matin, à Clermont. Le bruit étoit qu'il alloit partir pour se sauver, quoiqu'il fût venu, à ce que l'on en disoit dans la ville, comme le plus irréprochable de ces gentilshommes, avec intention d'être le bureau d'adresse de ceux qui seroient, pendant les Grands-Jours, en peine. Il avoit donné, en 1654, à un gentilhomme nommé Alexandre de Montservier, sieur d'Orsonnette, cinq mille livres, pour lever une compagnie de cavalerie. D'Orsonnette prétendit qu'il n'avoit pas entendu s'engager contre le service du roi, et qu'il croyoit que le sieur de La Mothe eût commission de Sa Majesté, et dissipa sa compagnie. Le sieur vicomte de La Mothe, irrité, protesta publiquement de se venger de d'Orsonnette, et de le charger en quelque lieu qu'il le trouvât. Des gentilshommes de la province s'entremirent de l'accommodement, et firent passer une obligation de la somme par d'Orsonnette, au profit du sieur vicomte de La Mothe. D'Orsonnette, dans le temps que l'obligation fut passée, avoit fait des protestations qu'elle avoit été tirée de lui par force, et qu'il avoit rendu la somme. Il prit, peu de temps après, des lettres pour se faire restituer contre l'obligation; ce qui aigrit tellement le sieur de La Mothe, qu'il envoya, comme il étoit prouvé, plusieurs fois des cavaliers pour ruiner les jardins de d'Orsonnette, et l'attendre à la sortie de sa maison pour l'assassiner; et enfin il parut, par le procès, que le sieur de La Mothe ayant su que d'Orsonnette devoit aller avec deux sergents faire donner un exploit à la marquise d'Allègre, et qu'il falloit nécessairement qu'il tra-

---

1. Extrait du *Journal de Dongois*, fol. 110.

versât le grand chemin en un certain lieu, partit de son château de la Mothe accompagné de quatorze ou quinze personnes bien montées et bien armées ; qu'ayant aperçu d'Orsonnette avec ses deux sergents et un valet à cheval, et deux ou trois autres personnes fort mal montées, qu'il avoit rencontrées en chemin, il cria aussitôt aux gens de sa suite : *Tue! tue!* et que tous, lui à la tête, le fusil à la main, suivirent d'Orsonnette et son fauconnier, qui étoient mal montés, et qui prirent la fuite vers la ville d'Ozon, où enfin ils furent attrapés par le sieur vicomte de La Mothe et ses gens ; que le fauconnier fut tué sur la place d'un coup de fusil qui lui fut tiré dans le derrière de la tête en fuyant, et que d'Orsonnette reçut un coup de fusil dans une épaule, dont il fut jeté à terre de dessus son cheval, lequel coup le sieur de La Mothe avoua, par des lettres de rémission qu'il prit de M. de Caumartin, garde du sceau, lui avoir tiré, et qu'il en avoit été tellement blessé, qu'il fut laissé pour mort sur la place. Les parties ayant fait informer respectivement, d'Orsonnette à Riom, et le sieur de La Mothe, qui prétendoit que d'Orsonnette l'avoit attendu sur le grand chemin pour l'assassiner, par un exempt du prévôt des maréchaux, le sieur de La Mothe se pourvut au grand conseil, où il obtint des défenses, ce qui arrêta l'affaire pendant huit ou dix ans ; mais enfin la séance des Grands-Jours ayant été ordonnée, le lieutenant criminel de Riom porta à M. le président et à M. Talon, le jour qu'ils passèrent à Riom, la procédure qu'il avoit faite contre le sieur de La Mothe ; et, en vertu de son décret, M. le président et M. Talon envoyèrent arrêter le sieur de La Mothe à Clermont, où on leur dit qu'il étoit, par le grand prévôt et l'huissier Carlier.

XII

LETTRE DE M. DE CAUMARTIN AU CHANCELIER SÉGUIER[1].

(Voy. p. 56.)

A Clermont, ce 13 octobre 1665.

Monseigneur,

Quand le Roy employe des personnes aussy peu éclairées que je le suis, et qui ont autant de peur de se mesprendre en exécutant ses ordres, il vous expose à bien des importunitez, puisque, dans tous les doutes qui surviennent, nous sommes obligés d'avoir recours à vous comme à la source de la justice, de nous régler par vos lumières, et d'apprendre le véritable sens des loix de vous, Monseigneur, qui estes la loy vivante et le véritable interprète des intentions de Sa Majesté. Permettés-moi donc de vous déduire une difficulté que j'ay dans la fonction du sceau. Je vois que le Roy ne veut point abolir de crimes commis dans l'estendue des Grands-Jours; mais je ne sçay s'il entend exclure pareillement toutes les graces que l'on peut donner au petit sceau pour les cas qui sont tout-à-fait rémissibles par les loix et par les ordonnances. J'ay creu jusques à présent que ce n'estoit pas là l'intention du Roy, ces lettres estant, à proprement parler, plustost de justice que de grace, et une formalité que nous observons en France que, toutes les fois qu'il y a mort d'homme, soit qu'elle soit arrivée par cas fortuit, ou dans une légitime défense, il faut avoir recours au prince pour en accorder le pardon, et ce n'est point aux compagnies souveraines à le suppléer.

Il me semble aussy, Monseigneur, que je vous ay tousjours oüy tenir que l'on peut librement accorder ces sortes de lettres qui sont en connoissance de cause, parce qu'elles engagent les coupables à se représenter à justice, et lors on examine si le cas est rémissible et s'il est conforme aux charges. Il est vray

---

[1] Cette lettre autographe se trouve dans les papiers du chancelier Séguier. Mss. Bibl. imp., Saint-Germain fr., n° 709, t. XL, fol. 156.

que souvent un accusé déguise un fait et a recours à ces lettres pour reculer le jugement de son procès par des chicanes. C'estoit peut-estre l'intention du sieur de La Motte-Canillac, lorsqu'il m'en a fait demander par toute sa famille avec des instances et des clameurs toutes extraordinaires, comme si c'estoit la dernière injustice de luy fermer les voyes de droit, qui sont ouvertes à tous les sujets du Roy. Je luy ay accordé des lettres sur un cas tout-à-fait rémissible qui ne sera peut-estre pas conforme aux charges ; mais ce n'a esté qu'après avoir fait passer un apointement entre l'accusé et l'accusateur, que l'on dict estre présentement d'accord ensemble, par lequel ils emploient, pour moyens d'obreption et de subreption et response à iceux, tout ce qui est au procès, de manière que les lettres ayant esté leues ce matin à l'audience, le procès n'est point hors d'estat, et elles n'empescheront pas qu'on ne le juge cette semaine : j'ay creu, par cette conduite, satisfaire à tout en faisant voir qu'on ne refuse point les choses de justice, et retranchant en mesme temps tous les moyens de chicaner. J'attendray, Monseigneur, que vous me prescriviez comme j'en doibs user à l'advenir et j'exécuteray tousjours vos ordres avec grand respect, estant,

Monseigneur,

Vostre très humble et très obéissant serviteur,

DE CAUMARTIN.

XIII

§ 1.

LA TUBÉREUSE, A CLÉLIE.

(Voy. p. 58.)

Des bords de l'Orient je suis originaire.
Des astres le plus beau, le soleil est mon père.
Le printemps ne m'est rien ; je ne le connois pas ;
Et ce n'est point à lui que je dois mes appas.
Je l'appelle en raillant le père des fleurettes,
Du fragile muguet, des simples violettes,
Et de cent autres fleurs qui naissent tour à tour ;

Mais de qui les beautez durent à peine un jour.
Voyez-moi seulement, je suis la plus parfaite :
J'ai le teint fort uni, la taille haute et droite;
Des roses et des lis, j'ai le brillant éclat,
Et du plus beau jasmin le lustre délicat.
Je surpasse en odeur et la jonquille et l'ambre;
Et le plus grand des rois me souffre dans sa chambre....
A son air de héros, à ses exploits guerriers,
On eût dit que son cœur n'aimoit que les lauriers,
Que seule à ses faveurs la palme osoit prétendre ;
Cependant il me voit d'un regard assez tendre.
Après un tel honneur, cédez, moindres beautez :
Vous avez plus de nom que vous n'en méritez.
Vous, Clélie, excusez si j'ai l'âme hautaine;
Et si, dans mes discours, je parois un peu vaine :
Par l'avis de SAPHO, je demande vos chants,
Si chéris des neuf sœurs, si doux et si touchants,
Afin de publier, du couchant à l'aurore,
Que je suis sans égale en l'empire de Flore;
Que la triste hyacinthe avec tous ses appas,
Et cette fleur qui suit mon père pas à pas,
Les roses de Vénus nouvellement écloses,
Ajax si renommé dans les Métamorphoses,
La fleur du beau Narcisse et la fleur d'Adonis,
Toutes doivent céder à la fleur de LOUIS.

[*Bibliothèque poétique*, par Lefort de La Morinière.
Paris, 1745, 4 vol. in-12, t. II, p. 519.]

§ 2.

RÉFORME ECCLÉSIASTIQUE.

(Voy. p. 88.)

Le règlement relatif aux affaires ecclésiastiques provoqua une réclamation de l'assemblée du clergé alors réunie à Paris. Voici le texte de cette réclamation :

« Sire,

« L'Église de votre royaume, qui se prépare à vous demander justice de toutes les blessures mortelles qui ont été faites à la juridiction que le Fils de Dieu lui a confiée, se trouve si pressée du dernier coup qu'elle vient de recevoir, par un arrêt de la cour des Grands-Jours, qu'elle ne peut différer un moment, ni se donner le temps de penser à ce qu'elle doit dire à Votre Majesté, pour lui en demander la réparation. Mais appuyés sur la parole de son époux, qui nous promet, en la personne de ses apôtres, de la mettre en notre bouche, toutes les fois que nous serons obligés à paroître devant un grand roi, comme est Votre Majesté, et persuadés que le même esprit qui lui parle par nous possède véritablement votre cœur, et règle tous vos conseils, nous venons en corps, Sire, avec une entière confiance, demander justice à Votre Majesté de l'entreprise inouïe et insoutenable de cette même cour, laquelle a commis, par plusieurs arrêts, les lieutenants généraux des bailliages, pour visiter toutes les églises qui sont dans l'étendue de leur ressort, et pour s'informer, entre autres choses, si la discipline régulière est observée dans les monastères, et si les sacrements sont administrés dans les paroisses, comme ils doivent être. Votre piété, Sire, vous donne sans doute l'horreur de cet attentat, dans le même temps que j'ai l'honneur de vous le représenter; et c'est de cette sainte horreur, Sire, de la connoissance que Votre Majesté a de la religion chrétienne, et de la protection qu'elle doit à l'Église dans cette occasion importante, que nous attendons avec une certitude tout entière, qu'elle cassera cet arrêt, aussi bien que celui en exécution duquel il a été donné. Nous demandons, Sire, cette justice à Votre Majesté; elle la doit à sa religion; elle la doit à sa réputation, et elle la doit encore à toute l'Église, qui ne pourroit subsister, si on arrachoit à notre ministère la direction des sacrements, qui en a toujours été, avec le dépôt de la foi, la portion la plus sainte, la plus spirituelle et la plus inviolable. Ce n'est pas, Sire, que le Fils de Dieu n'ait pas laissé à son Église les moyens de la conserver contre les entreprises de ceux qui l'ont attaquée dans les siècles passés; mais nous avons recours à la justice de Votre Majesté, qui ne souffrira pas assurément que ses officiers établissent des maximes, par l'autorité du Fils aîné de l'Église, qui ont à peine été reçues dans les royaumes hérétiques, quand les rois ont entrepris de s'en dire les Pères. Nous venons donc à Votre Majesté, Sire, comme à un asile assuré, dans la tempête dont l'Église est menacée; et nous ne doutons pas qu'elle ne relève bientôt nos cœurs abattus de douleur, en nous mettant en état, par la prompte justice qu'elle nous rendra, de travailler à toutes les affaires pour lesquelles nous sommes assemblés, avec l'ardeur et le zèle que nous avons tous pour le service de Dieu et de Votre Majesté. Ainsi Dieu comblera votre vie et votre personne sacrée de toutes sortes de prospérités ; et vous ayant fait le plus grand roi du monde, par la sagesse et par le courage, il continuera de bénir vos conseils, et de vous rendre redoutable à toutes les nations de la terre. »

Après de longues discussions, un arrêt du conseil en date du 1er avril 1666 annula le règlement des Grands-Jours en ce qui concernait les affaires ecclésiastiques et enjoignit d'exécuter l'article 21 de l'ordonnance d'Orléans sur les bénéfices non desservis, et les articles 31 et 48 de l'ordonnance de Blois sur les visites des monastères de religieuses.

XIV

TAXE DES OBJETS DE CONSOMMATION. — POIDS ET MESURES [1].

(Voy. p. 88.)

La cour tenant les Grands-Jours en la ville de Clermont, voulant pourvoir au fait de la police, et empêcher que, par les abus et monopoles de quelques particuliers, les vivres et denrées ne soient survendus au delà de leur juste prix, et après que deux des conseillers d'icelle, à ce commis, ont conféré avec les officiers de police sur le fait d'icelle, ouï le procureur général, ensemble le rapport des commissaires, la matière mise en délibération :

A ordonné et ordonne que les vivres, denrées et autres marchandises seront vendues et débitées en la forme et au prix cy-après déclaré, sçavoir :

La livre de bœuf pesant seize onces, prenant les deux tiers du bon endroit, et l'autre tiers des pures de mesnages, à raison de deux solz la livre.

Le mouton et veau, à raison de trois solz la livre.

1. Ce règlement se trouve aux Archives de l'Empire (sect. judic.).

La paire des meilleurs chapons, au plus trente solz, et les autres au plus vingt solz.

La paire de poullardes, seize solz.

La paire de poulles à bouillir des meilleures, au plus seize solz, et les autres au plus douze solz.

La paire de poulletz des meilleurs, au plus dix solz, et les autres au plus huit solz.

La paire de gros dindons des meilleurs, au plus quarante-cinq solz, et les autres au plus trente solz.

La paire de perdreaux ou perdrix, au plus quarante solz.

La paire de cailles, au plus huit solz.

La paire de pigeonneaux de vollière, au plus douze solz, et les communs cinq solz.

Le levraut, au plus vingt-cinq solz.

Le lièvre, vingt solz.

Le lapin ou lapereau, au plus quinze solz.

La paire de canards de rivière, au plus vingt-cinq solz, et les autres seize solz.

La paire de bécasses, au plus vingt-cinq solz.

La paire de grives et merles, au plus sept solz.

Le cochon de lait des meilleurs, au plus vingt-cinq solz, et les autres à proportion de leur moindre qualité.

La paire d'oyes grasses des meilleures, au plus vingt solz, et les autres de mesme, à proportion de leur moindre qualité.

La livre de lard à larder, au plus cinq solz six deniers.

La livre de beure frais, six solz.

La livre d'huille de noix trois solz six deniers.

La livre d'huille d'ollives, six solz.

Le fromage de véritable Cantal, du costé de Salers, à raison de vingt livres le quintal, grand poidz, quatre solz la livre.

Le fromage de Besse fait, trois solz la livre, et l'autre non fait, comme sont les fromages blancs, deux solz six deniers la livre.

La darne de saulmon, pesant une livre petit poidz, au plus vingt solz.

Le saulmon entier, selon sa pesanteur, à proportion du contenu de l'article précédent.

La carpe et braime, pesant une livre et demie, et au-dessoubz, à raison de trois solz six deniers la livre, et celles qui pèseront au-dessus d'une livre et demie, à raison de quatre solz la livre.

Le brochet, la perche, la tanche et l'anguille, à raison de six solz la livre.

Le barbeau et poisson blanc, trois solz la livre.

Les truites et ombres communes, de neuf poulces et au-dessoubz, à raison de douze solz la livre, et celles au-dessus, à raison de quinze solz la livre.

Ordonne la cour que l'ordre ancien observé en ladite ville de Clermont, pour la vente et distribution, poids et prix du pain, tant blanc de miche, que pain blanc de livraison vulgairement appelé *chazeran*, et pain de seigle, sera gardé; ce faisant, la miche de pain blanc de pur froment, pesant dix onces, ne sera présentement vendue que neuf deniers, et sy les miches doublent, l'on payera à proportion de l'augmentation.

La livre contenant seize onces de pain blanc de livraison, vulgairement appelé *chazeran*, qui sera fait de deux tiers froment et le tiers de seigle, dix deniers, et la livre de pain de seigle six deniers, lequel taux et prix augmentera ou diminuera, après trois marchés consécutifs d'augmentation ou de diminution de la vente de bled, en sorte que, selon l'ordre ancien, sera payé pour le pain mollet et miche qui est le pain blanc de pur froment, pesant dix onces, autant de deniers que le septier de bled aura été vendu de vingt solz.

Pour le pain blanc de livraison, dont la livre doibt contenir seize onces, autant de deniers pour livre, que le septier aura été vendu de quinze solz;

Et pour le pain de seigle, autant de deniers pour livre, que le septier aura été vendu de vingt solz.

La corde du bois de noyer sec, quarante-trois solz.

La corde du bois de noyer verd, trente-six solz.

La corde du bois de fresne et faulx sec, trente-six solz.

La corde du bois de faulx et fresne verd, trente-deux solz.

La corde du bois de saulle et maille sec, vingt-cinq solz.

La corde dudit bois de saulle et maille verd, vingt solz.

Le cent de petits fagots, de Lezou, dix-huit solz.

Le cent de grands fagots, de Ladrier, quatre livres dix solz.

La quarte comble de charbon, de Pontgibault, six solz six deniers.

La quarte comble de charbon de Blot et de Saint-Remy, quatre solz.

Lequel charbon sera recognu et mesuré par l'un des couratiers de la ville, sur ce premier requis, auquel sera payé, à raison de deux deniers pour quarte, payables par l'acheteur, moyennant quoy, sera ledit couratier responsable, en son nom, de la qualité dudit charbon et de la quantité desdites quartes.

La livre de chandelle de suif blanc, quant il en sera pris vingt et cinq livres pesant, et au-dessus, sera pesée au grand poids et payée à raison de six solz la livre, et ce qui sera pris au-dessoubz de vingt-cinq livres, sera pesé au petit poids, et payé à raison de cinq solz six deniers la livre.

La livre de cire blanche, à raison de vingt et deux solz.

Fait ladite cour deffense d'y mesler aucun suif, à peine de confiscation de la marchandise et de trente livres d'amende pour la première fois, cinquante livres d'amende pour la seconde, et de cent livres pour la troisième et du fouet.

La livre de cire jaune, dix-huit solz.

Le septier d'avoine, contenant quatre quartes, la meilleure quarante-huit solz, et le septier de l'autre, quarante-deux solz.

Le quintal de foing rendu dans la ville, vingt solz. Et sera de la liberté du vendeur et de l'acheteur de peser ou de faire peser ledit foing par qui bon leur semblera, avec une romaine marquée au grand poids, et en cas que les vendeur et acheteur ne se puissent accorder, seront les chars de foing amenez aux marchez, pesez par le fermier du poids de la ville, qui ne pourra prendre que quatre deniers du poids de chacun quintal, payables, moitié par le vendeur, et l'autre moitié par l'acheteur, et à cette fin, ledit fermier du poids sera tenu d'avoir une romaine qui sera marquée aux armes de la ville ; et néanmoins à l'égard de ceux qui achèteront du foing en détail au-dessoubz de dix livres seulement, payeront iceluy à raison de trois deniers la livre.

Le cent de bottes de paille commune, partie froment, partie conseigle, la botte pesant vingt-huit à trente livres, à raison de vingt deniers la botte, au plus VIII l. VI s. VIII d.

Le cent de bottes de paille de pur froment, chacune botte pesant comme en l'article précédent, à raison de deux solz la botte, dix livres.

Fait ladite cour deffense à tous hostes, cabaretiers, cuisiniers, paticiers, rotisseurs et autres leveurs et vendeurs de gibier, d'acheter doresnavant aucunes volailles, gibiers, aigneaux, poissons, ni autres vivres ou denrées qui seront apportées en la ville, ès jours de marchez et autres, ailleurs qu'auxdits marchez, et avant l'heure de neuf, depuis Pasques jusques à la Toussaints, et de dix heures depuis la Toussaints jusques à Pasques; d'aller au-devant des vendeurs, ny d'acheter en leurs maisons, quant mesme il leur seroit apporté, à peine contre chacun des contrevenants de cent livres d'amende pour la première fois, au payement de laquelle ils seront contraints sur-le-champ par prison, ladite amende applicable, moitié au dénonciateur et le surplus à l'hospital-général. Et en cas de récidive pour la seconde fois, soubs pareille peine de cent livres d'amende et d'être attachés au carcan, et du fouet pour la troisième fois.

Et pour empescher les abus et monopoles que pourroient commettre les bouchers, en l'achat des aigneaux, soubz prétexte que la vente s'en fait au-devant de leurs boutiques, ordonne ladite cour que le marché pour la vente desdits aigneaux sera transporté du lieu ordinaire, et mis au marché de la vollaille, au lieu où se tient le marché au fruict, lequel marché au fruict, pour les charges, sera transféré en la place Saint-Pierre.

Fait aussy ladite cour deffenses à tous les habitants de la ville et fauxbourgs de retirer ni loger à l'advenir aucuns passants, mandiants et vagabonds, ni mesme des familles qui se retirent journellement en ladite ville, et qui pourroient causer des maladies, sans préalablement avoir eu un advis des échevins de ladite ville, à peine contre chacun contrevenant de cent livres d'amende.

Enjoint ladite cour à tous bouchers et boulangers de ladite ville et fauxbourgs, de fournir icelle chacun respectivement de bœuf, veau, mouton et de toute sorte de pain du poids, qualité et bonté portés par les reiglemens cy-dessus, leur fait deffenses à tous autres de vendre les vivres, denrées et marchandises, cy-dessus destaillés, à plus hault prix que celui esnoncé au présent reiglement, ni de contrevenir à icelui directement, ni indirectement, à peine contre chacun contrevenant, pour chacune contravention, de cent livres d'amende applicable, moitié au dénonciateur, l'autre moitié à l'hospital-général, et de punition corporelle, s'il y eschet.

Et seront tenus tous ceux qui ont du foing et bois au delà de leurs provisions nécessaires, de vendre celui qu'ils auront au delà de celui qui leur sera nécessaire au prix cy-dessus, à peine de cent livres d'amende.

Seront les ordonnances du Roy, pour les monnoies et espèces d'or et d'argent, exécutées comme dans la ville de Paris. Ce faisant auront cours, sçavoir : les louis d'or et pistolles à unze livres, et les escus d'or, à cent quatorze solz.

Et sera le présent reiglement publié à son de trompe et cry public, aux lieux ordinaires de ladite ville, et signiffié aux officiers de police, auxquels la cour enjoint de tenir la main à l'exécution d'iceluy, à peine de se prendre à eux et de les rendre responsables en leurs noms de l'inexécution ou contravention audit reiglement.   NAU.

Du 30 septembre 1665.

XV

HÔTEL-DIEU.

(Voy. p. 95.)

Extrait d'un arrêt de la cour des Grands-Jours, du 30 janvier 1666.

.... Vu la requête du procureur général du 24 octobre dernier, à ce qu'il plût à la cour de commettre tels des conseillers d'icelle qu'il lui plairoit, pour se transporter à l'Hôtel-Dieu de Clermont, accompagnés d'experts..., et être par eux dressé procès-verbal de l'état des lieux et des logements occupés, tant par les religieuses que par les malades ; Acte signifié, le 12 novembre, à la requête des administrateurs, par lequel ils auroient adhéré aux conclusions du procureur général... ; Arrêt du 22 décembre, par lequel auroit été ordonné qu'en présence de maîtres Guill. Hébert et Jean Nau, conseillers en la cour....., visitation seroit faite des lieux dépendans dudit Hôtel-Dieu, occupés tant par les religieuses que par les pauvres... ; Visite faite par lesdits experts, en présence desdits conseillers et des parties, des lieux, logements et appartements, qui composent la clôture desdites religieuses ; la plupart desquels lieux de clôture ladite supérieure auroit soutenu avoir été bâtis aux dépens des religieuses et depuis leur établissement, et ainsi qu'il paroît par leur structure, symétrie, différente du reste des bâtiments; et lesdits administrateurs auroient dit, au contraire, que lesdits logements avoient été bâtis lors de la fondation que messire Guillaume Duprat, évêque de Clermont, fit dudit Hôtel-Dieu..., ce qui pouvoit être facilement reconnu par les armes dudit sieur Duprat, qui se trouvoient encore sur deux cheminées des salles qui servoient auxdites religieuses pour leur cuisine, boulangerie et dépense, et par l'enlèvement que lesdites religieuses avoient fait faire d'un ouvrage qui étoit au milieu de la cheminée d'une chambre qui servoit de chapitre, où lesdites armes étoient entaillées ; Autre visite faite par les mêmes experts, aussi en présence desdits conseillers et des parties, de deux salles destinées pour les femmes, dans la première et plus petite desquelles, qui est au-dessus du réfectoire desdites religieuses, se seroient trouvés SEPT LITS et HUIT FEMMES malades, et, dans l'autre, se seroient trouvés HUIT LITS et TREIZE FEMMES malades. Et de deux salles où sont les hommes, dans la plus petite desquelles, et où les administrateurs auroient dit avoir été autrefois les lieux communs, on auroit trouvé TROIS LITS et SIX MALADES, et dans la deuxième, qui est au-dessus du corps de garde de la ville, SIX LITS et QUINZE MALADES ; Réquisitions desdits administrateurs à ce que ladite supérieure fût tenue de déclarer de quel nombre de religieuses leur communauté est composée, et combien elles ont présentement de pensionnaires, en vertu de quels titres elles s'étoient mises en possession desdits lieux de clôture... ; quels services ou assistances elles rendoient aux malades et pauvres, même de rendre compte des dots des filles qu'elles avoient reçues depuis leur établissement, et des autres biens qu'elles possédoient... ; Réponse de ladite supérieure qu'elle ne pouvoit satisfaire à ladite réquisition, attendu ses remontrances et protestations, sans préjudice desquelles elle auroit déclaré qu'il y avoit dans leur clôture trente religieuses professes, savoir, vingt-cinq du chœur et cinq converses, et outre neuf pensionnaires, et qu'il n'y avoit aucunes novices ; Réquisitions du substitut du procureur général du Roi, à ce que ladite supérieure fût tenue de déclarer si, lorsque ledit sieur Nau s'étoit transporté dans leur clôture, ce ne fut pas par la permission du sieur évêque de Clermont ; s'il n'étoit pas assisté de son official, pour essayer à trouver un tempérament pour accommoder les différends desdites religieuses et desdits administrateurs, et si les portes ne lui furent pas ouvertes volontairement et à ceux qui l'accompagnoient; Réponse de ladite prieure, que, lorsque ledit sieur Nau fit la visite, il n'étoit pas commissaire; qu'elle avoit sujet de s'en plaindre; qu'il n'entra point de son consentement, et que ce fut elle qui envoya querir ledit official, après que ledit sieur Nau fut entré; Autre réquisition desdits administrateurs, à ce qu'il plût à la cour déclarer l'établissement desdites religieuses audit Hôtel-Dieu nul, casser icelui et le contrat passé avec elles, le 3 avril 1642...; lesdites religieuses condamnées à laisser aux pauvres la possession libre des lieux qu'elles y occupent présentement...; La cour ordonne... que les religieuses occuperont seulement *tels* dortoirs..., qu'à toute heure du jour et de la nuit, il y aura deux d'entre elles au moins dans les salles des malades, tant des hommes que des femmes, et ne pourront lesdites religieuses se dispenser dudit service, sous quelque prétexte que ce soit...; que lesdites religieuses seront tenues de panser les plaies des malades de l'un et de l'autre sexe, à la réserve des maladies indécentes...

(*Imprimé conservé à la bibliothèque de la ville de Clermont.*)

XVI

LETTRE DU PRÉSIDENT DE NOVION AU CHANCELIER SÉGUIER [1].

(Voy. p. 52.)

16 octobre [1665].

Je ne me suis point donné l'honneur de vous escrire jusques à présent, bien que je vous doive compte de ma conduite, n'ayant rien de considérable à vous faire sçavoir. Nous avons receu les trois procès que vous nous avez envoyés; nous y travaillerons si tost que le procureur général et MM. les rapporteurs en seront instruits. Lundy, nous pourrons voir le

---

1. Cette lettre autographe est tirée des mss. de la Bibl. imp., Saint-Germain fr., n° 709, t. XL, fol. 158.

procès de M. de La Mothe-Canillac, accusé de meurtre, que je fis arrester si tost que je fus arrivé à Riom. Nous attendons que les delais de l'assignation donnée à M. le marquis de Lassai soient eschus pour voir quelle sera sa conduite et suivre les voies ordinaires, si ce n'est que le Roy m'en ordonne aultrement. Nous avons quelques prisonniers assez qualifiés dans les prisons que nous avons fait arrester depuis que nous sommes ici; car nous n'y en avons trouvé pas un. Je me donneray l'honneur de vous mander tout ce qui se passera de remarquable et auray tousjours joie de vous pouvoir tesmoigner mes respects.

Je suis,

Monseigneur,

Vostre très-humble et très-obéissant serviteur,

DE NOVION.

XVII

CONDAMNATION DE GUILLAUME BOYER, CURÉ DE SAINT-BABEL [1].

(Voy. p. 102-106.)

Me Guillaume Boyer [2], prêtre, curé de Saint-Babel, pour réparation de l'assassinat commis en la personne de Claude Rouchier, fut condamné à être pendu et étranglé, tous ses biens sujets à confiscation, déclarés acquis et confisqués au profit de qui il appartiendroit, sur le tout préalablement pris la somme de seize cents livres parisis, pour faire prier Dieu pour l'âme de Rouchier, en l'église où il avoit été inhumé; et à l'égard de Buger, valet de Boyer, condamné d'assister à son exécution, banni de la sénéchaussée d'Auvergne pour cinq ans; il fut ordonné que le décret de prise de corps décerné contre les nom-

---

1. Extrait du *Journal de Dongois*, fol. 145 et 146.
2. Il étoit d'une très-méchante vie, et, sur ce que Rouchier avoit appelé sa g..., g.... de curé, il le fit guêter le lendemain, et lui, à la tête de six personnes, l'ayant attrapé pendant la nuit, l'assomma à coups de bâton. (*Note de Dongois.*)

més Déarnis, Pageix et Chaumonet, complices du curé, seroit exécuté, et que MM. Amable de Veruën [1], lieutenant criminel, et Jean-Baptiste d'Almes, substitut du procureur du Roi à Vic-le-Comte [2], seroient pris au corps et amenés prisonniers dans les prisons de la conciergerie du palais de Clermont, pour répondre aux conclusions que M. le procureur général voudroit prendre contre eux.

XVIII [3]

§ 1.

AFFAIRE DES SIEURS DU PALAIS PÈRE ET FILS.

(Voy. p. 138 et suiv.)

En haine de ce que Chalmazel de Magneu avoit intenté procès contre le sieur marquis du Palais qui lui avoit fait abattre de son autorité privée un four dans la ville de Feurs, un valet de chambre et trois laquais du sieur du Palais, après avoir attendu plusieurs fois le sieur de Chalmazel pour l'assassiner, le chargèrent enfin un soir comme il se retiroit en sa maison en la ville de Feurs, ils lui tirèrent un coup de mousqueton dont ils ne le frappèrent pas néanmoins; mais son laquais, qui lui portoit un flambeau devant lui en reçut les balles dans le corps dont il fut percé. Ils suivirent le sieur de Chalmazel, l'épée dans les reins, jusques en une maison qu'il trouva ouverte, à l'entrée de laquelle ils lui tirèrent encore un coup de mousqueton,

---

1. Ce nom est altéré dans le manuscrit; le nom du lieutenant général était Amable de Veausse.
2. « Ils avoient rendu une première sentence par laquelle ils avoient reçu ce curé en ses faits justificatifs, et sur une méchante preuve qu'il en avoit faite l'avoient absous. Les juges de Clermont, sur la plainte qui leur fut rendue, décrétèrent tout de nouveau contre ce curé, lequel, en conséquence de sa sentence d'absolution, obtint au parlement un arrêt de défenses, et pendant deux ans demeura dans sa cure à célébrer le service; mais, dès le commencement des Grands-Jours, M. Talon interjeta appel *a minima* de ces deux sentences. » (*Note de Dongois.*)
3. Extrait du *Journal de Dongois*.

dont il évita aussi le coup, les balles ayant donné dans la porte d'une allée où il s'étoit détourné à la faveur de la nuit. Le sieur de Chalmazel rendit plainte de cette violence au lieutenant criminel de Montbrison ; il obtint décret de prise de corps contre ces quatre valets ; il le mit entre les mains d'un huissier du bailliage du Beaujolois, lequel se chargea de l'exécuter et de faire la perquisition des valets du sieur du Palais.

L'huissier et six archers des records vinrent, le 25 septembre 1656, avec leurs casaques, dans le château du Palais, où étoient ces valets qui avoient suivi publiquement les sieurs du Palais père et fils depuis l'action ; mais ils ne parurent pas plutôt à l'entrée de la cour du château, qu'ils furent attaqués par les sieurs du Palais, accompagnés de beaucoup de noblesse d'Auvergne, dont ils sont alliés, et à la tête de trente ou quarante personnes armées d'épées et de pistolets qui leur en tirèrent quelques coups, de sorte qu'ils eurent assez de peine à se sauver à Feurs, dont les portes leur ayant été fermées par l'ordre des sieurs du Palais, ils gagnèrent à toute bride Saint-Martin de l'Estrac, éloigné de deux grandes lieues de Feurs, où étant arrivés assez tard ils se logèrent à l'image de Saint-Georges, où ils se couchèrent. Les sieurs du Palais, qui avoient envoyé partout pour être avertis du lieu où se retireroient ces sergents, surent bientôt où ils étoient, et, sur le minuit, le sieur du Palais fils, à la tête de trente ou quarante cavaliers armés de pistolets et de mousquetons, arriva à Saint-Martin, où s'étant saisi des portes de l'hôtellerie, lui et huit ou dix de ses cavaliers montèrent aux chambres où dormoient paisiblement les sergents, et dont les portes ne fermoient qu'à des loquets et s'ouvroient par le dehors. A peine ces pauvres gens s'étoient-ils éveillés et mis à genoux sur leurs lits pour crier miséricorde, que deux furent tués sur-le-champ et un troisième blessé à mort ; deux autres ayant été moins pressés se jetèrent par les fenêtres tout nus et les deux autres furent saisis et liés ainsi nus en chemise, sur leurs propres chevaux, et menés toute la nuit vers le château du Palais, d'où ils furent renvoyés après plusieurs mauvais traitements.

§ 2.

LETTRE DE PROROGATION DES GRANDS-JOURS.

(Voy. p. 145.)

DE PAR LE ROY, nos amés et féaux, la bonne justice que vous rendez à nos sujets des provinces, que nous avons comprises en l'étendue de votre ressort, et le soin que vous apportez à la réformation des désordres que l'on y commettoit, nous ayant fait juger que le temps que nous vous avions prescrit pour y vaquer ne suffisoit pour mettre fin à toutes les affaires qui se présentent, nous l'avons prolongé jusqu'au dernier jour du mois de janvier prochain. C'est pourquoi nous voulons et vous mandons que, conformément à la prolongation de votre établissement, que nous vous envoyons, vous ayez, après avoir ordonné la prolongation et l'enregistrement, à continuer pendant le susdit temps les services que vous y rendez, ainsi que vous avez utilement fait jusqu'à présent, et dont nous avons une entière satisfaction. Car tel est notre plaisir. Donné à Paris, le 6 novembre 1665. *Signé* LOUIS. Et plus bas, DE GUÉNÉGAUD.

§ 3.

LETTRE DU ROI A M. DE NOVION.

(Voy. p. 145.)

Paris, le 1er décembre 1665.

Monsieur de Novion, il ne se peut rien ajouter au contentement que j'ai de l'émulation avec laquelle chacun s'applique dans les Grands-Jours à bien faire son devoir ; vous témoignerez de ma part à tous ceux qui les composent la recommandation que leur donne auprès de moi une si louable conduite, et vous ne douterez pas, en votre particulier, que, sachant avec quel succès vous agissez dans votre place, je n'en conserve le souvenir.

Il faut achever de bannir l'oppression et la violence des provinces de votre ressort; et vous et ceux que vous présidez avez trop bien commencé pour n'en venir à bout.

[*Œuvres de Louis XIV*; Paris, 1806; t. V, p. 336.]

XIX

LETTRE DU PRÉSIDENT DE NOVION AU CHANCELIER SÉGUIER [1].

(Voy. p. 138 et suiv.)

18 décembre 1665. — Clermont.

Monseigneur,

Pour vous informer exactement de toute la conduite de la cour des Grands-Jours, agréez, s'il vous plaist, que je vous conte que ce matin l'arrest contre les marquis du Palais père et fils a esté exécuté, mesme le président du présidial de cette ville est parti pour aller faire abattre leur maison. J'eus l'honneur de vous mander au dernier ordinaire le jugement d'un des procès que vous nous avez envoyés. Demain nous commençons à travailler à l'autre. Je ne sçais si nous le pourrons terminer devant les festes. Je ne manquerai pas de vous informer incontinent de la manière dont la chose se sera passée, et, quand je n'aurois pas l'espoir d'aucune de vos responses à toutes celles que je vous escrirai non plus qu'à mes quatre dernières [2], je ne cesserai point de vous donner des marques de mon respect.

Je suis,

Monsieur [3] (*sic*),

Vostre très-humble et très-obéissant serviteur,

— DE NOVION.

---

1. Cette lettre autographe fait partie des mss. de la Bibl. imp., s. f., Saint-Germain fr., n° 709, t. XL, fol. 176.
2. Une seule de ces lettres se trouve dans la collection ms. de la Bibl. imp. Voy. ci-dessus, n° XVI.
3. Il y a *monseigneur* au commencement de la lettre.

XX

ARRÊT CONTRE LE COMTE D'APCHON.

(Voy. p. 206.)

EXTRAIT.

Vu par la cour des Grands-Jours, séant à Clermont, le procès criminel instruit..... contre le sieur comte d'Apchon et sa femme; François Guibal, lieutenant audit comte d'Apchon; Jean Dufour, bailli; Claude Brocquin de Trezac; Jean Comolet, lieutenant en la justice de Vaulmiers.... Requête des habitants de la paroisse de Saint-Vincent, à ce que ledit sieur d'Apchon soit tenu leur rendre la somme de deux mille livres qu'il a extorquée d'eux, pour l'extinction des droits qui ne lui étoient dus ; de lui faire défense d'exiger les droits de capitaines et portier, vinades, bouades et courvées, et de ne faire payer le cens qu'à la mesure d'Aurillac ; condamné à leur rendre ce qu'il a exigé au delà.... Autre requête présentée par les habitants du Falgoux, à ce que ledit comte d'Apchon soit condamné leur rendre la somme de mille trente livres qu'il a exigée pour la ratification qu'il a faite de leurs titres et priviléges...; la cour, pour les cas résultants du procès, a condamné et condamne ledit comte d'Apchon à aumosner au pain des prisonniers la somme de deux mille quatre cents livres parisis et quatre mille huit cents livres parisis de restitution envers les habitants du comté d'Apchon, qui sera mise entre les mains du lieutenant criminel de Riom, pour être par lui distribuée, savoir, la somme de mille trente-deux livres aux habitants du Falgoux, deux mille livres aux habitants du Vaulmiers, et le surplus sera employé au payement des tailles du village d'Apchon, en l'acquit des habitants dudit lieu...; a cassé et annulé les transactions faites en l'année 1652 entre ledit d'Apchon et lesdits habitants; ce faisant, les a mis en tel état qu'ils étoient avant lesdites transactions, et, en conséquence, les a déchargés des droits de bouades, vinades et courvées portées par icelles ; ordonne que, dans trois mois, ledit comte d'Apchon sera tenu de représenter, par-devant ledit lieutenant criminel de Riom, les titres et anciens terriers, en vertu desquels il prétend les redevances en grains sur lesdits habitants du comté d'Apchon, autrement et à faute de ce faire, ledit temps passé, l'a déchu desdites redevances.... A l'égard desdits Comolet, Guibal, pour les cas résultants du procès, les condamner tous deux en quatre-vingts livres parisis d'aumosnes applicables au couvent des Petits-Pères-Augustins réformés de cette ville; leur fait défense d'obliger les filles mineures de prendre leur autorité pour leurs mariages, qui seront consentis par l'avis de leurs pères et mères, s'ils sont en vie, ou de leurs tuteurs et proches parents... Et sur l'accusation intentée à l'encontre desdits Philiberte de Saint-André d'Apchon, et Dufour, bailli d'Apchon, a mis et met les parties hors de cour et de procès; et demeureront lesdits habitants du comté d'Apchon et témoins qui ont déposé au procès, en protection et sauvegarde du Roi, de la cour, et desdits sieur et dame d'Apchon. Fait en ladite cour, le trentième janvier 1666.

XXI[1]

LETTRES DE RÉMISSION EN FAVEUR DE CLAUDE SALLORÉ.

(Voy. p. 205.)

LOUIS, par la grâce de Dieu, roi de France et de Navarre, à tous ceux qui ces présentes lettres verront, salut. Nous avons reçu l'humble supplication de notre amé Claude Salloré, prêtre, curé du bourg de la Tourette en Forez, diocèse de Lyon, natif du lieu de Saint-Nizier, en ladite province, contenant que, le 10 janvier 1655, ayant été convié au festin de noces de Benoît Cheze et Marguerite Gastel, lesquels avoient été épousés par ledit suppliant dans l'église dudit bourg de la Tourette, il se seroit transporté dans le lieu et domaine de Villeneuve, où Jean Cheze, et ledit Benoît son fils, faisoient leur demeure; et, l'heure du souper étant ar-

---

1. *Journal de Dongois*, fol. 144 et 145.

rivée, s'étant mis à table, après avoir béni la viande, comme il servoit ceux de la compagnie, un gros chien barbet appartenant à Pierre Bonneton, habitant dudit lieu de la Tourette, auroit par deux ou trois fois pris de la viande sur la table, même sur l'assiette du suppliant, lequel, après avoir chassé deux fois ledit chien, à la troisième fois, étant un peu irrité, il lui auroit baillé d'un coup de couteau pliant de pochette, par-dessous la table, pour lui faire quitter prise, duquel coup ledit chien seroit mort. Une heure après, ledit Bonneton, son maître, s'en étant aperçu, se seroit mis en colère; soupçonnant du coup Claude Gastel, convié et parent de ladite Gastel, épousée, quoiqu'il en fût innocent; ce qui auroit causé du bruit entre Bonneton et ledit Gastel; et, bien que le suppliant fît tout son possible pour apaiser le démêlé, il ne put pas persuader ledit Bonneton de se réconcilier avec ledit Gastel, qui, voyant la furie et l'emportement dudit Bonneton, prit une épée pour lui en donner, ce qui fut empêché par le suppliant et ledit Jean Cheze; et, comme ledit Bonneton continuoit à faire du bruit, défiant ceux qui avoient tué son chien, le suppliant se fâchant contre lui, la chaleur l'auroit porté à lui dire quelques injures contre sa coutume, et, entre autres, il lui dit qu'il étoit un traître, et même auroit proféré le mot de *morbieu*, n'ayant jamais en sa vie juré le nom de Dieu. Néanmoins, ledit Bonneton auroit toujours persisté, faisant le furieux, et n'auroit voulu sortir de la cour de ladite maison, ce qui obligea le suppliant de plier et trousser sa soutane et de demander une épée, et, au défaut d'une épée, un bâton, pour en frapper ledit Bonneton; lequel, étant sorti sans être frappé, usa de plusieurs menaces contre ledit suppliant et contre ledit Gastel, avec juremens; icelui suppliant, qui craignoit d'être attaqué en chemin en se retirant dans sa cure, prit une épée et se fit accompagner par le valet de la dame du lieu de Villeneuve, sans avoir eu aucun mauvais rencontre; et, parce que le suppliant, qui a toujours vécu en homme de bien, et sans aucun reproche, a appris qu'un certain prêtre, ami dudit Bonneton, a jeté un dévolu sur la cure du suppliant et pris possession secrète d'icelle cure, sans autre fondement que le cas ci-dessus, arrivé plutôt par accident et promptitude que par malice, il nous a requis lui octroyer nos lettres de grâce, rémission et pardon à ce nécessaires.

A CES CAUSES, desirant préférer miséricorde à rigueur de justice, nous lui avons, de notre grâce spéciale, pleine puissance et autorité royale, quitté, remis et pardonné, et, par ces présentes, quittons, remettons et pardonnons le fait et cas tel qu'il est ci-dessus exprimé, avec toute peine et amende que le suppliant pourroit avoir encourue envers nous et justice, mettant au néant toutes sentences et jugements, si aucuns ont été rendus contre lui pour raison de ce, le remettant en sa bonne et saine renommée, en sa cure et en son bien, non d'ailleurs confisqué, satisfaction faite à partie, s'il y échet, imposant sur ce silence perpétuel à nos procureurs généraux, leurs substituts présents et à venir, et tous autres, si donnons en mandement à notre bailli de Forez, ou son lieutenant général civil ou criminel au bailliage de Chauffour, séant à Saint-Bonnet-le-Château, que ces présentes il ait à entériner et faire registrer dans son siége, et du contenu en icelle faire jouir et user le suppliant pleinement et paisiblement, cessant et faisant cesser empêchement à ce contraire; car tel est notre plaisir. En témoin de quoi nous avons fait mettre notre scel à cesdites présentes. Donné à Paris, le 8 mai 1665, et de notre règne le vingt-deuxième. »

XXII[1]

PROCÈS DU BARON DE SÉNÉGAS.

(Voy. p. 210.)

Charles Durand de Bonne, baron de Sénégas, fut banni à perpétuité hors le royaume, ses biens confisqués, condamné en 16000 livres parisis d'amende envers le Roi, applicables au pain des pauvres prisonniers. Il fut ordonné que le château d'Elfort, situé en la ville de Plaisance, la tour de Curvalle et toutes les autres fortifications des maisons qui appartenoient à Sénégas seroient démolis et rasés; et toutes ses terres furent privées de justices qui furent réunies aux royales dont elles ressortissoient. La communauté de Curvalle fut déchargée de tout

1. Extrait du *Journal de Dongois*, fol. 189 et 190.

ce qu'elle devoit à Sénégas, et il fut ordonné que, sur les biens confisqués, elle seroit payée de 4000 livres de dommages et intérêts; que toutes les minutes d'informations dont Sénégas s'étoit trouvé saisi, et les autres informations, qu'il avoit produites, demeureroient supprimées; qu'il en seroit fait procès-verbal et description, et à cette fin que les productions de Sénégas demeureroient au greffe. Il fut enjoint au juge de la Gurjole de faire exécuter incessamment la sentence de contumace, du 9 avril 1665, donnée contre la femme, les enfants, les domestiques et les adhérents de Sénégas au nombre de cent ou cent vingt, et au lieutenant et au substitut du procureur général du Roi en cette justice, et à tous prévôts des maréchaux et officiers de justice, de tenir la main à l'exécution de l'arrêt. Défenses furent faites à toutes autres personnes, de quelque qualité et condition qu'elles fussent, de donner retraite aux condamnés, à peine contre les gentilshommes de dégradation de noblesse, de rasement de leurs châteaux, de confiscation de leurs biens, d'être déclarés atteints et convaincus des mêmes crimes et de tous dépens; dommages et intérêts des parties, et il fût enjoint aux communes de leur courir sus, et de les amener à la justice. Les habitants de Curvalle et de Plaisance, et les témoins ouïs dans les informations, furent mis en la protection du Roi et de la cour.

Cette affaire, l'une des plus grandes qui se soient jamais présentées, fut huit ou dix jours sur le bureau, et, sans l'application extraordinaire du rapporteur[1], dont la vivacité d'esprit, la diligence, le mérite et la probité sont assez connus, elle y fût demeurée plus de deux mois. Car, outre un très-grand nombre de témoins qui avoient été entendus sur différents chefs d'accusations fort intriguées, les productions civiles étoient monstrueuses. Ce que l'on peut dire en gros de l'affaire, est que Sénégas se voulant approprier le domaine de Curvalle, il n'y a point de chicanes, de vexations et de violences qu'il ne fît aux habitants de cette ville. Les plaintes en ayant été portées au Roi, l'affaire fut commise à la Chambre de justice[2], où le procès fut presque entièrement instruit. Mais une des plus méchantes actions de Sénégas fut que, pour détruire la foi de plus de cent

---

1. Le conseiller Le Boultz.
2. Chambre établie à Paris en 1661 pour juger les procès des financiers.

cinquante témoins qui lui furent confrontés, il y avoit des informations, des décrets, des sentences de galères ou de mort en blanc contre les témoins, de sorte qu'il ne manquoit pas de les reprocher par ces fausses informations et sentences qu'il avoit fait signer par ces juges mêmes. Il les remplissoit du nom des témoins à mesure qu'il en avoit à faire. Il fut même si imprudent qu'il gardoit avec lui les informations dans la prison du For-l'Évêque[1], où le commissaire Manchon saisit sa cassette, par l'ordre de la Chambre de justice, et trouva ces informations en blanc. L'affaire presque tout instruite fut renvoyée aux Grands-Jours où elle fut jugée. Elle passa *in mitiorem*[2], y ayant eu huit voix à la mort et sept au bannissement perpétuel.

XXIII[3]

PROCÈS DE GUILLAUME DE CANILLAC, MARQUIS DU PONT-DU-CHATEAU, SÉNÉCHAL DE CLERMONT.

(Voy. p. 220 et 224.)

On a dit que cette affaire fit résoudre au conseil la tenue des Grands-Jours en Auvergne; car le sieur Chardon, conseiller de la cour des aides de Clermont, et la mère de sa femme en firent tant de bruit et en donnèrent tant de placets au Roi, qu'outre que Sa Majesté avoit reçu de grandes plaintes des violences et des tyrannies de la noblesse d'Auvergne, et qu'il n'étoit bruit que des crimes des d'Espinchal et des Canillac, elle se détermina de faire tenir les Grands-Jours en cette province. Ce gentilhomme fut près de trois mois dans la tour de la Monnoie de Clermont, pendant lesquels le sieur Chardon recherça sa vie avec grande exactitude; et, néanmoins, après toutes ces recherches, l'affaire se trouva très-légère, et surprit d'autant

---

1. Le For-l'Évêque (*forum episcopi*) était primitivement le lieu où l'official (juge) de l'évêque de Paris avait son tribunal et ses prisons.
2. On adopta le parti le plus doux, comme aujourd'hui lorsqu'on admet des circonstances atténuantes.
3. *Journal de Dongois*, fol. 200 et 201.

plus qu'on l'avoit publiée pour être fort extraordinaire et fort criminelle.

Le sujet des plaintes de Chardon étoit qu'ayant procès contre Antoine Fayol, père de sa femme, pour le payement de quelque rente viagère qu'il s'étoit réservée par l'abandonnement qu'il avoit fait de ses biens à sa fille, dont il étoit mal payé, le sieur marquis du Pont-du-Château, dont Fayol avoit été domestique, s'en mêla, et, à sa prière, empêcha l'enlèvement de quelques grains d'une métairie sise aux martres d'Artières, que Fayol avoit donnée en mariage à sa fille. Même, Fayol ayant obtenu quelque sentence à son profit contre son gendre et sa fille, le marquis du Pont-du-Château tint la main à l'exécution en faveur du beau-père.

Chardon et sa mère vinrent à Paris et présentèrent plusieurs placets au Roi, très-injurieux contre le marquis, et le Roi recommanda très-particulièrement cette affaire à Messieurs des Grands-Jours, de sorte que, lorsqu'ils furent établis à Clermont, il y eut presque aussitôt décret de prise de corps contre le marquis, qui fut arrêté et retenu prisonnier près de trois mois. Pendant ce temps on lui instruisit son procès sur cinq chefs :

Le premier, sur des violences prétendues faites par le marquis, à Chardon, à sa femme et à leurs domestiques; mais il parut, par la déposition même de plus de soixante témoins que Chardon produisit contre lui, que ce qu'il en avoit fait avoit été à la prière de Fayol, dont il avoit pris les intérêts avec un peu de chaleur, outre que la violence étoit assez légère.

Le second, sur l'enlèvement d'un notaire, nommé Dumas, dans son château; mais, quoique le marquis lui eût écrit une lettre de menaces et un peu cavalière, et que cet homme eût été enlevé quelque temps après, néanmoins, outre que Dumas ne s'étoit jamais plaint d'aucun mauvais traitement, il étoit constant que l'enlèvement avoit été fait, il y avoit quinze ou seize ans, par l'ordre du père du marquis, et lorsque le fils étoit à l'armée en Italie.

Le troisième, sur ce que l'on prétendoit que le marquis, à l'âge de dix-huit ans, quinze ans avant le renouvellement des édits sur les duels, avait tué en duel un gentilhomme, nommé d'Anglade; mais pas un des témoins ne le reconnut à la confrontation et au contraire tous le déchargèrent.

Le quatrième, sur le meurtre des sergents assassinés par le marquis du Palais[1], où l'on prétendoit que le marquis du Pont-du-Château étoit présent; mais tous les témoins lui furent confrontés et tous le déchargèrent. Aussi ceux qui, dans leurs dépositions, avoient nommé le sieur de Canillac, avoient trop bien désigné le père du marquis, l'ayant marqué par celui qui avoit un œil crevé, qui étoit en effet le père du marquis, que l'on appelait le borgne Canillac.

Et enfin le cinquième, le délit commun des gentilshommes d'Auvergne, c'est-à-dire pour des corvées, des droits de terrage et d'autres droits seigneuriaux; mais plus de cent témoins que l'on entendit sur ce fait témoignoient qu'il en avoit usé avec assez de modération, outre qu'il se défendoit par ses terriers et ses titres; néanmoins, *pro modo probationum*, du premier et du second chef, il fut admonesté et condamné d'aumosner huit cent livres parisis.

XXIV

POËME DES GRANDS-JOURS.

(Voy. p. 237.)

Le poëme dont parle Fléchier était intitulé *Arvernia vindicata*. L'auteur, dans une *Réponse* aux *Objections*, donne une idée du plan qu'il a suivi :

« Ce poëme a trois parties : la préparation, la narration, la conclusion. — La préparation contient 17 vers, et va jusqu'à ces mots : *Quis dedit, o superi...*; qu'on voie les démarches que j'y fais : premièrement, je dis que le crime règne encore au milieu de la paix ; ensuite, j'en cherche les causes ; après, j'en fais espérer la vengeance ; enfin, je l'annonce.... La proposition, qui est comme l'achèvement de la préparation, est conçue en ces trois vers :

Francas en fama per urbes
Nuntiat emerita mactatos morte nocentes,
Et sceleris pœnas extremaque fata recenset.

La narration commence à ces mots : *Autumni ad portas*, etc., et tient 220 ou 230 vers. En voici tous les points : Thémis s'aperçoit que le crime règne dans l'Auvergne avec toute sorte d'insolence et d'impunité ; elle vient trouver le Roi, et lui représente l'état déplorable où elle a vu ce pays. Ce prince, sensible aux malheurs de ses peuples, y envoie les plus grands hommes du parlement. Le bruit de cette commission est porté aux oreilles des criminels : une partie prend l'épouvante et la fuite; les autres, se promettant tout de leur naissance et de leur crédit, en attendent l'événement. Les juges arrivent et sont reçus dans Clermont avec mille applaudissements et mille bénédictions. Tous ceux qui ont souffert quelque violence, dans le cours des désordres passés, viennent former leurs plaintes. On arrête les accusés, on les convainc, on les condamne.

« La conclusion commence à *Verum ecce repente Musa silet*, et lie l'exorde avec la fin d'une manière assez surprenante, ce me semble, et assez naturelle.... »

XXV[1]

PROCÈS DU SIEUR DESHEREAUX OU DE ZEREAUX.

(Voy. p. 237 et suiv.)

Guy de Léans, sieur de Zereaux, a été fort connu pour son affaire. Pendant le siége de Montrond, il prit le parti de MM. les princes, et, avec une compagnie de chevau-légers qu'il avoit levée, il n'y a point de violences et d'exactions qu'il ne fit dans le Berry. Mais la principale cruauté qu'il y exerça fut que, de son autorité privée, il se saisit de deux pauvres paysans qu'il retint pendant huit jours dans un château, où il leur faisoit donner les étrivières chaque jour et leur faisoit tirer des pistolets chargés de sel dans les fesses ; et, après ce temps, il les fit lier sur des chevaux et les mena à un bourg nommé Saint-Pierre des Esteux, où il envoya querir un prêtre, les fit confesser ; et en fit pendre un en sa présence à un arbre, et, voyant qu'il ne mouroit pas assez tôt, il lui mit la main sur le cœur, et, ayant senti quelque mouvement, il lui fit

---

1. *Journal de Dongois*, fol. 206 et suiv.

tirer un coup de mousqueton au travers du corps par un de ses cavaliers. Cette action horrible ayant fait grand bruit, il fut décrété au parlement contre de Zereaux, lequel fut longtemps prisonnier en la conciergerie ; mais il trouva moyen de surprendre un appointement[1] et sortit de prison.

L'appointement étant venu à la connoissance, sur les conclusions de M. Bignon, avocat général, M. le procureur général y fut reçu opposant. Mais l'affaire ne fut pas poursuivie avec grande chaleur, de sorte que de Zereaux se trouva dans le Berry, lorsque les Grands-Jours furent établis. Therceville, prévôt des maréchaux, l'arrêta prisonnier ; il en donna avis à M. Talon, lequel, sur sa requête, fit commettre ce prévôt pour instruire le procès à de Zereaux. Mais il s'en acquitta si mal que le prisonnier ayant été amené à Clermont, et l'affaire mise sur le bureau, l'on ordonna que les témoins seroient répétés, et le procès instruit tout de nouveau par M. de La Faluère. Les témoins furent mandés à Clermont et répétés. Après la répétition des témoins, de Zereaux refusa de subir l'interrogatoire, prétendant que son affaire avoit été jugée au parlement où il avoit été absous, outre que, sur quelque incident qui étoit survenu, ses pièces étoient engagées en une production qui étoit entre les mains de M. Catinat, conseiller.

Nonobstant ces remontrances, sur le rapport qu'en fit M. de La Faluère, il fut ordonné qu'il subiroit l'interrogatoire ; autrement, que son procès lui seroit instruit comme à un muet volontaire. Après la lecture de l'arrêt, il subit l'interrogatoire, où, pressé sur le fait de l'accusation, il reconnut qu'il avoit fait pendre un nommé Chalumeau ; mais il dit que ce misérable avoit violé la dame de Zereaux, sa femme, et que pour ce viol le procès avoit été fait à Chalumeau par le prévôt de l'armée et à un nommé Legras, son compagnon, et qu'il s'étoit chargé de faire exécuter la sentence de mort ; et tout cela sans preuve quelconque.

Après l'interrogatoire, on lui voulut confronter les témoins ; mais il refusa de lever la main et de subir la confrontation, de sorte que, sur le rapport du procès-verbal de M. de La Faluère, il fut ordonné qu'il subiroit la confrontation, ou que son procès seroit achevé comme à un muet volontaire. Il persista en

---

1. Voy. sur les *procès appointés*, p. 101, note 1.

ses refus, et, après les délais portés par l'arrêt de règlement du 30 juillet 1664, le procès fut instruit comme à un muet volontaire. Douze témoins, dont il y avoit trois prêtres, soutinrent l'action comme elle est ci-dessus. De son côté, il ne produisit aucune justification du viol de sa femme par ces deux paysans. Néanmoins, sur ce qu'il n'avoit rien répondu sur la sellette et qu'il disoit que ses pièces étoient engagées à Paris, quoiqu'on lui eût donné deux mois pour les faire venir, il fut renvoyé au parlement pour y être jugé. L'affaire passa *in mitiorem*, y ayant eu huit voix à la mort et sept au renvoi.

XXVI

CONDAMNATION DE D'ESPINCHAL.

(Voy. p. 244 et 258.)

Le 23 janvier 1666, la cour, ayant vu le procès criminel fait au siége présidial de Riom contre Gaspard d'Espinchal, seigneur de Massiac[2], la sentence contre lui rendue par jugement présidial et en dernier ressort le 27 août 1662, par laquelle il auroit été déclaré contumace et défaillant, atteint et convaincu des meurtres à lui imposés, pour lesquels et pour autres cas mentionnés au procès il auroit été condamné d'avoir la tête tranchée, si appréhendé pouvoit être, sinon en effigie, ses biens acquis et confisqués à qui il appartiendroit, préalablement pris douze mille livres d'amende vers le Roi, ses justices acquises et confisquées au Roi; ordonné que ses maisons et la tour Montel, située au faubourg de Massiac, seroient rasées et les bois coupés à hauteur de ceinture; les habitants de Massiac remis en la possession de leurs biens, le curé et les chanoines en leurs dîmes, et d'Espinchal condamné en trente mille livres de dommages et intérêts envers les parties civiles.

---

1. *Journal de Dongois*, fol. 204 verso.
2. Dongois a ajouté en note : « Il y auroit de quoi faire un livre des crimes commis par cet homme, un des plus méchants que la terre ait jamais portés. On ne le put jamais attraper, quelque diligence que l'on fît. »

Conclusions du procureur général du Roi qui auroit requis être reçu appelant, *a minima*, de la sentence, en ce que le rasement n'auroit pas été ordonné incessamment et qu'il auroit été adjugé seulement douze mille livres au Roi. Le procureur général fut reçu appelant, *a minima*, de cette sentence, et, y faisant droit, la sentence fut mise à néant, en ce qu'il n'auroit pas été ordonné que les maisons de d'Espinchal seroient rasées incessamment et que douze mille livres seulement auroient été adjugées au Roi; émandant quant à ce, il fut ordonné qu'il seroit incessamment procédé au rasement du château de Massiac et de la tour Montel, et qu'il seroit pris sur les biens confisqués et sur les autres non sujets à confiscation seize mille livres parisis d'amende envers le Roi, applicables au pain des prisonniers: Pierre Robert, avocat, fut commis pour faire raser la tour Montel.

Extrait de la sentence de condamnation de mort rendue contre M. d'Espinchal.

Entre Antoine Boyer et Jean Bonnefoux, députés par le corps de la ville de Massiac, et tant en leurs noms qu'en ladite qualité de syndics de ladite ville..., et Charles Gaspard d'Espinchal, seigneur de Massiac, défendeur et accusé contumax et défaillant, d'autre part.

Vu le procès, etc., Nous, par jugement présidial et en dernier ressort, avons ledit d'Espinchal, accusé, déclaré vrai contumax et défaillant, et comme tel suffisamment atteint et convaincu des cas mentionnés au procès-verbal, pour réparation desquels nous l'avons condamné et condamnons à avoir la tête tranchée par l'exécuteur de la haute justice sur un échafaud qui sera par lui dressé à cet effet sur la place publique des Taules de cette ville de Riom, si appréhendé peut être, sinon effigié; tous et chacun ses biens déclarés et déclarons acquis et confisqués à qui la confiscation de droit appartient, sur lesquels sera préalablement pris la somme de douze mille livres d'amende envers le Roi, applicable, un tiers à l'hôpital-général et charité de cette ville de Riom, un tiers aux réparations du palais, et l'autre tiers, savoir mille livres aux pères Capucins, mille livres aux pères Carmes, mille livres aux pères Cordeliers, et des mille livres parfaisant ledit tiers, cinq cents livres aux pères de l'Oratoire, et cinq cents livres au pain des prisonniers de cette ville de Riom, en laquelle nous l'avons pareillement condamné; et pour l'abus commis en ses justices, avons icelles déclarées acquises et confisquées au Roi, et réunies à son domaine. Ordonnons que les maisons dudit accusé, ensemble la tour du Montel, située au faubourg de ladite ville de Massiac, seront rasées, et les bois dégradés et coupés de la hauteur de ceinture; et faisant droit sur la requête des habitants de ladite ville de Massiac, avons remis et réintégré, remettons et réintégrons lesdits Boyer, Bonnefoux, Feu et autres habitants dudit lieu de Massiac, dans la libre, pleine et entière possession et jouissance de leurs fonds et héritages englobés dans le parc de nouveau fait par ledit accusé, et autres biens par lui usurpés, et à cet effet, ordonnons que les murailles dudit parc seront démolies et abattues; avons aussi permis et permettons aux curé, prestres et chanoines dudit lieu de Massiac, de jouir des dîmes et autres droits à eux appartenant, en vertu de la transaction passée entre ledit curé et chapitre, et défunt François d'Espinchal, père dudit accusé; sauf auxdits curé et chapitre de se pourvoir contre ladite transaction, ainsi qu'ils verront bon être, et condamnons en outre ledit accusé envers lesdits Antoine et Pierre Boyer, Feu, Bonnefoux, curé et prestres et autres habitants de ladite paroisse de Massiac, en la somme de trente mille livres que nous leur avons adjugée pour leurs dommages et intérêts, procédant des non-jouissances de leurs biens, et en outre aux dépens des procédures et instances qui seront préalablement pris sur lesdits biens dudit accusé, tels que de raison à notre taxe, et faisant droit sur les conclusions du procureur du Roi, ordonnons que Chandorat et Bonnefoux, officiers de ladite ville de Massiac, seront ajournés à comparoître en personne, pour répondre sur aucuns faits résultant desdites procédures et sur tels autres faits que ledit procureur du Roi verra bon être à prendre et être à droit.

Fait et délibéré, en la chambre du conseil, le vingt-huitième août mil six cent soixante-deux, auquel jugement ont assisté et signé Blich, lieutenant général et président; Chabre, lieutenant criminel; Ranvyer, lieutenant particulier; Benezit; Arnoux, Gaignon de Laclède, Soubrany et Dufloquet, tous conseillers du Roi, et juges, magistrats en ladite sénéchaussée.

Prononcé à M. le procureur du Roi, à la barre de la cour, le vingt-huitième août mil six cent soixante-deux.

Et plus bas,

Ledit jugement exécuté en effigie, par l'exécuteur de la haute justice, adsistants Jarrighe et Maubet, sergents, le seize septembre mil six cent soixante-deux.

LETTRES D'ABOLITION.

Louis, par la grâce de Dieu, Roi de France et de Navarre, à tous présens et à venir, salut. Nous avons reçu l'humble supplication de Charles-Gaspard, marquis d'Espinchal, contenant qu'encores que la pluspart des faits dont il est prévenu soient présentement prescrits, et qu'il n'ayt pour tesmoings que ses propres parties et ses plus cruels ennemis, il se trouve néantmoings engagé, par la contrainte de nos loix, de se conformer entièrement à leurs dépositions concertées entre eux, après un acte public, passé pardevant nottaires, comme un vœu commun de le poursuivre devant tous juges, et de le perdre par toute sorte de voyes; Exposant ledit suppliant, qu'en l'année 1642, sortant de Valance en Dauphiné, avec un officier du régiment de Roussillon, sur des chevaux de poste, n'ayans tous deux qu'un postillon, allant rendre visite au sieur marquis de Ternes, son oncle, qui alloit à Marseille, il auroit fait rencontre, à cinquante pas de la ville de Tournon, d'un gentilhomme nommé de Baux, accompagné de trois autres cavalliers qui passèrent sans le saluer, au sujet de quelque froideur qu'il y avoit entre eux; lequel sieur de Baux l'ayant passé de vingt pas, revint avec ses gens, l'espée et le pistollet à la main, ce que voyant ledit officier, et que ledit suppliant quoyque seul se mettoit en estat de se deffendre, prit le party de les séparer; mais au lieu d'arrester ledit sieur de Baux qu'il ne connoissoit pas, il prit la bride d'un cheval de l'un des siens, ce qui donna moyen audit sieur de Baux de passer dans l'instant et de venir audit suppliant, ayans l'un et l'autre tiré leurs pistollets en mesme temps, dont ledit suppliant fut blessé, et ledit sieur de Baux aussy d'un coup dans le corps, dont il mourut trois jours après; et bien que les officiers de Tournon eussent informé de cette action, les parens ayans reconnu que ledit sieur de Baux avoit tort, ne firent aucune plainte ny poursuite qui pust donner lieu à aucun décret contre le suppliant, duquel fait nous lui aurions pour lors accordé nos lettres de grâce, en faveur de nostre joyeuse entrée en nostre bonne ville de Paris, au sujet de nostre mariage; Qu'en l'année 1645, les habitans de la ville de Massiac ayans prié le suppliant d'obtenir du conseil qu'ils fussent soulagés des estappes qui les incommodoient fort, cette communauté résolut d'emprunter quatre cens escus pour faire le voyage de Paris, auquel emprunt ledit suppliant s'obligea avec eux; le terme duquel estant escheu, ils prièrent le suppliant de satisfaire aux intérests de cette partie, ce qu'il refusa, disant que, n'ayant fait ce voyage que pour leur intérest et à leur prière, c'étoit à eux de payer cette somme, et que s'ils n'avoient pas d'argent pour rembourcer le principal, ils pouvoient se cottiser eux-mesmes, comme ils le pratiquoient pour les autres affaires qui regardoient ladite communauté; cependant la malice de quelques-uns a esté jusques là de déposer que le suppliant leur faisoit payer l'intérêt de ses debtes, qu'il faisoit lever sur eux au sol la livre, et parce qu'il est deub au suppliant par une vingtaine de maisons de ladite ville, comme il se justifie par son terrier, un certain droit appelé la taille bonne, qui n'est néantmoings que de six escus en tout, qui ne peut jamais augmenter ny diminuer; le suppliant, qui n'a jamais receu ledit droit et ses autres rentes que par les mains de ses receveurs, ne doubte pas qu'ils ne se soient fait payer dudit droit de taille bonne, sous prétexte duquel payement ils ont malicieusement inséré dans leurs dépositions que ledit suppliant avoit fait lever une taille qui ne luy estoit pas due, et de plus continuant leur mauvaise volonté, ont insinué dans la mesme information que le suppliant avoit establi un droit de péage et layde, et fait abattre dans la ville plusieurs fours pour rendre le sien bannal, et usurpé sur les chanoines de l'église de Massiac les dixmes de la paroisse, sur lesquelles seules dépositions le présidial de Riom auroit suprimé par sentence ledit droit de péage et layde et permis aux habitans de faire d'autres fours, et mis lesdits chanoines en possession desdites dixmes dont ils ont joui six ou sept ans durant, desquels faits cy-dessus le suppliant se trouve très-justiffié par arrest contradictoire de nostre parlement de Paris, obtenu par la dame d'Espinchal, en son absence, sur la production de ses terriers et des registres du greffe depuis près de trois cens ans, par lequel ladite dame a esté maintenue en la perception dudit droit de péage et de layde, ayant aussi esté ordonné par d'autres arrests que tous les fours que lesdits habitans avoient fait bastir seroient démolis et celuy du suppliant déclaré bannal, lesdits chanoines ayant aussy esté condamnés par autre arrest à se désister de la jouissance desdites dixmes, à la restitution des fruicts, depuis leur injuste détention, et aux despens, dommages et intérests, ce qui le justifie de cette injuste accusation d'avoir usurpé sur ses justiciables; Qu'en l'année 1650, voulant assembler les compagnies de son régiment pour servir en Guyenne sous le commandement du feu sieur comte d'Harcourt, il leur donna rendez-vous à Saint-Flour, ayant fait partir de Massiac son cornette, avec vingt maistres, pour aller loger à Molompize avec l'attache du sieur de Candalle, le maistre de ce lieu prétendant se garantir de ce logement, auroit armé et assemblé deux cens paysans qu'il posta en embuscade dans un bois, de laquelle ledit cornette ne s'aperçut que par une descharge de cinquante coups de fusil, dont il y eut quelques cavalliers et chevaux blessez, de quoy ledit cornette retiré dans la plaine auroit donné advis au suppliant qui le joignit aussytost avec quatre maistres qu'il avoit auprès de luy, et contraignit lesdits paysans de prendre la fuitte, et après qu'ils eurent fait leur descharge d'assez loing, le suppliant commanda à son cornette de les pousser le plus avant qu'il pourroit, et mesmes d'en prendre quelques-uns prisonniers pour les mettre entre les mains de la justice, et dans ce mesme instant, ledit suppliant voyant un soldat qu'il a depuis apris avoir nom Doreille qui commandoit lesdits paysans, et avoit avec lui neuf ou dix chevaux, il s'advança sur eux avec lesdits quatre maistres, pour les charger, ayans lesdits paysans tiré sept ou huit coups de mousqueton, desquels coups le cheval du suppliant fut blessé et l'un de ses cavalliers, lesquels tirèrent comme lui sur ledit Doreille et ses gens, le premier ayant esté tué desdits coups, de quoy le suppliant fit faire procès-verbal qu'il envoya au lieutenant criminel de Riom; Qu'en l'année 1652, estant retourné de l'armée d'Italie où il avoit l'honneur de commander la cavallerie, ayant apris d'une dame de qualité, sa voisine et amie, que la dame sa femme avoit eu quelque commerce, en son absence, avec deux de ses domestiques, l'un nommé Lagarde, qui avoit esté page du suppliant et estoit pour lors cavallier dans la mestre de camp de son régiment, et l'autre appelé Bonnevie, ledit suppliant auroit d'abord pratiqué ce que la prudence conseille en telles occasions, et ce que l'honneur et le ressentiment peut souffrir en un gentilhomme qui doubte encore de son malheur, et pour se mieux esclaircir de la vérité sans éclat, il crut se devoir assurer desdits Lagarde et Bonnevie, estant allé pour cet effet dans son château de Ternes, où estant arrivé, il fit enfermer lesdits Lagarde et Bonnevie dans une chambre, sous la garde d'un vieux valet de chambre affidé, nommé Malsaigne, auquel il fit confidence du subjet de cette détention, luy commandant de ne les point laisser sortir ny parler à qui que ce fust, jusqu'à ce que luy suppliant fust informé de ce qui s'estoit passé en son absence, après le départ duquel dudit lieu de Ternes de quelques jours, ledit Malsaigne s'estant laissé persuader par lesdits Lagarde et Bonnevie de venir boire et manger avec eux, il n'eust pas plustôt ouvert la porte, qu'ils entreprirent de se sauver, et pour lors ledit Malsaigne, connoissant sa faute, courut à la chambre qui regardoit la porte de la cour, et tira sur eux un coup de fusil, comme ils l'ouvroient pour sortir, ne les pouvant pas suivre parce qu'il estoit estropié. S'estans lesdits Lagarde et Bonnevie séparez à un quart de lieue dudit Ternes, ledit Lagarde blessé dudit coup, s'estant fait conduire hors la province, du costé de Rouergue, où il décéda quelque temps après de sa blessure, et ledit Bonnevie prit le chemin des Sévennes, où il est encore, et bien que l'action se soit passée ainsy qu'il est exposé, pour raison de quoy il n'y a eu aucune plainte ny information, si est ce que quelques témoings interrogez, dix ans après, sur la plainte de Guillaume Boyer, fils d'un cabarettier de Massiac, prenant à tasche de rechercher la vie du suppliant, n'ont laissé de déposer, par ouy dire, que ledit Lagarde avoit esté pendu dans ledit chasteau de Ternes, par l'ordre du suppliant, lequel se voyant privé par cette évasion de tous les moyens de savoir la vérité de leur conduite et de celle de la dame d'Espinchal, prévenu de ses soubçons, et ne les pouvant plus dissimuler, se résolut de la remettre entre les mains de la dame de Chasteaumoran sa mère, estant pour lors dans le neufviesme mois de sa grossesse, laquelle estant accouchée d'une fille avec beaucoup d'incommodité, auroit appellé près d'elle deux médecins qui ne la quittèrent point qu'elle ne fust entièrement remise de cette couche, ce qui dura un mois ou cinq semaines ; après quoy le suppliant, accablé de chagrin de cette manière de vie, il escrivit à ladite dame de Chasteaumoran, et la pria de se vouloir trouver chez la dame comtesse de la Roue, où ayant mené ladite dame d'Espinchal, il la luy remit avec assurance qu'il iroit luy-même la rechercher lorsqu'il seroit désabusé, et qu'il pourroit vivre avec elle, sans faire tort à sa réputation, estant depuis demeurée près de deux ans chez le sieur marquis de Chasteaumoran, son père, sans plaider le suppliant, jusqu'à ce que, pressée par luy de retirer sa dot, elle fit sa plainte au parlement de Paris, dans laquelle elle fit insérer que le suppliant lui avoit fait donner du poison, et fit assigner les deux médecins qui l'avoient servie dans sa maladie, qui déclarèrent en justice qu'ils n'y avoient jamais reconneu aucune marque de poison, et qu'elle savoit bien que son mal provenoit d'une rétention (maladie ordinaire des femmes), ce qui ne l'empescha pas de pousser ce procès au parlement de Paris, où le suppliant ne se deffendit point pour s'espargner la confusion d'une procédure aussy honteuse qu'extraordinaire ; son silence n'ayant donné lieu dans la suitte, sur toutes les plaintes de ladite dame, qu'à un bannissement par contumace pour quelques années, et à la restitution de sa dot, et bien que, depuis vingt-six ans qui se sont escoulez après cette plainte, ladite dame ayt toujours jouy d'une parfaite santé dont elle jouist encore dans la maison du suppliant, s'estans reconciliez ensemble de bonne foy, sans aucune entremise, par la seule confiance qu'ils ont éu l'un à l'autre, contre tous les conseils que ledit sieur de Chasteaumoran luy donnoit de ne point se repatrier, lequel, sous prétexte que ledit suppliant n'avoit point tenu son ban, l'auroit fait changer en une condamnation de mort, au sujet de laquelle ledit suppliant se trouve réduit, pour garantir sa vie, de s'accuser conformément à la plainte de ladite dame d'Espinchal, d'avoir attenté à sa vie ; Qu'au mois de juin 1652, le suppliant ayant prié le nommé Chandorat, bourgeois de Massiac, d'estre sa caution envers le sieur marquis d'Allègre, pour quatre cens pistolles qu'il luy prestoit pour faire sa campagne, il l'auroit mené avec luy, et seroit party, n'ayant que son page, un valet de chambre, un jeune soldat de son voisinage, qui debvoit aussy faire la campagne, et son palfrenier, et ayant rencontré sur cette mesme route vingt-cinq cavalliers, et reconneu parmy eux le marquis de Saillans et cinq ou six hommes de qualité, ses voisins, qui alloient aussy voir ledit sieur marquis d'Allègre, ils marchèrent de compagnie une lieüe, et tandis qu'ils parloient de trocquer des chevaux, un des domestiques du marquis de Saillans, qui avait foit desbauche, querella le valet de chambre du suppliant, nommé Favier, à cent pas derrière eux, et mit le pistollet à la main, et au lieu de tirer, comme il avoit dessein, sur le valet de chambre, tua ledit Chandorat, à son costé, qui estoit de ses amis; ensuite de quoy, ledit valet de chambre et les domestiques dudit sieur de Saillans, ayans tiré leurs pistollets l'un sur l'autre sans se blesser, ils en vinrent à l'espée, dont le domestique dudit sieur de Saillans donna un coup audit valet de chambre, qui, deux mois après, en mourut. Le page du suppliant, qui estoit parmy eux pour les séparer, se trouva légèrement blessé d'une balle à l'épaulle, sans savoir lequel des deux l'avoit blessé; le suppliant entendant le désordre y courut, le pistollet à la main, pour la deffense de ses gens, et poursuivit celuy qui les avoit blessez à trois cens pas, et ne pouvant le joindre, luy tira un de ses pistollets, dont il le manqua, et comme il le suivoit encore avec l'autre, il fut arresté par tous ceux qui estoient avec le marquis de Saillans qui en usa très-honnestement pour la satisfaction du suppliant, lequel, ayant seul subject de se plaindre, ne laissa pas d'estre compris dans cette affaire, pour y avoir esté présent; En l'année 1655, un des enfans du suppliant estant tombé d'un pont-levis, et un ays dudit pont l'ayant suivi, luy estant aussy tombé sur le bas ventre et meurtry les parties, cette cheutte fut suivye de relaxation, ce qui obligea le suppliant d'envoyer chercher trois médecins, lesquels ayans visité son mal, et l'ayans traité quelque temps par les remèdes ordinaires, furent appellez une seconde fois, parce que le mal empiroit beaucoup, sur lequel ils consultèrent, et appréhendant que la gangrenne ne survînt, demeurèrent d'accord qu'il en falloit venir à la taille desdites parties. Le suppliant donna charge au juge de Massiac, nommé Chandorat, qui estoit présent à cette consultation, d'en donner advis à ladite dame d'Espinchal qui estoit encore à Chasteaumoran, laquelle escrivit à la dame d'Espinchal, mère du suppliant, et au s^r abbé d'Espinchal, son oncle, et les pria tous deux de faire prendre soing de cette opération, comme il paroist par les propres lettres de ladite dame, et que ledit suppliant pria pour lors ledit Chandorat de s'informer d'un habil homme pour ladite opération, qui luy indiqua le nommé Charbonnier, chirurgien, lequel ayant esté trouvé capable par Roux Favier, l'un des médecins qui avoient consulté le mal de cet enfant, ledit Chandorat escrivit au suppliant que ledit chirurgien attendoit ses ordres, sur quoy ledit suppliant l'envoya chercher. Estant arrivé, et ayant visité l'ouverture qui estoit au bas ventre de l'enfant, fut d'advis de tenter encore quelques remèdes pour le consolider, et qu'il croyoit que l'on pourroit le guérir de cette manière, à quoy le suppliant respondit qu'il avoit plus de croyance à trois habiles médecins, dont il luy fit voir les ordonnances qu'à un seul chirurgien, et qu'il ne s'agissoit que de suivre leurs advis, ce qu'il fit si heureusement que ledit enfant fut guéry dans quinze jours, et jouit présentement d'une parfaite santé dans la maison du suppliant où il a toujours esté. Cependant les mesmes tesmoings qui ont été ouys sur l'information dudit Boyer de Massiac ont déposé par ouy dire que le suppliant, par un effet de jalousie, avoit fait faire ladite opération dans le dessein que cet enfant ne peust point avoir de successeur, le croyant issu du fait dudit Lagarde; Qu'en l'année 1657, le suppliant revenant de la campagne et estant à mille pas de Massiac, il aperçut cinq ou six paysans qui prenoient du bois dans un bûcher de valeur de six cens livres qui luy appartenoit, et dont on avoit déjà dérobé plus de la moitié, le suppliant commanda à quelques-uns de ses gens qui estoient avec luy d'aller vers ces paysans pour tâcher de les reconnoistre et en apprendre le nom pour qu'il en peust faire informer; mais lesdits paysans voyant venir à eux les gens du suppliant à cheval prirent la fuite dans les vignes; cependant le suppliant s'advança luy-même vers ledit bûcher, où il trouva encore une paysanne qui prenoit dudit bois, à laquelle il demanda le nom de ses complices et le sien; ce que cette fille refusa de dire. Le suppliant, pour la conservation de son bien, crut qu'il debvoit la mettre entre les mains de la justice; dans cette pensée, il l'obligea de le suivre jusques dans Massiac, où estant arrivé, le suppliant envoya chercher le juge de Massiac pour la luy remettre entre les mains et faire informer dudit vol, dont ledit juge s'estant excusé, disant qu'il estoit trop tard pour faire une procédure judiciaire, le suppliant commanda aux servantes de sa maison de prendre soing de cette fille et de la garder jusques au lendemain, qu'il pourroit aprendre la vérité du fait ; dans ce mesme temps, les gens du suppliant arrivèrent et luy raportèrent que desdits paysans qu'il avoit veu dérober son bois, ils n'en avoient pu joindre aucuns, ni reconnoistre que le nommé Charpinel dit Devèze, père de cette fille, lequel, quoyque coupable, ne laissa pas de venir dans sa maison luy demander sa fille ; la présence duquel ayant augmenté le chagrin du suppliant, il commanda qu'on le mist en prison pour avoir, par ce moyen, quelque satisfaction du tort qu'on luy avoit fait ; ce que ladite fille ayant apris, prist le party de faire demander grâce au suppliant pour tascher de procurer la liberté de son père et la sienne ; dans ce mesme temps, le suppliant ayant passé dans la chambre des servantes avec lesquelles estoit ladite fille, elle se jeta aux pieds du suppliant, le priant de luy vouloir pardonner et à son père ; ce qu'il luy accorda, à condition qu'elle luy nommeroit tous les complices de ce vol, ce qu'elle fit ; et le lendemain elle se retira chez elle avec son père, où ils demeurèrent ensemble quatre ou cinq années sans croire d'avoir seulement lieu de se plaindre dudit suppliant, lequel ayant esté assez malheureux pour que ses justiciables mesmes de Massiac fissent entre eux un scindicq de communauté contre luy pour le perdre à l'occasion de l'affaire de Boyer, et ledit Devèze qui devoit au suppliant plus que la valeur de son bien, et qui avoit signé l'acte fait par ladite communauté par devant nottaires, et par ce moyen, devenu sa partie, voulut achever de le perdre pour luy oster les moyens de se faire payer des sommes qu'il luy devoit, s'advisa malicieusement, plus de quatre ou cinq années après, de joindre sa plainte à celle qu'il suggéra à sa fille contre le suppliant, disant qu'il avoit couché avec elle contre son gré, à quoy les mesmes personnes qui suscitoient telles dépositions ont fait adjouster par quelques-uns un ouy dire touchant ce fait, ce qui leur a servy de lieu commun dans toutes les autres dépositions que leur hayne a dictées contre le suppliant ; Qu'en l'année 1663, un gentilhomme des voisins du suppliant l'estant venu voir en sa maison de Massiac, le fils d'un hostellier chez lequel ledit gentilhomme estoit logé le querella dans sa chambre à l'heure de minuit, et luy tira un coup de pistollet dont ledit suppliant fit informer, et nonobstant l'information qui en fut faite, ledit jeune homme auquel il avoit fait dire de se retirer, s'estant présenté devant luy, le suppliant lui donna un soufflet et se retira chez luy, où il n'eust pas mis plustost pied à terre, que ce séditieux fit sonner le toxin, prenant advantage d'une assemblée de quatre cens confrères pour la feste de saint Jean, et d'une desbauche de vin extraordinaire pour les cabaler et leur faire prendre les armes pour venir en cet estat forcer la maison du suppliant, après avoir battu aucuns de ses domestiques, allant tumultuairement fermer les portes de la ville, ce qui obligea le suppliant, pour éviter un plus grand désordre, de sortir de sa maison avec le sieur de Massiac, son fils aisné, âgé lors de douze ans seulement, par une porte de derrière et deux de ses domestiques à pied pour faciliter sa retraite, laissant le reste de ses gens dans sa maison pour en empescher le pillage, de quoy lesdits séditieux qui en avoient déjà enfoncé les fenestres, s'estans aperçus, coururent après lui avec tant de vitesse, que douze ou quinze l'ayans atteint à la dernière maison du fauxbourg, ils firent une descharge sur luy, blessèrent son cheval de deux balles, et auroient sans doute assassiné le père et le fils, si le cuisinier dudit suppliant qui tourna la teste n'eust tiré un coup à l'autheur de la sédition dont il le blessa à la bouche, de laquelle blessure, quoyque assez légère, pour avoir esté mal pansée, la gangrenne seroit survenue, dont il mourut un mois après, et bien que l'action soit ainsy arrivée, sy est ce que les tesmoings ayans déposé qu'il avoit esté tué d'un coup tiré par le suppliant, il auroit esté conseillé de se charger de ce meurtre dans l'information faite par le lieutenant criminel de Riom, auquel, quoyque son ennemy, ledit suppliant avoit envoyé par prévention celle faite à sa requeste et du marquis de Massiac son fils, sur laquelle il décretta seulement un adjournement personnel contre ses justiciables séditieux, lesquels, voyans que le suppliant les prenoit par cette voie, firent un acte délibératoire signé de la plus grande partie des habitans, lesquels mesmes s'estoient trouvez dans cette action, firent des scindicqs dont l'un estoit accusé de vol fait au suppliant, portèrent leur plainte au lieutenant criminel de Riom qui décretta à l'instant prise de corps contre ledit suppliant, sans y comprendre pour lors son fils, recevant pour tesmoings dans cette information les séditieux mesmes ses parties. Cette procédure si extraordinaire contre une personne domiciliée et de qualité, sur une blessure légère, l'ayant empesché de se présenter à un juge prévenu qui se déclaroit sy tost et sy ouvertement contre luy, en sorte que les séditieux ayans fait la recherche de toute sa vie et des choses mesmes qui ne les regardoient pas, ils insinuèrent facilement en son absence beaucoup de faits dont eux-mesmes ny leurs tesmoings n'en parlèrent que par ouy dire, et avec cette mesme facilité firent condamner ledit suppliant par contumace par le lieutenant criminel de Riom, devant lequel il n'a osé se représenter au deffaut d'enthérinement de ses lettres de grâce, et ensuite de faire confirmer cette condamnatian aux Grands-Jours d'Auvergne, en l'année 1666, le tout par deffaut et contumace. Cette suite de malheurs l'ayant enfin réduit à la nécessité de quitter son pays et peu de temps après le royaume, ayant auparavant recherché toutes les occasions d'honneur pour donner des marques de son zèle et de son inviolable fidélité à nostre service, n'ayant jamais manqué à ce qu'un gentilhomme doibt à son Roy et à soy-mesme, ny commis aucune action qui le puisse rendre indigne de la grâce qu'il nous a très-humblement fait supplier de luy vouloir accorder et nos lettres sur ce nécessaires ; A CES CAUSES, ayans en singulière recommandation les instantes prières qui nous ont esté faites et réitérées en faveur dudit suppliant par nostre frère l'Électeur de Bavière, par feue nostre sœur l'Électrice et par feu nostre frère le Duc de Savoye, qui nous ont rendu des tesmoignages très-advantageux de sa conduite depuis qu'il est retiré dans leurs estats, estans très-bien informé d'ailleurs que la jeunesse a eu la plus grande part en ses actions les plus criminelles, avant qu'il feust entré en nostre service ; mettans aussy en considération ceux rendus aux roys nos prédécesseurs par ses ancestres, son ayeul ayant esté tué à Brives, commandant la noblesse d'Auvergne dans les mouvemens, et son père, le marquis d'Espinchal, blessé en quatre ou cinq batailles, commandant les chevau-légers du prince de Ginville, les sieurs Tagenac et de Massiac, ses oncles, tuez dans nos armées, et le comte de Dunieres, son frère, mestre de camp d'un régiment d'infanterie, mort à nostre service, ledit suppliant mesme s'estant signalé au secours de Saluce, où il receut une mousquetade, et en plusieurs autres campagnes, et comme volontaire dans nos armées de mer auprès du marquis de Ternes, son oncle, lieutenant général de nos galères, comme aussy, en Guyenne, mestre de camp de cavallerie au siége de Monron, où il commandoit nostre cavallerie, de mesme qu'en Italie où il a tousjours très-bien fait son devoir ; désirans faire ressentir audit suppliant les effets de nostre clémence depuis si longtemps implorée, nous luy avons, de nos grâces spéciales, pleine puissance et aucthorité royale, quitté, remis, pardonné, esteint et aboly, quittons, remettons, pardonnons, esteignons et abolissons, par ces présentes signées de nostre main, tous les faits et cas susdits, avec toute peine et amende corporelle, civile et criminelle, en quoy et pour raison desdits faits, il pourroit estre encouru envers nous et justice ; mettans au néant tous bans, deffauts, contumaces, sentences, jugemens et arrests, si aucuns sont intervenus, le remettans en sa bonne fame et renommée et en ses biens, non d'ailleurs confisqués, satisfaction préalablement faite à partie civile, si fait n'a esté et y eschet, imposans sur ce silence perpétuel à nos procureurs généraux, leurs substituts, présens et à venir et à tous autres ; sy donnons en mandement à nos amés et féaux conseillers les gens tenans nostre cour de parlement à Paris, que ces présentes nos lettres de grâce, rémission et abolition, ils ayent à enthériner, et du contenu en icelles faire jouir et user ledit suppliant pleinement, paisiblement et perpétuellement, cessans et faisans cesser tous troubles et empeschemens au contraire, l'ayans de nos plus amples grâces dispensé de se représenter en personne devant vous, attendu le service actuel que nous avons eu agréable qu'il rende à nostre frère l'Électeur en qualité de général de bataille, colonel d'un régiment de six cens cuirassiers et commandant généralement toutes les troupes de nostredit frère l'Électeur sur toute l'estendue de la frontière du Leck, et ce nonobstant toutes ordonnances, règlemens et autres choses à ce contraires, auxquelles, pour ce regard seulement et sans tirer à conséquence, nous avons dérogé et dérogeons par ces mesmes présentes, car tel est notre plaisir, et affin que ce soit chose ferme et stable et à tousjours, nous avons fait mettre nostre scel à cesdites présentes. Données à Saint-Germain en Laye, le dixième jour d'aoust, l'an de grâce 1678, et de nostre règne le trente-sixième. Signé Louis, et plus bas par le Roy, Arnauld. (Et scellé aux armes du Roy à cire verte), et au repli il y a :

Leues en la chambre des vacations à huy clos en présence dudit sieur d'Espinchal impétrant, lequel estant à genoux, après serment par luy fait de dire vérité, a déclaré avoir donné charge de les obtenir, qu'elles contiennent vérité et s'en veult servir. Le sixième octobre 1678.

XXVII

GÉNÉALOGIE DE LA MAISON MONTBOISSIER-BEAUFORT-CANILLAC.

(Voy. p. 259.)

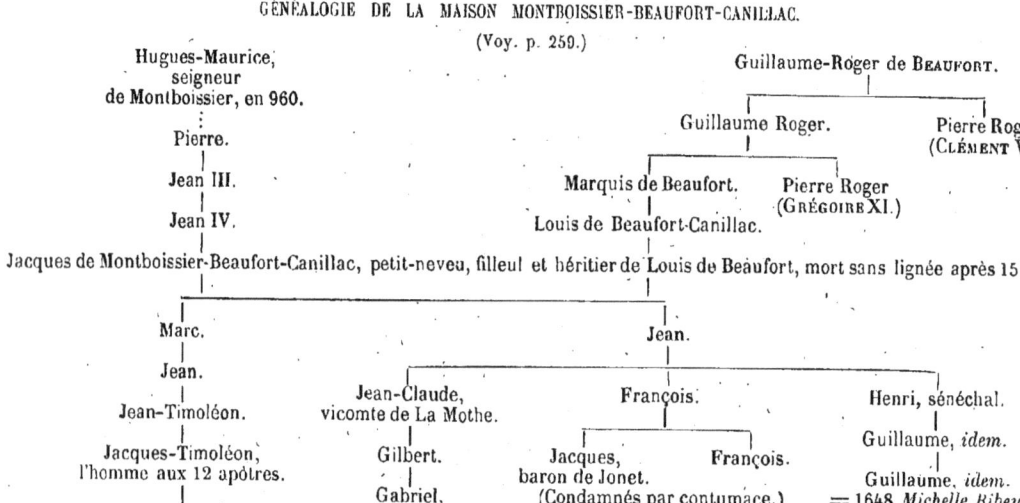

XXVIII[1]

PROCÈS DE CHARLES DE BEAUFORT, MARQUIS DE CANILLAC.

(Voy. p. 264.)

Charles de Beaufort, marquis de Canillac, fils de Jacques Timoléon, marquis de Canillac, fut condamné d'avoir la tête tranchée et en seize mille livres parisis d'amende. Il paroissoit par le procès digne fils de son père. Car il étoit justifié que lui, le comte et l'abbé de Saint-Point, frères, [le premier] capitaine du château de Saint-Laurens, appartenant au marquis de Canillac, Béquet, son valet de chambre, et vingt autres de ses valets, rencontrèrent Antoine-Ignace de Jusquet, prêtre, dans un champ, revêtu de sa soutane, qui regardoit travailler des buscherons, et que l'abordant, le jeune marquis de Canillac cria *tue, tue*, et lui lâcha un coup de pistolet dans l'épaule gauche ; qu'aussitôt le comte de Saint-Point lui tira un autre coup de mousqueton dans les reins, et dont Jusquet tomba à terre ; que s'étant relevé à genoux, il leur cria : *Messieurs, la vie, ou donnez-moi du temps pour prier mon Dieu de me pardonner, avant que de m'achever.* Mais que l'abbé de Saint-Point lui tira encore un coup de mousqueton, et qu'ensuite, lui et le comte son frère et le jeune marquis de Canillac commandèrent à leurs valets de tirer sur ce prêtre, ce qu'ils firent, et qu'ainsi il étoit mort sur la place.

XXIX

M. DE VINZELLES.

(Voy. p. 297.)

CONSEIL MANDÉ DU 7 DÉCEMBRE 1665.

.... A été exposé par les échevins qu'ils ont rendu visite, après l'arrivée de M. Mége, à M. le président de Novion, lequel

---

1. Extrait du *Journal de Dongois*, fol. 224 recto.

leur auroit dit avoir appris que M. le président de Vinzelles étoit compris dans les rôles de cette ville, et qu'il a pour lui une singulière amitié qui l'obligeoit de demander à la ville la grâce de ne point comprendre à l'avenir ledit sieur de Vinzelles dans les rôles; laquelle lui accordant, il la reconnoîtra dans toutes les occasions et rencontres.

A été délibéré qu'en considération du sieur de Novion, en reconnoissance des obligations que la ville lui a, ladite demande lui est accordée, et que, à l'avenir, ledit sieur de Vinzelles ne sera compris dans les rôles qui s'imposeront par capitation en cette ville et que l'exécution en sera faite l'année présente 1665, en remplissant par ledit sieur de Vinzelles les rôles qui sont déjà faits, sans que ledit privilége puisse passer à autre personne qu'au sieur de Vinzelles, sans tirer à conséquence....

(Extrait des *Registres des délibérations de la ville de Clermont*.)

La cote de M. de Vinzelles passée en non-valeur pour l'année 1665, était de 288 l. 11 s. 8 d., qui feraient aujourd'hui plus de 1200 fr.

XXX[1]

CONDAMNATION DU COMTE D'APCHER.

(Voy. p. 269.)

Christophe, comte d'Apcher[2], fut condamné d'avoir la tête tranchée, ses biens sis en pays de confiscation furent déclarés acquis et confisqués, préalablement pris sur le tout 32 000 livres parisis d'amende et 48 000 livres parisis de restitution envers les particuliers dont il les avoit exigées, qui leur seront distribuées suivant la liquidation qui en seroit faite par le lieutenant criminel de Riom; que ses châteaux de Frizac, Treillat et Besque seroient démolis et rasés, les bois servant

---

1. Extrait du *Journal de Dongois*.
2. Dongois a écrit en marge : *imitateur de d'Espinchal et du marquis de Canillac*.

d'ornement coupés à trois pieds de hauteur après les cinq années de contumace expirées. Ses terres furent privées de justices qui furent déclarées réunies aux royales. Tous ses amphitéotes, censitaires et redevables furent déchargés de toutes sortes de droits, bouades, vinades, manœuvres, charrois et autres servitudes. Il fut permis aux habitants de ses paroisses de rentrer en la jouissance de toutes les communes, prés, bois, et droits de chauffage, et biens qu'il leur avoit usurpés. Il fut enjoint au lieutenant criminel de Riom d'y tenir la main. Dix-neuf de ses satellites, appelés par lui ses apôtres, furent condamnés d'être pendus, et le sieur de La Tour d'avoir la tête tranchée; les habitants et les témoins furent mis sous la protection et sauvegarde du Roi, de la cour et des accusés.

XXXI

FIN DE L'HISTOIRE DES GRANDS-JOURS.

(Voy. p. 287.)

Le 30 janvier, à la dernière audience des Grands-Jours, sur les six heures du soir, fut apportée et lue la lettre de cachet dont la teneur suit :

DE PAR LE ROY,

Nos amés et féaux, le temps de la séance que nous avons limitée à nostre cour des Grands-Jours de nostre ville de Clermont en Auvergne, étant proche d'expirer, Nous trouvons bon que dès qu'il le sera, vous en partiez pour venir reprendre la fonction ordinaire de vos charges dans nostre cour de parlement de Paris, et apprendre de nostre bouche mesme la satisfaction que nous avons des services que vous nous avez rendus et au publiq, en exécutant votre commission, et dont cette lettre vous asseure par advence. Car tel est nostre plaisir. Donné à Saint-Germain en Lay, le XXIIII jour de janvier 1666[1].

Signé LOUIS.

Et plus bas : DE GUÉNÉGAUD.

---

1. Archives de l'Empire (sect. judic.).

XXXII

DÉPENSES FAITES POUR LA TENUE DES GRANDS-JOURS[1].

1° FRAIS GÉNÉRAUX.

1. Pour emballage, port des crocheteurs, et voiture des ballots et hardes des président, conseillers et officiers de la cour des Grands-Jours, de Paris à Clermont..................................	3 365 ^{l}	10^s	»^{d}
2. *Id.* de Clermont à Paris, et pour les dépenses et journées des cavaliers, comme pour la conduite et escorte...	5 450	»	»
3. A M. Le Pelletier, conseiller, député dans la Haute-Auvergne..................................	724	3	»
4. A M. Joly, conseiller, député dans la Marche.	1 550	»	»
5. A M. Bochart, député en Lyonnois, Forez, etc.	400	»	»
6. A M. Chabre, lieutenant criminel à Riom, pour informations en Bourbonnois........................	1 500	»	»
7. A M. Jean Dufloquet, conseiller à Riom, envoyé dans la Basse-Marche........................	800	»	»
8. A M. Jean de Champflour, lieutenant particulier au présidial de Clermont..........................	1 200	»	»
9. A M. Rochette, substitut du procureur général à Riom..	800	»	»
10. A M. Delalande, avocat en la cour........	1 000	»	»
11. A P. Boyer, commis-greffier à Saint-Flour.	250	»	»
12. A un huissier pour avoir traduit Lafleur de Dorat à Clermont.....................................	108	»	»
13. A un autre, pour avoir transféré un prisonnier de la prison de Gannat en celle de Clermont.	14	»	»
14. Pour conduire à Lyon trois femmes aux religieuses repenties................................	200	»	»
15. A P. Fournier, lieutenant de la maréchaussée de Saint-Étienne, pour la conduite de sept prisonniers de Saint-Étienne à Clermont.............	168	»	»
A reporter.........	17 529^l	13^s	»^{d}

---

1. Ces pièces sont aux Archives générales de l'Empire (sect. judic.).

Report............	17 529^l	13^s	»^{d}
16. Au sieur Dubois, pour transférer trente prisonniers de la conciergerie de Clermont en celle du palais à Paris, pour leur nourriture, frais de voiture, vacations de voyage de ses archers........	1 070	»	»
17. A Duménial, pour avoir été querir les témoins contre les officiers de la Tour............	105	»	»
18. Au grand prévôt de Languedoc, pour la perquisition du comte d'Apcher.................	500	»	»
19. Sommes payées aux témoins.............	5 781	7	»
20. A M. Cisternes de Vinzelles, pour ses vacations et frais et de ceux qui l'ont assisté à l'exécution de l'arrêt pour le rasement du château du Palais.................................	3 285	9	»
21. Frais, salaires et vacations des ouvriers qui ont démoli la tour du Montel, appartenant au sieur d'Espinchal, et pour les dépenses du grand prévôt d'Auvergne et ses assistants................	476	6	»
22. A M. Paul Chabre, lieutenant criminel au présidial de Riom, pour l'exécution de l'arrêt concernant les démolitions des tours et châteaux de Saint-Urcise et Champeix, établissement de commissaires et garnisons en chacun des châteaux du condamné.................................	6 000	»	»
23. Démolitions d'autres châteaux...........	4 996	»	»
24. L'échafaud pour l'exécution du vicomte de La Mothe et des frères Combaliboeuf...........	68	»	»
25. Au peintre, pour les tableaux et effigies des condamnés contumaces.....................	30	»	»
26. Pour bois de chauffage.................	330	»	»
27. Pour dépenses de la buvette de Messieurs de la cour, du 26 septembre 1665 au 30 janvier 1666.	603	5	6
28. Au buvetier et serviteur de la cour........	400	»	»
29. Autres dépenses qu'il semble inutile de détailler.................................	20 012	4	4
Total......	61 187^l	4^s	10^d

2° DÉPENSES DE LA VILLE DE RIOM.

1. Frais de voyage du sieur Chabre, député à Paris, pour obtenir la tenue des Grands-Jours en cette ville.................................	643^l	4^s	»^{d}
A reporter.........	643^l	4^s	»^{d}

Report..........	643ˡ	4ˢ	»ᵈ
2. Frais de voyage du sieur de la Pause, député pour le même objet......................	481	10	»
3. Pour le change de la somme de 1000 fr. donnée auxdits sieurs Chabre et de la Pause.........	25	»	»
4. Pour un dîner porté chez le sieur Chabre le jour de son départ.......................	12	»	»
5. Plus, douze livres de dépenses faites en un dîner porté dans la maison de la ville, le jour du départ du sieur de la Pause, auquel étoit M. le conseiller Faydict, qui avoit travaillé à chercher les titres et priviléges de la ville, *passé*.........	7	2	»
6. Plus, six vingts livres pour achat de trois poinsons de vin, envoyé en bouteilles à MM. les officiers qui composoient la cour des Grands-Jours, *passé*...	102	»	»
7. Plus soixante livres pour achat de deux cents bouteilles, à raison de six sols, prises et envoyées avec le vin d'honneur, *passé*.....................	50	»	»
8. Plus, vingt livres dépensées en un repas donné à MM. les commissaires, le jour qu'ils firent la *suite* pour destiner des logements auxdits sieurs officiers des Grands-Jours, *passé*.................	8	»	»
9. Plus, vingt livres de dépenses faites en un dîner porté chez le sieur Barèze, où étoient plusieurs notables, le jour de l'arrivée de M. le président de Novion, *passé*.........................	12	»	»
10. Plus, trois livres pour avoir de la chandelle, afin de recevoir MM. les notables qui devoient accompagner lesdits sieurs comptables chez M. de Novion, *passé*................................	1	10	»
11. Plus, trente francs pour un souper porté chez M. Barèze, après la harangue faite au corps assemblé chez M. de Novion, *rayé*...............	»	»	»
12. Plus, douze livres pour achat de quatre flambeaux pour aller rendre visite auxdits sieurs officiers, à chacun en particulier, et leur témoigner leur respect, *passé*......................	6	»	»
13. Plus, trente livres dépensées en un dîner donné à plusieurs notables qui auroient accompagné lesdits comptables dans les visites qu'ils rendirent auxdits sieurs officiers, *passé*.............	16	»	»
14. Plus, dix livres de dépenses faites en un			
A reporter.........	1364ˡ	6ˢ	»ᵈ

Report..........	1364¹	6ˢ	»ᵈ
déjeuner avec quelques particuliers pour aller à la rencontre desdits sieurs Chabre et de la Pause, rayé...	»	»	»
15. Articles divers, inutiles à détailler........	43	»	»
Total......	1407¹	6ˢ	»ᵈ

3° DÉPENSES DE LA VILLE DE CLERMONT.

1. Frais du voyage de M. Reynauld à Paris¹....	386¹	13ˢ	4ᵈ
2. Voyage des échevins et de quinze à seize notables qui allèrent au-devant de Messieurs des Grands-Jours, jusqu'à Saint-Pourçain, pour le dîner en partant de la ville, et dépenses de trois jours..	110	6	3
3. Louage des chevaux des clercs de ville et autres menus frais..................................	7	15	»
4. Voyage du 25 septembre, au-devant de Messieurs venant de Riom. Louage de trois carrosses et trois cochers, neuf livres, et souper donné par M. Matharel aux nobles qui l'avoient accompagné, trente livres......................................	39	»	»
5. Louage des chevaux des trois clercs de ville.	2	5	»
6. Confitures offertes aux dames (133 livres à 37 sols, plus les coffrets)........................	353	6	»
7. Pour douze douzaines et neuf bouteilles du vin d'honneur, contenant chacune cinq chopines.	45	18	»
8. Aux Carmes-Déchaussés, pour le vin qu'ils vendirent pour faire présent à MM. les commissaires des Grands-Jours (quarante-sept pots deux quartes et pintes, à quatre-vingts livres la charge).	118	10	»
9. Pour les flambeaux employés pour rendre			
A reporter..........	1063¹	13ˢ	7ᵈ

¹ Savoir : pour aller à Paris en poste, dépenses de bouche, postillon, selle à tous chevaux, 135 liv.; quinze jours de séjour, 60 liv.; retour par un carrosse extraordinaire (les carrosses ordinaires étaient retenus longtemps d'avance, à cause du grand nombre de personnes qui suivaient Messieurs des Grands-Jours), qui fut payé 446 liv. par sept personnes; pour chacune, 62 liv. 13 s. 4 d., et avec les dépenses accessoires de huit jours de voyage, 95 liv. 13 s. 4 d.; plus deux journées d'un cheval et d'un homme pour ramener ce dernier, pour aller à Aigueperse prendre la poste, les chevaux manquant à Riom, 4 liv. 10 s. Total : 295 liv. 3 s. 4 d. Les 91 liv. 10 s. en plus ne sont pas justifiés.

Report........	1063¹	13ˢ	7ᵈ
visite à MM. les commissaires, le jour de leur arrivée et dans plusieurs autres rencontres, trente livres, passé..................................	12	»	»
10. Aux gens de MM. de Novion, Caumartin, Talon, et de Fortia, intendant.................	18	»	»
11. Pour deux voyages faits à Riom, pour accompagner MM. de Novion, Caumartin et Talon; louage des carrosses, chevaux et dépenses.....	30	»	»
12. Pour réparations diverses; logement des chevaux de MM. les commissaires; nétoiement et pavé des rues, etc.............................	1507	13	3
TOTAL......	2631¹	6ˢ	10ᵈ

XXXIII

POËME LATIN DE FLÉCHIER SUR LES GRANDS-JOURS.

IN CONVENTUS JURIDICOS ARVERNIS HABITOS. — *Carmen*.

 INGEMINET lætos felix Arvernia plausus,
Et quæ sublimi rupes se vertice tollunt,
Votivas plebis referant ad sidera voces:
Jura diu miseras redeunt neglecta per urbes;
Nec longe accersit populos Astræa; sed ultro
Vestigat scelerum latebras, quæritque nocentes,
Nobiliumque dolos præsens, et crimina frænat.
 Degeneres animos late corruperat auri,
Dira fames, rapto gaudens splendescere luxus,
Contemptrixque hominum legumque inimica potestas.
Intentare minas, invadere pauperis arva,
Heu! nimium vicina; suosque extendere fines,
Insontesque viros pœnis urgere solebant
Irasci faciles; nec quisquam tendere contra
Audeat, aut tumidos unquam compescere fastus.
 Quid memorem pavidis ereptos civibus agros,
Abductas matrum gremiis impune puellas,
Fraudatasque operas inopum? qui dura potentum
Imperia, et prædas turpes, cædesque nefandas?
Quot scelerum facies! quot sunt discrimina rerum!
Æqui nulla fuit dudum reverentia juris,

Cuique suos animo licuit sibi fingere mores,
Indignumque audere nefas ausoque potiri.
 Illi equidem falsa se nobilitate tuentur.
Nobilitas vera est non vanam ostendere famam,
Aut veteres titulos; non pictas ordine longo
Majorum effigies, aut priscis inclyta fastis
Nomina; non adeo sævas imponere leges,
Aut premere imperio populos; sed jura tueri
Cuique sua, auxilio miseros opibusque juvare,
Et dulcem regi patriæque impendere vitam.
 Nunc mœstas trepido volventes pectore curas,
Quos sprevere, timent, vultusque et jussa superba
Dissimulant, vulgique iras et tædia mulcent.
Scilicet omne sibi metuit scelus; omnia virtus
Sperat, et afflictis redeunt solatia rebus.
Implicitis properat deceptus fraudibus hæres,
Remque suam repetit; leges implorat avito
Quisquis pulsus agro per rura aliena domosque
Ibat inops : queritur violatam crimine judex
Illusamve dolis Themidem; sanctosque sacerdos
Defendit Superum ritus, et vindicat aras.
 Sic procul Arvernis pelluntur noxia terris
Crimina. Qui pravas vitam duxere per artes,
Justitiæ indociles, mœstis qui damna tulere
Civibus, expendunt pœnas, veterumque malorum
Supplicia, et sanctas discunt non temnere leges.
Exorant alii populos, et furta reportant
Vindictam veriti, priscam sine judice labem
Eluere, et tacitos properant componere mores.
At quibus est hominum pietas despectaque Divum
Relligio, dulci patria domibusque relictis,
Condunt se latebris cæcisve in montibus errant,
Ultricesque trahunt furias pœnamque sequacem.
Pauci, quos spectata fides et conscia virtus
Excitat, innocuæ captantes præmia famæ
Et meritas laudes, aliena pericula tuto
Accipiunt animo, et sontes miserantur amicos.
Quippe licet tumidas vesana superbia mentes
Occupet, et scelerum late contagia serpant,
Sunt etiam dociles animæ, sunt nescia fraudis
Pectora, et antiqui restant vestigia juris.
 Invenisse pios, crebra inter crimina, gaudent
Patricii proceres, lectorum curia patrum;
Et sontes agitant, incorruptisque verendi

Judiciis revocant lapsos, in pristina, mores.
Oppressæ gemitus plebis, miserandaque fata,
Facundo sanctum qui temperat ore senatum,
Dulces deliciæ Themidos, POTERIUS audit,
Vexatosque levat prudens, terretque superbos,
Et dirimit causas, legumque oracula pandit.
CAUMARTINE, tibi sacri commissa sigilli
Effigies, tu prima vocas in jura clientes,
Et cera obsignas veniam pœnamque remittis,
Majorumque animos, et avitas exprimis artes.
Eloquio fervens, pro rege TALONIUS instat
Quæsitor scelerum rigidus, longasque reorum
Evolvens lites, vitas et crimina discit,
Furtaque nobilium et tristes ulciscitur iras.
　Judicibus tantis olim compressa silebit
Impietas, et vis, et opum damnata cupido.
Mitescent fortuna et nobilitate feroces
Criminibusque suis animi; meliora redibunt
Sæcula, et his surget virtus innoxia terris.
　Qui rigidam curvo terram sulcavit aratro
Rusticus, aut riguos per prata virentia rivos
Deduxit, vastas qui fossa divitis ædes
Muniit, aut latos circumdedit aggere campos,
Inveniet faciles aditus, pretiumque laboris,
Conductasque operas, pacta mercede, reposcet.
　Agricola ipse suis committet semina sulcis,
Nec diram metuet sortem dominumque superbum,
Qui gravidam iratus segetem ab radicibus imis
Eruat, et lætas ferro populetur aristas.
Tum Cereris dives si frugibus annus abundet,
Fortunam ruris tenuem, parvosque Penates
Proteget, et modicos congesti farris acervos
Condet, securusque sui rerumque suarum.
　Hanc populis pacem LODOÏCUS, et otia fecit,
Restituique avidis jussit sua rura colonis.
Ille suam toto famam circumtulit orbe
Egregius, validis prostravit viribus hostes;
Duraque compositis pacavit sæcula bellis.
Ille iterum victor bello et socialibus armis
Imperii avertit casum, domuitque tyrannos;
Nunc timidos ultor gaudet defendere cives,
Nunc durum genus ac dispersum montibus altis
Mitigat, et placidis componit legibus urbes.
　Jamque parat Themidis veteres decerpere ritus,

Et sancire novas artes, queis publica rerum
Judicia acceleret, curas sumptusque clientum
Sistat, et implicitæ minuat fastidia litis.
Sic longas rerum ambages, nodosque resolvit,
Et scelus, et fraudem nostris e finibus arcet;
Eximiosque inter reges, quos fama superstes
Justitiæ bellique tulit super æthera virtus,
Nec pietate fuit major nec fortior armis.

FLÉCHIER.

FIN DE L'APPENDICE.

TABLE ANALYTIQUE

DES MÉMOIRES DE FLÉCHIER.

Allier (Rivière d') serpente dans le vallon de Vichy, 44; on travaille à la rendre navigable entièrement, 44.

Amours de Fayet et de Mlle de Combes, 13 et suiv.; d'un berger et d'une bergère, 64, 65; de Begon et de Mlle de La Tour, 76; de Denis Talon et de la maréchale de L'Hôpital, 88, 210, 229; de M. de Vaurouy et de Mlle Ribeyre, 280.

Apcher (Comte d'), un des principaux criminels de la province; condamné à mort, 269.

— (Comtesse d') sollicite pour son mari, 163.

Apchon (M. d'), prieur de Saint-Germain, jugé par les Grands-Jours, 173.

— (Comte d'), mis en liberté, 206.

Arbouze (Gilbert de Vainy d'), évêque de Clermont, officie à la Messe rouge, 40; nullement théologien, favorable aux Jésuites, 84; prévenu pour les religieuses de l'Hôtel-Dieu, 94; son portrait, 112, 113; son entrée à Clermont, 137.

Arnauld, parent des Arnauld de Port-Royal, fait prisonnier le marquis de Randan, 4.

Augustin (Saint), son opinion sur les devoirs d'une femme en danger de viol, 135.

Aurillac (Points d'), dentelles de fil, 39.

Auvergne (Province d') engagée dans le parti de la Ligue, 3; opprimée par la tyrannie des nobles, 291.

Avena (L'), gentilhomme poursuivi pour assassinat, 272 et suiv.

Baleroi (M. de) règle les bals et les assemblées, 244.

Bals donnés par M. de Novion, 241.

Bardon, avocat; son portrait, 196.

Beaufort de Canillac (M. de) condamné par contumace, 219, 220.

Beaune (M. de) aide Mme de Canillac à sauver les biens de son mari, 115; menacé de la question, 122; condamné à une amende, 123.

Beauverger (M. de) accusé d'assassinat, condamné à l'amende, 271.

— (Mlle de), son portrait, 27; elle intercède en faveur de son frère, 270, 271.

Beauvesé (Mlle de) sollicite les juges, 163; son jugement, 208.

Begon, son portrait, 76; ses amours, 76-80.

Bénéfices usurpés par la noblesse, 279.

Boucher, médecin de Paris, reçu avec honneur à Clermont, 206.

Blot (Baron de), son duel avec M. de Puy-Guilhaume, 176; son procès aux Grands-Jours, 177.

Bourrée d'Auvergne, 242.

Briare (Canal de), ouvrage de grand travail et de grande commodité pour le commerce, 290.

Brion (Mme de), son portrait, 46, 50, 98.

Busset (Comtesse de), ses déréglements, 164.

Candale (M. de), gouverneur d'Auvergne; ses amours avec Mme de

Busset, 164; ses démêlés avec d'Espinchal, 251.

CANILLAC (Vicomte de La Mothe de) arrêté, 51; surtout à cause de sa conduite durant la Fronde, 54; obtient des lettres de rémission, 55; condamné pour assassinat, 67; exécuté, 71.

CANILLAC (Marquis de), le plus grand pécheur de la province; ses crimes, son procès, 259-266.
— Voy. *Beaufort* et *Pont-du-Château*.
— (Mme de) demande la grâce de son mari, 54; se retire dans un monastère, 114; met en sûreté une partie de son argent, 115.

CAPUCINS ligués avec les Jésuites, 84.

CAUMARTIN (Louis Lefèvre, seigneur de), maître des requêtes, assiste à la Messe rouge, 40; n'est pas consulté sur l'arrestation de Canillac, 53; lui accorde des lettres de rémission, 54, 55; fait défendre aux comédiens de réciter des satires, 131; nommé par le roi président des Grands-Jours en cas de récusation ou d'absence de M. de Novion, 145; opposition des conseillers, 153; son indulgence pour le comte de Montvallat, 159; pour M. de Puy-Guilhaume, 177; suite de l'affaire de la présidence, 183; appréciation très-élogieuse de sa conduite, 298.

CHALAIS (Mlle de), prieure de Marsac; son procès, 116.

CHANOINES exemptés, *ainsi que leurs enfants*, de la juridiction épiscopale, 114.

CHANSONS sur la rivalité de Clermont et de Riom, 4, 5; sur la vertu de Mlle de Combes, 34; contre Mlle de Beauvesé, 209.

CHAPELAIN, ses vers sur la ville de Riom, cités 2; sur les eaux de Vichy, 43; parodie contre lui, jouée sur le théâtre de Clermont, 127.

CHARDON (Jean), conseiller à la cour des aides de Clermont, principale cause de la tenue des Grands-Jours, 224.

CHARITÉ (Assemblée de), 90; mesures prises pour le soulagement des pauvres, 91.

CHARRIER (Jardin), 6-9.

CHASTILLON (M. de) donne une fête galante, 131.

CHATEAUX rasés par ordre de la justice, 40, 201.

CHAZERON (M. de) insulté et menacé par un paysan, 161.

CHEMIN de Clermont à Riom, longue allée de promenade, 35.

CHOISY (M. de), intendant d'Auvergne, puis de Lorraine, 27, 243.

CLERGÉ; celui de Clermont fort ignorant, 84; réformé par les Grands-Jours, 85; ses dérèglements, 111, 112, 114.

CLERMONT, capitale de l'Auvergne; ses différends avec la ville de Riom, 1 et suiv.; fidèle au roi contre la Ligue, 3; description, peu flatteuse, de la ville et des habitants, 37, 38.

COLBERT, sa lettre aux commissaires des Grands-Jours, 145; il les blâme d'avoir différé l'enregistrement de l'arrêt de prorogation, et leur rappelle que le roi est un prince fort absolu, 145, 146.

COMBALIBŒUF; deux frères de ce nom accusés d'assassinat; leurs aventures et leur procès, 272-278.

COMBES (Mlle de), son portrait, 6; elle est un peu de la secte des précieuses, 15; ses amours avec le trésorier Fayet, puis avec l'intendant de Fortia, 13-35; chanson messéante, 34.

COMBRAILLES (Pays de), les chanoines réguliers de Saint-Augustin y possèdent des sujets esclaves et dépendant d'eux en toute manière, 100.

COMÉDIE; Fléchier n'en est pas ennemi juré, 126.

COMÉDIENS de Clermont représentent la tragédie d'une matière burlesque, 125; jouent une parodie contre Chapelain, 127.

CONGRÈS (Épreuve du) subie par un gentilhomme, 264.

CORDELIERS de Riom, leur dévotion tumultueuse, 98.

CORNEILLE; ses tragédies jouées à Clermont, 125.

COUVENTS seraient moins peuplés si les mères étaient moins promptes à sacrifier leurs filles, 57.

CURÉ de Saint-Babel, ses débauches, condamné à mort pour assassinat, 102.

— d'Alençon, ses prônes singuliers, 112.

CURÉ de village condamné pour des propos séditieux, 194.

— demande des lettres de grâce pour avoir tué un chien, 205.

CUSSE (Baron de) condamné à mort pour assassinat, 269.

DE ZEREAUX, son procès aux Grands-Jours, 177; renvoyé au parlement, 237; avait suivi le parti de Condé pendant la Fronde, 238.

D'ORSONNETTE, gentilhomme d'Auvergne; sa querelle avec Canillac, 52, 67.

DROIT DE NOCES exercé par le comte de Montvallat, 157; réglé à un écu, 159.

— Autres droits féodaux, 100, 201, 257, 261, 263.

DUEL de deux gentilshommes, 175, 176.

— ordonné par le grand prévôt du Bourbonnais, 232.

— de d'Espinchal et du marquis de Saillans, 251.

EFFIAT, maison du maréchal d'Effiat, 42, 99.

EFFIGIES d'un grand nombre de criminels exposées à Clermont, 288.

ESCLAVES appartenant à des chanoines dans le pays de Combrailles, 100.

ESPINCHAL (Gaspard d'), un des tyrans de l'Auvergne; ses aventures, ses brigandages et son procès, 244-258; fut en partie cause de la tenue des Grands-Jours, 244.

ESTAING (Joachim d'), évêque de Clermont; orgueilleux et dissolu, 110; ses querelles avec les chanoines, ibid.; il devient aveugle, ibid.

— (Louis d'), frère de Joachim, lui succède, 112; il réforme quelques abus, ibid.

EVÊCHÉ de Clermont, son histoire, 109.

FAYET, trésorier de France; son portrait, ses amours, 11; l'un des hommes les plus libéraux de la province, 286.

FÉCONDITÉ des femmes de Clermont, 38.

FLÉCHIER; son arrivée à Riom, 1; à Clermont, 35; assiste à la Messe rouge, 40; visite Effiat, 42, et Vichy, 43; se lie avec plusieurs dames et religieuses, 45; retour à Clermont, 50; prêche à Riom, 97; visite l'Oradoux, 106; assiste à la Comédie, 125; visite l'abbaye de Saint-Allyre, 165, et le cloître des Jacobins, 185; prêche dans l'église des Oratoriens, 207; part de Clermont, 289.

FLORET (Marquis de Saint-) avait le droit d'envoyer tous les ans un trompette sur la tour d'un de ses voisins, 257.

FONTAINES de Clermont, leur source décrite, 61, 62.

FORTIA (B. de), intendant d'Auvergne, 27; ses amours avec Mlle de Combes, 34; fait arrêter un magistrat accusé de magie, 63.

GASCHIER, son procès pour homicide involontaire, 136.

GOIGNADE, espèce de danse très-dissolue, 242.

GRANDS-JOURS; appréciation de leurs résultats, et de la conduite des commissaires, 291-295.

GRISETTES de Clermont, jeunes bourgeoises d'une galanterie un peu hardie, 175.

HARANGUES ridicules prononcées à l'arrivée des commissaires, 36-37.

HAUTE-FOLIE (Prince de), 283-286.

HINCMAR cité à propos des noueurs d'aiguillettes, 66.

HÔTEL-DIEU de Clermont, mal entretenu, 93.

HUISSIERS assassinés par des gentilshommes, 139.

INCENDIES fréquents en Auvergne, 60.

INCESTE puni de mort, 102.

INFANTICIDE puni du fouet et du bannissement, 121, 124.

Issoire associée avec Clermont contre la Ligue; assiégée par le marquis de Randan, 3.

Jacobins de Clermont, leur cloître d'une fondation fort ancienne, 185.

Jansénisme répandu parmi les honnêtes gens et les savants de Clermont, 84.

Jardin-Charrier, lieu de plaisance de Riom, 9; le Luxembourg du pays, 6.

Jésuites; leur église à Clermont trop parée et trop coquette, 81; mal accueillis à Clermont, 83.

Jésus-Christ travesti en galant, 191.

Justice seigneuriale exercée par l'abbesse de Cusset, 50; par le comte de Montvallat, 156; réglée par les Grands-Jours, 201.

La Feuillade (Mme de), sœur de François d'Aubusson, prieure des Carmélites de Riom, 46, 49, 98.

Lamoignon (Guillaume de), premier président, contraire à la présidence de M. de Caumartin, 147.

La Mothe-Tintry (Gilbert de) condamné aux galères, 213.

La Roue (Comtesse de) citée aux Grands-Jours, 163.

La Tour (M. de) condamné à mort par contumace, 269.

Launoy (Henri de), procureur du roi à Évreux, accusé d'avoir dit publiquement qu'il serait à propos de changer le royaume en république, 179.

Le Coq, rapporteur dans le procès de Canillac, parle en faveur de l'accusé, 71; sa conduite dans l'affaire de la présidence, 153; sauve de la mort un prévenu, 233.

Le Peletier, conseiller, chargé de visiter la haute Auvergne, 206; demande la continuation des Grands-Jours, 227; fait arrêter Combaliboeuf, 276; informe contre M. de Malause, 279.

Lévy (M. de) condamné par les Grands-Jours, 228.

L'Oradoux, maison de campagne entre Clermont et Montferrand, embellie par le maréchal d'Effiat, 107.

Lucrèce blâmée par saint Augustin, 136.

Magie (Accusation de) dirigée contre un magistrat, 63; contre un fermier, 64, 65.

Malause (Marquis de), neveu de Turenne, condamné par les Grands-Jours, 278.

Mariages des serfs ne sont pas de véritables mariages, 101.

Marigny (J. Carpentier de), sa correspondance avec M. de Caumartin, 198.

Meurtre commis par une paysanne pour sauver son honneur, 133.

Marsac (Religieuses de), leur procès, 116.

Médecine tournée en ridicule, 121.

Messe rouge dite à l'ouverture de la Chambre, 40.

— des révérences, id., ibid.

Montmorency (Henri de), épigramme en vers latins sur son exécution, 72.

Montvallat (Comte de), ses violences; son procès, 155-159.

Mort; on peut se passer de la craindre; plus supportable qu'on ne s'imagine, 75.

Nau, commissaire des Grands-Jours, condamne le vicomte de Canillac, 71; fort expérimenté dans les affaires de police, 89; visite l'Hôtel-Dieu, 95; sa mésaventure chez M. de Beaune, 115; il fait un rapport très sévère contre le comte de Montvallat, 158; règle la justice seigneuriale, 202; on faisait peur de lui aux petits enfants, 300; son portrait, 300, 301.

Noblesse frappée de terreur par les Grands-Jours, 292.

Noces de M. de Vaurouy, 283; voy. *Droit de noces*.

Notaire assiégé dans sa maison par un gentilhomme, 200.

Noueurs d'aiguillettes, 66.

Novion (Nicolas Potier, sieur de), président des Grands-Jours, assiste à la Messe rouge, 40; prononce une harangue à l'ouverture des Grands-Jours, 42; ordonne l'arrestation de Canillac, 53; lui refuse des lettres de rémission, 54; prend une part active à la réformation du clergé, 88 ; fait jouer la comédie dans sa maison, 125; sa conduite dans l'affaire de la présidence, 148; il assemble les conseillers dans sa ruelle, 152; sa partialité en faveur d'un Canillac, son parent, 226 ; vers ridicules en son honneur, 234; donne des bals pour complaire à ses filles, dont il fait tantôt le père et tantôt l'amant, 241 ; appréciation de sa conduite, 296.

ORATORIENS favorables aux jansénistes, 84.

OVIDE, son *Art d'aimer* prêté par Fléchier à des précieuses, 49.

PALAIS (MM. du), père et fils, condamnés à mort pour assassinat, 140.
— (Mme du), parente du maréchal de Turenne, 141; son désespoir, 144.

PASCAL (Blaise), si connu par ses inventions mathématiques et par les *Lettres provinciales*, 38 ; amoureux d'une belle savante, 79.

PAYSANS rendus fort hardis par les Grands-Jours; déposent volontiers contre les nobles, 160 ; croient qu'ils ne sont plus obligés de travailler et qu'ils vont rentrer dans leurs biens, *ibid.*; leur insolence, 292.

PEINTURES du cloître des Jacobins, 186-191.

PEREYRET (Jacques), docteur en Sorbonne, réforme le diocèse de Clermont, 112.

PÉRIER (Mme), sœur de B. Pascal, nommée avec éloge, 39, 40.

POIDS ET MESURES vérifiés et réformés, 89.

POINTS D'AURILLAC, 39.

POLIGNAC (Vicomte de), gouverneur de la province d'Auvergne; sa querelle avec l'évêque de Clermont, 110.

PONT-DU-CHATEAU (Comte de Canillac de), son procès aux Grands-Jours, 220-226.

PRÉCIEUSES qui recherchent l'amitié de Fléchier, 48.

PROROGATION des Grands-Jours, 145; publiée en pleine audience, 165.

PUY-GUILHAUME (M. de) tué en duel, 176.

QUESTION ORDINAIRE donnée à une femme de Lyon, 60.

RANDAN (Jean-Louis de La Rochefoucauld, marquis de), père de la marquise de Senecey, chef des Ligueurs en Auvergne, assiége Issoire, 3; vaincu et blessé à mort, en 1590, 4; son épitaphe, *ibid.*

RAPHAËL (Le R. P.), capucin bel esprit, 47.

RÉCEPTION solennelle des commissaires des Grands-Jours à Clermont, 36.

RÉFORMATION du clergé, 85.

RÉGLEMENTATION des poids et mesures, et du prix des marchandises, 89.
— de la justice seigneuriale, 201, 202.

RELIGIEUSES mises au couvent contre leur gré, 56.

RÉPUBLIQUE. Voy. *Launoy*.
— prêchée par un curé, 194.

RIBEYRE (Mme), fille de M. de Novion; ses couches, 205.
— (Mlle), son portrait, son mariage, 280.

RIOM, ville fort agréable et fort riante, rivale de Clermont, 1; prétend au titre de capitale de l'Auvergne, 2.

ROBERT, avocat, favorisé par M. de Novion, 42.

ROYAT, village près de Clermont; son église très-ancienne, 62.

RUSSAN (Chevalier de) dénonce au roi des propos républicains attribués à M. de Launoy, 180.

SABLÉ (Marquise de) fait l'éloge de Mme Périer, sœur de Pascal, 39.

SACRILÉGE commis par un fou; cause une consternation générale, 289.

SAIGNES (Comte de), son procès avec sa femme, 169.

SAILLANS (Marquis de), son duel avec d'Espinchal, 251.

SAINT-ALLYRE, abbaye de Bénédictins, 165; fontaine célèbre par la vertu de ses eaux, 168.

SAINTETÉ; c'était un titre et l'apanage de l'épiscopat, 110.

SAINTS fort nombreux parmi les évêques de Clermont, 109.
SALERS (Marquis de) condamné à mort pour assassinat, 230.
SALES (Marquise de), accusée, prend la fuite, 164.
SAPHO, nom donné à Mlle de Scudéri, 58.
SCUDÉRI (Georges de), 58.
— (Mlle de), plaisante aventure qui lui arrive à Lyon, 58, 59.
SENECEY (Marquise de), protectrice de Riom; sibylle des Molinistes contre Port-Royal, 4; motifs de son ressentiment contre les gens de Clermont et contre les Arnauld, 3, 4.
SÉNÉGAS (Baron de) condamné par les Grands-Jours, 210-212.
SERVITUDE personnelle, maintenue dans le pays de Combrailles, 100.
SONNET en l'honneur de M. de Novion, 235.
TAILLE levée par un seigneur, 261, 263.
TALLEYRAND (Mme de), prieure de Marsac; son procès, 116.
TALON (Denis), procureur général du roi à la cour des Grands-Jours, visite les prisons, 37; son discours à l'ouverture des Grands-Jours, 41; son éloquence sévère contre les abus de l'état ecclésiastique, 84; casse tous les privilèges des communautés religieuses, 87; réclame la liberté pour les serfs du pays de Combrailles, 101; juge le procès des religieuses de Marsac, 119; sa conduite conciliante dans l'affaire de la présidence, 154, 183; conclut au bannissement perpétuel contre le comte de Montvallat, 158; sa liaison avec la maréchale de L'Hôpital, 88, 210, 229; sa bienveillance pour Mlle de Beauverger, 271; sa conduite dans l'affaire de L'Avena et des frères Combalibœuf, 275; son portrait, 299, 300; on peut dire que lui seul était les Grands-Jours, 299.
TALON (Mme), mère de Denis Talon, plus sévère que son fils et plus jalouse de la discipline, 88; entreprend de régler la police de Clermont, 88; préside une assemblée de charité, 90; s'intéresse pour les pauvres contre les religieuses de l'Hôtel-Dieu, 94; essaye de réformer les Ursulines, 96; intervient dans un procès de religieuses, 120; id., 207.
TARIF établi sur les marchandises, 89.
THOU (M. de), sa fermeté et son courage à souffrir la mort; douleur de son frère, 73.
URSULINES réformées par les Grands-Jours, 96; leur procès contre les filles de Sainte-Marie, 267.
VAUROUY (M. de), son mariage avec Mlle Ribeyre, 280; son portrait, 282.
VERS LATINS sur la mort du maréchal de Montmorency, 72.
— en l'honneur des Grands-Jours, 235.
VEYRAC (M. de) met au pillage la maison d'un notaire; condamné par les Grands-Jours, 200.
VICHY, lieu fort agréable, 42; décrit et célébré en vers, 43, 44.
— (Eaux de), souveraines pour les infirmités de langueur, 24, 42, 45.
VIEUXPONT (Mme de) accusée de faux témoignage, condamnée par les Grands-Jours, 181.
VISIONNAIRE jugé par les Grands-Jours, 195.

FIN DE LA TABLE ANALYTIQUE.

TABLE DES MATIÈRES.

Avis des éditeurs.... .... Page I.
Introduction.. III
Portrait du caractère de Fléchier, écrit par lui-même......... XLI
Mémoires sur les Grands-Jours d'Auvergne en 1665............... 1

APPENDICE.

I.	Notice sur les Grands-Jours.............................	303
II.	Lettres patentes pour l'établissement des Grands-Jours.......	316
III.	Nomination des commissaires chargés de tenir les Grands-Jours...	321
IV.	Monitoire publié à l'occasion des Grands-Jours.............	324
V.	Noël des Grands-Jours...................................	330
VI.	Lettre de l'intendant Pomereu au chancelier Séguier.........	353
VII.	Discours de Talon.......................................	354
VIII.	Famille de La Rochefoucauld............................	363
IX.	Alliance de la maison Ribeyre...........................	365
X.	Arrivée des commissaires à Clermont......................	366
XI.	Procès du vicomte de La Mothe-Canillac...................	369
XII.	Lettre de M. de Caumartin au chancelier Séguier............	371
XIII.	§ 1. La Tubéreuse, à Clélie.............................	372
	§ 2. Réforme ecclésiastique.............................	373
XIV.	Taxe des objets de consommation. — Poids et mesures........	375
XV.	Hôtel-Dieu...	380
XVI.	Lettre du président de Novion au chancelier Séguier.........	382
XVII.	Condamnation de Guillaume Boyer, curé de Saint-Babel......	383
XVIII.	§ 1. Affaire des sieurs du Palais père et fils................	384
	§ 2. Lettre de prorogation des Grands-Jours...............	386
	§ 3. Lettre du roi à M. de Novion........................	Ib.
XIX.	Lettre du président de Novion au chancelier Séguier.........	387
XX.	Arrêt contre le comte d'Apchon..........................	388
XXI.	Lettres de rémission en faveur de Claude Salloré...........	389
XXII.	Procès du baron de Sénégas.............................	391
XXIII.	Procès de Guillaume de Canillac, marquis du Pont-du-Château, sénéchal de Clermont..................................	393

XXIV.	Poëme des Grands-Jours.................................. Page	395
XXV.	Procès du sieur Deshereaux ou de Zereaux................	396
XXVI.	Condamnation de d'Espinchal............................	398
XXVII.	Généalogie de la maison Montboissier-Beaufort-Canillac......	412
XXVIII.	Procès de Charles de Beaufort, marquis de Canillac..........	413
XXIX.	M. de Vinzelles..	Ib.
XXX.	Condamnation du comte d'Apcher	414
XXXI.	Fin de l'histoire des Grands-Jours.......................	415
XXXII.	Dépenses faites pour la tenue des Grands-Jours.	416
XXXIII.	Poëme latin de Fléchier sur les Grands-Jours..............	420

FIN DE LA TABLE DES MATIÈRES.

Ch. Lahure, imprimeur du Sénat et de la Cour de Cassation
(ancienne maison Crapelet), rue de Vaugirard, 9, à Paris.

www.ingramcontent.com/pod-product-compliance
Lightning Source LLC
Chambersburg PA
CBHW071623230426
43669CB00012B/2055